Sparte

Du même auteur

Athènes devant la défaite de 404
Histoire d'une crise idéologique
Bibliothèque des Écoles françaises d'Athènes et de Rome 225
De Boccard, 1976

La Femme dans les sociétés antiques
Université de Strasbourg, 1983 (épuisé)

Le Système palatial en Orient, en Grèce et à Rome
Travaux du CRPOGA 9, De Boccard, 1987

La Grèce au ve siècle de Clisthène à Socrate
Seuil, coll. « Points Histoire »
« Nouvelle histoire de l'Antiquité 2 », 1995
réimpr. 2002

La Codification des lois dans l'Antiquité
Travaux du CRPOGA 16
De Boccard, 2000

Edmond Lévy

Sparte

Histoire politique et sociale jusqu'à la conquête romaine

Éditions du Seuil

ISBN 2-02-032453-9

www.seuil.com

Avant-propos

L'histoire de la Grèce, notamment celle de Sparte, a suscité deux attitudes opposées, soit une confiance aveugle dans les sources, même tardives comme Plutarque et Pausanias, qu'on se contente de paraphraser, soit une mise en cause radicale de la documentation pour y substituer une reconstruction moderne ou même pour développer un scepticisme absolu. Cette dernière attitude risque de déboucher sur le « négationnisme » : si l'on ne peut connaître que des opinions, il y a ceux qui disent qu'Auschwitz a existé et ceux qui disent que ce n'est qu'un mythe… et je ne peux conclure. C'est aussi une attitude anti-historique, car elle amènerait l'historien à renoncer à l'essentiel de son travail : la recherche de la vérité, le désir – si décrié aujourd'hui – de savoir, comme le demandaient Lucien ou Ranke, « comment cela s'est réellement passé ». Bien sûr, il s'agit non d'accéder à une vérité absolue et éternelle, mais de rechercher une vérité partielle et provisoire : ce qui rend le mieux compte de la documentation actuellement disponible. Mais en va-t-il différemment en physique ?

Le problème est particulièrement difficile pour Sparte, qui a cultivé le secret et qui a, dès le ve siècle, suscité une idéalisation – ou, plus rarement, une caricature –, notamment dans les milieux politiques ou philosophiques, ce qui a permis de parler d'un « Mirage spartiate [1] » ou d'une « Légende

1. F. Ollier, *Le Mirage spartiate. Étude sur l'idéalisation de Sparte dans l'antiquité grecque de l'origine jusqu'aux cyniques*, Paris, De Boccard, 1938, et *Le Mirage spartiate*. II. *Étude sur l'idéalisation de Sparte dans l'antiquité grecque du début de l'école cynique jusqu'à la fin de la cité*, Paris, Belles Lettres, 1943.

de Sparte[2] ». Aussi est-il légitime de se montrer méfiant[3]. Mais il ne faut pas aller trop loin. On ne peut écrire aucune histoire si l'on n'accorde aux sources au moins une « présomption de vérité », comme on parle en droit de « présomption d'innocence ». Personne ne saurait prouver que tel poème est bien de Tyrtée et tel dialogue, bien de Platon. Mais c'est à qui conteste d'apporter des arguments : sera considéré comme authentique et véridique tout texte dont on n'aura pas de raisons valables de mettre en doute l'authenticité et la véracité.

Cela ne veut pas dire que tout ne doit pas être soumis à critique. Il faut essayer de déceler les contradictions internes et les oppositions entre les textes en donnant la préférence à ceux qui ont des chances d'être les mieux informés (en général les plus anciens) et les plus objectifs (en général les historiens plutôt que les orateurs ou les philosophes), mais en évitant d'accepter ou de rejeter les indications antiques selon qu'elles sont conformes ou non au modèle que s'est constitué l'historien : on voit ainsi trop souvent des textes tardifs d'un même auteur, par exemple Plutarque ou Pausanias, cités comme preuves ou rejetés comme de pures inventions selon qu'ils conviennent ou non à la démonstration.

Aussi me suis-je efforcé dans ce livre de donner à chaque fois le plus clairement possible les éléments de la démonstration, libre au lecteur d'être ou non convaincu, mais il est toujours profitable de voir comment on peut raisonner sur une question. Et, si l'on trouve de nouveaux documents amenant à réviser le tableau, tant mieux ! Le siège d'un historien n'est jamais fait.

La nécessité de développer les discussions sur les points contestés a amené à limiter le champ de l'étude. J'ai renoncé à regret à étudier l'art laconien[4], car il paraissait absurde

2. E.N. Tigerstedt, *The Legend of Sparta in Classical Antiquity*, Stockholm, Almqvist et Wiksell, I, 1965, II, 1974, III (Index), 1978.

3. Cf. notamment C.G. Starr, « The credibility of early Spartan history », *Historia* 9 (1960), p. 257-272.

4. Cf. notamment, sur les bronzes, C. Rolley, *Les Bronzes grecs*, Fribourg, Office du livre, 1985 ; sur les ivoires, E.-L. I. Marangou, *Lakonische Elfenbein- und Beinschnizereien*, Tubingen, Wasmuth, 1969 ; sur le trône d'Amyclée, A. Faustoferri, *Il trono di Amyklai a Sparta :*

d'en parler sans fournir une illustration suffisante. Je n'ai pas considéré l'époque romaine, qui pose des problèmes spécifiques, et je n'ai pas écrit de chapitre sur l'armée lacédémonienne, amplement étudiée en français dans les années récentes [5].

Bathykles al servizio del potere, Naples, Ed. scientif. ital., 1996 ; sur la céramique, C.M. Stibbe, *Lakonische Vasenmaler des sechste Jahr. v. Chr.*, Amsterdam, Londres, 1972, *Lakonian Black-Glazed Pottery, Part 1*, 1989, *Part 2*, 1994, *Part 3*, 2000 (Allard Pierson Series, Scripta minora 3, 4, 5), et *Das andere Sparta*, Mayence, Philipp von Zabern, 1996, « Lakonische Keramik », p. 163-203, M. Pipili, *Laconian Iconography of the Sixth Century B.C.*, Oxford, Oxford Univ. Committee for Archeol. Monogr. XII, 1987 ; et, en général, C. Rolley, « Le problème de l'art laconien », *Ktèma* 2 (1977), L.F. Fitzhardinge, *The Spartans*, Londres, Thames and Hudson, 1980, St. Hodkinson, « Lakonian artistic production and the problem of Spartan austerity », *in* N. Fischer et H. Van Wies, *Archaic Greece : New Approaches and New Evidence*, Londres, Duckworth, 1998 (réimpr. 2002), p. 93-117, A. Powell, « Six-century Lakonian vase-painting. Continuities and discontinuities with the "Lykourgian" ethos », *ibid.*, p. 119-145, et R. Förtsch, *Kunstverwendung und Kunstlegitimation im archaischen und frühklassischen Sparta*, Mayence, Philipp von Zabern, 2001.

5. On ajoutera notamment à J.F. Lazenby, *The Spartan Army*, Warminster, Aris et Phillips,1985, S. Valziana, « L'esercito spartano nel periodo dell'egemonia : dimensioni e compiti strategici », *Quaderni di storia* 43 (1996), p. 19-69, J. Ducat, « La femme de Sparte et la guerre », *Pallas* 51 (1999), p. 159-171, et « La société spartiate et la guerre », *in* F. Prost éd., *Armées et Sociétés dans la Grèce classique. Aspects sociaux et politiques de la guerre aux* v*e et* iv*e s. av. J.-C.*, Paris, 1999, p. 35-50, J.-N. Corvisier, *Guerre et Société dans les mondes grecs (490-322 av. J.-C.)*, Paris, Armand Colin, 1999, notamment p. 31-34, 64-68 et 248, M.-C. Amouretti et F. Ruzé, *Les Sociétés grecques et la Guerre à l'époque classique*, Paris, Ellipses, 1999, notamment p. 27-28, 42-43, 51-52 et 58, et J. Christien, *in* M.-C. Amouretti, J. Christien, F. Ruzé et P. Sineux, *Le Regard grec sur la guerre. Mythes et réalités*, Paris, Ellipses, 2000, p. 129-178.

Principales abréviations :

DK : H. Diels et W. Kranz, *Die Fragmente der Vorsokratiker*, 6e éd., Berlin, Weidmann, 1952.

FGH : F. Jacoby, *Die Fragmente der griechischen Historiker*, Leyde, Brill, 1923-

FHG : C. et T. Müller, *Fragmenta Historicorum Graecorum*, Paris, Firmin-Didot, 1841-1872.

J'ai au contraire centré l'étude sur la société et sur l'organisation politique et leur évolution ainsi que sur la relation de Sparte avec le monde extérieur en insistant sur les points discutés comme le rôle de la royauté ou la propriété de la terre, la *rhètra* d'Épitadeus ou la mystérieuse kryptie.

IG : Inscriptiones Graecae, Berlin, 1903-, editio minor, Berlin, 1913-.
LSJ : H.G. Liddell, R. Scott et H.S. Jones, *A Greek English Lexicon*, Oxford.
RE : Pauly et Wissowa, *Realencyclopädie der classischen Altertumswissenschaft*, Stuttgart, 1894-1980.
SEG : Supplementum epigraphicum graecum, Leyde, 1923-.

Hdt. : Hérodote ; Paus. : Pausanias ; Plut. : Plutarque ; Thuc. : Thucydide ; Xén. : Xénophon ; le titre des revues est abrégé selon les normes de l'*Année philologique*.

Je tiens à remercier mes amis Jean Ducat et Claude Vatin, qui m'ont fait part avec générosité de leurs remarques et de leurs critiques, ainsi que ma femme, qui s'est toujours montrée une lectrice exigeante.

1

Naissance de Sparte

1. La formation de l'État lacédémonien

Le cadre géographique

Les Spartiates ont réussi, dès le VIe siècle, à s'étendre sur près de 8 500 kilomètres carrés[1], soit plus de trois fois la superficie de l'État athénien, déjà exceptionnelle pour une cité grecque. L'État ainsi constitué correspond plus à un *ethnos*[2], voire à deux *ethnè* qu'à une cité normale, d'autant plus qu'on y distingue deux régions principales, séparées par une haute chaîne de montagnes.

La Laconie proprement dite est limitée à l'ouest par le Taygète, qui s'étend sur 110 kilomètres depuis l'Arcadie jusqu'au cap Ténare et s'élève, dans sa partie centrale, jusqu'à 2 407 mètres, et, à l'est, par le Parnon, qui, moins abrupt, culmine à 1 935 mètres et qui, orienté nord-ouest sud-est, permet à la plaine et au piedmont de s'élargir vers le sud en un vaste triangle. Cette plaine, qui constitue la région la plus riche de la Laconie, est en partie constituée par la vallée de l'Eurotas. On y distingue notamment, au centre, la plaine de Sparte, de 22 kilomètres de long sur 8 à 12 kilomètres de large, couverte d'un limon de néogène, très fertile, et, au sud, la plaine côtière d' Hélos.

1. Thucydide, I, 10, 2, parle des deux cinquièmes du Péloponnèse ; cf. P. Cartledge, *Sparta and Lakonia*, Londres, Routledge et Kegan, 1979, p. 3-12, notamment p. 7, et, en général, A. Philippson, *Die griechischen Landschaften*, IV, éd. E. Kirsten, Francfort, 1959, p. 371-523.

2. Voir Platon, *Lois*, III, 683a, qui, à propos de Sparte, évoque « cette cité ou, si vous voulez, ce peuple (*ethnos*) ».

La Messénie, à l'ouest du Taygète, contrairement à la Laconie, ne forme pas un ensemble homogène. En effet, la vallée du Pamisos, qui unit la plaine de Stényklaros, au nord, et, au sud, la plaine côtière, significativement appelée Makaria (la Bienheureuse), est séparée de toute une série de petites plaines côtières, le long du golfe de Messène ou de la mer de Sicile, par plusieurs massifs montagneux : les monts de Kyparissia, l'Aigaléon et surtout l'Ithôme, qui culmine à 805 mètres et forme une sorte de forteresse naturelle.

A ces deux régions s'ajoutent la Kynourie et la Thyréatide à l'est du Parnon ainsi que l'île de Cythère et, au nord de la Laconie, les régions montagneuses de Skiritis et de Belminatis.

Le climat est de type méditerranéen, chaud et sec l'été, avec des pluies d'automne qui peuvent être violentes [3]. Cependant, Sparte elle-même est rafraîchie par le vent du nord, et la côte occidentale de la Messénie ainsi que les contreforts occidentaux du Parnon sont bien arrosés.

Les plaines sont très fertiles et aussi bien la plaine de Sparte que la vallée du Pamisos [4] permettent deux récoltes annuelles.

La Sparte achéenne et l'arrivée des Doriens [5]

Pour les Anciens, la Sparte achéenne évoquée par Homère avait laissé place à une Sparte dorienne.

La belle Hélène, dont l'enlèvement a suscité la guerre de Troie, et son ancien époux Ménélas, frère et adjoint, plus

3. Voir Théophraste, *De causis plantarum,* III, 3, 4.

4. Pour Euripide, fr. 1068 N^2 = Strabon, VIII, 5, 6, la Messénie est « productrice de belles récoltes, arrosée de ruisseaux sans nombre, bien pourvue en pâturages pour les bœufs et les moutons, sans souffrir en hiver des vents hivernaux ni, inversement, de la chaleur excessive sous le quadrige du soleil », et, pour l'opposer à « la terre laconienne, au sol médiocre », le poète ajoute même que la Messénie a « une fertilité (*arétè*) qui passe toute expression ».

5. Cf. D. Musti éd., *Le origini dei Greci. Dori e mondo Egeo*, Rome, Bari, Laterza,1985, et I. Malkin, *La Méditerranée spartiate*, Paris, Belles Lettres, 1999, p. 50-64.

courageux qu'efficace, du chef de l'expédition, Agamemnon, jouent un rôle important dans l'*Iliade*. Le *Catalogue des vaisseaux*, qui, quelle que soit sa date, était considéré comme une partie intégrante du poème, évoque « la creuse[6] Lacédémone » (III, 581), où règne Ménélas. Lacédémone désigne ici une région comprenant 9 bourgades, dont Pharis (citée en premier), Sparte, Amyclées, Hélos et Las. Son importance est suggérée par les 60 navires placés sous le commandement de Ménélas, encore que ce nombre soit inférieur aux 100 navires d'Agamemnon, auxquels s'ajoutent les 60 déjà fournis aux Arcadiens, ainsi qu'aux 90 de Nestor et aux 80 de Diomède. Le terme de Sparte apparaît rarement dans l'*Iliade* : en dehors du passage déjà cité du *Catalogue des vaisseaux*, on ne le trouve qu'en IV, 52, où Sparte est au nombre des 3 *poleis* chères à Héra, alors que Lacédémone, déjà attestée en linéaire B, est mentionnée quatre fois. Au contraire, dans l'*Odyssée*, plus récente, Sparte concurrence Lacédémone (8 exemples contre 7), dont il devient un synonyme, pour désigner aussi bien la région que son centre.

Pour se donner des lettres de noblesse en maintenant vivant ou, plutôt, en ressuscitant le souvenir de la Lacédémone achéenne, les Spartiates ont été tentés de retrouver des personnages homériques dans des cultes traditionnels. On peut ainsi mentionner, à Sparte même, un sanctuaire d'Hélène et, en Laconie, un temple de Ménélas, où seraient enterrés Hélène et Ménélas, un sanctuaire d'Alexandra, dans laquelle les Amycléens ont reconnu Cassandre, la fille de Priam, tandis qu'Agamemnon est adoré en tant que Zeus Agamemnon et qu'Achille dispose de deux sanctuaires.

Des ruines ou des objets mycéniens ont pu favoriser ces assimilations. En effet, même si l'on n'a pas découvert en Laconie de sites aussi prestigieux que Mycènes, Tirynthe ou Pylos – peut-être parce que le palais royal, s'il a existé, n'a pas encore été identifié –, les archéologues ont reconnu

6. L'expression indique une région en contrebas, entourée de montagnes ; quant à l'adjectif *kètoessa* qui s'y ajoute, son sens était discuté dès l'Antiquité, cf. Strabon, VIII, 5, 7 ; de même Euripide, fr. 1068 N^2 = Strabon, VIII, 5, 6, assure que la Laconie a « beaucoup de terre arable mais difficile à travailler, car formant un creux entouré de montagnes… ».

21 sites habités[7] au XIIIe siècle (Helladique récent III B), notamment Amyclées, Vaphio, le Ménélaion et, plus au nord, Pellana, sites auxquels s'ajoutent une quinzaine d'autres où on a trouvé de la céramique.

Au Péloponnèse mycénien des archéologues et achéen d'Homère a succédé un Péloponnèse archaïque qui parle dorien en Messénie, en Laconie, en Argolide, à Corinthe et à Mégare, et des dialectes voisins en Élide et en Achaïe, alors que des dialectes issus de l'achéen ne subsistent qu'en Arcadie, à Chypre et en Pamphylie. Le simple fait que la langue originelle ne se soit conservée que dans les montagnes de l'intérieur ou à l'étranger suggérerait déjà une invasion brutale, conformément aux traditions historico-mythiques[8] qui associent le retour (légitime) des Héraclides et l'arrivée des Doriens.

A la mort d'Héraclès, son fils Hyllos, persécuté par son cousin Eurysthée, se serait enfui du Péloponnèse, mais il y serait revenu, aidé (au moins dans les traditions athéniennes) par les Athéniens. Cependant, comme le retour était prématuré, une « peste » l'obligea à quitter le Péloponnèse. Cherchant à y rentrer, il fut tué par le roi de Tégée Échémos, après s'être engagé, s'il était vaincu, à ne pas revenir avant cinquante ans (ou cent ans, dans la version d'Hérodote).

Le petit-fils d'Hyllos, ayant mal compris l'oracle qui l'invitait à emprunter « la voie étroite », attaqua par l'isthme de Corinthe et se fit tuer. Ce fut l'arrière-petit-fils d'Hyllos, Téménos, qui, après un premier échec et guidé par l'Étolien Oxylos, traversa le golfe de Corinthe là où il est le plus resserré et occupa le Péloponnèse. Laissant l'Arcadie à ses habitants et donnant l'Élide à Oxylos, il prit pour lui Argos, tandis que ses frères reçurent, Cresphonte, la Messénie, et Aristodèmos – ou ses jumeaux, s'il était déjà mort –, la Laconie.

Dans ces récits prédomine Téménos, qui dirige l'expédi-

7. Sparte pourrait s'y ajouter, mais n'y paraît attesté qu'un établissement limité et peut-être temporaire, cf. P. Cartledge, *Sparta and Lakonia*, p. 17.

8. Cf. notamment Hdt., IX, 26, Diodore, IV, 58, 1-4, Apollodore, *Bibliothèque*, II, 169-177, et Eusèbe, *Prép. Evang.*, V, 20, 210c.

tion et qui est le seul à donner son nom à une dynastie. D'autre part, comme les Doriens, partis de Thessalie et passés en Doride (Grèce centrale) (Hdt., I, 56 et VIII, 43), sont censés avoir fourni les troupes qui ont envahi le Péloponnèse, il a fallu trouver un moyen de les associer aux Héraclides. Le Dorien Aigimios (ou Aigimos), père de Pamphylos et de Dymas, est ainsi censé avoir, par reconnaissance envers Héraclès, adopté Hyllos [9], ce qui est, bien sûr, une reconstruction à partir du nom (historique) des trois tribus doriennes : Hylleis, Dymanés et Pamphyloi.

Ces récits permettent de comprendre comment on imaginait à Sparte et dans le reste de la Grèce les origines des Spartiates [10]. Si on entendait voir en eux des envahisseurs et non des autochtones comme se disaient les Athéniens, on oubliait les Héraclides, c'est ce qu'avec toute la mauvaise foi de la polémique rhétorique fait Isocrate dans le *Panathénaïque* (177). Mais ce n'était pas conforme aux conceptions des Spartiates, dont les rois et sans doute une partie de l'aristocratie se disaient Héraclides [11]. Or, le seul fait de parler du « retour des Héraclides » suggère que les envahisseurs ont pu se présenter, au moins au moment où ces récits ont été conçus, comme des restaurateurs et non comme des destructeurs et, leurs rois (comme par exemple Cléomène Ier) proclamant leur filiation achéenne [12], il était difficile de considérer les Achéens comme des inférieurs tout juste bons à fournir des esclaves.

On s'est cependant demandé s'il y avait réellement eu une « invasion dorienne » et, étant donné le petit nombre de

9. Pour Pindare, *Pyth.*, V, 92-97 : Apollon « a établi à Lacédémone, à Argos et dans la très divine Pylos les descendants d'Héraclès et d'Aigimios ».

10. Le récit des origines se fonde sur des réalités constatables comme le nom des tribus, les liens de Sparte avec la Doride (en Grèce centrale) ou ceux de l'Élide avec les Étoliens et, en les expliquant, tend à les renforcer.

11. Cf. U. Huttner, *Die politische Rolle der Heraklesgestalt im griechischen Herrschertum, Historia Einzelschriften* 112, Stuttgart, Franz Steiner, 1997, p. 43-64.

12. L'intégration de héros homériques dans les cultes laconiens suggère la même attitude.

nouveautés apportées par les envahisseurs, on a pu parler d'une invasion sans envahisseurs. De fait, les récits résumés plus haut étaient loin d'évoquer le déferlement d'une nouvelle population[13] ; ils suggéraient au contraire des efforts difficiles, répétés pendant un siècle, pour arriver finalement à dominer le Péloponnèse. L'archéologie, qui a pu constater deux grandes vagues de destructions au début (ou au milieu) du XIIe siècle, puis à la fin du XIIe, voire au début du XIe siècle, confirmerait sur ce point les récits mythiques. Quant aux faibles changements culturels apportés par cette « invasion », de longs contacts avec une civilisation plus développée auraient suffi à « mycéniser » les envahisseurs, sans qu'il soit besoin de supposer, comme le fait Hooker[14], que les Doriens étaient déjà là et qu'ils se seraient contentés de renverser leurs maîtres achéens.

Première expansion et guerres de Messénie

Bien que les sources restent encore très incertaines, on peut essayer de reconstituer les premiers stades de l'expansion spartiate.

Si la tradition a conservé le souvenir d'une expédition en Belminatis dès le IXe siècle, il s'agit sans doute de représailles contre les pillards descendus de leurs montagnes plutôt que d'une véritable entreprise de conquête, car, avant de songer à dominer toute la vallée de l'Eurotas, il fallait conquérir la plaine de Sparte elle-même. Or, on doit attendre le VIIIe siècle (deux générations avant Polydore) pour que, selon Pausanias (III, 2, 6), les Spartiates conquièrent Amyclées, Pharis et Géronthrai. Si Géronthrai est déjà à près de 25 kilomètres (à vol d'oiseau) de Sparte, Amyclées n'est éloignée que de 4 kilomètres et Pharis, de 7. Or Pausanias

13. Pour Isocrate, *Panath.*, XII, 255, l'effectif des premiers Spartiates ne dépassait pas 2 000, ce qui montre au moins comment, à son époque, on imaginait l'invasion dorienne.

14. Cf. J. Hooker, « New reflexions on the Dorian invasion », *Klio* 61 (1979), p. 353-360, et « The end of Pylos and the linear B evidence », *SMEA* 23 (1982), p. 209-217.

évoque la longue résistance d'Amyclées. Selon certaines traditions, il y aurait eu un accord initial, une sorte de *modus vivendi* entre Amyclées et les envahisseurs, mais les Amycléens, assujettis, se seraient révoltés et, vaincus, se seraient enfuis en Crète (notamment à Gortyne) et à Chypre. Si c'est là la version qui avait cours à Sparte, il est plus probable qu'Amyclées, la cité la plus puissante de la région, avait d'abord su rester indépendante [15], puis qu'une lutte difficile avec Sparte avait dû se terminer par un compromis permettant aux habitants qui le souhaitaient de rester en devenant des citoyens à part entière. De fait, Amyclées formera le cinquième des villages constitutifs de Sparte et conservera, avec les Hyakinthia, un grand prestige religieux.

Ayant enfin réussi à unifier leur propre plaine, les Spartiates purent se lancer dans la conquête de l'ensemble de la vallée. Ils seraient ainsi remontés vers les sources de l'Eurotas sous Charillos, deux générations avant Théopompe, et descendus vers Hélos, sous Alcamène, le père de Polydore. Si l'on admet cette chronologie, ils auraient ainsi, au VIIIe siècle, en deux générations, conquis successivement la plaine de Sparte, puis l'ensemble de la vallée.

La conquête de la Messénie [16] fut plus difficile. Elle nous est connue par des allusions de Tyrtée et par les longs déve-

15. Ce qui ne préjuge en rien de sa population, toujours achéenne ou déjà en partie dorienne, comme le suggère B. Eder, *Argolis, Lakonien, Messenien. Vom Ende der mykenischen Palastzeit bis zur Einwanderung der Dorier*, Vienne, 1998, en rappelant que le mois *hyakinthios* ne se trouve que dans le monde dorien, voir notamment p. 128, 137 et 202.

16. F. Kiechle, *Messenische Studien*, Kallmünz, 1959, L. Pearson, « The Pseudo-History of Messenia and its authors », *Historia* 11 (1962), p. 397-426, H.T. Wade-Gery, « The Rhianos-Hypothesis », *Mél. Ehrenberg*, Oxford, Blackwell, 1966, p. 289-302, W.K. Pritchett, « The topography of Tyrtaios and the Messenian Wars », *Studies in Ancient Topography*, V, Berkeley, Los Angeles, Univ. of California Publications : classical studies, 1985, p. 1-67, et V. Parker, « The dates of the Messenian wars », *Chiron* 21 (1991), p. 25-47, et « Some dates in early Spartan history », *Klio* 75 (1993), p. 45-60, J. Auberger, « Pausanias et les Messéniens : une histoire d'amour », *REA*, 1992, p. 187-198, S.E. Alcock, « The peculiar Book IV and the problem of the Messenian past », *in* S.E. Alcock, J.F. Cherry et J. Elsner, éd., *Pausanias : Travel and Memory in Roman Greece*, Londres, Oxford University Press, 2001, p. 142-159.

loppements de Pausanias (IV, 4-24). Mais celui-ci, qui se fonde sur Myron de Priène pour la première guerre et sur l'épopée de Rhianos pour la seconde, est sujet à caution, car les Messéniens, qui ont reconstitué leur État en 370-69, ont entendu se redonner une histoire héroïque.

La première guerre, qu'on date de la fin du VIIIe siècle [17], aurait, selon Pausanias, été suscitée par des griefs réciproques, et les Spartiates, qui avaient déjà eu des différends avec les Messéniens [18], ont voulu profiter des dissensions entre les Messéniens eux-mêmes. Elle témoigne surtout de l'expansionnisme des Spartiates à la recherche de terre à cultiver : Tyrtée évoque ainsi la conquête de la Messénie « bonne à labourer, bonne à planter ». Or, dans les autres directions, les Spartiates sont provisoirement bloqués. Vers le nord, ils ont échoué à Tégée, deux générations avant Théopompe, et n'ont pu conquérir que les districts montagneux de Belminatis et de Skiritis. Vers l'est, ils ont essayé de s'emparer de la Kynourie et de la Thyréatide ; or, s'ils ont ravagé l'Argolide avec l'aide d'Asinè, Argos, qui reste la cité la plus puissante du Péloponnèse, a pris sa revanche et interdit toute progression. Vers le sud, une fois pris Hélos et Gytheion, la région, montagneuse, ne présente pas un grand intérêt économique. Restaient l'ouest et le sud-ouest, c'est-à-dire la Messénie, avec la riche vallée du Pamisos.

Il est difficile de discerner ce qui est historique dans le détail des opérations rapportées par Pausanias. Notons seulement la durée de la guerre, 19 ans selon Tyrtée (élégie 4, Diehl [3]), qui, presque contemporain, paraît une source fiable. Cette durée suggère une guerre qui se limite à une série de coups de main ou de sièges sans grandes batailles décisives. Même si les combattants peuvent déjà disposer de certains éléments de l'équipement hoplitique, on ne pratique pas encore, quoi qu'en dise Pausanias (cf. IV, 8), le combat hoplitique par choc frontal entre deux phalanges, car Tyrtée montre très clairement que ce type de combat est une nou-

17. Une date, au moins approximative, paraît assurée par la fondation de Tarente à l'issue de la guerre.

18. Ceux-ci auraient, entre autres, tué le grand-père de Polydore, Paus., III, 2, 6.

veauté effrayante pour les combattants de la deuxième guerre de Messénie. Chaque camp aurait bénéficié d'aides étrangères : les Messéniens auraient été soutenus par les Arcadiens et par des troupes d'élite d'Argos et de Sicyone, tandis que les Spartiates, qui auraient utilisé des mercenaires crétois, auraient été aidés par les Corinthiens. Ces alliances ne sont pas impossibles, et le souvenir a pu en être gardé, mais, étant donné le faible niveau d'organisation étatique de l'époque, il pourrait plutôt s'agir d'interventions privées.

Après leur victoire, les Spartiates rasent les fortifications de l'Ithôme, où s'étaient réfugiés les Messéniens, s'emparent des autres cités – au moins de certaines d'entre elles – et consacrent un trépied de bronze au dieu d'Amyclées. L'élite des Messéniens se réfugie, suivant les liens personnels, à Sicyone, à Argos, en Arcadie ou en Élide, mais la majorité des gens du peuple reste ou retourne dans les territoires conquis par les Spartiates. Ils sont obligés de prêter serment de ne pas faire défection ni de susciter de révolution et, s'ils ne sont pas soumis au versement d'un tribut (*phoros*), « ils apportent à leurs maîtres la moitié de ce que porte la glèbe » (Tyrtée, élégie 5 D^{3}). Les femmes de Messénie sont obligées d'assister en vêtement noir aux funérailles des rois et des autres magistrats de Sparte. Ces indications de Pausanias pourraient être fondées sur Tyrtée, qui est cité, et dont le Périégète ou sa source devait connaître le reste de l'œuvre[19].

La domination spartiate en Messénie paraît encore géographiquement limitée. Le fait que les Lacédémoniens puissent installer[20] au sud-ouest du golfe de Messénie, dans ce qui est deviendra Asinè, leurs anciens alliés d'Asinè (d'Argolide) montre cependant que leur influence s'exerçait assez loin des lieux de combat, mais il semble qu'en général, dans le sud, on se soit contenté de conclure avec les habitants des accords qui aboutiront à la constitution de cités périèques, attestées à l'époque classique. C'est au contraire dans le

19. Cf. Paus., IV, 15, 2, où, à propos de la deuxième guerre de Messénie, l'auteur assure que Tyrtée ne donne pas le nom des rois qui régnaient alors à Sparte.

20. Ils installent aussi à Hymia un roi messénien qui leur était favorable, mais on n'a pas localisé l'endroit.

nord, dans la région de Stényclaros et de l'Ithôme, que les Spartiates se sont le plus emparés des terres, alors que les cités de la côte occidentale, notamment Kyparissia, sont restées indépendantes[21].

La Messénie n'est ainsi que partiellement soumise, et le désir de revanche suscite une deuxième guerre.

La chronologie de celle-ci reste très discutée. Pour Tyrtée (4 D[3]), deux générations séparent la deuxième guerre de la première, qui se serait déroulée sous les « pères de nos pères[22] ». Quant à Pausanias, il a mêlé sans s'en rendre compte trois chronologies différentes : selon les indications qu'il présente, on peut dater la guerre de 685 à 672, de 681 à 668 ou de 670 à 657[23]. La première chronologie construite à partir de la date incertaine de la première guerre paraît moins convaincante que la troisième, qui se réfère au retour des Messéniens en 370-69 : il n'est pas invraisemblable que, dans leur diaspora, ils aient pu compter les années depuis la disparition de leur ancien État[24]. D'autre part, l'écart ainsi établi avec la première guerre de Messénie serait plus en accord avec les deux générations suggérées par Tyrtée, alors que les 38 ans d'écart de la première chronologie paraîtraient au contraire trop courts.

La chronologie la plus récente se concilie bien avec la défaite d'Hysiai (Paus., II, 4, 7), datée traditionnellement de 669-68, la lutte sur deux fronts contribuant à la défaite spartiate, et avec la refondation de Messène (en Italie) en 664 (Paus., IV, 23, 10), donc avant la fin du siège d'Eira.

Certains ont même proposé une date plus récente en se

21. Selon Paus., III, 3, 4, même après la deuxième guerre de Messénie, les cités (*polismata*) côtières ont échappé à la domination spartiate.

22. L'expression pouvant aussi se référer aux ancêtres en général, il est possible d'envisager un intervalle supérieur (mais en aucun cas inférieur) à deux générations.

23. La guerre durant 13 ans selon Pausanias (les 2 ans de IV, 17, 2 s'ajoutant aux 11 ans du siège d'Eira, 17, 10 et 20, 1), la première chronologie se déduit de IV, 13, 7 et 15, 1 (début de la guerre en 685), la deuxième de IV, 23, 4 (fin de la guerre en 668) et la troisième, de IV, 27, 9 (fin de la guerre en 657).

24. La deuxième chronologie, qui diffère de 11 ans de la troisième, s'expliquerait par une confusion entre la fin et le début du siège d'Eira.

fondant sur un propos d'Épaminondas rapporté de façon identique par Plutarque (*Apopht. des rois et généraux spartiates, Mor.* 194b) et par Élien (13, 42) : le chef béotien se serait flatté d'« avoir fondé Messène après un intervalle de 230 ans[25] », ce qui placerait la fin de la deuxième (ou d'une troisième ?) guerre de Messénie en 600. Sans aller nécessairement jusque-là, V. Parker, dans son article de 1991, a, en se fondant sur les listes de vainqueurs olympiques messéniens et spartiates et sur le nombre des règnes spartiates, proposé de dater la première guerre du tout début du VIIe siècle et la deuxième, d'environ 635-25 jusqu'à environ 610-600. En présentant des dates imprécises et en faisant durer la guerre 25 ans, il arrive ainsi, à l'extrême limite, à retrouver les dates de Plutarque-Élien. Mais on ne peut plus, après les travaux de Lenschau[26], trop se fonder sur des dates de victoires olympiques du VIIIe siècle et la chronologie des règnes demeure contestable[27]. Aussi paraît-il préférable d'en rester à une guerre qui se termine vers le milieu du VIIe siècle ou un peu plus tard[28].

Pour Pausanias, la guerre aurait été suscitée par le désir de revanche, qui s'accroît avec le temps, notamment chez les jeunes d'Andana dans la haute vallée du Pamisos, et facilitée par l'alliance avec Argos et avec les Arcadiens. Le souvenir

25. Si l'on veut attacher une valeur historique, qui paraît très douteuse, aux propos imprécis d'Isocrate, *Archidamos*, VI, 27, et de Dinarque, *Contre Démosthène*, 73, pour qui Messène est rétablie « après un intervalle de quatre cents ans », il ne pourrait s'agir au mieux que d'une allusion à la première guerre de Messénie.

26. Th. Lenschau, « Forschungen zur griechischen Geschichte im VII. und VI. Jahrhundert v. Chr., IV, Die Siegerliste von Olympia », *Philologus* 91 (1936), p. 396-411 ; cf. aussi P.-J. Shaw, « Olympiad chronography and "Early" Spartan History », *in* St. Hodkinson et A. Powell, *Sparta. New Perspectives*, Londres, Duckworth, 1999, p. 273-309 : article révolutionnaire mais contestable, car il ne distingue pas les dates dépendant du calendrier olympique (victoires à un concours) et celles qui ont seulement été traduites dans ce calendrier.

27. Les quatre générations qui séparent Anaxandros, sous le règne duquel aurait éclaté la guerre, de Cléomène Ier, qui accède au pouvoir vers 520, ne conviennent guère à la chronologie de Parker.

28. Les 53 ans que cette chronologie de Pausanias laisse entre la première et la deuxième guerre sont un peu courts pour l'écart suggéré par Tyrtée (« les pères de nos pères »).

se serait conservé de la victoire des Messéniens à Kaprou Sèma (la tombe du sanglier) et de leur défaite du Grand Fossé [29]. Après cette défaite, ils se seraient fortifiés sur le mont Eira, où ils auraient résisté onze ans tout en faisant des razzias en Laconie et en Messénie.

La deuxième guerre de Messénie se caractérise, au moins dans sa première phase, par le rôle de la tactique hoplitique. Celle-ci aurait d'abord été défavorable aux Spartiates, battus par les Messéniens comme par les Argiens, et le rôle de Tyrtée paraît avoir été de redonner courage à des troupes qui supportaient difficilement le choc hoplitique. Que cet endoctrinement ait été utile ou que les Spartiates aient profité de la défection des Arcadiens, ils l'emportent finalement au Grand Fossé et, dès lors, la nouvelle tactique ne peut plus servir, car la guerre se réduit à un siège et à des raids.

A l'issue de la guerre, la Messénie est absorbée dans l'État lacédémonien, mais il semble que les Spartiates eux-mêmes se soient contentés de s'emparer des riches terres de la vallée du Pamisos. Le livre IV (24, 4) de Pausanias laisse bien croire, à tort, qu'à l'exception du territoire des gens d'Asinè (restés neutres) et de Mothonè donnée « aux gens de Nauplie, qui venaient d'être chassés de chez eux par les Argiens, les Lacédémoniens se partagèrent entre eux le territoire », les Messéniens qui n'avaient pas émigré, mais étaient restés dans le territoire, étant réduits à l'état d'Hilotes (IV, 24, 5). Mais, dans le livre III, consacré à la Laconie, l'auteur s'était montré plus précis en indiquant que les habitants des cités (*polismata*) côtières avaient échappé à la servitude (III, 3, 4), entendons à la condition d'Hilotes. Ces cités ont visiblement bénéficié, alors ou plus tard, du statut de cités périèques.

De toute façon, les problèmes que posaient l'intégration de la Messénie et les conséquences de la défaite d'Hysiai retardèrent l'expansion de Sparte. Il fallut attendre le milieu du VIe siècle pour qu'elle l'emportât enfin sur Tégée, grâce,

29. Il y aurait, selon une scholie à Aristote, *Éthique à Nicomaque*, III, 1116 B = C. Prato, *Tyrtaeus*, Rome, Ateneo, 1968, *Testimonia* 22, une allusion à ce combat chez Tyrtée, ce qui en confirmerait la réalité. Voir aussi la mention probable d'un fossé dans une élégie de Tyrtée (1 D[3] v. 19 = 10 Prato, v. 40).

croyait-on, aux os d'Oreste (Hdt., I, 67-68), et que, victorieuse d'Argos à l'issue de la bataille des champions (Hdt., I, 82), elle pût s'emparer de la Thyréatide et assurer sa domination sur Cythère et l'ensemble de la côte occidentale au sud de la Thyréatide.

L'État lacédémonien a dès lors atteint sa plus grande extension, et Sparte n'aura plus qu'à constituer une politique d'alliances pour accroître son influence dans le Péloponnèse et dans l'ensemble de la Grèce.

2. La naissance du régime et de l'idéologie spartiates

La Sparte mal connue du haut-archaïsme (des VIIIe et VIIe siècles) aurait légué à la Sparte classique la grande *rhètra* censée fonder son régime politique et, avec les poèmes de Tyrtée, une synthèse originale de l'ancienne idéologie aristocratique et de la nouvelle idéologie civique.

La grande *rhètra* [30]

La grande *rhètra* est connue par deux textes, dont nous présentons une traduction : des distiques élégiaques attribués à Tyrtée, qui, si l'on néglige l'introduction et la conclusion, comprennent quatre ou sept vers, selon que l'on adopte la version courte de Plutarque (*Lyc*., 6, 10 = Tyrtée Diehl 1 [3] 3b)

30. Voir notamment H.T. Wade-Gery, « The Spartan Rhetra in Plutarch's Lycurgus VI », *in Essays in Greek History*, Oxford, Blackwell, 1958, p. 37-85, Ed. Lévy, « La grande *Rhètra* », *Ktèma* 2 (1977), p. 85-103, et, parmi les travaux récents, D. Musti, « Regole politiche a Sparta. Tirteo e la grande rhetra », *Rivista di Filologia e di Istruzione Classica* 124 (1996), p. 257-281, G. Liberman, « Plutarque et la *Grande Rhètra* », *Athenaeum* 65 (1997), p. 204-207, et H. Van Wees, « Tyrtaeus' *Eunomia*. Nothing to do with the Great Rhetra », *in* St. Hodkinson et A. Powell, *Sparta. New Perspectives*, Londres, The Class. Press of Wales, 1999, p. 1- 41.

ou la version longue de Diodore (VII, 12, 6 = Tyrtée 3a), et un texte en prose de cinq lignes (édition Budé), suivi d'un « amendement » de deux lignes, tous deux cités et commentés par Plutarque, *Lyc.*, 6, 1-9.

• Diodore : Tyrtée 3a

> Ainsi en effet le Seigneur à l'arc d'argent, l'agissant-au-loin Apollon
> à la chevelure d'or, a prophétisé depuis son gras adyton :
> « Qu'initient la délibération les rois honorés des dieux,
> [rois] qui ont souci de l'aimable cité de Sparte,
> et les Anciens du Conseil et qu'ensuite [ce soient] les hommes du peuple,
> répondant à leur tour par [ou à] de droites *rhètra* [31],
> [qu'ils] parlent honorablement [*ta kala*] et fassent tout justement
> et ne délibèrent pas [de travers] [32] pour notre cité
> et qu'à la masse du peuple s'attachent victoire et suprématie. »
> Phoibos en effet là-dessus a ainsi révélé à la cité.

• Plutarque : Tyrtée 3b

> Ayant entendu Phoibos, ils ont rapporté de Pytho chez eux
> les oracles du dieu et ses paroles infaillibles :
> vers 3 à 6 identiques à 3a, sauf le vers 5, où le banal *presbutas* remplace *presbugeneis*.

• Plutarque : *Vie de Lycurgue*, 6

> 1/ Lycurgue attacha tant d'importance à cette magistrature (*sc.* la gérousie) qu'il rapporta de Delphes à son sujet un oracle, qu'on appelle *rhètra*. 2/ Il se présente ainsi :

31. Le datif du texte peut correspondre soit à un complément d'attribution, soit à un instrumental ; selon que *rhètra* désigne une proposition de loi, cf. Plutarque, *Agis*, 5, 3, 8, 1 et 9, 1, ou la loi elle-même, voir Plutarque, *Lyc.*, 6, 1 et 7, et 13, 1, on traduira par « à » ou par « par ».

32. Le vers étant corrompu ou incomplet, J.F. Wurm, dans son édition de Diodore, Stuttgart, 1827-1840, a ajouté *skolion* en se fondant sur l'« amendement » du texte de Plutarque.

> « Ayant fondé un sanctuaire de Zeus *Sullanios et d'Athéna *Sullania, ayant réuni en tribus les tribus et en *ôbai* les *ôbai*, ayant constitué une gérousie de trente avec les *archégètes*, de saison en saison *apellazein* entre Babyka et Knakion ; ainsi proposer et se retirer ; [mais (ou et) à l'assemblée du peuple victoire] et suprématie. » 3/ Dans ce texte, l'expression *phulas phulaxai kai obas obaxai* signifie diviser le peuple (*plèthos*) et le répartir dans des sections (*méris*) dont il a appelé les unes *phulai* et les autres, *ôbai*. Les rois sont dits *archégètes* (fondateurs) ; *apellazein*, c'est réunir l'assemblée, parce qu'il rattacha au Pythien l'origine et la cause du régime. 4/ On appelle aujourd'hui Babyka et Knakion Oinous, mais Aristote dit que Knakion est un fleuve et Babyka, un pont. C'est entre eux qu'on tenait les assemblées sans portiques ni autre aménagement. 5/ (réflexions moralisantes). 6/ Quand le peuple (*plèthos*) était rassemblé, il n'était permis à personne d'autre (*sc.* que les rois et les gérontes) d'émettre une proposition (*gnômè*), mais, sur celle qui avait été proposée par les gérontes et les rois, l'assemblée (*dèmos*) avait tout pouvoir de décider (*épikrinai kurios èn*). 7/ Mais, plus tard, comme la majorité (*oi polloi*) déformait et violentait les propositions par retranchement ou addition, les rois Polydore et Théopompe interpolèrent (*parénégrapsan*) dans la *rhètra* la phrase suivante : 8/ « Si le peuple (*damos*) disait (*éroito*) de travers (*skolian*), que les Anciens et les *archégète*s soient dissoluteurs (*apostatèras*) », c'est-à-dire n'entérinent pas mais en somme se retirent et dissolvent l'assemblée (*dèmos*) comme dévoyant et modifiant la proposition contrairement à ce qui est le meilleur. 9/ Et eux aussi persuadèrent la cité que cette injonction venait du dieu, comme l'a rappelé, si je ne m'abuse, Tyrtée dans le passage suivant : 10 « Ayant entendu Phoibos… (voir Tyrtée 3b).

Ces textes font-ils tous allusion à la grande *rhètra* ? Pour Plutarque, la version en prose est le texte même de la *rhètra* et, comme il cite Tyrtée à son propos, il est clair que, pour lui, le texte de Tyrtée est une paraphrase en vers de la *rhètra* agrémentée de son « amendement ». De fait, même si la *rhètra* de Plutarque évoque des points qui n'apparaissent pas chez Tyrtée, les deux textes ont en commun le rôle des dirigeants et celui du peuple et, malgré les objections de Van Wees, il semble bien qu'on puisse les étudier ensemble et même parfois utiliser l'un pour compléter ou corriger un passage corrompu de l'autre.

D'autre part, nous avons deux versions de l'élégie de Tyrtée. Plutarque se contente sans doute de citer le début de l'élégie, qui lui suffit pour montrer que l'amendement aussi était attribué à Delphes. Diodore entend au contraire reproduire intégralement l'oracle adressé à Lycurgue « sur les affaires politiques », et Van Wees (*l.c.*, p. 8) a rappelé que, pour les élégies de Solon, Diodore présentait également des textes plus complets que Plutarque. Aussi semble-t-il préférable de partir de la version longue [33].

Cependant, la version de Plutarque devrait avoir un sens par elle-même et justifier les affirmations de l'auteur. Si l'on néglige les vers ajoutés par Diodore, le texte présente une légère anacoluthe, car il est évident que les hommes du peuple n'initient pas la délibération, il faut donc comprendre : « et qu'ensuite ce soient les hommes du peuple [34] [qui interviennent] ». D'autre part, le texte ne peut servir d'argument pour l'amendement que si l'on comprend (avec Plutarque) qu'ils doivent répondre par de droites *rhètra*. Enfin, si l'on suppose que la fin de la citation de Plutarque marque une coupure dans le texte, il n'est plus évident que ce soient les hommes du peuple qui doivent respecter le bien (*ta kala*) et la justice, et éviter de mal délibérer [35]. Il est donc possible que les vers ajoutés par Diodore présentent la même structure que ceux du début et évoquent d'abord les devoirs des dirigeants (bien délibérer) et ensuite le pouvoir du peuple, « à qui doivent s'attacher victoire et suprématie », à la fois militairement, en

33. C. Prato, *Tyrtaeus*, p. 64-70, rejette au contraire le texte de Diodore du fait notamment de l'accumulation des épithètes d'Apollon et du sens donné à *ta kala*.

34. Il n'y a aucune raison de supposer que cette expression puisse désigner les éphores et donc, dans la version de Diodore, s'opposer à « la masse du peuple » évoquée à la dernière ligne.

35. Le verbe délibérer (*bouleuein*) convient mieux pour la gérousie que pour l'assemblée.

tant que troupes victorieuses, et politiquement, en tant que votant les *rhètra*. Même si les rois et les gérontes, initiant la délibération, ont seuls le droit d'initiative, le texte, contrairement à la version de Plutarque, insiste sur le rôle du peuple, dont le droit à la parole est clairement reconnu et qui a le dernier mot, puisqu'il répond, probablement par des *rhètra*.

Le texte en prose de Plutarque, plus complexe, pourrait avoir conservé une version de la *rhètra*, qui serait antérieure à Tyrtée. Si, en tant que texte législatif (ou constitutionnel), il se présente, comme il est normal, sous la forme d'une série d'infinitifs, il entend surtout apparaître comme un oracle. Il en a, en effet, la concision et l'imprécision : sauf à la dernière ligne, les verbes (infinitifs ou participes au masculin singulier) n'ont aucun sujet exprimé ; le verbe *être* est peut-être omis dans la dernière phrase, et le texte se complaît aux figures de mots introduisant comme des rimes internes sans redouter les néologismes. Il s'agirait sans doute d'un oracle en prose, mais, bien que la plupart des oracles conservés soient en hexamètres dactyliques, la chose n'a rien d'impossible[36]. Aussi, même s'il ne s'agit pas d'un véritable oracle, faut-il voir dans la *rhètra* au moins un texte spartiate qui entend se présenter comme un oracle delphique[37] ou, au moins, comme approuvé par Delphes.

Elle évoque la fondation de l'État lacédémonien, les relations des dirigeants avec l'assemblée, enfin le droit de veto.

• Fondation de l'État

Comme il est normal pour une fondation – et surtout quand le texte est censé provenir de Delphes –, la première prescription est religieuse. Le destinataire, censé être Lycurgue, est invité à fonder un sanctuaire, probablement commun, comme le suggère le singulier, de Zeus Sullanios et d'Athéna Sullania. Ces deux divinités jouent un grand rôle dans la vie

36. Cf. Strabon, VII, 1, 43, et surtout Plutarque, *Sur ce que la Pythie ne rend plus maintenant ses oracles en vers*, *passim*, 19 et surtout 23, où l'auteur assure qu'autrefois la majorité des oracles étaient en prose.

37. C'est le cas, pour Plutarque, de l'« amendement », qui, peut-être pour paraître authentique, est formulé en une langue plus archaïque et plus dorienne que le reste du passage.

sociale et la vie politique, mais l'épiclèse Sullanios est inconnue et il faut sans doute y voir un ancien Hullanios[38] (cf. Hylleis, le nom d'une des trois tribus), la faute provenant d'une diplographie du sigma dans *Dioshullaniou* et *Athanashullanias*.

La fondation d'une cité impliquant la répartition des citoyens dans des cadres déterminés, le texte évoque les tribus (*phulai*) et les *ôbai* et, sur ces deux termes, fabrique[39] deux verbes, dont le sens n'est pas clair.

Personne ne met en doute la division des Spartiates en trois tribus, qui combattent encore séparément lors de la première et même, probablement, de la seconde guerre de Messénie[40]. Cette répartition n'est pas propre à Sparte, mais déjà attestée chez Homère (*Od.*, XX, 177) pour les Doriens de Crète, se retrouve dans tous les États doriens dont nous connaissons l'organisation[41], avec, parfois, comme à Sicyone ou à Argos, une quatrième tribu, ouverte au reste de la population.

Qu'est-ce donc que la *rhètra* invite à faire avec cette division, datant pour le moins du dorien commun ? On a généralement interprété le verbe *phulazô* au sens de créer des tribus, mais comment créer ce qui existe déjà ? Certains ont été si sensibles à cette objection qu'ils ont préféré reconnaître dans le texte une forme de *phulattô* (garder, préserver), mais le parallélisme des paronomases *phulas phulaxanta* et *ôbas ôbaxanta* oblige à rejeter cette interprétation. De fait, le verbe est un factitif, il signifie « faire que la [ou les] *phulè* existe[nt] », mais il peut s'agir soit de créer une institution, soit, seulement, de la matérialiser, c'est-à-dire ici de réunir les membres de la *phulè* ; de même, lorsqu'on emploie le verbe *ekklesiazô* (ou, dans notre texte, *apellazô*), il ne s'agit pas, à chaque fois de créer l'institution qu'est l'assemblée. Il n'est donc aucunement exclu qu'il s'agisse ici aussi de regrouper les Spartiates dans un cadre existant.

38. C'est la thèse de L. Ziehen, *RE* III 2 a (1929), col. 1484.

39. En tout cas, ils ne sont pas attestés ailleurs.

40. Tyrtée 1 D³ v. 50-52, où, selon les restitutions adoptées, il s'agit de la première ou, plus vraisemblablement, de la seconde guerre de Messénie, cf. aussi scholie à Pindare, *Pyth.*, I, 121, et Hdt., V, 68.

41. Cf. la liste *in* F. Kiechle, *Lakonien und Sparta, Vestigia* 5,1963, p. 116, n. 1, et D. Roussel, *Tribu et Cité*, Paris, 1976, p. 223 *sq.*

Le terme *ôbè*, dont l'étymologie est discutée, désigne également une subdivision des Spartiates, mais on ne sait si elle est territoriale ou héréditaire. En se fondant sur des gloses d'Hésychius et sur des inscriptions d'époque romaine, on y a vu le plus souvent une unité territoriale identique au village (*kômè*) et, comme Thucydide (I, 10, 2) indique que Sparte est formée de *kômai*, la *rhètra* aurait évoqué la même division et marqué le passage d'une armée tribale à une armée à recrutement territorial, fondé sur le village. Cependant, une inscription[42], qui daterait du tournant VIe-Ve siècle, mais dont nous n'avons plus qu'une mauvaise copie, mentionnerait une *owa* (= *ôbè*) des Arkaloi, ce qui suggérerait qu'à cette époque les *ôbai* ne correspondaient pas ou pas toutes aux 5 *kômai* de Sparte. D'autre part, Hésychius donne parfois à *ôbè* le sens de tribu (*phulè*), tandis qu'au IIe s. apr. J.-C. Aelius Aristide, évoquant la constitution de Lycurgue, affirme que le dieu lui-même a divisé la cité en tribus et en *génè* : il voit donc dans les *ôbai* de la *rhètra* des *génè* ou des groupes de *génè*.

Ainsi, même à l'époque tardive, où les *ôbai* ont été assimilées aux *kômai*, subsiste une tradition qui faisait des anciennes *ôbai* une division gentilice. Comme, à l'époque romaine, les divisions territoriales ont été généralisées, il était normal qu'on transformât en division territoriale une ancienne division gentilice, alors que l'inverse ne s'expliquerait guère. D'autre part, même si Athènes est alors en retard sur Sparte, il serait surprenant que la *rhètra* imposât déjà une organisation territoriale qui n'apparaît à Athènes qu'en 508-507.

Enfin, Plutarque met sur le même plan les *phulai* et les *ôbai*, qu'il qualifie toutes deux de *méris*[43] (subdivision) ; pour lui, comme pour tout lecteur sensible au parallélisme des expressions, *phulè* et *ôbè* sont, dans la *rhètra*, des unités de même nature. Si l'on voulait voir, dès cette époque, des unités territoriales dans les *ôbai*, il faudrait faire de même pour les *phulai*, ce qui se concilierait mal avec Tyrtée.

42. A.J. Beattie, « An early Laconian lex sacra », *CQ* 45 (1951), p. 46-58, et *SEG* XI, 2 (1954), 475a.

43. Dans les inscriptions et les papyrus, le terme désigne aussi bien une division territoriale qu'une section de la population, mais Plutarque paraît préférer le second sens, voir D. Wyttenbach, *Lexicon plutarcheum*, 1843, *s.v.*

Après avoir institué les cadres de la cité, le texte évoque les dirigeants en invitant à « constituer une gérousie de trente personnes avec les *archégètes* ». L'expression est quelque peu équivoque. Elle peut indiquer soit une création *ex nihilo* de la gérousie, mais on imagine mal une royauté spartiate sans conseil, soit le fait de porter son effectif à 30. D'autre part, « avec les *archégètes* », entendons « avec les rois », indique aussi bien l'inclusion (30 dont les rois) que l'exclusion (30 plus les rois). Notre connaissance de la Sparte classique nous incite, comme elle y a incité Plutarque, à comprendre que les rois étaient inclus dans les 30, mais il n'est pas assuré qu'il en ait toujours été ainsi : il est tentant de supposer 10 gérontes pour chacune des 3 tribus, d'autant plus qu'Aristote [44] a préservé une tradition selon laquelle Lycurgue aurait eu originellement 30 compagnons, mais que, deux d'entre eux ayant fait défection, leur nombre se trouva réduit à 28. Ainsi les rois auraient été intégrés à la gérousie [45] sans que l'effectif de celle-ci s'en trouvât modifié.

D'autre part, si *archégète* est employé dans le texte, comme dans quelques exemples poétiques [46], pour évoquer les rois, ce n'est pas le sens normal du mot, qui désigne un fondateur, notamment celui qui est à l'origine d'un groupe humain (famille, cité, colonie, etc.) [47]. Les *archégètes* sont donc ici les fondateurs mythiques des deux dynasties et de l'État lacédémonien, à savoir Eurysthène et Proclès ou, si l'on préfère, Agis et Eurypon. L'association à la gérousie de ces fondateurs justifie celle de leurs successeurs, qui sont non des *archégètes*, mais leurs héritiers.

Si l'on admet cette interprétation, s'éclaire la nature du texte, au moins de sa première partie : celle-ci se présente

44. Cf. Plutarque, *Lyc.*, 5, 12.

45. Cette intégration n'apparaît pas chez Tyrtée, qui se contente d'évoquer les rois *et* les Anciens.

46. Par exemple Eschyle, *Suppl.*, 184 et 251 ; Sophocle, *Œdipe-roi*, 751, et voir les sens que prêtent à *archégète* Hésychius (*archôn*) et la *Souda* (*hègémôn*).

47. Cf. P. Chantraine, *Dict. étymol. de la langue grecque*, Paris, Klincksieck, 1968, *s.v.*, où *archégète* est défini comme « fondateur d'une cité ou d'une famille » ; nombreux exemples *in LSJ*, *s.v.* ἄρχω, auxquels on ajoutera Euripide, *Électre*, 555.

comme la charte de fondation de l'État lacédémonien. C'est pourquoi l'on fonde un sanctuaire ; c'est pourquoi l'on entend créer les *phulai* et les *ôbai*, qui, c'est sûr au moins pour les premières, existaient déjà ; c'est pourquoi l'on est censé créer une gérousie ; c'est aussi pourquoi certaines sources placent Lycurgue à l'époque des Héraclides [48], c'est-à-dire des premiers rois de Sparte. Il est, bien sûr, impensable que la *rhètra* date de cette époque, mais elle entend se présenter comme une charte constitutive, donc comme datant de cette époque.

Il y avait encore un élément indispensable pour la fondation de l'État, c'était l'assemblée. Le verbe *apellazein* signifie matérialiser l'assemblée, que Plutarque doit appeler *apella* ou, si le mot n'est employé qu'au pluriel, *apellai* [49], c'est-à-dire, selon que l'on se place au point de vue des dirigeants ou à celui des citoyens, « réunir l'assemblée » ou « se réunir en assemblée ». L'auteur invite à rapprocher le terme d'Apollon, Apellôn en dorien (cf. *IG* V, 1, 977) ; il est même possible que le nom dorien du dieu provienne des *apellai*, qui, selon Hésychius, désignerait entre autres des enclos, ce qui conviendrait bien pour un dieu berger.

L'assemblée se tenait « entre Babyka et Knakion ». Plutarque, se référant à Aristote, rappelle que Babyka était un pont et Knakion, une rivière, à savoir l'affluent de l'Eurotas qui, au temps de l'auteur, s'appelle Oinous. Il faut ainsi entendre que la séance se tenait immédiatement au nord de Sparte, entre le pont et le confluent de l'Oinous et de l'Eurotas. On doit, dans ce cas, supposer une lacune après Babyka dans le texte de Plutarque, à moins que Babyka-et-Knakion n'en soit venu à constituer un lieu-dit, qui aurait pris, plus tard, le nom d'Oinous. Il s'agit en tout cas de réunir l'assemblée à l'air libre au nord de Sparte.

Le texte mentionne aussi sa périodicité, ce qui est important, car la fréquence des séances ne dépend plus seulement du bon vouloir des dirigeants. Mais l'expression employée reste imprécise : « de saison en saison » peut signifier une

48. Ainsi Xénophon, *Rép. Lac.*, X, 8.

49. Sur la dénomination effective de l'assemblée à Sparte, cf. *infra*, p. 211.

fois par an, une fois par saison (au nombre de deux, trois ou quatre par an), voire une fois par mois. Selon une scholie à Thucydide (I, 67), l'assemblée se réunissait tous les mois à la pleine lune. Il est exclu qu'elle ait connu dès le début une telle fréquence ; il est au contraire possible que sa périodicité ait d'abord été annuelle et ait correspondu à la réunion, sur une sorte de champ de Mars, de l'armée en campagne, peut-être lors d'un mois *apellaios*, déjà attesté dans de nombreuses cités doriennes mais pas encore à Sparte. Quoi qu'il en soit de ces hypothèses, le texte a pu être conservé quand l'interprétation de l'expression a changé et que la fréquence des réunions s'est accrue. Le style « oraculaire » de la *rhètra* aurait ainsi introduit une certaine souplesse dans le conservatisme spartiate.

• Les rapports avec l'assemblée

Le reste du texte, qui évoque les rapports avec l'assemblée, se relie mal à la partie antérieure : le terme traduit par « ainsi » n'aurait sa place en grec que s'il était précédé par un participe et non par un infinitif ; d'autre part, contrairement au début du texte, ce passage est paraphrasé par Tyrtée. Aussi avais-je supposé, dans mon article de 1977, qu'il s'était, au cours de l'histoire du texte, ajouté à la première partie de la *rhètra* de la même façon que, pour Plutarque, l'« amendement » avait été inséré dans le texte.

C'est aussi le passage le plus discuté : les commentateurs ne sont d'accord ni sur le sens des mots ni sur la restitution du passage corrompu.

Le texte évoque d'abord ceux qui réunissent l'assemblée ; ils soumettent des propositions : c'est ce qu'indique le verbe *eisphérein* et ce que comprend Plutarque. Si le sujet du verbe n'est pas précisé, le contexte incite à y voir la gérousie, rois compris, seul organe mentionné. Mais, comme la chose n'est pas explicitée et qu'un sujet indéterminé non exprimé (= on) reste toujours possible, rien n'interdira aux éphores, quand ils feront partie des organes dirigeants de la cité, de soumettre des propositions à l'assemblée [50]. Là aussi, l'impréci-

50. C'est déjà le cas en 432, cf. *infra*, p. 198 et 247, et cela semble la norme au IVe siècle, cf. *infra*, p. 197 *sq*.

sion de la *rhètra* aura permis une évolution importante des institutions.

Les dirigeants doivent ensuite « se retirer » : c'est le sens habituel du verbe *aphistasthai* et l'interprétation qu'en propose Plutarque, lorsqu'il commente la reprise du terme dans l'« amendement » par un mot de même radical. S'il renonce aux interprétations compliquées des commentateurs modernes, un lecteur « naïf » comprendra que les dirigeants réunissent l'assemblée, lui soumettent des propositions et, une fois celle-ci adoptées ou rejetées, se retirent, ce qui *ipso facto* lève la séance. Ce dernier point comporte cependant une imprécision, qui rendra un jour l'« amendement » nécessaire : s'agit-il de lever la séance, quand la réunion est terminée, ce qui est le rôle normal de ceux qui ont réuni l'assemblée et en président les débats, ou du droit d'interrompre arbitrairement les débats, si le peuple est tenté de prendre des décisions contraires aux vœux des dirigeants, ce qui aboutirait à une sorte de droit de veto ? En d'autres termes, s'agit-il d'une fonction technique ou d'un pouvoir politique ?

Quant au rôle de l'assemblée, il est essentiel pour apprécier l'évolution démocratique de Sparte. Malheureusement, le passage qui s'y rapporte est gravement mutilé. Son sens général peut cependant se déduire de la paraphrase qu'en donne Plutarque : « Quand le peuple (*plèthos*) était rassemblé, il n'était permis à personne d'autre (*sc.* que les rois et les gérontes) d'émettre une proposition mais, sur celle qui avait été proposée par les gérontes et les rois, l'assemblée avait tout pouvoir de décider. » C'est à partir à la fois de cette paraphrase et du texte de Tyrtée que j'ai proposé, dans mon article de 1977 [51], de restituer « mais à l'assemblée (*agora*) du peuple victoire et suprématie ».

Quelle que soit la restitution du passage, le peuple a la décision finale, mais ne bénéficie pas du droit d'initiative. Dès lors, pourquoi laisser un droit de veto à ceux qui étaient déjà seuls à avoir le droit d'initiative ? Pour Plutarque, il s'agit d'empêcher l'assemblée de trop modifier par des amendements les propositions des dirigeants. Mais, même à

51. F. Gianotti, « Note alla *rhetra* di Licurgo », *RFIC* 99 (1971), p. 430-434, avait déjà fait la même suggestion.

supposer que le droit d'amendement ne soit pas partie intégrante du droit d'initiative – un amendement étant pourtant une proposition (*gnômè*) présentée à l'assemblée –, qui proposera un amendement ? Évidemment pas la gérousie en corps, car on n'impose pas un veto à son propre texte. Il ne peut guère s'agir d'un membre quelconque de l'assemblée, car un tel droit, d'ailleurs formellement nié par Aristote [52], impliquerait une vie démocratique déjà très évoluée. En désespoir de cause, on a supposé [53] que les amendements proviendraient d'un membre de la gérousie (rois compris) qui s'appuierait sur l'assemblée contre la majorité de ses collègues : cela aurait pu être le cas du roi Archidamos, quand, en 432, il s'opposa à l'entrée en guerre contre Athènes [54], mais, quand, vers 475, le géronte Hétoimaridas (Diodore, XI, 50, 3-5) avait combattu l'opinion dominante tant à l'assemblée qu'à la gérousie, il semble qu'il ait d'abord dû convaincre la gérousie avant de faire voter l'assemblée.

Cependant, ce droit de veto, qui, sans faire lever la séance comme l'évoque de façon archaïque la *rhètra*, consiste, comme l'interprète justement Plutarque à ne pas ratifier les propositions, aurait pu prendre de l'importance, lorsque la gérousie aura perdu en fait son monopole de l'initiative au profit des éphores [55], et il est surprenant que nous ne connaissions qu'un cas où la gérousie ait exercé ce droit [56].

• Conclusion

Une fois considéré le contenu de la *rhètra*, on peut s'interroger sur son authenticité et sur sa date.

Nous avons déjà vu qu'elle ne pouvait dater du « retour des Héraclides » et qu'à cet égard c'était une fausse charte de fondation. Mais cela interdit-il de la dater de l'époque archaïque et d'y voir un texte considéré comme constitutionnel par les (ou des) Spartiates ?

52. Cf. *Politique*, II, 11, 1273a 9-13, commenté *infra*, p. 213.

53. D. Butler, « Competence of the Demos in the Spartan Rhetra », *Historia* 11 (1962), p. 385-396.

54. Cf. *infra*, p. 247.

55. En imposant son veto, la gérousie réaffirme au contraire son monopole de l'initiative, cf. *infra*, p. 204 *sq*.

56. Cf. *infra*, p. 279.

L'objection majeure provient du passage d'Hérodote (I, 65), où les Lacédémoniens mettaient en cause l'origine delphique de leurs institutions : « Il en est qui disent que la Pythie lui [= à Lycurgue] indiqua aussi l'organisation (*kosmos*) établie maintenant chez les Spartiates ; mais, d'après les Lacédémoniens eux-mêmes..., Lycurgue l'importa de Crète. »

L'historien montre ainsi sa préférence pour la « thèse crétoise », adoptée par les intéressés eux-mêmes, et l'on peut penser que, si lui-même et les Lacédémoniens avaient alors disposé du poème de Tyrtée ou du texte de la *rhètra*, qui, en tant qu'oracle, aurait dû être conservée dans les archives royales, ils n'auraient pu rejeter aussi facilement la « thèse delphique ».

Mais Hérodote ne précise pas l'identité des partisans de cette dernière thèse : s'agit-il des Delphiens ou de certains Spartiates ? Et surtout, même si l'on connaissait Tyrtée et la *rhètra*, on n'était pas obligé d'y voir la matrice de l'organisation (*kosmos*) actuelle des Lacédémoniens, qui, pour Hérodote (I, 65, 5), comprend l'organisation militaire, *syssities* comprises, les éphores et la gérousie. D'ailleurs, le plus souvent, Delphes, plutôt que de proposer un type d'organisation, se contente d'approuver ce qu'on lui présente.

Aussi le silence d'Hérodote (et de Xénophon) ne suffit-il pas à faire de la *rhètra* un texte fabriqué aux époques classique ou hellénistique. En effet, elle serait alors plus claire et favoriserait les milieux qui l'auraient forgée, probablement des milieux royaux, dans la mesure où elle se présente comme un oracle delphique et où les rois ont, avec les Pythioi, qu'ils ont désignés, la garde des oracles delphiques. Or, si les éphores ne sont pas mentionnés dans le texte, ils ne sont pas non plus exclus, ce qui serait le cas si la *rhètra* invitait la gérousie, et elle seule, à présenter des propositions à l'assemblée.

D'autre part, se pose le problème de son rapport avec Tyrtée. Celui-ci a-t-il mis en vers une partie d'un texte originellement en prose ou le texte en prose a-t-il été fabriqué en s'inspirant du texte en vers, qui était censé l'authentifier ? Bien que rien ne soit assuré, la première hypothèse paraît préférable, car, les poèmes de Tyrtée étant probablement bien connus, il était difficile d'en fabriquer après coup une autre version ; au contraire, rien n'interdisait à un poète de mettre en vers un texte originellement en prose. Si l'on admet cette hypothèse, la *rhètra*, dans son stade final, « amendement » compris, ne saurait être postérieure à Tyrtée, c'est-à-dire au milieu ou au deuxième tiers du VIIe siècle. Comme la première guerre de Messénie était considérée comme une période de troubles civils incitant à renforcer les pouvoirs de la gérousie et à préciser les pouvoirs de l'assemblée, on a été tenté d'attribuer l'amendement aux rois Polydore et Théopompe, à la fin du VIIIe siècle. Mais, comme la première partie du texte est censée marquer le début de l'État lacédémonien et que la *rhètra* est attribuée à Lycurgue, on comprend pourquoi les Anciens avaient des incertitudes sur la date du législateur, qu'ils plaçaient depuis le retour des Héraclides jusqu'au VIIIe siècle.

Tyrtée [57]

L'origine de Tyrtée, le poète officiel de Sparte [58], était discutée dès l'Antiquité. La *Souda* ne sait si c'était un Spartiate ou un Ionien de Milet, et les Athéniens ont même esssayé de se l'annexer [59]. En fait, il écrit en ionien, ce qui, quelle que soit l'origine du poète, est normal pour le type de poésie, mais avec quelques dorismes, qui s'expliqueraient mal chez un Ionien. Aussi, bien qu'à l'époque archaïque la cité ait été très ouverte aux influences étrangères, Tyrtée a-t-il toute chance d'être originaire de Sparte. Comme ses élégies paraissent souvent adressées à des combattants de la deuxième guerre de Messénie, il est manifestement contemporain de

57. Cf. les éditions d'E. Diehl, *Anthologia lyrica graeca*, fasc. 1 [3], Berlin, Teubner, 1949, dont nous adoptons la numérotation, C. Prato, *Tyrtaeus*, Rome, Ateneo, 1968 et M.L. West, *Iambi et Elegi Graeci ante Alexandrum cantati* [2], Londres, Oxford University Press, 1992.

58. Selon l'orateur athénien Lycurgue, *Contre Léocrate*, 107, les Spartiates, avant de partir en expédition, doivent tous se réunir devant la tente royale « pour écouter les poèmes de Tyrtée ».

59. Cf. Platon, *Lois*, I, 629a, Lycurgue, *Contre Léocrate,* 106, Philochore, 328 F 215, et Paus., IV, 15, 6.

cette guerre, que j'ai proposé de dater du milieu du VIIe siècle et, même si certains seraient tentés d'abaisser cette date, il paraît difficile de dépasser la fin du VIIe siècle [60].

Il ne reste que des fragments de 11 élégies [61], inégalement conservées : un seul vers pour les élégies 10 ou 11, 44 vers pour l'élégie 9, soit au total environ 200 vers. La première élégie, très mutilée, est la seule qui ait été préservée par un papyrus, les autres, transmises par des auteurs anciens, pourraient poser des problèmes d'authenticité. Mais l'attribution à Tyrtée paraît aujourd'hui généralement admise et, comme il s'agit de vers, les citations ont des chances d'être littérales.

L'importance de Tyrtée vient de ce qu'il a su façonner l'idéal spartiate en conciliant un idéal aristocratique proche du modèle homérique [62] et le nouvel idéal civique.

Conformément à la tradition aristocratique, le poète insiste sur les différences fondées sur la valeur guerrière. Il oppose, dans un système binaire, les courageux et le lâche : alors que les premiers sont glorifiés, le dernier subit, dans l'élégie 6, le sort malheureux du vagabond réduit à la mendicité, tandis que, dans l'élégie 8, celui qui a tremblé a perdu toute sa valeur (*arétè*) et n'en court que plus de risques de se faire tuer.

Cette différenciation débouche sur deux autres oppositions. Les plaisirs et les honneurs du vainqueur, évoqués à la fin de l'élégie 9 et, plus brièvement dans l'élégie 7 (« il suscite l'admiration des hommes et l'amour des femmes »), s'opposent aux malheurs de vaincus comme les Messéniens (élégie 5), comparés à des ânes accablés de charges et soumis à une dure nécessité, entendons à l'esclavage. Mais, voulant avant tout triompher de la crainte de la mort, Tyrtée évoque beaucoup plus la mort que la victoire et orchestre le thème de la belle mort du beau jeune homme tué par devant, pour l'oppo-

60. La *Souda* place l'*akmè* de Tyrtée en 640-36, chronologie acceptée par C. Prato comme par M.L. West (milieu du VIIe siècle).

61. Il s'agit de poèmes faisant alterner un hexamètre et un pentamètre et qui n'ont rien de spécialement « élégiaque » au sens moderne du terme.

62. Cf. B. Snell, *Tyrtaios und die Sprache des Epos*, Göttingen, Van den Hoeck et Ruprecht, 1969.

ser à la mort laide et honteuse (le grec *aischron* a les deux valeurs) du vieillard qui « reste étendu devant les jeunes…, tenant dans les mains son sexe ensanglanté, spectacle horrible qui suscite l'indignation » (élégie 7) ou à celle du guerrier tué par derrière : « c'est honteux [et laid : *aischros*], un cadavre gisant dans la poussière, la pointe d'une lance plantée par derrière dans le dos » (élégie 8).

Cependant, cet idéal héroïque n'est plus, comme chez Homère, réservé à quelques êtres d'élite, généralement rois ou fils de rois, voire à des figures légendaires comme celles qu'évoque le début de l'élégie 9. Il ne s'agit plus vraiment comme pour Glaucos ou Achille « d'être à chaque fois le meilleur [*aristeuein*] et de l'emporter sur les autres[63] », puisque cet idéal est désormais proposé à tous les citoyens, notamment aux plus jeunes (cf. élégies 7 et 8) : comme l'affirme la conclusion de l'élégie 9,

> Que chaque homme s'efforce donc d'atteindre le comble du mérite [*arétè*][64]
> par son courage en ne mollissant pas à la guerre.

Cette « démocratisation » de l'idéal homérique ne surprend pas chez celui qui, s'inspirant de la *rhètra*, avait, dans l'élégie 3a, chanté la suprématie du peuple :

> et qu'à la masse du peuple s'attachent victoire et suprématie.

Mais elle n'entraîne pas l'abandon de l'idéal aristocratique. Le souci de sa gloire et de celle de sa lignée reste omniprésent dans les élégies : « le lâche déshonore sa race et dément l'éclat de son apparence » (élégie 6) ; le guerrier courageux « tombé au premier rang… couvre de gloire la ville, les troupes et son père…, son tombeau et ses enfants sont illustres chez les hommes et les enfants de ses enfants et sa

63. Homère, *Iliade*, VI, 208 et XI, 783 ; voir aussi la première élégie de Callinos, qui exalte l'héroïsme individuel (cf. les derniers mots du poème : *mounos éôn*).

64. Une expression voisine se retrouve dans l'élégie 11.

race à venir », et lui-même, avec son nom[65], atteint à l'immortalité de la gloire (élégie 9).

Bien plus, ce souci aristocratique de la lignée s'est élargi à l'ensemble des citoyens : les Spartiates sont fiers de leurs ancêtres (« les pères de nos pères », élégie 4) qui ont conquis la Messénie, et l'exhortation qui ouvre l'élégie 8 va même, avec quelque exagération, jusqu'à faire des Héraclides de tous les guerriers spartiates :

> Allons – puisque vous êtes la race de l'invincible Héraclès –
> ayez courage...

De telles affirmations incitent les Spartiates à se considérer collectivement comme une élite : être spartiate, c'est d'une certaine manière être déjà en tant que tel aristocrate, et Hérodote (IX, 33-35) n'hésitera pas à mettre en parallèle l'octroi de la royauté et celui de la citoyenneté spartiate.

L'idéal aristocratique, qui s'est ainsi généralisé sans s'affaiblir, se modifie néanmoins du fait d'une nouvelle hiérarchie des valeurs. C'est ce que montre très clairement la célèbre élégie 9[66], qui mérite un commentaire particulier :

> Je ne ferais mention ni ne tiendrais compte d'un homme
> pour la valeur de ses pieds ni pour ses talents de lutteur
> ni s'il avait la taille et la force des Cyclopes
> et pouvait vaincre à la course le Borée de Thrace
> ni s'il était d'une stature plus belle que Tithonos
> et était plus riche que Midas et Kinyras,
> ni s'il était plus roi que le Tantalide Pélops
> et avait la langue de miel d'Adraste
> ni s'il avait toutes les gloires à l'exception de la vaillance impétueuse,
> car un homme ne se montre pas valeureux à la guerre,
> à moins qu'il ne supporte de voir la mort sanglante
> et ne s'attaque de près aux ennemis.

65. Il y a ici, sans doute, une allusion au droit d'avoir son nom inscrit sur la tombe, qui, à Sparte, était le privilège des hommes morts à la guerre.

66. Cf. W. Jaeger, « Tyrtaios über die wahre *Arete* », *SPAW* 23 (1932), Berlin, p. 537-568 = *Scripta minora* II, Rome, Edizioni di storia e di letteratura, 1960, p. 75-114.

Voici le vrai mérite [*arétè*], voici le meilleur et le plus beau prix à remporter
parmi les hommes pour un jeune guerrier,
et c'est un bien commun pour la cité et pour tout le peuple
qu'un guerrier, les jambes écartées, se tienne au premier rang
continuellement, ait perdu tout souvenir de la fuite honteuse
en exposant sa vie et son cœur vaillant
et, immobile à côté de lui, encourage par des mots son voisin :
voilà l'homme qui se montre valeureux à la guerre.
D'un seul coup, il a mis en déroute des adversaires les phalanges
hérissées et, par son ardeur, arrêté la vague du combat.
Lui-même, tombé au premier rang, a perdu la vie,
couvrant de gloire la ville [*astu*], les troupes [*laoi*] et son père,
car, souvent, à la poitrine, au bouclier bombé [67]
et à la cuirasse, il a été frappé de face ;
gémissent sur lui semblablement jeunes et vieux
et toute la cité éprouve un pénible regret ;
et son tombeau et ses enfants sont illustres chez les hommes
et les enfants de ses enfants et sa race à venir ;
jamais sa noble gloire ni son nom ne meurent
mais, bien que sous la terre, il se montre immortel,
celui qui, excellant à résister sur place et à combattre
pour sa terre et ses enfants, a péri sous les coups du bouillant Arès,
et, s'il a échappé à la Kère de la mort douloureuse
et a, vainqueur, exaucé le noble vœu de sa lance,
tous l'honorent semblablement, jeunes et vieux,
et il jouit de bien des plaisirs avant d'aller dans l'Hadès ;
en vieillissant, il se distingue parmi les citoyens [*astoi*] et personne
ne se résout à le blâmer ni pour l'honneur [*aidôs*] ni pour la justice

67. Ou, peut-être, simplement à bossettes, ce qui conviendrait mieux pour un bouclier hoplitique.

> et, sur les sièges, tous semblablement, les jeunes, ceux de son âge
> et les plus vieux, lui cèdent la place.
> Que chaque homme s'efforce donc d'atteindre le comble du mérite [*arétè*]
> par son courage en ne mollissant pas à la guerre.

Cette élégie, la plus longue que nous ayons, a été conservée par Stobée (4, 9) et avait déjà, ce qui suggère sa célébrité, été citée, résumée et commentée par Platon (*Lois*, I, 629-630, et II, 660e-661a). Destinée à encourager les jeunes combattants, mentionnés au v. 14, elle oppose à une *arétè* traditionnelle, insuffisante, une nouvelle *arétè* civique, dont elle précise le contenu et les récompenses à en attendre.

L'attaque du poème, dans les 9 premiers vers, surprend par son insistance négative, où, dans le cadre d'une prétérition, sont énumérés tous les éléments de l'ancienne *arétè*, dont l'auteur se refuse à faire l'éloge. Du caractère traditionnel de celle-ci témoigne le grand nombre [68] de références « littéraires » ou mythologiques [69]. Les différentes qualités sont ainsi personnifiées par le géant monstrueux de l'*Odyssée* (IX, 187-542), capable de lancer d'énormes rochers, par l'impétueux vent du nord, par le frère de Priam, aimé de l'Aurore pour sa beauté [70], par le roi de Phrygie qui transformait en or tout ce qu'il touchait, par le premier roi de Chypre, qui aurait, grâce à la découverte de mines de cuivre et à la fabrication du bronze, assuré la richesse de l'île, par le fils de Tantale, qui, ressuscité, avait régné sur le Péloponnèse, auquel il laissa son nom, et enfin par le roi d'Argos qui avait, par son éloquence, obtenu des Thébains la restitution du corps des Sept.

68. Il contraste avec le petit nombre de telles références dans le reste du poème, où on ne trouve qu'Arès, les Kères et l'Hadès.

69. Si beaucoup de personnages sont en rapport avec l'Orient : la Phrygie pour Midas, Troie pour Tithonos, la Phénicie et Chypre pour Kinyras, la Phrygie ou la Lydie pour Pélops, cela montre la culture littéraire de Tyrtée, mais ne donne aucune indication sur son origine, d'autant plus que Pélops et Adraste suggèrent aussi le Péloponnèse.

70. Le poète néglige ici le vieillissement de Tithonos, important dans le mythe, mais ne convenant pas à un modèle de beauté.

Cette *arétè* traditionnelle, dont les modèles sont eux-mêmes traditionnels [71], unit le physique et le social. Sont évoquées en premier les qualités athlétiques : la vitesse à la course, mentionnée deux fois, la force et la taille du lutteur, toutes qualités utiles dans le combat homérique [72] et dans les compétitions olympiques, où les Spartiates brillent dès la quinzième olympiade (720, si l'on accepte la date traditionnelle). Il s'y ajoute la beauté, liée à la taille [73]. Dans le domaine social, l'idéal est la grande richesse, liée aux métaux (or ou cuivre), le grand pouvoir (du roi) et l'éloquence, ce qui est conforme au modèle homérique, qui incitait à briller à la fois sur le champ de bataille et au conseil. Ces qualités, qui apportent la gloire (v. 9), sont réservées à une élite dans une idéologie agonistique qui exalte le champion : il s'agit de « vaincre à la course », d'être « plus beau », « plus riche », « plus roi ».

Cette idéologie est non condamnée mais dépassée par Tyrtée, qui se place dans la même perspective quand il évoque « le meilleur et le plus beau prix à remporter » ou celui qui excelle (*aristeuonta*) à résister et à combattre. Le rejet n'est ainsi que conditionnel : cette *arétè* reste insuffisante, s'il lui manque l'*arétè* civique, qualifiée de « véritable *arétè* ».

Celle-ci paraît proche de l'idéologie homérique, dans la mesure où elle est fondée sur la valeur guerrière (v. 10 et 20) et où on ne parle que de combat. Cependant, elle demande non plus les aptitudes exceptionnelles des champions évoqués au début du passage, mais seulement des qualités morales de courage. Celui-ci est rendu indispensable par le nouveau type de combat, de près (v. 12), dont le poète souligne l'aspect redoutable : il faut pouvoir l'emporter sur « des adversaires les phalanges / hérissées » et arrêter « la vague du combat » (v. 21-22), ce qui suggère le déferlement de l'armée adverse avec ses lances et ses boucliers. C'est pourquoi il importe avant tout de triompher de la peur de la mort, de

71. Les allusions supposent que l'histoire de ces personnages était connue.

72. Si la guerre n'est pas un pugilat, la force d'un Cyclope peut servir à lancer les armes de jet.

73. Les aristocrates, comme les dieux, se distinguent par leur stature.

« supporter de voir la mort sanglante » (v. 11). L'image de la mort est même de plus en plus présente : on se contente d'abord de la voir, puis on expose sa vie (v. 18), enfin, on est mort, « tombé au premier rang » (v. 22) et frappé de face (v. 26), tandis que la fin du texte évoque « le tombeau » (v. 29) et celui qui est « sous la terre » (v. 32) et « a péri » (v. 34).

Si une attitude offensive est suggérée par « la vaillance impétueuse » (v. 9) et par le fait de s'attaquer de près aux ennemis (v. 12) et de mettre en déroute leurs phalanges (v. 21), il s'agit, dès lors, surtout d'apprendre à résister sur place, c'est-à-dire de ne pas fuir (v. 17), mais de rester bien campé, jambes écartées (v. 16), continuellement (v. 17), immobile (v. 19), de façon à arrêter le déferlement (la « vague ») des adversaires et en « excellant à résister sur place » (v. 33). Aussi, loin d'inviter à se lancer à l'assaut, le texte est-il plutôt, comme l'indique expressément le dernier vers, une incitation à ne pas « mollir ».

Cette résistance est une résistance collective : si on lutte (v. 16) et on meurt (v. 23) au premier rang, c'est, contrairement aux héros homériques, sans sortir du rang, mais en restant à côté de son camarade de combat et en l'encourageant par des mots (v. 19), ce qui traduit bien la solidarité de la phalange. D'autre part, la résistance du guerrier est présentée comme un « bien commun pour la cité et tout le peuple [74] », et sa mort « couvre de gloire la ville, les troupes et son père » (v. 24), la gloire familiale ne venant ici qu'en dernier ; de même, aux vers 33-34, on combat « pour la terre et pour ses enfants ».

Ainsi, faire preuve d'*arétè*, c'est avant tout avoir le courage d'affronter la mort en résistant au choc de la phalange ennemie, éventuellement en la bousculant, cela en combattant pour sa cité et donc pour les siens.

La récompense de l'*arétè* civique, c'est, comme pour l'*arétè* héroïque, la gloire du mort, qui, dans des lamentations publiques, est pleuré par toute la cité reconnaissante (v. 27-28). Cette gloire rejaillit aussi sur la famille : le père (v. 24),

74. L'expression renouvelle et change le sens d'une vieille formule homérique qui évoquait « la ville et le territoire ».

les enfants et les enfants des enfants et la race à venir (v. 29-30), ce qui est une manière de se survivre. L'immortalité de la gloire annihile la mort, au moment où celle-ci est ainsi évoquée avec le moins d'euphémisme : « bien que sous la terre, il se montre immortel » (v. 32) ; la tombe du guerrier valeureux, qui, exceptionnellement à Sparte, porte le nom du défunt, suggère même une sorte d'héroïsation.

Quant au survivant victorieux, il ira, comme les autres, un jour dans l'Hadès (v. 38), ce qui est une manière de rappeler que la seule immortalité est celle qu'apporte la gloire, mais il aura auparavant reçu des honneurs et profité des plaisirs et peut-être, dans sa vieillesse, accédé à la gérousie [75].

Les avantages de la véritable *arétè* amènent Tyrtée à conclure son poème en exhortant chacun à s'efforcer « d'atteindre le comble de l'*arétè* ». Cet idéal est, dans une perspective démocratique, proposé à tous les citoyens, mais il est difficile à atteindre et, si tous doivent s'y efforcer, tous n'y réussiront pas, ce qui en maintient le caractère aristocratique. Il y en aura toujours qui se distingueront et, quand, au vers 24, le poète assure que la mort du guerrier couvre de gloire les troupes (*laoi*), il distingue par là le mort glorieux des simples *laoi*. Cependant, même la gloire reste dans le cadre civique avec les lamentations publiques, l'autorisation d'écrire son nom sur la tombe et, peut-être, pour les vainqueurs vieillis, l'accès à la gérousie. Et, ce qui matérialise le mieux la fusion des idéologies aristocratique et civique, c'est le thème récurrent de la mort au premier rang, leitmotiv des élégies 6, 7, 8 et 9. En effet, tous ne sont pas au premier rang, ce qui implique ou établit des distinctions [76] ; mais il faut rester dans le rang, ce qui est démocratique ; en même temps cette excellence collective contribuera à mettre la cité au premier rang, ce qui n'est pas encore proclamé, mais qui est annoncé par l'insistance sur les intérêts de la cité.

D'autre part, l'idéal proposé concilie l'excellence individuelle de l'*arétè* et une valeur à la fois esthétique et morale :

75. C'est ce que suggérerait le fait que personne ne blâme sa justice et que tous, même les plus vieux, se lèvent devant lui.

76. Même si la place des jeunes est institutionnellement au premier rang, cette place suffit à faire de ceux-ci une élite guerrière.

le *kalon*. Celui-ci est fondé sur le souci aristocratique de la forme, dans une conception esthétique de la morale, incarnée dans le jeune mort, beau non seulement parce qu'il est mort héroïquement mais aussi parce qu'il est physiquement beau ; et cette beauté évoque les joies et plaisirs d'une société ouverte, encore aimable, alors que la mort du vieillard est évoquée avec réalisme, dans toute sa laideur. Mais ce *kalon* est aussi un idéal moral proposé à toute la collectivité des hoplites. il ne s'agit pas seulement, comme chez Homère, de se soucier individuellement de ce qu'on se doit (*aidôs*) et des égards qu'on mérite d'obtenir (*timè*), mais de tenir compte de ce que la société dans son ensemble estime bon ou mauvais : il est ainsi beau qu'on soit tué de face ou qu'un jeune le soit devant un vieillard et, au contraire, laid, de se faire tuer par derrière ou de laisser un vieillard mourir à votre place. Cet idéal, à la fois individuel et collectif, qui associe l'*arétè* et le *kalon* est, au-delà même de Sparte, ce qui forgera l'idéal grec du *kalos kagathos*. C'est un idéal qui n'est pas atteint par tous et qui, en cela, reste aristocratique, mais qui est aussi visé par tous ou, au moins, proposé à tous, ce qui en fait un idéal civique, voire démocratique. C'est là une des caractéristiques de la cité grecque, qui se veut, comme le suggérera Périclès dans sa célèbre *Oraison funèbre*, une aristocratie généralisée [77].

77. Cf. Ed. Lévy, « Démocratie et aristocratie. Commentaire de deux passages de l'*Oraison funèbre* (Thuc., II, 37, 1-3 et 40, 1-2) », *Lalies* 22 (2002).

2

L'organisation sociale

La grande originalité de Sparte est la répartition de la population en trois catégories héréditaires : les Spartiates, seuls à jouir de droits politiques dans l'État lacédémonien et constituant de plus en plus une véritable aristocratie, les Périèques, hommes libres, citoyens de leur propre cité mais dépendant de l'État lacédémonien, enfin les Hilotes, qui ont été collectivement asservis aux Spartiates (et, peut-être, aux Périèques).

1. Les Spartiates

Dans l'État lacédémonien, ne jouit de droits politititiques que la minorité constituée par les Spartiates proprement dits. Ceux-ci, en dehors de leur nom de Spartiates, sont aussi qualifiés, notamment par Hérodote, d'*astoi*, terme qui indique la citoyenneté mais avec une couleur plus aristocratique que *politès*[1], tandis que Xénophon (*Rép. Lac.*, 10, 7, 13, 1 et 7, *Anabase*, IV, 6, 14 et *Hell.*, III, 3, 5) ou Aristote (*Pol.*, V, 7, 1306b 30 et cf. V, 8, 1308a 12-16) les nomment parfois *Homoioi*, c'est-à-dire les Semblables[2]. Cette désignation pourrait être déjà connue d'Hérodote et de Thucydide, comme

1. Cf. Ed. Lévy, « *Astos* et *politès* d'Homère à Hérodote », *Ktèma* 10 (1985), p. 53-66.

2. La vieille traduction en Égaux, qui a eu l'influence qu'on sait lors de la Révolution française, est inexacte, car elle correspondrait non à *Homoioi*, mais à *isoi ;* si l'on voulait, au contraire, insister sur le caractère aristocratique de Sparte, on pourrait traduire le terme par Pairs.

le suggéreraient quelques allusions[3], mais elle n'est jamais expressément mentionnée par ces historiens. Il semble d'ailleurs que le terme *Homoioi* soit plus précis que Spartiates et que des citoyens plus ou moins dégradés et qui n'appartiennent donc plus aux *Homoioi*, puissent toujours être considérés comme des Spartiates[4].

Il en irait ainsi pour ceux que, dans la *République des Lacédémoniens* (IX, 3-6), Xénophon qualifie de *lâches* (*kakoi*) et dont il détaille la dégradation sociale :

> on rougirait de manger avec lui ou de lutter avec lui à la palestre… ; il doit céder le pas dans la rue et, assis, se lever même devant de plus jeunes… ; il doit nourrir chez lui les filles de sa maison et se voir imputer leur célibat ; il doit accepter d'avoir un foyer sans épouse tout en payant la taxe des célibataires ; il ne doit ni se promener d'un air triomphant ni imiter les gens irréprochables sous peine de se faire rosser par de meilleurs que lui.

Cependant, sa participation aux jeux de ballon, même si, en général, aucune équipe ne veut de lui, et aux chœurs, même rejeté aux places méprisées, suggère qu'il reste quand même un citoyen ; c'est ce qu'implique aussi l'obligation de payer la taxe des célibataires. Ces *kakoi* portaient le nom de *trembleurs*[5] (*trésantes*), comme l'indique le passage de la *Vie*

3. Cf. Hdt., VII, 103 et 234, et, peut-être, III, 55 et VII, 237 ; cf. Ed. Lévy, « La Sparte d'Hérodote », *Ktèma* 24 (1999), p. 123-134 ; cf. aussi Thuc., IV, 40, 2 et, peut-être, V, 15, 1, où le texte, corrompu, a dû être corrigé.

4. Lorsque Aristote (*Pol.*, II, 9, 1271a 35-37) prétend que celui qui ne peut payer son écot aux *syssities* perd sa citoyenneté, il se fonde sur sa conception étroitement politique de la citoyenneté, mais son affirmation n'implique nullement qu'une telle personne n'ait plus eu droit au titre de Spartiate ; A. Toynbee, *Some Problems of Greek History*, Londres, Oxford University Press, 1969, p. 161, note que le terme Spartiate peut être utilisé *to mean « Homoioi and hypomeiones together » ;* voir aussi p. 229 et 346.

5. Le terme, qui apparaît déjà chez Tyrtée (D[3] 8, 14), avait été utilisé au singulier par Hérodote (VII, 231) à propos d'Aristodèmos le Trembleur, à qui, comme il avait survécu à la bataille des Thermopyles, personne ne voulait allumer de feu ni adresser la parole ; mais, se faisant ensuite tuer à

d'Agésilas (30, 3-4) où Plutarque précise le contenu de cette dégradation (*atimia*) légale, qu'Agésilas a évitée aux vaincus de Leuctres :

> non seulement ces gens sont exclus de toute magistrature, mais il est déshonorant de donner à l'un d'eux ou d'en recevoir une épouse ; les rosse quiconque les rencontre ; ils se résignent à la saleté et à l'humilité, lorsqu'ils se déplacent ; ils portent des manteaux rapiécés de couleur sombre et ne se rasent qu'une partie de la barbe.

Sans aller jusque-là, les Spartiates avaient, en 421, imposé aux vaincus de Sphactérie, dont certains avaient déjà exercé des commandements, une dégradation (*atimia*) leur retirant le pouvoir d'exercer des responsabilités (*archè*) – mais non de participer à l'assemblée – et d'acheter ou de vendre (Thuc.,V, 34, 2).

Seuls les Spartiates qui n'ont pas subi de dégradation ont donc droit au titre d'*Homoioi* et l'on pourrait déceler les traces d'une structure pyramidale distinguant successivement les deux dynasties royales [6], l'ensemble des Héraclides, les *Homoioi*, les Spartiates, les Lacédémoniens, voire les Lacédémoniens au sens large, qui pourraient même comprendre les Néodamodes.

Le terme *Homoioi*, sans impliquer une égalité économique et politique, suggère au moins une ressemblance. Pour Thucydide (I, 6, 4), qui évoque la simplicité de leur costume, c'est chez les Lacédémoniens que « s'est instaurée la plus grande égalité dans les genres de vie (*isodiaitoi malista*) entre les possédants et le grand nombre ». Platon, Isocrate et Aristote voient même dans ce genre de vie commun et austère [7] un des éléments démocratiques du régime lacédémonien.

---

la bataille de Platées, il est expressément désigné comme un Spartiate (IX, 71) ; cf. V. Ehrenberg, *RE* VI A 2, 1937, *s.v.*, coll. 2292-2297.

6. Voire au sommet les Agiades, puis les deux dynasties, cf. *infra*, p. 163.

7. Aristote lie volontiers pauvreté et démocratie, cf. *Pol.*, IV, 9, 1294b 19-29, où Sparte est considérée à certains égards comme une démocratie, non seulement parce que pauvres et riches sont élevés, nourris et vêtus de la même façon, mais aussi parce qu'ils le sont à la façon des pauvres.

En fait, le statut de Spartiate de plein droit implique, comme l'avait souligné V. Ehrenberg, trois conditions : avoir reçu l'éducation collective qu'on désigne traditionnellement sous le nom d'*agôgè* (prononcer agogué), participer aux repas collectifs (les *syssities*) et posséder un domaine (*kléros*) permettant de payer son écot aux *syssities*.

Ces trois conditions sont nécessaires, puisque celui qui ne supporte pas l'*agôgè*, qui n'est pas admis aux *syssities* ou qui, faute de *kléros*, ne peut payer sa part ne saurait être admis parmi les *Homoioi*.

Il faut aussi être issu de deux Spartiates. En effet, les bâtards (*nothoi*)[8] sont distingués des citoyens normaux, tout en étant vraisemblablement au nombre des Spartiates[9], et, quelle que soit l'origine exacte des *Parthéniai*, l'image qu'on s'en est faite suggère qu'un Spartiate est normalement issu de deux Spartiates unis par un mariage légitime.

L'*agôgè*[10]

Les sources

L'éducation spartiate, qui prend le nom d'*agôgè* aux époques hellénistique et romaine, pose d'abord un problème de sources, car la description la plus détaillée se trouve chez Plutarque. Or, même si celui-ci se réfère au passé, il pourrait

8. Cf. J. Christien-Trégaro, « Les bâtards spartiates », *Mélanges Pierre Lévêque* 7, Paris, 1993, p. 33-40.

9. Cf. Xénophon, *Hell.*, 5,3, 9, où la construction de la phrase incite à voir un génitif partitif dans *tôn Spartiatôn* plutôt qu'à comprendre « les bâtards des Spartiates » ; mais ils se distinguent des 30 Spartiates (de plein droit) évoqués au début de la phrase.

10. Cf. N.M. Kennell, *The Gymnasium of Virtue. Education and Culture in Ancient Sparta*, Chapel Hill et Londres, The University of North Carolina Press, 1995 (avec une bibliographie détaillée), Ed. Lévy, « Remarques préliminaires sur l'éducation spartiate », *Ktèma* 22 (1997), p. 151-160, repris en partie ici, J. Ducat, « Perspectives on Spartan education in the classical Period », *in* St. Hodkinson et A. Powell éd., *Sparta. New Perspectives*, Londres, The Class. Press of Wales, 1999, p. 43-64, et N. Birgalias, *L'Odyssée de l'éducation spartiate*, Athènes, 1999.

s'être laissé influencer par l'*agôgè* tardive, alors justement que certains supposent une grande coupure entre cette *agôgè* et celle de l'époque classique.

Kennell (p. 9-14) distingue deux longues périodes d'interruption, la première de 270-50 jusqu'à environ 226, date à laquelle Cléomène III, aidé du philosophe stoïcien Sphairos, aurait recréé une *agôgè* assez différente de l'*agôgè* originelle, la seconde, imposée par la ligue achéenne, de 188 à 146. Mais aucun texte ne suggère une interruption complète de l'*agôgè* au IIIe siècle : il s'agit plutôt d'une dégradation ou, si l'on préfère, d'une évolution, qui diminuait peut-être les rigueurs de l'entraînement. Quant à la seconde interruption, elle semble avoir été beaucoup moins longue que ne le suppose Kennell : l'*agôgè*, manifestement rétablie avant la visite de Paul-Émile à Sparte, en 168, l'a probablement été dès 183 ou 179 ; l'interruption n'aurait ainsi duré que de 5 à 9 ans.

D'autre part le fait, attesté par la *Souda* (*s.v.* Dicéarque), qu'une loi [11], longtemps en vigueur, imposait de lire tous les ans aux jeunes Spartiates accédant à la majorité le texte que Dicéarque, un disciple d'Aristote, avait consacré au régime spartiate, interdisait de trop s'écarter du modèle ancien.

Aussi est-il possible, grâce à Xénophon et à Plutarque, qui se fonde en partie sur Aristote, voire à certains passages de Platon [12], et en tirant parti de la Crète [13], que les Anciens ont toujours rapprochée de Sparte, d'essayer de préciser les caractéristiques de l'éducation spartiate dans la Grèce classique [14].

Avant le IVe siècle, les allusions à cette éducation sont

11. Selon toute vraisemblance et malgré Kennell, cette décision a dû être prise peu après la parution de l'ouvrage et non deux cents ans après ; cf., sur Dicéarque, M. Alonso-Nuñez, *Athenaeum* 85 (1997), p. 53-67.

12. Selon l'aristotélicien Dicéarque (fr. 41 Wehrli), Platon aurait combiné dans son État idéal les idées de Socrate, de Lycurgue et de Pythagore.

13. Cf. notamment Strabon, X, 4, 20-21 (= Éphore F 149), Hérakleidès Lembos, éd. M.R. Dilts, (Greek, Roman and Byzantine monographs, 5), Durham, Duke University Press, 1971, fr. 15, et Nicolas de Damas, *FGH* 90, fr. 115.

14. Comme nous n'avons pas de document sur l'éducation à l'époque archaïque, nous pouvons soit nous contenter d'appliquer à cette époque ce que nous savons de l'époque classique, éventuellement en sélectionnant ce qui a l'air ancien, soit, plus sagement, avouer notre ignorance.

rares. Hérodote, pourtant attiré par tout ce qui sort de l'ordinaire, ne mentionne aucunement l'éducation spartiate : il se contente d'évoquer le port de cheveux longs par les adultes (I,82), qui daterait du milieu du VIe siècle, le respect exceptionnel montré aux personnes âgées, puisque les jeunes s'effacent devant elles sur les chemins et se lèvent devant elles (II, 80), et le refus des longs discours. Il faut attendre l'*Oraison funèbre* que Thucydide (II, 39) fait prononcer à Périclès pour voir opposer à la vie sans contrainte des Athéniens l'entraînement pénible en vue du courage auquel les Spartiates sont astreints dès leur jeunesse (*néoi*).

Caractères généraux

L'éducation spartiate est surtout originale dans la mesure où il s'agit d'une éducation obligatoire, organisée par la cité et collective.

Cette formation est indispensable pour accéder à la pleine citoyenneté. Xénophon (*Rép. Lac.*, III, 3) précise en effet que les adolescents qui se soustrairaient à la rude éducation spartiate n'ont pas part aux honneurs (*ta kala*), entendons, ne seront que des citoyens diminués, ne pouvant, entre autres, accéder ni aux corps d'élite (*Hippeis*) ni aux magistratures. Plutarque confirme la chose en notant (*Inst. Lac.*, 21, 238e) que « celui des citoyens qui ne supportait pas l'*agôgè* n'avait pas part aux droits civiques (*tôn tès poleôs dikaiôn*) », expression assez inhabituelle qui évite de les dire totalement privés de la citoyenneté. C'est pourtant ce que, selon Plutarque lui-même (*Apopht. lac.*, anonyme 54, 235b), aurait affirmé l'éphore Étéocle : après la défaite d'Agis III (en 330), il se serait refusé à envoyer cinquante enfants en otages à Antipatros, pour éviter que ceux-ci ne fussent privés de l'éducation (*agôgè*) ancestrale, « car ils ne seraient pas citoyens ». Mais, pour autant que le propos fût authentique, il était de bonne guerre d'exagérer les conséquences de cet envoi. Inversement, la participation à l'*agôgè* peut être un moyen, pour des inférieurs, d'accéder à la liberté, voire à la citoyenneté[15].

15. Cf. *infra*, p. 157-159.

Cette formation obligatoire est organisée par la cité et a, de ce fait, suscité les éloges de Platon et d'Aristote, qui critiquaient à cet égard les autres États, indifférents à l'éducation des futurs citoyens. Même si tous deux reprochent à Sparte de ne se soucier que de l'entraînement à la guerre, Aristote, pour sa part, félicite la cité d'organiser l'éducation conformément à l'esprit du régime. Quant à Xénophon (*Rép. Lac.*, 2), il oppose cette formation à l'éducation privée existant dans le reste de la Grèce. En effet, dans les autres cités, même « ceux qui veulent donner à leurs fils la meilleure éducation » en chargent des « pédagogues [16] » de condition servile et des maîtres d'école, dont on connaît l'humble condition. Au contraire, à Sparte, « au lieu de laisser chacun en charger des esclaves comme « pédagogues », Lycurgue [17] a donné autorité sur eux à un personnage pris parmi ceux qui exercent les plus hautes charges, qui porte le nom de « pédonome » et qui est assisté de « porteurs de fouet », recrutés parmi les jeunes citoyens déjà adultes (*hèbontés*). Si l'on en croit le texte, les Spartiates ne sont pas soumis à des esclaves « pédagogues », mais qu'en est-il des maîtres d'école ? Qui enseigne les lettres, la « musique » et les arts de la palestre ? Il est difficile de supposer qu'il ait suffi de faire appel aux jeunes *irènes* [18] ou à quelques citoyens âgés [19]. A moins de prétendre, comme un écrit sophistique de la fin du Vᵉ siècle (*DK* II⁶ 90, *Dissoi Logoi*, 2, 9), que, « pour les Lacédémoniens, ne pas enseigner les arts et les lettres aux enfants est honorable », voire, comme Isocrate (*Panath.*, XII, 209), que les Spartiates ne savaient même pas lire et écrire [20], on doit

16. Ceux-ci, généralement des esclaves, servent de « bonnes d'enfants », de répétiteurs et, dans le meilleur des cas, de précepteurs.

17. Xénophon attribue systématiquement à Lycurgue toutes les institutions spartiates, ce qui, bien sûr, n'a rien d'historique.

18. Selon Plutarque, *Lyc.*, 17, 2-4, l'*irène*, que chaque *agéla* porte à sa tête, sorti depuis au moins un an de la classe des enfants (*paidés*), est âgé de vingt ans.

19. Selon Plutarque, les gens âgés (*hoi presbutéroi*) surveillaient leurs jeux et suscitaient volontairement des combats entre eux (*Lyc.*, 16, 9) ; ils contrôlaient aussi la façon dont les *irènes* les punissaient (18, 6-7).

20. Cf. cependant P. Cartledge, « Literacy in the Spartan Oligarchy », *Journal ot Hellenic Studies* 98 (1978), p. 25-37 (repris dans *Spartan*

admettre qu'il y avait des maîtres, dont le statut social n'est pas précisé : si, comme c'est vraisemblable, il s'agissait d'inférieurs, les admirateurs de Sparte évitaient d'en parler, car, sinon, il devenait difficile de reprocher aux autres d'utiliser des esclaves comme « pédagogues ». Aussi Xénophon n'évoque-t-il aucunement cet enseignement, qui, ne se distinguant guère, sauf par son organisation, du système habituel, ne méritait pas de développement particulier. Quant à Plutarque, si, en *Lyc.*, 16, 10, il se contente de noter, très brièvement, qu'« ils apprenaient les lettres (entendons à lire et à écrire) en vue de la pratique », il ajoute, un peu plus loin (21, 1), qu'« on ne mettait pas moins de soin à leur enseigner la poésie et le chant qu'à leur apprendre la correction et la pureté du langage ». Aristote (*Pol.*, IX, 5, 1339b 1-2), pour sa part, évoque les Laconiens, qui, bien que n'apprenant pas à pratiquer la musique [21], seraient (affirme-t-on ou affirment-ils ?) capables de juger correctement des bonnes et des mauvaises mélodies, tandis qu'Athénée (XIV, 632f-633b) voit dans les Lacédémoniens les Grecs les plus respectueux des traditions de la lyrique chorale.

De toute façon, l'enseignement « primaire » n'est qu'un élément de l'éducation spartiate, qui se distingue, elle, par sa durée. Elle commence sans doute au même âge que dans les autres cités grecques, c'est-à-dire à 7 ans [22], âge où Plutarque (*Lyc.*, 16, 7) place précisément les débuts de l'*agôgè*. Mais, ce qui distingue Sparte des autres cités, que critique Xénophon, c'est qu'on n'arrête pas l'éducation au début de l'adolescence (*Rép. Lac.*, III, 1). Au contraire, les Spartiates ne se contentent pas d'éduquer les *paidés* au sens restreint, de 7 ans à 12 ou 14 ans, auxquels, comme partout en Grèce, ils dispensent une formation de base, d'écriture, de lecture, de chant et de poésie. Ils se soucient aussi des adolescents ou jeunes gens

---

Reflections, p. 39-54), T.A. Boring, *Literacy in Ancient Sparta, Mnemosyne suppl. 54*, 1979, et E.G. Millender, « Spartan Literacy Revisited », *Classical Antiquity* 20 (2001), p. 121-164.

21. Selon Chamailéon le Pontique, cité par Athénée, IV, 184d, au contraire, tous les Lacédémoniens apprennent à jouer de l'*aulos*.

22. Cf. Aristote, *Pol.*, VII, 17, 1336 b 35- 1337 a 1, et (Platon), *Axiochos*, 366d-e.

(*paidiskos* ou *meirakion*) de moins de 20 ans, qui, avec les *paidés* au sens restreint, constituent les *paidés* au sens large ; et Xénophon insiste sur l'importance, à cet âge, du contrôle moral, trop négligé dans les autres cités. Enfin, d'une certaine manière, la formation continue jusqu'à 30 ans : les *hèbontes* ou *néoi* ont un statut intermédiaire[23], puisque, s'ils sont comme les deux autres groupes sous l'autorité du *pédonome*, celui-ci les défère aux éphores pour être mis à l'amende (*Rép. Lac.*, IV, 6) et qu'ils ne se contentent pas d'assister aux *syssities*, mais y participent en tant qu'adultes.

Si Xénophon note que le *pédonome* a pleins pouvoirs pour rassembler les enfants (II,2) et mentionne les jeunes gens placés à la tête de chaque *ila* [24] (II, 11), ce sont les seules allusions qu'il fasse à leur vie collective, qui est cependant impliquée par l'absence de « pédagogues » et par la mention (en II, 5) de leur nourriture commune. C'est au contraire cette vie collective qui a suscité l'intérêt de Plutarque. Pour celui-ci (*Lyc.*, 16), les enfants étaient, dès l'âge de 7 ans, « embrigadés en troupeaux (*agéla*) » et habitués à jouer et à travailler ensemble et, à partir de 12 ans[25] ou plus probablement deux ou trois ans plus tard[26], amenés à « dormir ensemble[27] par *ila*

23. Considérés comme étant encore en formation, ils n'ont pas le droit de voyager à l'étranger, cf. Platon, *Protagoras*, 342c-d.

24. Ce terme, qui désigne ordinairement un escadron de cavalerie, est appliqué ici à un groupe d'enfants, sans que Xénophon ait pris la peine de le définir ; sa forme dorienne, *ila*, est transcrite en *ilè* par les Athéniens.

25. Douze ans est le seul âge évoqué comme coupure dans la *Vie de Lycurgue*, 16, 12, mais l'indication mentionnée dans le texte n'apparaît qu'à la phrase suivante et peut être indépendante de la mention de l'âge.

26. Dans les *Institutions laconiennes*, 237b, Plutarque donne, mot à mot, les mêmes indications que dans la *Vie de Lycurgue*, mais en les appliquant aux jeunes gens (*hoi néoi*) ; dans l'*Oraison funèbre* (Thuc., II, 39,1), Périclès critique les Spartiates, qui « dès la jeunesse (*néoi*) se livrent à un entraînement pénible pour accéder au courage » : la critique aurait porté davantage si l'orateur avait pu parler des *paidés* ; enfin, des scholies à Hérodote, IX, 85, et à Strabon,, évoquent une coupure à 14 ans et Photius, *s.v.* συνέφηβοL, à 15 ou 16 ans.

27. Se refusant à admettre que les familles spartiates se soient ainsi séparées de leurs enfants, J. Ducat, dans l'article cité *supra* n. 10, p. 45-48, suppose que Plutarque a généralisé ce qui devait se limiter à des « stages » assez brefs ; mais cela implique que Plutarque, qui disposait

et par *agéla*[28] sur des paillasses qu'ils s'étaient constituées eux-mêmes en cassant l'extrémité de roseaux de l'Eurotas avec leurs mains sans l'aide du fer[29] ». C'est également à partir de cet âge, ou deux ans plus tard, que les adolescents sont répartis en classes d'âge (5, à l'époque romaine, 7, auparavant) portant chacune un nom particulier, qui nous a été conservé par des inscriptions d'époque romaine ou par des gloses.

Les principes éducatifs

L'éducation des jeunes Spartiates repose sur la discipline, la vie à la dure et l'émulation. A propos des *paidés* au sens restreint, Xénophon insiste sur l'obéissance (*peithô*) et la bonne tenue (*aidôs*) qui leur sont imposées. Il conclut le chapitre (II, 14) en présentant comme une évidence le fait que l'éducation laconienne produit les hommes les plus obéissants, qui montrent le plus d'*aidôs* et qui sont les plus intérieurement disciplinés (*enkratestéroi*) là où il le faut. La raison en est qu'ils sont constamment soumis non à des esclaves ou à des maîtres salariés, mais à des chefs respectés, capables de donner des ordres et d'infliger des punitions. Non seulement le *pédonome*, assisté de jeunes porteurs de fouet (*mastigophores*), peut leur infliger des châtiments corporels ou des privations de nourriture, mais les *paidés* sont soumis à l'autorité de tout citoyen qui se trouve là – ce qui implique que, contrairement à Athènes, les adultes peuvent

---

pourtant de l'œuvre d'Aristote et connaissait l'*agôgè* de son époque, se soit gravement mépris sur la vie quotidienne du jeune Spartiate ; et faut-il supposer que, lorsque des étrangers voulaient faire bénéficier leurs enfants de l'éducation spartiate, ils devaient trouver un « correspondant » spartiate pour les prendre en pension ?

28. *Ila, agéla* et *boua*, désignant sans doute à l'origine des groupes différents, du fait de la réduction du nombre des Spartiates, en sont vraisemblablement venus à se confondre.

29. De tels détails comme aussi le fait qu'on rasait la tête des adolescents (*Lyc.*, 16, 10) montrent comment l'éducation spartiate avait intégré des rites archaïques, cf. aussi *infra*, p. 63-66, la kryptie et p. 59, 100 et 109, les combats de Platanistas.

assister aux exercices des enfants – et chaque groupe, que Xénophon qualifie d'*ilè* (dorien *ila*) a son propre chef. « C'est pourquoi, pour Xénophon, les *paidés* n'y (*sc.* à Sparte) sont jamais sans chefs (*archôn*) », tandis que Plutarque (*Lyc.*, 16, 8) en conclut que « l'éducation était un entraînement à l'obéissance ».

Cette vie collective est aussi, dès le début [30], une vie à la dure [31], ce qui permet à Xénophon de critiquer la mollesse développée chez les enfants par les autres Grecs, qui « attendrissent leurs pieds en leur donnant des sandales », leur font revêtir des manteaux différents suivant les saisons et les laissent manger autant qu'ils veulent. Au contraire, à Sparte, les *paidés* marchent pieds nus et ont un seul manteau pour toute l'année [32], ce qui, malgré Plutarque, n'implique pas nécessairement l'absence de *chiton*. Ils ne reçoivent qu'une nourriture à peine suffisante, à compléter par le vol. Cependant, Xénophon, qui développe assez longuement la question du vol comme s'il avait à défendre un usage quelque peu décrié [33], en a peut-être exagéré la fréquence. Kennell (p. 122 *sq.*) a en effet rapproché un passage des *Apophtegmes laconiens* (Anon. 35, 234a-b), où Plutarque, à propos de l'épisode célèbre de l'enfant au renard [34], évoque « le moment (*kairos*) où la coutume voulait que les enfants libres volent tout ce qu'ils pouvaient et où il était déshonorant de se laisser voir ». Comme le montrent le vol du renard et le fait que les enfants volent

30. Plut., *Lyc.*, 16, 11, note qu'à partir de la douzième année l'entraînement devient plus dur; comme Xénophon ne signale aucune distinction de la sorte, il faut supposer soit que Plutarque se montre plus précis, soit que, conformément au souci accru des enfants attesté à l'époque hellénistique, l'*agôgè* cléoménienne et romaine s'efforce de ne pas trop maltraiter les jeunes enfants.

31. Xénophon, comme tous ceux qui exaltent l'ascétisme de l'*agôgè*, se garde bien de préciser que, sauf au cours de la kryptie, les jeunes Spartiates ont des domestiques à leur disposition.

32. Les deux choses sont aussi signalées pour les jeunes Crétois.

33. Il l'a lui-même raillé dans l'*Anabase*, IV, 6, 14-16, tout en permettant à son interlocuteur spartiate de retourner la critique contre le personnel politique athénien ; cf. aussi Isocrate, *Panath.*, XII, 211-12.

34. Celui-ci aurait donné un exemple de l'héroïsme spartiate en préférant se laisser dévorer les entrailles par le renard dissimulé sous son *himation* plutôt que de révéler le larcin ; cf. aussi *Lyc.*, 18, 1.

tout ce qu'ils peuvent[35], cet épisode ne se confond pas avec le vol rituel des fromages, auquel Xénophon fait d'ailleurs allusion un peu plus loin dans le texte. Mais il correspondrait, lui aussi, à une coutume particulière, où l'on risque également de recevoir des coups de fouet et qui prendrait place à un moment précis de l'année. Ce serait aussi une pratique collective : Xénophon évoque la nécessité de « rester en embuscade et d'avoir des guetteurs sous la main » et Isocrate (*Panath.*, XII, 211-12), la participation de « compagnons de leur choix », tandis que, dans l'épisode du renard, Plutarque précise que le jeune Spartiate avait été chargé de garder le renardeau que ses camarades avaient volé.

Critiquant le laxisme des autres Grecs, qui laissent les adolescents sans « pédagogues » ni maîtres se gouverner eux-mêmes, Xénophon note qu'à Sparte Lycurgue « leur a imposé le plus grand nombre de travaux et s'est ingénié à leur donner le plus d'occupation » (*Rép. Lac.*, III, 2), sous peine, s'ils s'y dérobaient, de ne plus avoir part aux honneurs (*ta kala*), c'est-à-dire de devenir un citoyen diminué[36]. N'évoquant cette menace qu'à ce stade de l'éducation, le texte de Xénophon pourrait suggérer que la première phase de vie collective (jusqu'à 12 ou 14 ans), où il n'y avait pas encore de classes d'âge au nom particulier, n'était pas, elle, considérée comme une obligation légale.

Pour l'adolescence, cependant, Xénophon insiste surtout sur la bonne tenue (*aidôs*), qui permet de discipliner les élans excessifs de cet âge instable : en chemin, les *paidiskoi* doivent « garder les mains sous le manteau, marcher en silence et éviter de jeter les yeux autour d'eux mais regarder devant leurs pieds ». Ce tableau idéalisé, qui rappelle l'ancienne éducation exaltée avec quelque humour par Aristophane (*Nuées*, 961-1003), permet à Xénophon d'assurer que ces adolescents l'emportent en *aidôs* sur « les vierges dans leur chambre[37] ». Assistant aux *phidities*, ceux-ci restent

35. Xénophon, *Anabase*, IV, 6, 14, précise cependant qu'il existe des choses que la loi interdit de voler, ce qu'impliquait déjà *a contrario Rép. Lac.*, 2,6.

36. Cf. *supra*, p. 48-50.

37. Ou, plus probablement, « sur les pupilles des yeux », cf. la tradition indirecte, Longin, *Sublime*, IV, 4, et Stobée, *Flor.*, 44, 23, et

silencieux en se contentant tout juste de répondre aux questions.

A l'âge suivant, c'est l'émulation qui domine, car chacun aspire, sinon à devenir un des trois *hippagrètes*, au moins à être au nombre des 300 *Hippeis* qui constituent la garde royale [38], car « chaque *hippagrète* enrôle cent hommes [39] en indiquant les raisons pour lesquelles il préfère les uns et élimine les autres », et ceux qui ont été éliminés aspirent à remplacer ceux qui leur ont été préférés en les prenant en faute (*Rep. Lac.*, 4, 6). Xénophon prétend même que « du fait de leur rivalité (*éris*), ils jouent des poings partout où ils se rencontrent [40] ». Mais, bien qu'il qualifie cette rivalité de « la plus chère aux dieux et la plus utile à la cité (*politikôtatè*) » et précise que tout citoyen présent a le pouvoir de séparer les combattants, on peut se demander si, comme pour les vols des *paidés*, il n'a pas généralisé des affrontements qui ne sauraient être quotidiens sans susciter une véritable anarchie. Aussi est-il tentant de rapprocher ces combats des épreuves rituelles, qui sont, elles, bien attestées, comme le vol des fromages à l'autel d'Orthia (*Rep. Lac.*, II, 9) ou les combats de Platanistas (Paus., 3, 14, 8-10), combats où s'affrontent rituellement et sauvagement deux groupes de jeunes [41].

L. Spina, « L'incomparabile pudore dei giovani Spartani », *QUCC* n.s. 19 (1985), p. 167-181.

38. Ils sont aussi, comme les éphèbes de la *Cyropédie* (I, 2, 12), utilisés dans des missions de police, cf. le récit de la conspiration de Cinadon, *infra*, p. 134-138.

39. Si l'on prend le texte au pied de la lettre, on recruterait à chaque fois 300 *Hippeis*. La liste globale est sans doute mise à jour tous les ans, sinon Pédaritos n'aurait pu, après son échec, affecter de se réjouir qu'il y ait 300 Spartiates qui lui soient supérieurs (Plut., *Mor.*, 191 F, 231 B, *Lyc.*, 25, 6). Mais il est vraisemblable qu'en dehors des places libérées par les *Hippeis* décédés ou exclus on se contentait de nommer chaque année 5 *Hippeis* en remplacement des 5 plus âgés, qui devenaient des *agathoergoi* (ambassadeurs).

40. Sans mentionner expressément Sparte, Platon fait aussi l'éloge d'une société où les jeunes se défendent eux-mêmes contre les gens de leur âge sans encombrer les tribunaux de leurs plaintes, *Rép.*, IV, 464e, et *Lois*, IX, 880a.

41. Cf. *infra*, p. 100 et 109.

La pédérastie

La vie collective des jeunes Spartiates leur permet de nouer des liens en dehors des simples solidarités familiales et a pu servir de modèle aux Gardiens de *La République*, que Platon entend arracher au milieu familial. A Sparte, ces liens ne sont pas seulement des liens « horizontaux » avec les enfants du même âge, mais aussi des liens « verticaux » avec des Spartiates plus âgés, noués grâce à ce qu'on pourrait qualifier de pédérastie éducative [42].

Celle-ci pose le problème des relations sexuelles. En effet, Xénophon (*Rép. Lac.*, II, 13, et cf. *Banquet*, VIII, 35) insiste, de façon paradoxale [43], sur leur chasteté en affirmant que, « à Lacédémone, les amants (*érastes*) n'étaient pas moins retenus dans leurs amours pour les garçons que les pères à l'égard de leurs fils [44] ou les frères à l'égard de leurs frères ». Plutarque (*Inst. Lac.* 237b-c) note que les relations sexuelles avec les jeunes garçons (*paidés*) étaient considérées comme honteuses et infligeaient le déshonneur (*atimie*) pour toute la vie. Quant à Élien (*V. H.*, 3, 12), il assure que « si un adolescent (*meirakion*) osait se laisser faire violence (*hubris*) ou son amant lui faire violence », ils n'en tiraient pas profit mais étaient punis de l'exil ou de la mort. Or, d'autres textes suggèrent que ces relations étaient non seulement pratiquées mais admises à Sparte. Ainsi Platon, dans les *Lois* (I, 636b-c et VIII, 836b), condamne clairement les amours « contre nature » pratiquées à Sparte et en Crète. D'ailleurs, l'éloge que fait Xénophon lui-même (*Agésilas*, 5, 4, 7) de la retenue exceptionnelle d'Agésilas à l'égard du beau Mégabate ne serait pas justifié si c'était le cas général. Quant à Cicéron

42. Cf. P. Cartledge, « The politics of Spartan pederasty », *Proceedings of the Cambridge Philological Society*, 207 (1981), p. 17-36 (repris dans *Spartan Reflections*, p. 91-105), et St. Link, « Der geliebte Bürger : Paideia und Paidika in Sparta und auf Kreta », *Philologus* 143 (1999), p. 3-25.

43. Il note lui-même (avec humour ?) : « Que certains aient peine à le croire, je ne m'en étonne pas. »

44. On rapprochera Platon, *République*, III, 403b-c, cité *infra*, n. 45.

(*Rép.*, IV, 4), il propose une solution moyenne en assurant qu'en face de la licence autorisée en Élide et à Thèbes « les Lacédémoniens, en autorisant tout dans ce domaine sauf le stupre, ne dressent qu'une bien faible muraille devant la seule chose qu'ils interdisent : ils autorisent en effet de s'embrasser [45] et de coucher ensemble, pourvu qu'un manteau sépare les amants ».

On pourrait essayer de concilier ces indications diverses, de valeur inégale, en opposant la réalité à la théorie ou, si l'on préfère, à l'idéalisation de Sparte. Mais, bien que *La République des Lacédémoniens* soit à beaucoup d'égards plus hagiographique que réellement historique, il est aussi excessif de tout ramener au « mirage spartiate » que de supposer tous les Spartiates conformes à l'image qu'ils voulaient donner d'eux-mêmes. Si la « chasteté pédérastique » n'avait été qu'un mythe, son caractère mensonger aurait trop facilement été percé à jour. Il faut sans doute, comme pour « la belle mort [46] » ou la thésaurisation, distinguer ici l'idéal spartiate et la façon dont il était respecté selon les époques [47] et les individus. La tolérance qui amène le Platon des *Lois*, plus affirmatif à cet égard que celui du *Banquet* [48], à assurer que

45. Cicéron retrouve ainsi le modèle platonicien de *La République* (III, 403b-c), où il est prévu par la loi que « l'amant embrasse son mignon, vive avec lui et le touche comme s'il était son fils… en ne donnant jamais l'impression d'être allé plus loin, s'il ne veut encourir le reproche de manque d'éducation et de goût » ; voir aussi, en V, 468b-c, les récompenses du guerrier valeureux, qui peut embrasser qui il veut et s'en faire embrasser.

46. Cet idéal n'est pas respecté de la même façon aux Thermopyles qu'à Sphactérie ou à Leuctres.

47. Il n'est pas impossible qu'outre Platon lui-même Sparte ait évolué entre la date du *Banquet* (autour de 380) et celle du livre I des *Lois* (dans les années cinquante).

48. Dans *Le Banquet*, 182b (texte des manuscrits, qu'il est absurde de modifier), Platon attribue aux Athéniens et aux Lacédémoniens une attitude nuancée, qui contraste avec la permissivité des Éléens et des Béotiens, chez qui « on a décrété (*nénomothétètai*) sans restriction qu'il était beau d'accorder ses faveurs aux amants », et la condamnation sans appel de la pédérastie chez les peuples soumis à l'influence barbare ; cette opposition entre les Lacédémoniens et les Éléens associés aux Béotiens se retrouve chez Xénophon, *Banquet.*, VIII, 34-35, et dans le passage de Cicéron cité *supra* dans le texte.

les relations sexuelles entre amants étaient autorisées par la loi, doit parfois – ce qui expliquerait les indications d'Élien – laisser place à des réactions brutales [49] lorsque ces relations ne se dissimulent plus suffisamment [50]. Les adversaires de Sparte stigmatiseraient à cet égard l'hypocrisie spartiate, mais on pourrait aussi évoquer l'*aidôs*, essentielle dans l'éducation spartiate. Cette *aidôs* amenait, au mieux, à sublimer ses désirs, au minimum, à sauver la face en dissimulant [51], ce que Xénophon qualifie de « très honteux ».

De toute façon, ces relations pédérastiques jouaient un rôle éducatif important en incitant chacun des deux à se distinguer et en se substituant quelque peu au modèle parental, c'est pourquoi elles étaient favorisées et contrôlées par la cité : Élien (*V. H.*, 3, 10) évoque des amendes infligées par des éphores à un jeune qui avait préféré un *éraste* riche à un homme de bien (*chrestos*) pauvre, à un homme de bien qui n'avait pas voulu avoir d'*éromène* et, d'une manière générale, aux *érastes* quand leur *éromène* commettait une faute [52]. Quelle que soit la valeur historique de ces anecdotes, elles tendent à présenter la relation pédérastique correcte (l'*orthôs paiderastein* du *Banquet* de Platon, 211b) comme une sorte de devoir civique.

49. On comparera aux réactions brutales suscitées par l'afflux d'or et d'argent après 404, auxquelles succéda peut-être un laxisme généralisé, cf. *infra,* p. 265 *sq.*

50. Ou mettent en cause des enfants trop jeunes ? Xénophon évoque la pédérastie à propos des *paidés*, qui ne sont pas encore des adolescents (*néaniskoi*), et Plutarque la voit peut-être apparaître à partir de 12 ans. Il était normal que les relations sexuelles avec ces enfants fussent condamnées : considérées comme très honteuses (*aikhiston*) chez Xénophon, voire punies par la loi (entendons par les éphores) chez Élien. Mais, à Sparte, les liens pédérastiques peuvent durer assez longtemps, puisque les *néoi* (de 20 à 30 ans) ont des *éromènes,* qui se chargent notamment de faire leurs courses au marché (Plut., *Lyc.*, 25, 1) : avec eux, les relations sexuelles pouvaient être tolérées comme elles l'étaient avec des non-citoyens.

51. Cf. la confusion d'un adolescent (*meirakion*) qui avait rencontré quelqu'un alors qu'il se promenait avec son amant, Plut., *Apoptht. lac.*, 222b.

52. Cf. aussi Plut., *Lyc.*, 18, 8, où un amant aurait été « mis à l'amende par les magistrats parce que son aimé aurait, au cours d'un combat, laissé échapper un mot inconvenant (*agennè*). »

Celle-ci accroît aussi l'influence des individus ou des familles[53] : ainsi le lien pédérastique entre Lysandre et Agésilas contribua à l'accession au trône et à l'envoi en Asie d'Agésilas, tandis que le fils d'Agésilas fit, grâce à son père, acquitter Sphodrias, le père de son *éromène*.

La kryptie

J'ai essayé, en 1988, de montrer[54] que la kryptie ne concernait qu'un nombre restreint de Spartiates et qu'il fallait distinguer la difficile épreuve qui obligeait à rester caché pendant un an et l'utilisation de ceux qui avaient réussi pour, ensuite, terroriser les Hilotes. C'est du moins le seul moyen de concilier les quatre textes qui évoquent cette institution, à savoir :

> 1) Platon, *Lois*, I, 633b-c : (le Spartiate Mégillos) « Eh bien, pour ma part, je puis essayer d'évoquer la quatrième (trouvaille du législateur spartiate), à savoir la pratique, fréquente chez nous, de l'endurcissement à la douleur, dans les pugilats des uns contre les autres et dans certains vols qui se passent à chaque fois sous une pluie de coups. Et il y a aussi quelque chose qu'on appelle la kryptie, exercice d'endurance prodigieusement éprouvant, avec l'absence de chaussures et de literie en plein hiver et le fait de se passer de domestiques en étant à eux-mêmes leurs propres serviteurs, tout en errant de jour comme de nuit à travers tout le territoire. Il y aussi chez nous le redoutable endurcissement des Gymnopédies… »

53. Il en irait de même de la naissance de frères ou de sœurs utérins favorisée par le prêt des épouses, cf. Xén., *Rép. Lac.* 1, 9, et *infra*, p. 87-89.

54. Ed. Lévy, « La kryptie et ses contradictions », *Ktèma* 13 (1988), p. 245-252 ; la thèse, approuvée par N.M. Kennell, *The Gymnasium of Virtue*, p. 131 *sq.*, ainsi que par St. Hodkinson, *in* L.J. Mitchell et P.J. Rhodes, *The Development of the Polis in Archaic Greece*, Londres, New York, Routledge, 1997, p. 92, est rejetée par J. Ducat, « La cryptie en question », *in* P. Brulé et J. Oulhen, *Esclavage, Guerre, Économie en Grèce ancienne. Hommages à Yvon Garlan*, Presses universitaires de Rennes, 1997, p. 43-77 ; cf. aussi, du même auteur, « Crypties », *Cahiers Glotz* 8 (1997), p. 9-38.

2) Scholie à Platon, *Lois*, I, 633b : « On envoyait de la ville un jeune, qui ne devait pas se laisser voir pendant une aussi longue période. Il était donc forcé de vivre en parcourant les montagnes et en ne dormant pas sans crainte pour éviter de se faire prendre et sans disposer de serviteurs ni emporter de provisions. C'était aussi une forme d'entraînement à la guerre [55]. En effet, expédiant chacun sans équipement, ils leur enjoignaient de vagabonder une année entière à l'air libre dans les montagnes et de se nourrir par le vol et les procédés de même sorte, et cela, sans se faire voir de personne ; c'est pourquoi aussi la chose est appelée kryptie [56] ; de fait, ceux qui s'étaient laissé voir, où que ce fût, étaient châtiés. »

3) Plutarque, *Vie de Lycurgue*, 28, 1-7 : 1/ « Il n'y a en tout cela aucune trace de l'injustice et de l'iniquité que certains reprochent aux lois de Lycurgue en tant que suffisantes pour le courage, mais déficientes en ce qui concerne le sens de la justice. 2/ C'est ce qu'on appelle chez eux la kryptie – si c'est bien, comme le rapporte Aristote, une des institutions de Lycurgue – qui aurait inspiré à Platon aussi cette opinion au sujet du régime et de l'homme. 3/ Voici en quoi elle consistait : les chefs (*archontés*) [57] envoyaient de temps à autre dans le territoire sans mission particulière (*allôs*) ceux des jeunes (*néoi*) qui passaient pour les plus intelligents, avec des poignards et des vivres suffisants, mais rien d'autre. 4/ Ceux-ci, pendant le jour, dispersés dans des endroits couverts, se tenaient cachés et se reposaient, mais, la nuit [58], descendant sur les chemins, ils égorgeaient celui des Hilotes qu'ils surprenaient. 5/ Souvent aussi, parcourant la campagne, ils en tuaient les plus robustes et les

55. Cf. Isocrate, *Archidamos*, VI, 76, où les Spartiates ont une armée « capable de camper à la belle étoile et de se déplacer à travers le pays », et Xén., *Cyropédie*, I, 2, 10 et VIII, I, 34, où la chasse est aussi présentée comme « un entraînement à la guerre ».

56. Le terme vient de *kruptein*, cacher.

57. On rapprochera, pour cet emploi d'*archontés*, Xén., *Cyropédie*, I, 2, 6 et 8.

58. Hérodote, IV, 146, note en passant que « ceux que les Lacédémoniens mettent à mort, ils les mettent à mort de nuit et jamais de jour ».

plus forts. 6/ (Allusion à Thucydide : au massacre d'Hilotes de 425). 7/ Aristote dit aussi, précisément, que les éphores, dès qu'ils entraient en charge, déclaraient la guerre aux Hilotes pour qu'on pût les tuer sans souillure. »

4) Hérakleidès Lembos, (fr. 373,10 Dilts = Aristote, fragment 538 Rose, dont j'adopte la correction) : « On dit aussi qu'il (= Lycurgue) est l'instigateur de la kryptie, conformément à laquelle encore maintenant, faisant une expédition en armes, ils se cachent le jour et, la nuit, ils… et tuent autant d'Hilotes qu'il le faut. »

Ces textes, qui ne permettent pas de remonter au-delà du IVe siècle, ou bien font de la kryptie un exercice d'endurance, voire une épreuve imposée individuellement à de jeunes Spartiates, ou bien insistent sur sa fonction répressive. On pourrait admettre que, selon leurs préoccupations, les auteurs soulignent tantôt un aspect, tantôt un autre : c'est notamment l'hypothèse que propose J. Ducat, en rappelant, par exemple, que le Spartiate Mégillos n'avait pas à mentionner les aspects cruels de la kryptie. Mais encore faut-il que ces aspects soient conciliables : le krypte reste-t-il isolé et caché pendant un an, sans ravitaillement ni équipement (texte 2), ou fait-il des expéditions en groupe, avec armes et vivres (textes 3 et 4) ? On pourrait être tenté de résoudre la contradiction en supposant des stades différents dans l'histoire de la kryptie, mais la scholie est censée évoquer la situation à l'époque de Platon et, même si les indications de Plutarque ne proviennent pas toutes d'Aristote, il fait allusion à Platon et se réfère à un passage de Thucydide. Aussi vaut-il mieux chercher une explication dans la carrière individuelle du krypte.

Les textes 1 et 2 évoquent une épreuve particulièrement difficile ; il est peu probable que toute une classe d'âge y ait été soumise [59], surtout à une période où les Spartiates étaient encore assez nombreux. En tout cas, tous ne réussissaient pas l'épreuve : « Ceux qui s'étaient laissé voir… étaient châtiés. »

59. Si c'était le cas, on s'expliquerait mal le silence de Xénophon.

Ceux qui réussissaient formaient dès lors l'élite des *néoi*[60], sans doute mentionnés par Plutarque comme « ceux qui passaient pour les plus intelligents ». Ces kryptes, ainsi distingués conformément aux principes d'émulation et de sélection constants dans la société spartiate, constitueraient des sortes de commandos, utilisés[61] aussi bien pour terroriser les Hilotes et en éliminer certains que, au moins à certaines époques, dans des opérations de reconnaissance derrière les lignes ennemies[62].

La kryptie peut ainsi apparaître comme le couronnement de l'éducation spartiate. La vie à la dure, agrémentée de vols, culmine dans cet isolement où il faut vivre sur le pays tout en se cachant. L'émulation invite à se distinguer dans cette épreuve particulièrement difficile, qui associe courage et débrouillardise. Enfin, les massacres à venir d'Hilotes marquent le point d'aboutissement de la brutalité qui caractérise cette éducation, où, outre les châtiments corporels (coups de fouet ou morsure du pouce) et la privation de nourriture, on est, dès le plus jeune âge, incité à se battre, comme on continue à le faire entre les *Hippeis* et les autres ou comme on s'arrache les yeux à Platanistas (Paus., III, 14). C'est là un entraînement au courage, qui, selon Aristote (*Pol.*, VIII, 4, 1338b 17-19), ne débouche pas sur le vrai courage, cher aux philosophes, mais sur une brutalité de bêtes sauvages. C'est la critique la plus violente qu'on puisse faire de l'éducation spartiate.

60. Je ne saurais dire s'ils appartenaient déjà aux *Hippeis*, s'ils étaient admis dans ce corps à la réussite de leur épreuve ou s'ils en restaient séparés.

61. Je suis ainsi amené, contrairement à Jean Ducat, à distinguer deux étapes dans la kryptie, à savoir la sélection et l'utilisation du krypte ; si les textes n'évoquent pas une telle distinction, ils ne l'interdisent pas, car chacun ne présente que la partie de la kryptie qui l'intéresse.

62. Voir Plutarque, *Vie de Cléomène*, 28, 4, à propos de la bataille de Sellasie, en 222.

Les syssities

Les Spartiates se distinguent aussi par leurs repas collectifs quotidiens, qualifiés de *syssities*[63].

Origine

Le terme et la chose ne sont pas propres à Sparte : l'ensemble du monde grec a connu des repas communs organisés pour les membres masculins d'un groupe social ou religieux. Il suffit d'évoquer les banquets homériques (ex. *Od.*, IV, 621), ceux des phratries ou les *syssities* de Thèbes, de Milet ou de Thourioi. Et les Grecs en ont même retrouvé l'équivalent à Rome (cf. Denys d'Halicarnasse, 2, 23) ou à Carthage, dont Aristote (*Pol.*, II, 11, 1272b 33-34) rapproche expressément les *syssities* de celles de Sparte.

On a attribué à ces *syssities* des origines à la fois sociales, militaires et religieuses, en y voyant au départ des réunions de guerriers (*Männerbunde*), des banquets aristocratiques ou la célébration de sacrifices. Mais, à Sparte, comme l'a bien montré Pauline Schmitt-Pantel[64], ces banquets d'hommes à valeur religieuse et sociale se sont transformés en un mess quotidien, obligatoire sauf, précise Plutarque (*Lyc.*, 12, 4), « quand le sacrifice ou la chasse avaient fini trop tard ». Il y aurait là comme une démocratisation du banquet, qui, si l'on en croit Phylarque (*FHG* I, 346 = Athénée, IV, 141f-142b),

63. Cf. notamment Xénophon, *Rép. Lac.*, 5, Plutarque, *Lyc.*, 12, schol. Platon, *Lois* 633a, ainsi que M. Lavrencic, *Spartanische Küche. Das Gemeinschaftsmahl der Männer in Sparta,* Vienne, Cologne et Weimar, Böhlau, 1995, St. Link, « "Durch diese Tür kein Wort hinaus !" (Plut., *Lyk.*, 12, 8) : Bürgergemeinschaft und Syssitien in Sparta », *Laverna* 9 (1998), p. 82-112, et H.W. Singor, « Admission to the *syssitia* in fifth-century Sparta », *in* St. Hodkinson et A. Powell, *Sparta. New Perspectives*, Londres, Duckworth, 1999, p. 67-89.

64. P. Schmitt-Pantel, *La Cité au banquet : histoire des repas publics dans les cités grecques*, Paris, École française de Rome, 1992, notamment p. 62-76.

redeviendra aristocratique au IIIe siècle. A Sparte, ces *syssities* se déroulent encore à l'époque de Pausanias (cf. VII, 1, 8) à proximité du tombeau de Teisaménès, le fils d'Oreste, dont les ossements ont sans doute été recouvrés au cours du VIe siècle, ce qui suggère que ces *syssities* civiques ont été créées ou réorganisées à une date relativement récente.

Dénomination

Ces repas collectifs portent à Sparte des noms variés, qui peuvent eux-mêmes avoir plusieurs sens.

Le terme, habituel en Grèce, de *syssities* (en grec, *sussition*, au pluriel *sussitia*) indique étymologiquement le partage d'une nourriture à base de céréales. A Sparte, à partir du sens de « repas commun », il en est venu à désigner le groupe de convives qui y participent, le lieu où se déroule ce repas et enfin une unité militaire[65] (de gens censés manger ensemble).

Le terme *phidities*, propre à Sparte, est confirmé par l'épigraphie sous les formes *pheideition* ou *pheidition* ; il est employé, lui aussi, pour les convives et pour le lieu, mais jamais pour une subdivision militaire. L'étymologie du mot est claire : il vient de *pheid-*, épargner, et convient bien pour un repas fondé sur l'épargne, puisque organisé par écot ; mais Plutarque signale que le mot est en concurrence avec *philities*, terme formé sur *philia* (la solidarité amicale) et convenant pour des repas amicaux.

Andreia (singulier : *andreion*) serait le terme le plus ancien, déjà attesté chez Alcman et conservé en Crète, mais, à l'époque classique, il n'est plus employé que rarement par les Spartiates.

Suskènia (en dorien : *suskania*), formé sur le mot qui désigne la tente, indique le partage de la tente où a lieu le repas ; le terme, lié en partie à la vie de camp, a une connotation institutionnelle, puisque Xénophon évoque la *skènè dèmosia* (tente publique) (*Rep. Lac.*, XV, 4).

65. C'est le seul sens que mentionne Hérodote (I, 65).

Participation

La participation aux *syssities* est obligatoire pour être au nombre des *Homoioi*. On y est vraisemblablement admis à partir de 20 ans. La procédure est décrite par Plutarque (*Lyc.*, 12) ainsi que par un scholiaste (à Platon, *Lois* 633a) : la cooptation se fait à l'unanimité des membres du *sussition*, qui votent au moyen de boulettes de pain jetées dans un grand vase. Il est possible [66] que le jeune soit parrainé par son *éraste*.

Chaque convive doit fournir sa quote-part mensuelle, dont le montant a été indiqué par Dicéarque (*FHG*, II, 242 = Athénée, IV, 141 b-c) et par Plutarque (*Lyc.*, 12), soit, transcrits en unités modernes, environ 77 litres d'orge, 39 litres de vin, 3 kilos de fromage et 1,5 kilo de figues, ainsi que 10 oboles éginétiques, soit l'équivalent de 2,5 drachmes attiques. Il n'est pas fait mention de l'huile d'olive, pourtant indispensable, et on ne sait si elle était achetée ou fournie en supplément [67]. Ces quantités, qui dépassent la consommation d'un individu, devaient permettre de nourrir aussi le personnel des *syssities*.

Si l'on ne pouvait payer sa part, on cessait d'être citoyen de plein droit, ce qui, comme l'a souligné Aristote (*Pol.*, II, 9, 1271a 26-37), posait des problèmes à la fois sociaux et politiques.

On peut cependant s'interroger sur le nombre de convives par *sussition*. En effet, Plutarque donne deux indications contradictoires. Selon la *Vie de Lycurgue*, 12, « ils se réunissaient par quinze, ou un peu plus ou un peu moins » ; et les *Apophtegmes laconiens* (226d) rappellent, à propos des *syssi-*

66. Il paraît cependant excessif, malgré le parallèle crétois (Éphore, *FGH* 70 F 149), d'y voir, avec H.W. Singor, une obligation institutionnelle.

67. Quant à la viande, indispensable pour la confection du plat de base, le fameux brouet noir fait de porc assaisonné de sel, de vinaigre et de sang (cf. Plut., *De tuenda sanit. praecep.*, 128c), elle était achetée avec les 10 oboles auxquelles s'ajoutait la viande provenant des sacrifices publics ou privés.

ties, que les citoyens en armes étaient répartis en petits groupes (*kat' oligous*). Quant à la scholie à *Lois* 633a, qui donne, sur la cooptation et sur la nécessité du secret[68], les mêmes indications que Plutarque, elle indique que les convives étaient au nombre de 10, ce qui correspond à l'effectif de la « tente publique », qui, selon Xénophon (*Rép. Lac.*, XIII, 1), pouvait réunir le roi en campagne, les 6 polémarques et les 3 *Homoioi* attachés à la tente[69].

Or, dans la *Vie d'Agis*, 8, 4, voulant théoriquement revenir à Lycurgue, tout en divisant ses nombres par deux, puisque Sparte avait perdu la majeure partie de la Messénie, le roi réformateur entendait répartir les 4500 citoyens prévus en 15 *phidities* de 400 ou 200 membres. Contrairement à la plupart des commentateurs, je ne crois pas souhaitable de rejeter purement et simplement ces dernières indications. Même si Phylarque, dont s'inspire ici Plutarque, est très partial en faveur d'Agis IV, c'est un contemporain, dont les indications ont des chances d'être mieux fondées que des traditions censées remonter à Lycurgue. D'autre part, le texte de Plutarque présente une contradiction apparente, qu'ont bien décelée certains traducteurs[70] : 4 500 n'étant pas divisible par 200, on ne peut constituer les 15 *phidities* prévues. Mais, si l'on constitue 7 *phidities* de 200 et 7 de 400, il reste une *phiditie* de 300, qui, bien que non indiquée par Plutarque, n'est pas faite pour surprendre, car elle correspond précisément au nombre des *Hippeis*. Ce simple calcul confirme la valeur des indications de Plutarque, que lui-même ne comprend plus très bien. Ainsi, même si l'on peut contester le caractère

68. « Le plus âgé des convives (*tôn sussitôn*) emmenait celui qui avait été admis dans le bâtiment (*oikos*) où avaient lieu les *syssities* et, se tenant à l'intérieur le long de la porte, lui disait : « De cette porte ne sort pas la parole (*logos*) », en l'invitant ainsi à tenir secrètes toutes leurs affaires ; de même Plut., *Lyc.*,12, 8, *Quest. conviv* ; 697e, où est évoquée l'admission d'un jeune (*néos*) ou d'un étranger (*xénos*) dans le *phidition*.

69. Si, en temps de paix, on y ajoute l'autre roi et les quatre *Pythioi*, on retouve le nombre de 15.

70. Ainsi R. Flacelière et E. Chambry, à la suite de Schœmann, pensaient que Plutarque avait voulu dire qu'« une tablée comportait au moins 200 convives et 400 au plus », mais ce n'est pas ce que dit le texte.

« lycurguien » de la réforme d'Agis, le contenu de sa réforme, qui, sur ce point, n'a d'ailleurs pu être réalisée, ne saurait être mis en doute. La présence d'un nombre identique dans les deux textes de Plutarque est une simple coïncidence, n'impliquant pas une tradition unique, qui, dans un cas, aurait été mal interprétée, car les 15 groupes d'Agis sont censés renvoyer à un système lycurguien de 30 *syssities*.

Évoquant les subdivisions de l'armée, Polyen, 2, 3, 11, suggère que les *syssities* ne formaient qu'un groupe restreint, puisque, à propos de la bataille de Leuctres, il cite, dans un ordre manifestement décroissant, *mores*, *loches*, *énomoties* [71] et *syssities*. Au contraire, le texte d'Hérodote (I, 65) qui évoque *énomoties*, *trièkades* et *syssities* ne permet pas de conclusions, car on ne sait si les *trièkades* sont des groupes de 30, ce qui ne les distinguerait guère des *énomoties*, ou des trentièmes de l'armée. Cependant, les *syssities* de Sparte, qui associent des personnes d'âge divers, sont volontiers comparées aux banquets des phratries, qui peuvent réunir plus d'une centaine de participants [72]. Toutefois, quand, par exemple, à la veille de Leuctres, il n'y avait plus que 1200 Spartiates mobilisables, il était bien évident qu'on ne pouvait plus réunir 30 *syssities* de plusieurs centaines de convives ; inversement, à une époque où il y aurait eu 9000 Spartiates, on imagine mal 600 *syssities* de 15 convives.

Les diverses indications sont cependant conciliables si l'on distingue le « lieu de réunion » et le groupe de convives [73]. Dans le premier cas, il peut s'agir d'un nombre important : Agis IV prévoit 200, 300 ou 400 personnes, tandis qu'en Crète (voir Dosiadas, *FGH* 450 F2 = Athénée, IV, 143), où

71. Celles-ci comptent au maximum 40 membres, voire 42, si on y inclut les jeunes de 18 et 19 ans.

72. On rapprochera Xén., *Cyropédie*, II, 1, 25, où Cyrus fait dresser des tentes assez grandes pour abriter chacune une compagnie (*taxis*) de 100 hommes ; quant à Aristote, *Polit.*, II, 5, 1264a 6-8, il met en parallèle comme subdivision de la cité, d'une part, les *syssities*, d'autre part, les phratries et les tribus.

73. Si Plutarque évoque une répartition par groupes d'environ 15 personnes, il ne dit pas que le *phidition* lui-même se limite à 15 personnes. Claude Vatin me suggère de parler d'une unité de gestion, d'une « popote » ; cf. aussi Platon, *Critias*, 112b.

les citoyens peuvent être répartis en hétairies qualifiées d'*andreion*, chaque local de *syssitie* comporte plusieurs tablées et il est même possible qu'il n'y ait qu'un local qualifié d'*andreion* par cité. Au contraire, la tablée elle-même peut se limiter à 10 ou 15 personnes, voire moins, puisque Alcman évoque de petits *andreia* de 7 convives.

Le seul problème concret qui se pose est de savoir si l'on doit être coopté par toute la « salle » ou seulement par la « tablée ». Bien qu'il soit difficile de conclure sur ce point, il est plus vraisemblable qu'il s'agit d'être coopté par l'ensemble. En effet, il ne serait pas difficile d'être admis, s'il suffisait d'être coopté par 14 ou 9 personnes et il n'y aurait pas besoin d'un grand vase pour y déposer une dizaine de boulettes de pain.

De toute façon, quand les Spartiates n'étaient plus que de 1 000 à 2 000, chacune des 30 *syssities* ne pouvait plus comporter qu'un nombre limité de convives[74]. Quant à savoir ce qui se passait réellement, quand ils étaient 9 000, il est difficile de le dire, car nous n'avons aucune assurance que le système imaginé ou reconstruit par Agis IV ait déjà fonctionné et, notamment, qu'en dehors des campagnes la participation quotidienne ait déjà été obligatoire.

En tout cas, elle ne l'était pas, au moins à l'origine, pour les rois. Selon Hérodote (VI, 57), ceux-ci pouvaient librement soit assister aux repas collectifs, soit manger chez eux, soit se faire inviter par des particuliers, qui, eux non plus, n'avaient pas ce jour-là participé aux *syssities*. Il paraît au contraire normal à Xénophon (*Rép. Lac.*, XV, 4) que les rois mangent hors de chez eux, puisqu'on leur a affecté à cet effet une « tente publique ». Quant à Plutarque, il prétend que, même pour eux, cette participation était obligatoire et rapporte qu'on avait refusé d'envoyer ses portions à un roi qui, au retour d'une expédition victorieuse, avait voulu dîner avec sa femme (*Lyc.*, 12, 5).

Aussi bien dans les repas publics que lorsqu'ils mangeaient chez eux, les rois avaient effectivement droit à une double part, ce qui, selon Xénophon, leur permettait d'honorer qui

74. Phylarque, *FHG* I, 346 = Athénée IV, 142a, critique les *phidities* hellénistiques, devenues petites (*mikra*).

ils voulaient[75], mais devait initialement, comme chez Homère, surtout servir à marquer leur prééminence. Les gérontes nouvellement élus recevaient aussi une double part et pouvaient ainsi honorer une femme de leur famille. Quant aux éphores, ils avaient un *sussition*, qui leur était propre.

La participation des jeunes variait suivant l'âge : les *paidés* au sens restreint ne participaient pas aux *syssities* ; les *paidiskoi*, sans y participer, y assistaient en silence, ce qui permettait d'apprécier leur tenue pour, plus tard, les coopter et obligeait les adultes à un minimum de décence ; les *néoi*, quant à eux, à condition d'avoir été cooptés, participaient aux *syssities*.

L'*agôgè*, les *syssities* et les activités militaires, qui duraient jusqu'à 60 ans, imposaient aux Spartiates une vie collective qui autorisait et favorisait la chasse, mais ne laissait guère de place aux raffinements de l'art et de la littérature et a pu contribuer au déclin culturel de Sparte, visible dès la fin du VIe siècle et s'aggravant au milieu du Ve siècle.

Cependant, les *phidities* spartiates ne sont pas totalement égalitaires. Les riches et les bons chasseurs se distinguent et sont incités à le faire en apportant des suppléments de nourriture (pain blanc, produits agricoles ou gibier) : si ceux-ci sont bien partagés, les donateurs sont récompensés par des places d'honneur et voient leurs noms proclamés lors de la distribution des parts (Épicharme, *in* Athénée, IV, 139c, et Molpis, *ibid.*, 141e). Mais il y a plus grave : contrairement à ce qui se passe en Crète, il faut apporter son écot, ce qui élimine les plus pauvres. Aussi Aristote (*Pol.*, II, 9, 1271a 26-37) peut-il souligner que les *syssities*, dont le législateur voulait faire une institution démocratique, ne se montrent finalement « pas du tout démocratiques ».

Le *kléros* et la prétendue égalité spartiate

C'est justement pour qu'ils puissent payer leur part aux *syssities* qu'aurait été alloué un lot de terre (*kléros*) à chaque

75. Agésilas serait même allé jusqu'à offrir ses deux parts.

citoyen [76]. Dans leur reconstruction du passé spartiate, les Anciens ont supposé soit que, conformément aux habitudes des conquérants, la distribution avait été faite lors de la conquête dorienne [77], soit que, comme toute l'organisation spartiate, elle était l'œuvre de Lycurgue, soit enfin que, puisqu'il y avait aussi des lots en Messénie, l'œuvre de Lycurgue avait été complétée par le roi Polydore, vainqueur des Messéniens [78] (Plut., *Lyc.*, 8, 5, 6). Il est évident que les Grecs ne pouvaient avoir de documents sur l'attribution initiale des *kléroi* et que cette distribution théoriquement égalitaire ne saurait être qu'une reconstruction tardive.

Mais qu'en est-il du *kléros* et, en général, du régime de la propriété à l'époque classique ? Les historiens modernes ou bien ont fait aveuglément confiance à Plutarque en se contentant de paraphraser ses indications, ou bien ont rejeté comme une invention tardive tout le système fondé sur l'égalité et l'insécabilité des *kléroi* alloués par la cité et associés à une rente fixe payée par les Hilotes qui cultivaient le domaine.

Il est prudent à cet égard de bien distinguer ce que les auteurs écrivent sur la Sparte de leur époque et ce qu'ils croient savoir du régime ancien de la terre. Au IVe siècle, contrairement à ce qui se passe en général dans les autres cités, la propriété du lot de terre est partagée entre la cité et son détenteur et l'on peut à cet égard, en reprenant des termes du droit romain, distinguer le droit d'usage (*ius utendi*) et le droit d'aliéner (*ius abutendi*), déjà en germe dans la *Rhétorique* d'Aristote (I, 1361a 12-14).

Le détenteur du lot en a, bien sûr, l'usufruit, même si ce droit est, selon Plutarque [79], limité par l'interdiction d'en tirer plus que la rente traditionnelle. Mais il n'avait pas le droit

76. La question est très discutée et, si Pavel Oliva, *Sparta and her Social Problems*, Prague, Academia, 1971, notamment p. 32-38, admet le système du *kléros*, celui-ci est rejeté par St. Hodkinson, « Land tenure and inheritance in Classical Sparta », *Classical Quarterly*, 36 (1986), p. 378-406, et *Property and Wealth in Classical Sparta*, Londres, Duckworth, 2000, notamment p. 65-112.

77. Cf. Platon, *Lois*, III, 684e, et Isocrate, *Archidamos*, VI, 20.

78. Hdt., I, 66, suggère que, si, au VIe siècle, Sparte avait réussi à conquérir le territoire de Tégée, elle en aurait alloti « la belle plaine à mesurer au cordeau ».

79. Cf. *infra*, p. 120.

de l'aliéner : l'abréviateur d'Aristote (Hérakleidès Lembos, Fr. 373,12 Dilts = Aristote, *Const. Lacéd.*, Fr. 611, 12, Rose) affirme expressément que « vendre de la terre est considéré comme honteux (*aischron*) pour les Lacédémoniens[80], pour un élément de la part ancienne (*archaia moira*), ce n'est même pas permis », ce que Plutarque (*Inst. lac.*, 22) paraphrase en : « Il était interdit de vendre les parts distribuées initialement (*archèthen diatétagménas*)[81]. » Aristote considère d'ailleurs cette interdiction comme un usage archaïque, qui avait été assez général : « Dans beaucoup de cités, il était même interdit par la loi, au moins jadis, de vendre les premiers lots » (Pol., VI, 4, 1319a 10-11)[82].

Cependant, l'abréviateur d'Aristote suggère que le Spartiate peut posséder de la terre en dehors du lot initial[83]. Cette distinction paraît confirmée par un passage de Polybe (VI, 45, 3), où, selon des auteurs du IVe siècle, le régime lacédémonien est caractérisé par le fait que « tous les citoyens doivent avoir une part égale du territoire civique (*politikè chôra*)[84] » : si les citoyens n'avaient possédé que des lots de ce territoire, *chôra*

80. Thuc., V, 34, 2, suggère que ce n'était pas interdit, car, sinon, pourquoi retirer aux vaincus de Sphactérie le droit d'acheter et de vendre ? Mais il pourrait aussi s'agir là uniquement d'une mesure vexatoire, rappelant le statut des jeunes de moins de 30 ans, qui aurait interdit d'acheter et de vendre au marché les objets de la vie courante, cf. Hodkinson, *Property and Wealth in Classical Sparta,* p. 84-85.

81. Pour rejeter la deuxième partie de la phrase d'Hérakleidès, certains ont allégué l'asyndète entre les deux parties de la phrase ou le sens de *moira*, qui indiquerait le tribut des Hilotes et non un lot de terre (cf. cependant *LSJ*, *s.v.*, et Solon *in* (Aristote), *Const. d'Athènes*, 12,3), et ils ont supposé que, comme le texte de Plutarque, il s'inspirerait non d'Aristote mais des révolutions du IIIe siècle (cf. les références *in* Hodkinson, *Property and Wealth*, p. 86-90), mais l'argumentation reste contestable.

82. Cf. aussi, en II, 7, 1266b 19-21, la loi de Locres qui interdisait de vendre de la terre, sauf cas de force majeure, et veillait à « préserver les lots anciens ».

83. Il en va de même dans la cité des *Lois* (V, 744e-745a), où Platon évoque la possession de terre en dehors du *kléros* et entend, peut-être pour éviter les excès inégalitaires de Sparte, limiter cette possession supplémentaire à quatre fois la valeur du *kléros ;* cf. aussi *infra*, n. 85.

84. L'expression est à rapprocher de la région « dépendant (*suntélousan*) de la ville (*astu*) de Sparte », que, selon Plutarque (*Lyc.*, 8, 5), Lycurgue aurait réparti en 9 000 lots.

n'aurait pas eu besoin d'être précisé. De même, dans la *Vie d'Agis*, Plutarque évoque à la fois le patrimoine (*oikos*) et le *klèros* (5, 2 et 5, 3) ou la terre (*gè*) en général et le *klèros* (5, 6)[85]. Comme, selon Plutarque (*Agis*, 5, 3), la *rhètra* d'Épitadeus[86] aurait permis d'aliéner par don ou legs les deux catégories, il apparaît qu'à cette époque (IVe siècle) le détenteur a acquis, au moins partiellement[87], le *ius abutendi*.

Le renforcement de son droit de propriété est aussi confirmé par le régime successoral, sur lequel Plutarque a recueilli deux traditions contradictoires. Dans la *Vie de Lycurgue*, 16, 1-2, l'auteur rapporte que le père apportait son nouveau-né[88] « dans un lieu, qualifié de *leschè* (salle de réunion), où siégeaient les plus âgés des gens de la tribu[89]. Ceux-ci examinaient l'enfant et, s'il était bien conformé et robuste, enjoignaient de l'élever, en lui attribuant un des neuf mille lots » ; sinon, ils le faisaient jeter dans un précipice. Mais, dans la *Vie d'Agis*, 5, 2, le même auteur assure qu'avant la *rhètra* d'Épitadeus « le père laissait son lot à son fils ».

Les historiens ont vainement tenté de concilier les deux textes. Il ne suffit pas de supposer que les vieillards accordaient ou confirmaient au fils, pour l'avenir, le lot du père. Car que se passait-il, lorsque, cas normal, il y avait plusieurs fils ? On lui donnerait alors, selon P. Oliva, un des autres lots disponibles, mais, en admettant même qu'il y en eût, ce ne

85. Cf. aussi Platon, *Lois*, IX, 856d et 857a, où sont distingués le *klèros* et le reste des biens (*ousia*).

86. Son authenticité a été injustement mise en doute, car elle n'est aucunement en contradiction avec la *Politique* d'Aristote, cf. Ed. Lévy, « Le régime lacédémonien dans la *Politique* d'Aristote : une réflexion sur le pouvoir et l'ordre social chez les Grecs », *in* M. Mollin éd., *Images et Représentation de l'ordre social dans l'Antiquité*, Paris, De Boccard, 2001, p. 57-72 ; cf. aussi *infra*, p. 266-268.

87. Il n'a toujours pas le droit de vendre son *kléros*, mais le don ou le legs peut être une vente déguisée.

88. Bien que le texte ne le précise pas, il s'agit uniquement des garçons, sinon il faudrait admettre qu'on assigne un lot même aux filles, et, de toute façon, en 16, 7, Plutarque parle expressément de « fils ».

89. Le grec *phulètès* désigne les gens de *la* tribu, de même que *dèmotès* les gens *du* dème ; pour évoquer les gens *des* tribus, il aurait suffi de parler de citoyens.

serait plus le lot du père. Et, surtout, le premier texte ne parle pas d'accorder pour l'avenir, mais d'assigner immédiatement : s'il s'agit du lot du père, celui-ci s'en trouverait alors démuni.

Aussi, plutôt que d'essayer de concilier artificiellement les deux modes d'héritage, vaut-il mieux y reconnaître deux régimes différents.

Il y aurait d'abord eu un régime ancien, évoqué dans la *Vie de Lycurgue*, régime dont la réalité a été mise en doute par certains historiens, ne serait-ce que parce qu'il paraît inapplicable. Pour le rendre applicable, il suffirait cependant de retirer du texte de Plutarque tout ce qui n'est qu'interprétation tardive, puisque les seuls faits rapportés sont

1) la sélection des nouveau-nés viables par les vieillards de la tribu [90],

2) l'attribution de lots disponibles, ce qui fait problème, s'il n'y a en pas assez, mais Plutarque, habitué à l'*oliganthropie* spartiate, n'envisage pas l'hypothèse et insiste au contraire sur l'obligation pour le père d'élever l'enfant reconnu viable [91].

En fait, pour que le système marche, même en cas de pénurie, il faut et il suffit que les anciens de la tribu aient suivi l'ordre inverse et qu'ils aient sélectionné les enfants à élever en fonction des lots disponibles. Ce système, s'il a réellement existé, permettait de maintenir constant le nombre des citoyens en évitant son accroissement, qui était sans doute un des problèmes de l'époque archaïque.

Mais il ne suffit pas que le système soit viable pour qu'il ait réellement été mis en œuvre. On a pu l'imaginer pour justifier l'image d'une Sparte archaïque qu'on se représentait comme longtemps restée égalitaire, ce qui n'aurait pas été possible si les successions avaient permis la division et la concentration des biens. Or, ni dans les textes les plus anciens (par exemple Tyrtée), ni chez Hérodote, Sparte n'apparaît comme une cité où la propriété est répartie de façon égalitaire.

90. M. Huys, *Ancient Society* 27 (1996), p. 47-74, ne veut y voir qu'un mythe.

91. Une telle obligation permettrait de lutter contre l'oliganthropie, cf. Link, St., « Zur Aussetzung neugeborenen Kinder in Sparta », *Tyche* 13 (1998), p. 153-164.

De toute façon, la tendance à vouloir s'approprier héréditairement le lot dont on ne serait qu'un détenteur viager est assez universelle. Aussi, même si le système, normal en Grèce, qu'évoque la *Vie d'Agis*, n'est pas originel, il a dû s'imposer assez vite [92].

Il reste cependant un dernier problème. Selon Plutarque « le père laissait son lot à son fils ». Mais, quand il y a plusieurs enfants, comme aucun texte ne réserve l'héritage à l'aîné, les biens devaient être partagés [93], ce qui suscite des problèmes sociaux, bien soulignés par Aristote et Plutarque. En effet, contrairement à l'égalité, au moins partielle [94], qu'aurait permise l'attribution d'un *kléros* à tout nouveau-né admis à vivre, le « nouveau » système entraînait l'appauvrissement, lorsqu'il y avait plusieurs fils [95], qui devaient soit vivre du même lot, soit le partager [96]. Il permettait aussi l'enrichissement par cumul lorsqu'on épousait une *patrouchos*, car, contrairement à ce qui se passait à Athènes, le mari de la *patrouchos* ne coupait pas tout lien avec sa famille d'origine, dont il continuait à hériter. Il est d'autre part possible que, comme à Gortyne, les filles aient hérité de la moitié de la part de leur frère, soit à la mort de leur père, soit comme dot dès leur mariage. C'est ce qui, ajouté aux possessions des *patrouchoi*, pourrait expliquer comment, au grand scandale d'Aristote (*Pol.*, II, 9, 1270a 23-26), les femmes en étaient venues à posséder les deux cinquièmes de tout le territoire [97].

Le *kléros* aurait ainsi été détourné de sa fonction originelle, qui aurait été de fournir les ressources permettant au citoyen de s'adonner aux activités de l'homme libre (guerre, chasse et vie politique).

92. L'autre système, s'il a réellement existé, aurait pu subsister marginalement pour les lots tombés en déshérence du fait de l'oliganthropie.

93. Il est possible qu'à l'origine, dans les partages, on se soit efforcé de ne pas morceler le « lot originel » (*archaia moira*) ; sinon, on ne s'expliquerait guère que, contrairement au reste de la terre, il soit interdit d'en vendre.

94. Puisque le patrimoine ne se limite pas au *kléros*.

95. Voire aussi des filles, dont il faut verser la dot, cf. *infra*, p. 86 et 89.

96. Le partage de l'héritage est impliqué par Xénophon, *Rép. Lac.*, I, 9.

97. Cf. *infra*, p. 89.

De toute façon, l'égalité économique et sociale entre tous les *Homoioi*, dont il aurait fourni la base, n'est qu'un mythe, qui ne paraît pas attesté avant le IVe siècle : cette égalité n'est jamais mentionnée par Hérodote, et Thucydide (I, 6, 4) évoque seulement « l'égalité dans les genres de vie entre les possédants et le grand nombre », ce qui suffit à rappeler l'existence des deux catégories. Même dans son éloge de la Sparte d'avant la décadence, Xénophon (*Rép. Lac.*, 7) se contente de détailler les moyens utilisés par Lycurgue pour contrarier le désir de s'enrichir, sans jamais prétendre que les Spartiates auraient tous des ressources identiques. Quant à Aristote (*Pol.*, II, 6, 1266a 39-40), loin de supposer une égalité des biens entre les Spartiates, il fait de Phaléas de Chalcédoine le premier théoricien à avoir proposé une telle égalité entre les citoyens d'une même cité. En fait, en dehors même des rois, dont la richesse était proverbiale[98], on connaît des Spartiates assez riches pour faire courir des chars à Olympie, comme, au Ve siècle, Anaxandros, Polyclès[99], Arcésilas et son fils, Lichas ou Léon, et, de 448 à 420, en 8 concours olympiques, les Spartiates remportent même 7 fois la course de quadriges[100]. Selon Plutarque (*Agésilas*, 20 et *Apopht. lac.*, 212b), Agésilas aurait même dû inciter sa sœur Kyniska à concourir pour essayer de persuader aux aristocrates spartiates que de telles victoires attestaient plus la richesse que l'excellence (*arétè*). De toute façon, se distinguait une élite sociale constituée de ceux qu'Hérodote qualifie de *dokimoi* (gens de renom) et Aristote de *prôtoi* (les premiers).

Inversement, Xénophon (*Rép. Lac.*, VI, 4) évoque « ceux qui ont peu » et qui sont heureux d'« avoir part à tout ce qui est dans le pays quand ils ont besoin de quelque chose » et, notamment, quand ils se sont attardés à la chasse, à la nour-

98. Cf. *infra*, p. 175.

99. Sa statue, érigée à Olympie, rappelle qu'il a aussi été vainqueur à Delphes, à l'Isthme et à Némée, Paus., VI, 2, 7.

100. Cf. L. Moretti, *Olympionikai. I vincitori negli antichi agoni olimpici*, Ac. naz. dei Lincei, sc. moral., memorie, 1957, VIII, 2, p. 295-303, « Supplemento al catalogo degli Olympionikai », *Klio* 52 (1970), p. 295-303, et *in* W. Coulson et H. Kyrieleis éd., *Proceedings of an International Symposium on the Olympic Games,* Athènes, 1992, p. 119-128.

riture laissée par les autres, tandis qu'Aristote mentionne ceux qui, ne pouvant payer leur part des *syssities*, perdent leur pleine citoyenneté.

La femme à Sparte[101]

La femme spartiate a trop intéressé les autres Grecs pour pouvoir échapper à l'idéalisation ou au dénigrement.

L'image traditionnelle

Pour les uns, les mères spartiates, plus spartiates que les *Homoioi* eux-mêmes, sont un modèle d'héroïsme, au moins par procuration, puisqu'elles incitent dans de nombreux apophtegmes, pieusement recueillis par Plutarque, leurs fils à mourir pour la patrie et se lamentent même de les voir revenir vivants.

Il est possible qu'elles aient réellement essayé de jouer ce

101. On se référera, parmi les travaux récents, à J. Redfield, « The women of Sparta », *Classical Journal* 73 (1978), p. 146-151, P. Cartledge, « Spartan wives : liberation or licence ? », *Classical Quarterly* 31 (1981), p. 17-36 (repris dans *Spartan Reflections*, p. 106-126), B.L. Kunstler, *Women and the Development of the Spartan Polis : A Study of Sex Roles in Classical Antiquity*, diss. Boston University, 1983, D.M. Mc Dowell, *Spartan Law*, Edimbourg, Scottish Academic Press, 1986, M.H. Dettenhofer, « Die Frauen von Sparta. Gesellschaftliche Position und politische Relevanz », *Klio* 75 (1993), p. 61-75, et « Die Frauen von Sparta. Ökonomische Kompetenz und politische Relevanz », *in* M.H. Dettenhofer, éd., *Reine Männersache ? Frauen in Männerdomäne der antiken Welt*, Cologne, Weimar, Vienne, 1994, p. 15-40, J. Ducat, « La femme de Sparte et la cité », *Ktèma* 23 (1998), p. 385-406, et « La femme de Sparte et la guerre », *Pallas* 51 (1999), p. 159-171, L. Thommen, « Spartanische Frauen », *Museum Helveticum*, 56 (1999), p. 129-149, M.L. Napolitano, « Le donne spartane e la guerra. Problemi di tradizione », *Aion* (archéol.), p. 17-144), M. Lupi, *L'ordine delle generazioni. Classi di età e costumi matrimoniali nell'antica Sparta*, Bari, Edipuglia, 2000, et, pour l'étude de quelques cas individuels, F. Le Cornu, *Plutarque et les femmes dans les « Vies parallèles »*, Paris, Belles Lettres, 1981.

rôle que la cité leur dictait, comme elle utilisait aussi femmes ou jeunes filles pour faire honte ou gloire aux jeunes combattants ou honorer le nouveau géronte.

Mais, au-delà de cette façade héroïque, sans doute imposée par les convenances sociales[102], les femmes spartiates ne se montrent pas plus courageuses que les autres Grecques : de même que Leuctres avait mis à mal le mythe de l'invincibilité spartiate, l'invasion thébaine qui lui fit suite porta, au moins provisoirement, atteinte au mythe de la Spartiate héroïque[103]. Xénophon (*Hell.*, VI, 5, 28) se contente de noter sobrement que, lors de cette invasion, « en ville, les femmes ne supportaient même pas la vue de la fumée, parce qu'elles n'avaient jamais vu d'ennemis ». Mais Aristote (*Pol.*, II, 9, 1269b 34-39) surenchérit en les accusant d'être les plus nocives (*blabérôtatai*) dans le domaine militaire et en assurant que, « lors de l'invasion thébaine, elles ne se montraient, contrairement[104] aux femmes des autres cités, utiles en rien, mais causaient plus de troubles que les ennemis ».

Cependant, tout en rejetant l'image héroïque de la femme spartiate, Aristote sacrifie au mythe inverse, celui de la Spartiate dévergondée. S'il se contente (*Pol.*, II, 9, 1269b 12-23) d'évoquer, sans entrer dans les détails, le laisser-aller (*anésis*) féminin et le dérèglement total (*akolastôs pros hapasan akolasian*) des femmes spartiates, c'est qu'il s'agit déjà d'un *topos* trop connu pour qu'il soit besoin d'insister. Il suffit de

102. Cf. l'évocation par Élien (XII, 21) des mères qui, ayant constaté que leurs fils avaient été tués par derrière, « en s'efforçant le plus possible de ne pas se faire voir, partaient en laissant les corps à enterrer dans la tombe commune ou emportaient en secret les leurs pour les enterrer dans les tombes familiales ».

103. J. Ducat, « La femme de Sparte et la cité », p. 399 : « L'invasion de 369 a été un choc pour les Grecs en leur montrant les femmes spartiates comme des femmes ordinaires et non comme les héroïnes des apophtegmes. »

104. Certains, se fondant sur la misogynie d'Aristote, comprennent « de même que les femmes des autres cités », ce que le texte permet aussi, mais qui affaiblirait la critique spécifique de la femme spartiate et l'on comprendrait mal le superlatif *blabérôtatai ;* D. Schaps, « The women of Greece in war time », *Classical Philology* 77 (1982), p. 193-213, rappelle comment, dans d'autres cités ou, plus tard, à Sparte, les femmes avaient pu se rendre utiles.

rappeler les propos de Pélée dans l'*Andromaque* (595-604) d'Euripide : « Même si elle le voulait, une jeune fille ne saurait rester chaste (*sôphrôn*) à Sparte, où, désertant les maisons, avec les jeunes hommes (*néoi*), cuisses nues [105] et péplos flottant, elles partagent, chose intolérable à mes yeux, pistes de course et palestres », et le vieillard d'évoquer, avec à propos, puisqu'il s'adresse à Ménélas, le thème exemplaire du dévergondage d'Hélène, « partie avec un jouvenceau faire la fête en terre étrangère ». S'il est vrai que, contrairement à Athènes, les jeunes filles ne restaient pas confinées à la maison, avaient des activités sportives et apparaissaient nues [106] dans des processions (Plut., *Lyc.*, 14, 4), seule la malveillance pouvait en tirer des conclusions sur leur vertu.

L'éducation

L'éducation des jeunes filles, qui surprenait les autres Grecs, a été évoquée notamment par Critias (DK II^{6} B 32), Xénophon (*Rép. Lac.*, 1, 3-4), Platon (*Lois*, VII, 806a), Nicolas de Damas (*FGH* 90 F103,4) et Plutarque, *Lyc.*, 14-15.

Il est remarquable que la cité se soucie de l'éducation des filles et que cette éducation soit pour une bonne part un entraînement physique. Critias, dans une perspective eugénique, se félicitait que celle qui allait un jour être mère s'entraînât (*gumnazoito*) et fortifiât son corps. Xénophon, dans la même perspective, assurait que Lycurgue imposa un entraînement physique (*sômaskein*) au sexe féminin tout autant qu'au sexe masculin et organisa à l'intention des jeunes filles des compétitions de course et de force. Il soulignait aussi que, contrairement au reste de la Grèce, on ne leur mesurait pas chichement la nourriture [107] et on ne leur inter-

105. Ce détail, qui rappelle le chiton fendu utilisé lors des courses, devait être un *topos* dès le VIe s., où Ibycos (Fr. 61 = Plut., *Compar. Lyc.-Numa*, 3,6) évoquait les « montreuses de cuisses » (*phainomèridés*).

106. Platon, qui faisait pratiquer la gymnastique aux Gardiennes de la *République*, condamne à cet égard la pusillanimité des Grecs qui raillaient la nudité féminine, *Rép.*, V, 542a-d.

107. A Sparte, c'étaient les garçons qui étaient mis à la portion congrue.

disait pas le vin[108], ce qui suggère sans doute un régime roboratif. Ainsi s'expliquent sans doute les réactions admiratives et amusées de Lysistrata (Aristophane, *Lys.*, 79-84) accueillant la Laconienne Lampito : « Quel corps vigoureux tu as ! tu étranglerais un taureau », à quoi celle-ci rétorque : « Ma foi ! oui, par les Dioscures, c'est que je fais du gymnase et saute jusqu'aux fesses. » Plutarque précise que les jeunes filles pratiquaient la course, la lutte et le lancer de disques et de javelots, mais le dernier exercice au moins ne devait pas être pratiqué à l'époque classique, puisque l'Athénien des *Lois* (VII, 806b) reproche aux femmes spartiates leur incapacité à lancer avec quelque compétence une arme de jet.

Cependant, l'éducation des jeunes filles ne se limite pas à l'entraînement physique : Platon rappelle qu'elles ont aussi part à la *mousikè*. Celle-ci leur est enseignée dans le cadre des chœurs[109], dirigés par des chorèges et des poètes professionnels, où elles apprennent les valeurs civiques et se préparent à participer à la vie religieuse de la cité.

L'entraînement physique, la participation aux chœurs de chant et de danse et, en général, à la vie religieuse de la cité implique une certaine vie collective, qui amène Pindare (Fr. 112 Snell) à évoquer une « *agéla* laconienne des jeunes filles (*parthénôn*) ». Il s'agit là sans doute d'une simple métaphore rappelant les *agélai* de garçons. Il n'empêche que, chez elles aussi, tout est fait pour développer l'émulation. Outre les concours gymniques, déjà évoqués, la cité met en concurrence les chœurs de jeunes filles, tandis que celles-ci aspirent à la gloire d'être au nombre des 12 qui chantent l'épithalame d'Hélène et Ménélas ; et, au VIIe siècle, le *Parthéneion* d'Alcman évoquait même comme un concours de beauté entre elles.

Il semble que, comme pour les garçons, ait joué un certain rôle dans leur formation l'homosexualité, qu'on peut qualifier d'homoérotisme, si ces relations restaient « platoniques ». Plutarque (*Lyc.*, 18, 9) signale au passage que « l'amour était

108. Dans le reste de la Grèce, quand le vin n'était pas interdit aux femmes, il n'était en général toléré que dilué.

109. Cf. Cl. Calame, *Les Chœurs de jeunes filles en Grèce archaïque*, Rome, Ateneo, 1977, p. 386-410.

si admis (*enkékriménou*) chez eux (*sc.* à Sparte) que les femmes de bien aimaient (*éran*) les jeunes filles ». On ne peut trop se fonder sur la remarque d'Hagnon l'Académique, cité par Athénée (XIII, 602d-e), « c'était la coutume chez les Spartiates d'avoir des relations sexuelles (*omilein*) avec les jeunes filles avant leur mariage comme avec des mignons », car il pourrait s'agir de relations hétérosexuelles. Mais l'Athénien des *Lois* (I, 636b-c) critique, à Sparte comme en Crète, « les amours contre nature » entre femmes comme entre hommes. Quelle que soit la fréquence des relations homosexuelles entre femmes, relations dont les Grecs n'aiment guère parler – d'où l'importance de la critique de Platon et de la remarque incidente de Plutarque, qui s'efforce de justifier ce qu'il ne peut nier –, il est clair que, comme la vie collective, elles tendent à libérer la jeune fille et la femme des relations strictement familiales.

Le mariage [110]

La cité, qui s'est intéressée à la formation des garçons et des filles, ne néglige pas leur mariage.

Elle incite d'abord les hommes à se marier en infligeant des brimades aux célibataires, qui ne peuvent plus, une fois âgés de 30 ans, assister aux Gymnopédies, doivent, l'hiver, faire nus le tour de l'agora et ne voient plus leurs cadets se lever devant eux (Plut., *Lyc.*, 15, 1-3, et *Apopht. lac.* 227e-f). Selon le Stoïcien Cléarque de Soles, cité par Athénée (XIII, 555c-d), « au cours d'une certaine fête les femmes, poussant les célibataires [111] autour de l'autel, leur donnent des coups de baguette afin que, cherchant à éviter cette brimade (*hubris*), ils aiment et en viennent à se marier dans la force de l'âge ».

Selon Plutarque (*Lys.*, 30), on intenterait même des actions judiciaires à ceux qui ne se marient pas (*dikè agamiou*), se

110. Voir, en plus des ouvrages mentionnés *supra* n. 101, A. Paradiso, « Osservazioni sulla cerimonia nuziale spartana », *Quaderni di Storia* 24 (1986), p. 137-153, et L. Bogino, « Note sul matrimonio a Sparta », *Sileno* 17 (1991), p. 221-233.

111. Sans doute surtout les *néoi*, voire, comme le suggère la fin de la phrase, uniquement les *néoi*.

marient tard (*dikè opsigamiou*) ou se marient mal (*dikè kakogamiou*). Mais il s'agirait sans doute plus d'une pression sociale, éventuellement sanctionnée par les éphores, que d'une réglementation légale, car, même le Platon des *Lois* (VI, 773c-e) a reculé devant une telle réglementation, qui, outre la colère des intéressés, aurait suscité le rire.

En tout cas, selon Xénophon (*Rép. Lac.*, I, 6), Lycurgue, entendons le régime spartiate, aurait imposé aux hommes de se marier dans la force de l'âge ; il devait aussi y avoir un âge minimum non seulement pour les filles [112], mais également pour les garçons, puisque, outre les textes déjà cités, Plutarque signale que le futur Cléomène III s'est, pour des raisons financières, marié avant l'âge normal. Il faut aussi éviter de déroger en ne se souciant que de la richesse et Archidamos, le père d'Agésilas, aurait été mis à l'amende par les éphores, pour avoir préféré une femme laide et riche [113], tandis que les prétendants des filles de Lysandre l'auraient été pour avoir renoncé à les épouser quand, à la mort de leur père, ils auraient découvert la pauvreté de celui-ci (Plut., *Lys.*, 30, 6). Le « mauvais mariage » devait sans doute être aussi reproché à ceux qui auraient pris femme dans une famille dégradée ou auraient éventuellement épousé une étrangère, comme le futur Léonidas II, dont le mariage antérieur avec une fille de satrape a servi de prétexte à sa destitution.

La cité se soucie du mariage de la *patrouchos*, équivalent spartiate de l'*épiclère* athénienne, c'est-à-dire la fille qui, n'ayant ni frères ni descendants de frères, doit recevoir l'héritage paternel et maternel pour le transmettre à ses descendants. Selon Hérodote (VI, 57, 4), ce sont les rois qui précisent en droit (*dikazein*) « à qui il revient de l'avoir [114], si son père ne l'a pas engagé (*enguèsèi*) », c'est-à-dire, en fait, désignent normalement le plus proche parent. Mais, selon Aristote (*Pol.*, II, 9, 1270a 26-29), « il est permis de donner l'*épiclère* à qui l'on veut et, si l'on meurt sans avoir pris de disposi-

112. Cf. Plut., *Lyc.*, 15, 4 et *Compar. Lyc.-Numa*, 4, 1, où Plutarque, oppose, à cet égard, les Spartiates aux Romains, *Apopht. lac.*, 228b-c, et Xén., *Rép. Lac.*, I, 6.

113. Cf. *infra*, p. 195.

114. C'est peut-être en vertu de cet antique privilège que Léonidas fit épouser à son propre fils la riche veuve d'Agis IV.

tions, l'exécuteur testamentaire (*klèronomos*) la donne à qui il veut ». Même si, chez Hérodote, le père pouvait déjà librement marier ou engager sa fille, la liberté de disposer de la *patrouchos* s'est encore acccrue, ce qui permet toutes les stratégies matrimoniales pour s'approprier une riche *patrouchos*.

Le mariage se faisait à Sparte selon la procédure, traditionnelle en Grèce, de l'*enguè* et de l'*ekdosis*. L'*enguè* est l'engagement rituel entre le père ou, si le père est mort, celui qui en tient lieu, et le futur époux, garantissant que le mariage, quand il sera conclu, éventuellement de nombreuses années plus tard, sera légitime et que le père renoncera donc à ses droits sur sa fille. L'*ekdosis*, qui correspond au mariage lui-même, est le transfert de la fille de la maison du père à celle de l'époux. Hérodote évoque ces deux phases du mariage grec : le roi, comme on l'a vu plus haut, désigne un mari à la *patrouchos*, si son père ne l'a pas engagé par *enguè* (VI, 57) ; Léotychidas était fiancé (*armosaménou*) à Percalon (VI, 65) et donna (*dontos*) lui-même sa fille à son petit-fils, issu d'un premier mariage (VI, 72). Quant aux dots, si Plutarque (*Apopht. lacon.*, 227f) prétend que Lycurgue les avait interdites, ce n'était certainement pas vrai au IVe siècle : Aristote (*Pol.*, III, 9, 1270a 25) critique les dots importantes que donnent les Spartiates, et les anecdotes évoquant des mariages avec des femmes riches, qui ne sont pas nécessairement des *patrouchoi*, n'auraient pas de sens, si la dot, d'ailleurs bien attestée en Crète, n'existait pas.

Le mariage spartiate comporte cependant des rites originaux, décrits par Plutarque (*Lyc.*, 15, 4-9). Selon cet auteur, les Spartiates « se mariaient par enlèvement (*harpagè*) » et la chose est confirmée par Hérodote (VI, 65), puisque, Démarate, « ayant intrigué, prive Léotychidas du mariage (attendu) en enlevant (*harpasas*) avant lui Percalon et en la prenant pour femme ». Dans cet exemple, ce qui est anormal, c'est non le rapt, mais le fait que le ravisseur soit Démarate et non Léotychidas. Aussi l'enlèvement ne paraît-il pas contraire à la procédure normale, mais devait être la matérialisation rituelle de l'*ekdosis*[115]. Il est d'ailleurs possible, voire pro-

115. De même, le mythe de Perséphone associe le rapt par le futur époux et le don par le père, cf. Hésiode, *Théogonie*, 913-14, et *Hymne à Déméter*, 3, 30-32 et 77-80.

bable, que Démarate, profitant de sa situation de prince héritier, ait « intrigué » auprès du père de la mariée.

Plutarque précise le travesti rituel qui faisait suite à l'enlèvement : la « marieuse » (*numpheutria*) rasait la tête de la jeune fille ainsi enlevée, « l'habillait d'un manteau et de sandales d'homme et la couchait sur une paillasse, seule et sans lumière. Le jeune marié..., qui avait dîné aux *phidities*, se glissant furtivement à l'intérieur, lui déliait la ceinture et, la soulevant, la transportait sur le lit. Après avoir passé avec elle un temps restreint, il se retirait décemment pour aller dormir là où il avait l'habitude, avec les autres jeunes gens ». Comme Plutarque ajoute que le jeune marié continue à vivre avec ses camarades (jusqu'à l'âge de 30 ans) et ne voit sa femme qu'en cachette, même si elle est devenue mère, il manque pendant un certain nombre d'années un élément de ce qui, ailleurs, est constitutif du mariage, à savoir la cohabitation (*sunoikein*). L'on peut dire qu'à Sparte le mariage se fait en trois épisodes : l'*enguè*, le rapt correspondant à l'*ekdosis* et enfin la vie commune.

S'intègre difficilement à ce schéma un rite étrange rapporté par un auteur du IIIe siècle, Hermippos de Smyrne (*FHG* III, 37 = Athénée, XIII, 555b-c). « Toutes les jeunes filles (*korai*) et les jeunes garçons (*néaniskoi*) non mariés étaient enfermés dans une salle obscure et chacun emmenait sans dot celle dont il s'était saisi », et l'auteur ajoute que Lysandre aurait été mis à l'amende pour avoir voulu remplacer par une plus belle la première dont il s'était saisi. Si ce type d'union a réellement existé, il est difficile d'y voir un véritable mariage et, s'il ne s'agit que d'une union sexuelle sans suite, servant d'initiation, il serait étrange qu'aucun adversaire de Sparte n'en ait tiré parti pour dénoncer l'immoralisme des Spartiates.

Le fait qu'Anaxandridas, refusant de répudier sa première femme, ait été autorisé à avoir en même temps deux femmes et deux foyers, est tout à fait exceptionnel, mais les éphores n'auraient peut-être pas pensé à une telle solution si Sparte n'avait connu un régime conjugal assez souple permettant à une femme d'avoir légalement des rapports sexuels avec deux hommes (Xén., *Rép. Lac.*, I, 7-9, et Plut., *Lyc.*, 15, 12-13, *Comp. Lyc.-Numa*, 3, 3 et *Mor.*, 242b). Un vieillard qui a une jeune femme[116] peut utiliser les services d'un homme dont il admire les qualités physiques et morales pour l'introduire auprès de sa femme et en obtenir un enfant. Inversement, « si quelqu'un ne voulait pas se marier, mais désirait avoir des enfants de valeur », il lui était permis, « s'il voyait une femme bien née et bien pourvue d'enfants, de persuader son possesseur et de s'en faire faire un enfant ». On retrouve là, dans un domaine un peu particulier, cette communauté d'usage dont Aristote faisait l'éloge : dans le premier cas, il y a prêt du géniteur, dans le second, prêt de la femme, mais ce qui importe à la famille, comme à la cité, c'est la naissance d'un enfant. Ces usages particuliers expliquent peut-être pourquoi l'adultère, même féminin, n'est pas criminalisé à Sparte, ce qui n'implique pas, comme l'imaginent ses laudateurs, qu'il n'y en ait pas ou que les Spartiates ne soient pas jaloux : les exemples scandaleux de Timaia, la femme d'Agis II, ou de Chilonis, la femme de Cléonymos, suffiraient à le montrer.

De vrais cas de polyandrie[117] sont évoqués dans un fragment de Polybe (XII, 6 b 8). Selon cet historien, « chez les Lacédémoniens, il était à la fois traditionnel et habituel que la femme eût[118] trois, voire quatre maris et parfois plus, quand ils étaient frères, et que leurs enfants fussent communs ; et, quand on avait assez d'enfants, il était beau et habituel de donner en mariage (*ekdosthai*) sa femme à un de ses amis ». Le vocabulaire employé pour le deuxième cas est celui du mariage : il correspond donc plus à un remariage qu'à la polyandrie et on peut le rapprocher d'un passage d'Isée (II, 7, 9), où, à Athènes, un vieillard sans enfants entend persuader sa femme de se remarier. Le premier cas est plus intéressant, car, s'il est fréquent, comme le prétend Polybe, il supposerait, outre le manque de femmes[119], un effort pour éviter de parta-

116. Cela peut être le cas d'une *patrouchos* qui a épousé son plus proche parent, souvent un oncle paternel.

117. Cf. S. Perentidis, « Réflexions sur la polyandrie à Sparte dans l'Antiquité », *Revue historique de droit français et étranger* 75 (1997), p. 7-31.

118. Ce sens, imposé par la syntaxe, entend surprendre, car, en général, c'étaient les hommes qui possédaient une épouse.

119. S'il était avéré, il pourrait s'expliquer par le fait qu'on expose plus volontiers une fille et que, le nombre de citoyens diminuant, la

ger le patrimoine. On peut cependant se demander s'il s'agit réellement de mariage et non pas simplement de phratries se partageant la même concubine.

La propriété

Dans sa critique de Sparte, Aristote explique les inégalités entre citoyens par la cupidité (*philochrèmatia*) des femmes, dont il note, avec indignation, qu'elles en sont venues à « posséder presque les deux cinquièmes de tout le territoire » (*Pol.*, II, 9, 1270a 23-24). On ne sait par quels calculs le philosophe est arrivé à cette proportion, qui se serait encore accrue à l'époque d'Agis IV, où, selon Plutarque (*Agis*, 7, 5), « la plus grande partie des richesses de la Laconie était entre (leurs) mains ». L'affirmation d'Aristote pourrait être confirmée par la comparaison avec la Crète, où le *Code de Gortyne*, en dehors des biens immobiliers réservés aux fils, donne à la fille la moitié des biens alloués à chacun de ses frères. Si l'on suppose des dispositions semblables à Sparte et que le nombre des filles soit à peu près égal à celui des garçons, celles-ci devraient avoir un peu moins des deux sixièmes et il suffit de tenir compte des *patrouchoi* pour arriver aux deux cinquièmes mentionnés par Aristote[120]. On pourrait sans doute objecter, avec J. Ducat, que, si les filles, contrairement à Athènes, recevaient une part d'héritage, Aristote l'aurait indiqué. Mais, si, ce que nous ignorons, l'héritage des filles était, en dehors d'Athènes, habituel en Grèce, il était difficile, pour le philosophe, de s'en indigner. D'autre part, à Sparte comme à Gortyne, cette demi-part d'héritage pouvait sans doute être allouée comme dot, lors du mariage et, si Aristote ne critique pas l'héritage des filles, il s'en prend au montant élevé des dots.

---

différence d'âge au mariage diminue encore relativement le nombre des filles à marier.

120. Pausanias (III, 12, 3) s'est aussi fait l'écho d'une tradition selon laquelle, à la mort du roi Polydore, sa veuve aurait vendu la maison de son mari, ce qui laisse supposer que la femme peut même hériter de son mari.

Les femmes peuvent donc être riches [121], mais encore faut-il qu'elles puissent disposer, en droit ou, au moins, en fait, de leurs biens. La question reste très discutée, car le mythe de la gynécocratie spartiate a pu inciter à laisser dans l'ombre une tutelle masculine trop évidente pour qu'on en parle et, inversement, l'athénocentrisme a pu amener les historiens à imaginer le statut de la femme grecque sur le modèle de son infériorité athénienne.

Le vocabulaire incite déjà à distinguer la *patrouchos*, « celle qui possède (*ékhein*) les biens paternels », de l'*épiclère*, « celle qui est à côté (*épi*) de l'héritage, qui s'ajoute à l'héritage ». D'autre part, certains exemples historiques montrent des femmes disposant de grandes richesses. La sœur d'Agésilas II, Kyniska a pu, grâce à son immense fortune, posséder une écurie de course et triompher à Olympie [122] ; or, n'étant évidemment pas *patrouchos*, elle ne pouvait tenir ses biens que de sa dot ou de l'héritage de son père Archidamos. Quant à Agésistrata et à Archidamia, mère et grand-mère d'Agis IV, Plutarque (*Agis*, IV, 1), bien renseigné sur cette période tardive, déclare que c'étaient elles « qui, parmi les Lacédémoniens, possédaient (*ekektènto*) le plus de biens ». Et l'historien précise un peu plus loin (6, 7) qu'Agésistrata (qui n'était pas une *patrouchos*, puisqu'elle avait un frère qui participait aux réformes d'Agis IV), « par le nombre de ses clients, de ses amis et de ses débiteurs, avait une grande puissance dans la cité ». C'est elle et non un éventuel *kurios* qu'Agis doit persuader et c'est elle qui se fera tuer à la mort d'Agis.

Ainsi, les femmes, qui, comme le rappellent Platon et Aristote, forment la moitié de la cité, peuvent, par leur richesse comme par l'influence qu'elles exercent sur leurs proches et notamment sur leurs maris [123], y jouer un rôle important,

121. L'importance des dots ou de l'héritage des filles a contribué à l'endogamie des familles royales ; ainsi, par exemple, Léotychidas marie sa fille Lampito à son petit-fils Archidamos (Hdt., VI, 71), tandis que Léonidas épouse Gorgo, la fille de son frère consanguin (Hdt.,VII, 205), cf. A. Paradiso, « Gorgo la Spartana », *in* N. Loraux éd., *Grecia al femminile*, Rome, Bari, 1993, p. 109-122 ; cf. aussi, sur le remariage d'Agiatis, *infra*, p. 283.

122. Ce serait aussi le cas d'Euryléonis, Pausanias, III, 17, 6.

123. Agésilas, pour complaire à sa femme, a ainsi fait nommer navarque son beau-frère Peisandros. Xén., *Hell.*, II, 4, 28, et Plut. *Agés.*, 10, 11.

condamné, bien sûr par Aristote, tandis que leur rôle religieux, à Sparte comme dans le reste de la Grèce, en fait un élément indispensable à la cité. Mais c'est surtout à la maison que leur rôle, symbolisé par leur appellation de *despoina* (maîtresse), encore en usage à Sparte (Plut., *Lyc.*, 14, 2)[124], est prédominant. N'ayant pas, comme ailleurs, à passer leur temps à travailler la laine (Xén., *Rép. Lac.*, I, 3), elle peuvent se livrer aux trois occupations que mentionne Platon (*Lois*, VII, 806a) : la direction du personnel servile (*thérapeia*), la gestion du ménage (*tamieia*) et l'éducation des enfants (*paidotrophia*).

S'il faut faire la part des phantasmes que la liberté des femmes spartiates a suscités chez les auteurs anciens ou modernes, il est vrai que celles-ci doivent jouir de plus d'indépendance que la femme athénienne de l'*Économique* de Xénophon. En effet, elles dirigent d'autant plus facilement la maison que leur mari est absent : en permanence, jusqu'à l'âge de 30 ans, et, souvent, après. D'autre part, la différence d'âge et de culture est moins grande à Sparte qu'à Athènes et les relations mari-femme ne tendent donc pas à se constituer sur le modèle père-fille. Enfin, les activités physiques des jeunes filles et l'esprit de compétition qui leur a été inculqué peuvent avoir développé leur autonomie.

La vie religieuse[125]

La vie religieuse lacédémonienne peut s'étudier à partir d'Hérodote, de Xénophon (*La République des Lacédémoniens, Helléniques, Agésilas*), de Plutarque, notamment la *Vie*

124. L'indication paraît venir de la *Constitution des Lacédémoniens* aristotélicienne.

125. Voir, outre les ouvrages généraux sur la religion grecque, S. Wide, *Lakonische Kulte*, Leipzig, Teubner, 1893, L. Ziehen, *RE* 3 A (1929), *s.v. Sparta (Kulte)*, coll. 1453-1525, F. Bölte, « Zu lakonischen Festen », *Rheinisches Museum für Philologie* n.f. 78 (1929), p. 124-143, A. Brelich, *Paides e parthenoi*, Rome, Ateneo, 1969, R. Parker, « Spartan Religion », *in* A. Powell, *Classical Sparta : Techniques Behind Her Success*, Londres, Routledge, 1989, p. 142-172, M. Osanna, « Sui culti

de Lycurgue, et surtout du livre III de Pausanias, consacré à la Laconie. Même si Pausanias n'a visité la Laconie qu'au IIe siècle après Jésus-Christ, le déclin de Sparte et l'intérêt porté aux monuments anciens, qui ne lui font mentionner qu'un nombre restreint d'édifices d'époque romaine, permettent d'utiliser globalement ses indications pour avoir un tableau de la vie religieuse aux époques classique et hellénistique. Ce tableau devrait être complété par l'archéologie, mais les fouilles restent encore insuffisantes : mentionnons surtout le sanctuaire d'Artémis Orthia, le temple d'Athéna Chalkioikos sur la colline qui tient lieu d'acropole, ainsi que la Ménélaion et le sanctuaire d'Alexandra.

La documentation disponible ne nous permet de connaître que la vie religieuse collective, avec ses fêtes et ses sanctuaires, tandis que la vie religieuse individuelle nous échappe en grande partie. Mais la chose est moins grave à Sparte qu'ailleurs, étant donné l'importance qu'y revêt la vie collective.

Comme dans les autres cités grecques la religion y est fondée sur les fêtes, qui sont cependant moins fréquentes qu'à Athènes, et sur les sacrifices, et elle montre le triomphe des dénominations olympiennes. Ces dénominations, dans une sorte d'*interpretatio graeca*[126] à usage interne, unifient, au moins extérieurement la religion : les cultes pré-olympiens sont rattachés tant bien que mal à des divinités de l'Olympe grâce à des épiclèses, ainsi pour Artémis Orthia ou Apollon Karneios, ou par des associations comme Zeus Agamemnon ou la surprenante Aphrodite Héra. Cependant, les Spartiates se distinguent par leur religiosité et leur archaïsme religieux ainsi que par l'importance de certains cultes.

---

arcaici di Sparta e Tarento : Afrodite Basilis », *Parola di Passato* 251 (1990), p. 81-94, et A. Hupfloher, *Kulte im kaizerzeitlichen Sparta. Eine Rekonstruktion anhand der Priesterämter*, Berlin, Akademie Verlag, 2000.

126. L'expression est employée traditionnellement pour évoquer l'habitude des Grecs de reconnaître leurs propres divinités dans les divinités étrangères, cf. Ed. Lévy, « Peut-on parler d'**une** religion grecque ? », *Ktèma* 25 (2000), p. 11-18.

La religiosité spartiate

La religion paraît jouer à Sparte un plus grand rôle que dans les autres cités.

• C'est ce que suggère d'abord le nombre de **lieux de culte**, surtout rapporté au faible nombre de citoyens. Si l'on ne prend en compte que le site même de Sparte en négligeant le reste de la Laconie, on relève chez Pausanias 43 sanctuaires de divinités (*hiéron*), dont certains sont consacrés à plusieurs divinités, 22 sanctuaires de héros (*héroon*), auxquels on peut ajouter une quinzaine de statues de dieux (*agalma*) et 4 autels mentionnés à part, soit au total au moins 90 lieux de culte, sans compter les passages où une divinité est mentionnée sans qu'on sache s'il s'agit d'une statue, d'un temple ou d'un sanctuaire. En outre, Pausanias a fait une sélection : comme il le rappelle en III, 11, 1, il s'est refusé à tout dire à la suite, mais a choisi ce qui était le plus digne de mention.

La sacralité de Sparte est encore accrue par le fait que, comme dans sa colonie de Tarente, les morts y sont enterrés dans la ville même, alors que les autres Grecs n'enterrent à l'intérieur de l'enceinte que les morts héroïsés, qui ont quelque chose de divin. Plutarque (*Lyc.* 27, 1) fait remonter l'usage à Lycurgue : « il (*s.c* Lycurgue) n'interdit pas d'enterrer les morts dans la ville et d'avoir les monuments funéraires (*mnèmata*) à proximité des sanctuaires », et il y voit un moyen de former les jeunes en leur ôtant toute peur de la mort et de sa souillure. De fait, dans l'ensemble de la Grèce, l'exclusion des morts ne s'est réalisée que progressivement[127] en rapport avec la fermeture du site urbain. Or, Sparte, jusqu'à une date tardive[128], resta sans enceinte : ce n'est pas un lieu clos, d'où on peut exclure les morts. Au contraire, Tarente, qui est une véritable ville et non un agrégat de villages, eut besoin d'un oracle pour justifier, sur ce point, l'imitation de sa métropole[129].

127. Par exemple, à Délos, seulement en 426.
128. Voir *infra,* p. 262-263.
129. Cf. Polybe, VIII, 28 : un ancien oracle aurait invité les Tarentins à « cohabiter avec les plus nombreux ».

Cette particularité de Sparte y accroît le nombre des lieux sacrés. Pausanias y mentionne 14 monuments funéraires (*mnèmata*), 7 tombes (*taphoi*) mémorables, sans compter les tombes royales des Agiades et des Eurypontides, situées aux deux extrémités de la ville, le cénotaphe de Brasidas et la stèle des morts des Thermopyles.

Certaines de ces tombes étaient des lieux de culte. Ainsi celles de Léonidas, le héros des Thermopyles, et de Pausanias, le vainqueur de Platées, fournissant tous les ans l'occasion de discours et de concours réservés aux Spartiates, contribuaient à la religion patriotique. Y contribuaient aussi le sanctuaire de Maron et Alpheios, qui s'étaient distingués aux Thermopyles, ainsi que le culte rendu à Lycurgue, adoré comme un dieu dans un sanctuaire où se déroulaient des sacrifices annuels. Quant aux tombes d'Oreste et d'Épiménide le Crétois, même si Pausanias ne mentionne pas de rites particuliers, elles devaient aider à protéger la cité.

La présence des morts dans la cité, même si elle ne résulte pas d'un acte délibéré, comme se l'imaginait Plutarque, a une conséquence importante : elle tend à estamper la coupure, traditionnelle en Grèce, entre le monde du sacré et le monde ordinaire, la notion d'*hosios* (en règle avec le sacré) permettant d'habitude d'agir librement une fois délimitée la part du sacré.

• La religiosité des Spartiates a pu aussi accroître le prestige et l'importance des **prêtres**, qui, dans les autres cités, ne sont, en général[130], que des techniciens au service des magistrats. Outre le devin du navire amiral de Lysandre, qui a connu la gloire d'une statue dans le « monument des navarques » de Delphes, deux textes suggèrent qu'à leur mort prêtres et prêtresses ont bénéficié de privilèges particuliers, mais ils sont tous deux mal établis et sujets à caution[131]. Un

130. On fera une exception pour les prêtres du culte éleusinien comme l'hiérophante et le dadouque.

131. Voir D.H. Kelly, *GRBS* 22 (1981), p. 31-38, et P. Brulé et L. Piolot, « La mémoire des pierres à Sparte. Mourir au féminin, couches tragiques ou femmes *hiérai* (Plutarque, *Vie de Lycurgue*, 27, 3) ? », *REG* 115 (2002), p. 485-517.

passage d'Hérodote (IX, 85) indique qu'après la victoire de Platées les Lacédémoniens auraient fait trois tombes et enterré, dans la première, les prêtres (*hiréas*), dans la deuxième, les autres Spartiates et, dans la troisième, les Hilotes. Mais les Spartiates enterrés dans la première tombe dont le texte donne les noms se sont distingués par leur courage, et rien ne laisse entendre qu'il s'agisse de prêtres. Aussi a-t-on généralement préféré corriger le texte pour y voir de jeunes Spartiates d'élite (sans doute des *Hippeis*, même si Hérodote les a peut-être qualifiés d'*irènes*). Quant au texte de Plutarque (*Lyc.*, 27, 3), il n'aurait de sens qu'avec l'adverbe ἱερῶδ en signifiant : « Il n'était permis en les enterrant d'inscrire (sur les tombeaux) le nom du mort que s'il s'agissait d'un homme mort à la guerre ou d'une femme morte saintement », mais l'adverbe ne paraît pas attesté avant l'époque chrétienne. Aussi les commentateurs ont-ils généralement adopté la correction de Latte fondée sur l'épigraphie impériale, qui préserve le nom de « femmes mortes en couches ».

En tout cas, Sparte a l'équivalent des grands prêtres dans la personne des deux rois, qui, descendants des dieux, ont la charge de tous les sacrifices publics[132] et ont des liens particuliers avec Delphes : ils s'y font représenter chacun par deux *Pythioi* et conservent les oracles qui en proviennent. Or, si toutes les cités consultent Delphes, notamment sur les problèmes religieux, Sparte le fait de façon institutionnelle et souvent sur des questions politiques. Ainsi, la grande *rhètra* est présentée par Tyrtée et Plutarque comme un oracle delphique[133] ; c'est Delphes qui incite à renverser la tyrannie des Pisistratides et qui est consultée avant le déclenchement de la guerre du Péloponnèse ; c'est aussi à Delphes qu'on fait appel pour destituer Démarate ou nommer roi Agésilas et c'est elle qui fait restaurer Pleistoanax.

• La religiosité des Spartiates se manifeste avant tout dans le respect des **rites**.

Dans *La République des Lacédémoniens*, XIII, Xénophon

132. Cf. *infra*, p. 172-174.

133. Dans la réforme athénienne de Clisthène, le dieu se serait contenté de choisir (et donc de sanctifier) les éponymes des tribus.

insiste beaucoup sur l'importance des sacrifices en période de guerre, qui doit lui paraître une originalité de Sparte. En effet, avant le départ de l'expédition, le roi fait à Sparte même un sacrifice « à Zeus Agètor et à ceux qui lui sont associés » ; si les présages sont favorables, le porteur de feu prend du feu à l'autel et ouvre la voie à l'armée jusqu'à la frontière. Le roi fait aussi à la frontière des sacrifices (*diabatèria*)[134] à Zeus et à Athéna : si les deux sont favorables, il franchit la frontière derrière le porteur du feu, qu'on ne laissera jamais s'éteindre. L'armée est suivie de victimes de toute sorte de façon que le roi puisse sacrifier, notamment avant la bataille : il le fait avant le lever du jour afin, dans l'interprétation rationaliste de Xénophon[135], d'être « le premier à obtenir la faveur divine ». Les sacrifices sont recommencés jusqu'à ce qu'ils deviennent favorables[136]. En outre, dans leur campement, avant de prendre leur repos, les troupes « chantent en l'honneur des dieux auxquels ils ont sacrifié en obtenant de bons présages » (Xén., *Rép. Lac.*, XII, 7).

Ce respect des rites est attesté dans un grand nombre d'épisodes historiques. En 494, Cléomène, tout en faisant l'esprit fort, renonce à traverser l'Érasinos, parce que les sacrifices sont défavorables (Hdt., VI, 76). En 419, les Spartiates veulent aider Épidaure contre Argos, mais comme, lors de deux expéditions, les sacrifices de la frontière sont défavorables, ils renoncent à intervenir. Lors du combat lui-même, ils se montrent très respectueux des signes divins. Ainsi, en 479, à Platées (Hdt., IX, 36), comme les sacrifices ont indiqué que seule la défensive leur donnerait la victoire, ils évitent d'engager le combat[137]. Bien plus, en Hérodote IX, 61, comme

134. Cf. P.F. Butti de Lima, « Sui sacrifici spartani ai confini », *Contributi dell' istit. di storia antica Univ. del Sacro Cuore*, Milan, 13 (1987), p. 100-116.

135. Il s'agissait plutôt d'obligations religieuses et, avant le combat rituel de Platanistas, le sacrifice à Ényalios se faisait aussi de nuit ; il en allait de même pour l'exécution des condamnés, qui évitait de souiller le jour.

136. Il en va de même dans les affaires civiles, cf. *infra*, p. 134, la conspiration de Cinadon.

137. Les devins des Perses leur donnaient aussi les mêmes instructions (inspirées des dieux ou de la nature du terrain ?).

Lacédémoniens et Tégéates ne réussissent pas à obtenir des présages favorables pour engager le combat, ils se laissent massacrer sans réagir. Tandis que le régent Pausanias continue à implorer Héra, les Tégéates en viennent néanmoins à marcher à l'ennemi, mais les Lacédémoniens ne se décident à le faire que lorsque les présages deviennent enfin favorables. En 399, Derkylidas, désireux de s'emparer de la ville de Kébren, continue à sacrifier pendant quatre jours et n'intervient que lorsque les gens de la ville se rallient à lui et que les sacrifices deviennent enfin favorables (Xén., *Hell.*, III, 1, 17-19). En 389 (Xén., *Hell.*, IV, 6, 10), Agésilas fut attaqué par l'infanterie légère des Acarnaniens alors qu'il était encore en train de sacrifier : tant que le sacrifice n'était pas achevé, il laissa l'ennemi approcher et blesser beaucoup de monde.

Les Spartiates se montrent aussi très sensibles aux prodiges, notamment aux tremblements de terre[138], pourtant fréquents dans le Péloponnèse, et Pausanias (III, 5, 8) souligne qu'ils sont, avec les Athéniens « ceux des Grecs qui ont le plus peur des signes qui viennent du ciel (*diosèmeiai*) ». Ainsi, en 426, l'attaque contre l'Attique fut stoppée à l'Isthme à cause d'un tremblement de terre. Au printemps 414, les Lacédémoniens firent une expédition contre Argos, mais un tremblement de terre les obligea à faire demi-tour, tandis que les Argiens, moins soucieux des signes célestes, en profitèrent pour piller la Thyréatide. Les Spartiates voient aussi dans le terrible tremblement de terre de 464 le châtiment du massacre impie des Hilotes réfugiés dans le sanctuaire du Ténare.

Ils sont également très respectueux des fêtes religieuses, ce dont leurs ennemis peuvent tirer profit. La célébration des *Karneia* explique leur arrivée tardive à Marathon[139] et retarde l'envoi de renforts aux Thermopyles. C'est pour participer aux Hyakinthia que les Amycléens de l'armée furent renvoyés chez eux, ce qui entraîna, en 390, le désastre du Léchaion. En

138. Voir aussi les cultes de Poséidon asphalios et dômatitès à Sparte même et celui de Poséidon gaiaochos à Thérapné et à Gytheion.

139. Selon A.R. Burn, *Persia and the Greeks. The Defence of the West, c. 546-478 B.C.*, Londres, 1962, les Perses se seraient volontairement rembarqués juste avant l'arrivée prévue des Spartiates.

418, les Spartiates ayant dû se retirer pour fêter les *Karneia*, Argiens, Athéniens et Mantinéens en profitèrent pour investir Épidaure. En 387, les Lacédémoniens hésitant à entrer en campagne contre les Athéniens et les Béotiens en laissant Argos sur leurs arrières, les Argiens manipulèrent leur calendrier pour imposer aux Spartiates une trêve sacrée. Cependant, consultant Olympie et Delphes, Agésilas obtint l'accord de la divinité pour ne pas respecter cette trêve illégitime.

Sans doute trouve-t-on quelques exceptions : Cléomène pénètre dans l'*adyton* d'Athéna à Athènes malgré l'interdiction de la prêtresse et sacrifie à Héra d'Argos malgré l'interdiction du prêtre, mais ce roi est plutôt un modèle négatif pour les Spartiates. Au contraire, Agésilas est exalté par Xénophon et Plutarque. Or, il viole le droit d'asile comme son accord avec Tissapherne et il manipule les sacrifices. Enfin, il semble que Lysandre ou des rois comme Cléomène ou Pleistoanax n'hésitent pas, si besoin est, à corrompre la Pythie. La piété des Spartiates risque ainsi d'être utilisée aussi bien par leurs dirigeants que par leurs ennemis.

Elle n'en est pas moins réelle et leur crainte du divin (*deisidaimonia*) peut, comme, à Athènes, celle d'un Nicias [140], paraître excessive aux autres Grecs. Elle s'explique peut-être en partie parce que Sparte est une cité guerrière et que les rites influent beaucoup sur le moral du combattant et l'issue de la bataille et parce que la religion, qui, en Grèce est plus collective que personnelle, convient bien à une cité comme Sparte.

L'archaïsme religieux

L'importance du facteur religieux peut tenir aussi au traditionalisme spartiate.

• On trouve en Laconie quelques **survivances** d'une religion non anthropomorphe. A proximité de Gytheion (Paus.,

140. Thucydide, VII, 50, 4, le dit « un peu trop porté sur la consultation des dieux (*theiasmos*) et les choses semblables » et Plutarque, *Vie de Nicias*, 23, 7, regrette que Nicias n'ait pas eu auprès de lui son devin habituel, « qui lui enlevait beaucoup de sa superstition ».

III, 22, 1), on montrait une pierre non travaillée appelée Zeus Kappôtas, où Oreste se serait assis, en mettant ainsi fin [141] à sa folie. A Boiai, on adore un myrte sous le nom d'Artémis Sôteira [142] (Paus., III, 22, 12). Mais, plus significative encore, est l'importance des *xoana*, ces statues archaïques à l'anthropomorphisme rudimentaire. Pausanias en mentionne 15 [143] en Laconie, dont 6 à Sparte même, à savoir un *xoanon* ancien d'Aphrodite-Héra, qui entre mal dans le cadre de la religion olympique, un *xoanon* de Thétis, qui viendrait de Messénie, un *xoanon* d'Aphrodite en armes, des *xoana* dans le temple d'Aphrodite Areia, le *xoanon* maléfique [144] d'Artémis Orthia censé venir de Tauride (Paus., III, 16, 9-11). Il s'y ajoute, en dehors de Sparte, un *xoanon* d'Athéna Aléa, un d'Orphée, un de Korè, un en armes dans le sanctuaire d'Aphrodite Ourania, un d'Apollon, censé être arrivé à date tardive de Délos, un d'Artémis Astrateia, un d'Apollon Amazonios, un d'Apollon Karneios et, à Leuctres de Laconie, plusieurs *xoana* d'Apollon Karneios. On notera l'importance des *xoana* féminins : 5 sur 6 à Sparte, 5 sur 9 en Laconie, où 4 *xoana* avaient été identifiés comme des Apollons.

On rapprochera de ces *xoana* la statue des Leucippides, dont seule la tête est récente (Paus., III, 16, 1), et diverses statues enchaînées : le vieil *agalma* d'Ényalios enchaîné ou

141. Cette étiologie repose sur un rapprochement exprès avec le verbe *pauomai* (cesser), mais le terme indique plutôt quelque chose qui a volé (radical pō) : il s'agirait d'une pierre soit frappée par la foudre, soit tombée du ciel, c'est-à-dire un météorite.

142. Là aussi l'étiologie intègre le culte dans le système olympien, Artémis ayant, au moyen d'un lièvre se précipitant dans un bosquet de myrte, indiqué l'endroit où fonder la cité.

143. Leur nombre doit encore être accru, car, dans deux cas, Pausanias emploie le pluriel ; il est supérieur au nombre des *xoana* mentionnés en Arcadie et n'est dépassé qu'en Corinthie ; en Messénie ou en Élide, au contraire, Pausanias ne mentionne qu'un *xoanon*.

144. Cette statue, qualifiée quatre fois de *xoanon* par Pausanias, aurait été volée par Oreste et Iphigénie, et aurait rendu fous ceux qui l'avaient trouvée ; les Spartiates des différentes *ôbai*, qui sacrifiaient à Artémis, se seraient massacrés auprès de l'autel, d'où une épidémie et un oracle, qui ordonna d'ensanglanter l'autel de sang humain et suscita ainsi des sacrifices par tirage au sort jusqu'à ce que Lycurgue les fît remplacer par la flagellation d'éphèbes.

la statue de Morpho, assise, voilée, les pieds enchaînés, dans le « temple ancien » d'Aphrodite en armes, tandis que l'épiclèse *lugodesmos* (au lien d'osier) d'Artémis Orthia suggère qu'elle avait dû être entravée [145].

Le grand nombre de divinités en armes est peut-être aussi un trait archaïque, même si Plutarque exagère quelque peu en affirmant que les Spartiates « représentent toutes leurs divinités, féminines et masculines avec des lances » (*Apopht. lacon.* 239a et, cf. 232c, où il ne s'agit que de *xoana*). C'est au moins le cas pour les Apollon d'Amyclées (Paus., III, 19, 2) et de Thornax (III, 10, 8), l'Aphrodite en armes (III, 15, 10) et un Dionysos signalé par Macrobe (*Sat.*, I, 19, 1-2).

• Ces traits archaïques se retrouvent dans certaines **fêtes** spartiates, notamment dans les combats rituels d'éphèbes qui se déroulent à Platanistas (Paus., III, 14, 8-10), encore que leur sauvagerie ait pu s'accroître à l'époque romaine. A l'intérieur même de Sparte, on accède à un îlot planté de platanes (d'où son nom) par deux ponts, où se trouvent, d'un côté, une statue d'Héraclès et, de l'autre, une statue de Lycurgue [146]. Avant le combat, les éphèbes font un sacrifice à Achille dans son sanctuaire, sur la route de l'Arcadie (Paus., III, 20, 8), et, à proximité de Thérapné, chacun des deux groupes d'éphèbes sacrifie de nuit un chiot à Ényalios. Ils y organisent ensuite un combat de sangliers domestiques : ceux dont le sanglier triomphe ont des chances de l'emporter dans le combat final. Le lendemain, de retour à Sparte, après avoir tiré au sort, de nuit, la porte par laquelle chacun des deux groupes doit entrer, un peu avant midi, ils s'affrontent dans l'île à mains nues, à coups de pied, en se mordant et en se crevant les yeux et en se poussant collectivement dans l'eau [147].

145. Pour Pausanias, III, 16, 11, le nom s'expliquerait parce que le *xoanon* « avait été trouvé dans un buisson d'osier, qui faisait tenir droite la statue ».

146. Les termes employés : *agalma* pour Héraclès et *eikôn* pour Lycurgue, suggèrent que le premier est considéré comme un dieu, mais laissent incertain le statut du second.

147. Le thème du combat sauvage se retrouve dans le récit hérodotéen (VII, 225) de la dernière phase de la bataille des Thermopyles.

La flagellation des éphèbes[148] qui ensanglante l'autel d'Artémis Orthia[149] paraît aussi un rite archaïque. Comme le montrent les indications de Xénophon et de Platon, il s'agissait pour les jeunes de s'emparer du plus grand nombre possible de fromages disposés sur l'autel et protégés par des porteurs de fouet, qui les fouettaient le plus fort qu'ils pouvaient[150]. Cette épreuve d'adresse et d'endurance est devenue, à l'époque romaine, un concours spectaculaire dans lequel triomphait celui qui recevait le plus de coups, parfois jusqu'à ce que mort s'ensuive, le *xoanon* que portait la prêtresse devenant trop lourd pour elle, si les coups de fouet n'étaient pas assez forts. Le culte d'Artémis Orthia comporte aussi un concours d'adolescents (*paidés*), dont le prix semble être une faucille, ce qui suggère un rite agraire, et des danses de groupes de jeunes filles.

Les masques d'argile représentant notamment des vieilles femmes ou des hoplites et les dizaines de milliers de figurines de plomb trouvées dans le sanctuaire témoignent de la popularité d'une divinité syncrétique pouvant associer l'initiation des éphèbes et l'accouchement des femmes.

Pour le reste, les principales fêtes spartiates sont les Hyakinthies, les *Karneia* et les Gymnopédies.

Les Hyakinthies sont célébrées à Amyclées à la fin de mai ou en juin en l'honneur d'Hyakinthos, tué accidentellement par un disque envoyé par Apollon, dont il était aimé. Son nom, d'origine préhellénique, se retrouve dans la jacinthe. A l'occasion de cette fête, les femmes de Sparte tissent dans un

148. Selon une interprétation rapportée par Plutarque, *Vie d'Aristide*, 17, 10, elle commémorerait aussi un épisode des guerres médiques ; si c'était bien le cas, cela montrerait comment les Spartiates ont su unir, dans un esprit patriotique, le récent et le très ancien.

149. Selon A. Vegas Sansalvador, « Ϝορθασία, Ὀρθία y Ἄρτεμις Ὀρθία en Laconia », *Emerita* 64 (1996), p. 275-288, il y aurait eu confusion de deux racines : *Hrdh <rHdh = (set) straight > protéger naissance pour Artémis et *werdh = grow = vieille déesse de la fertilité, jamais employé pour Artémis.

150. Cette flagellation était assez célèbre pour qu'au IIe s. av. J.-C. Hégésandros (Athénée, VIII, 350 c) pût s'en moquer : si, en organisant des concours, Éléens, Corinthiens ou Athéniens font des fautes, « qu'on fouette les Lacédémoniens ».

lieu appelé Chiton le nouveau chiton d'Apollon, sans doute symbole du renouvellement annuel de la nature.

Le déroulement des trois jours de sacrifice nous est connu par Athénée (IV, 138e-140b), qui se fonde sur Polémon et sur le grammairien Didyme (Ier s. av. J.-C.) citant Polycratès. Le premier jour est un jour de deuil, où l'on dîne sans porter de couronnes, sans pain ni gâteau et sans chanter de péan. Le deuxième est un jour de grand spectacle : les adolescents (*paidés*), tunique relevée, jouent de la cithare ou chantent la louange du dieu aux accents de l'*aulos* ; d'autres (sans doute aussi des adolescents) traversent le théâtre sur des chevaux richement décorés ; des chœurs formés de très nombreux jeunes gens (*néaniskoi*) chantent des chants du pays au milieu de danseurs ; les jeunes filles arrivent sur des chariots (*kannathron*) richement décorés [151] ou rivalisent en défilant sur des chars ; et l'auteur de conclure que « toute la cité s'adonne au mouvement et à la joie de la fête » et que « toute la cité se vide pour aller voir le spectacle ». Il ajoute qu'en ce jour [152] on sacrifie un très grand nombre de victimes et que les citoyens invitent leurs proches ainsi que leurs esclaves. Si la participation des adultes n'est pas indiquée, elle va de soi, notamment pour chanter le péan (cf. n. 151), et certains commentateurs ont même supposé que cette fête, une des plus importantes du calendrier spartiate, durait dix jours. En tout cas, faisant la synthèse entre le culte préhellénique d'Hyakinthos et celui d'Apollon, elle unit le deuil, le spectacle et le festin.

Les *Karneia*, célébrés lors de la pleine lune du mois de *karneion*, soit en général au mois d'août, sont peut-être encore plus importants et entraînent une interruption de toutes les activités publiques (judiciaires, commerciales ou

151. Une glose introduite dans le texte d'Athénée, IV, 139f, en fait des chariots de bois voûtés, tandis que Plutarque, *Agésilas*, 19, 8, ajoute qu'ils imitent des griffons ou des boucs-cerfs ; pour montrer la simplicité d'Agésilas, Xénophon rappelle qu'il avait chanté le péan là où le chef de chœur l'avait placé (*Agés.*, 2, 17) et que sa fille descendait à Amyclées dans un *kannathron* public (*Agésilas*, 8, 7).

152. F. Bölte, *Rheinisches Museum*, n.f. 78 (1929), p. 132- 140, a supposé que, le texte ayant été abusivement contracté, il s'agirait ici du troisième jour de la fête (qualifié de *kopis*, le couperet), qui, sinon, aurait été négligé dans la description.

militaires) pendant 9 jours. Elle est célébrée en l'honneur d'Apollon Karneios : l'épithète cultuelle fait d'Apollon un protecteur du bétail[153], même si les Anciens l'ont rapprochée d'un Karneios antérieur à l'arrivée des Héraclides (Paus., III, 13, 3) ou d'un devin acarnanien dont la mort aurait suscité la colère d'Apollon (Paus., III, 13, 4). La fête a un aspect militaire : selon Démétrios de Skepsis (Athénée, IV, 141e-f), elle serait une « imitation de la vie (*agôgè*) militaire », avec 9 « places à l'ombre », où mangent au commandement du héraut 9 personnes appartenant à 3 phratries, et durerait 9 jours. Elle a aussi un caractère patriotique, puisqu'on y porte la reproduction du radeau sur lequel les Héraclides auraient franchi le golfe de Corinthe. Elle a surtout un caractère agraire : un coureur couronné de bandelettes doit être rattrapé par cinq Karnéates[154] porteurs de grappes de raisin (des *staphulodromoi*). Il s'y ajoute aussi des danses de jeunes gens et des concours musicaux.

Les Gymnopédies, dont Pausanias (III, 11, 9) a souligné l'importance qu'elle revêtait pour les Lacédémoniens, sont célébrées en juillet-août en l'honneur d'Apollon et sont présentées par Platon (*Lois*, I, 633c) comme « de redoutables exercices d'endurance, où il faut résister à la violence de la canicule ». Elles paraissent placées sous la responsabilité des éphores, puisque, informés de la défaite de Leuctres, ceux-ci ont laissé se dérouler les concours du dernier jour, qu'ils auraient pu interrompre (Xén., *Hell.*, VI, 4, 16). Sont en compétition des chœurs d'adolescents, d'éphèbes et d'adultes qui dansent nus devant non seulement les Lacédémoniens, mais aussi les étrangers et les esclaves ; seuls sont exclus les célibataires de plus de 30 ans (Plut., *Lyc.*, 15, 2). Les Gymnopédies ont pu aussi se substituer aux *Paraponia* pour commémorer la victoire remportée en Thyréatide sur les Argiens, ce qui accroît d'autant plus leur caractère patriotique que, par une offrande solennelle, Sparte demande à Apollon de lui assurer la victoire militaire.

153. Cf. la glose de κάρνος chez Hésychius.

154. Ce sont, selon Hésychius, des célibataires (sans doute de moins de 30 ans), au nombre de 5 par (tribu ? *ôbè* ?, le texte est mutilé), tirés au sort pour s'occuper pendant 4 ans du culte d'Apollon Karnéios.

A l'exception des Gymnopédies, dont le nom même, de pure formation grecque, suggère une origine plus récente, ces fêtes montrent la persistance de rites archaïques[155] dans le culte spartiate[156], soit que, comme la course des *staphulodromoi* lors des *Karneia*, le jour de deuil et l'offrande du chiton lors des Hyakinthies, ils ne forment plus qu'un élément du rituel, soit même que, comme pour les combats de Platanistas ou le vol des fromages sur l'autel d'Artémis Orthia, ils constituent l'essentiel du rituel, éventuellement aggravé, dans un esprit archaïsant, à l'époque romaine. Ces fêtes présentent aussi un aspect agonistique très marqué comme le montrent les compétitions entre les chœurs aussi bien des Gymnopédies que des Hyakinthies, et notamment entre les éphèbes, qui constituent déjà une partie de ces chœurs et qui s'affrontent en groupe à Platanistas et individuellement auprès de l'autel d'Artémis Orthia. Les jeunes adultes peuvent se distinguer aux *Karneia* et s'affrontent, en tant que *sphaireis*, dans des jeux de ballon après avoir sacrifié à Héraclès. Comme les jeunes filles chantent l'épithalame d'Hélène et Ménélas, dansent en l'honneur d'Artémis Orthia et d'Artémis Caryatis et participent activement aux Hyakinthies, ces fêtes permettent d'intégrer religieusement garçons et filles, et Plutarque (*Inst. Lac.*, 35, 239c) affirme même que la vie religieuse (*ta hiéra*) leur est commune.

Les différents cultes

Sparte se distingue aussi par le rôle des divinités féminines, notamment Athéna et Artémis, et d'Apollon, le culte de personnages liés à la guerre de Troie et ceux des Dioscures et d'Héraclès.

• Les divinités féminines paraissent jouer un grand rôle à Sparte même, puisque, sur les cinquante temples ou sanc-

155. On pourrait y ajouter le sacrifice à Hélios de chevaux au sommet du Taygète, Paus., III, 20, 4.

156. Cela suffirait à montrer, s'il en était encore besoin, que les « envahisseurs doriens » n'avaient pas fait table rase du passé.

tuaires[157] mentionnés par Pausanias, 34 sont consacrés à des divinités féminines, dont 10 à Athéna, dont le temple trône sur l'Acropole, 5 à Artémis et 4 à Héra. La chose est moins nette dans le reste de la Laconie, où ces temples ou sanctuaires ne sont plus que 28 sur 65. Si on considère à la fois Sparte et le reste de la Laconie, Athéna l'emporte avec 14 sanctuaires et 2 temples ; la variété de ses épiclèses, 11 pour la seule Sparte montre qu'elle a su s'identifier à de nombeuses divinités locales. La chose est encore plus nette pour Artémis, qui dispose de 12 sanctuaires et de 2 temples, et surtout de 37 épiclèses. Ces deux exemples montrent bien comment la religion spartiate s'est agrégé le vieux fonds local.

Asclépios dispose de 2 sanctuaires à Sparte et de 7 sanctuaires et de 2 temples dans le reste de la Laconie, mais le développement de son culte est récent, même s'il a pu profiter du culte préexistant de son fils Machaon. Zeus et Poséidon disposent chacun de 8 temples ou sanctuaires.

Apollon ne disposerait, lui, que de 2 sanctuaires à Sparte et de 2 sanctuaires et de 3 temples en Laconie. Il ne faudrait pas cependant sous-estimer son importance, vu son rôle dans les *Karneia*, les Hyakinthies et les Gymnopédies, et étant donné que le monument religieux le plus important de Laconie lui est consacré, à savoir le fameux trône d'Apollon à Amyclées[158]. Cette œuvre de Bathyclès de Magnésie, qui date du milieu du VIe siècle, est décrite par Pausanias (III, 18, 9 - 19, 5). La statue gigantesque du dieu serait grossière et antérieure à Bathyclès. Hyakinthos est censé être enterré sous le piédestal en forme d'autel ; le trône, placé au-dessus de l'autel, et l'autel lui-même étaient décorés de nombreuses scènes en relief. Sur le trône étaient ainsi représentés les 12 exploits d'Héraclès, tandis que, sur l'autel, figuraient l'apothéose d'Héraclès, conduit au ciel par Athéna, et celle d'Hyakinthos et de sa sœur Polybia.

157. Le terme traduit le grec *hiéron*, qui indique un espace sacré comprenant généralement un ou plusieurs édifices sacrés.

158. Cf. R. Martin, « Bathyclès de Magnésie et le "trône" d'Apollon à Amyklae », *RA* 1976, p. 205-218, et A. Faustoferri, *Il trono di Amyklai e Sparta : Bathykles al servizio del potere*, Naples, Ed. scient. ital., 1996.

• Les Lacédémoniens adressaient un culte à de nombreux personnages liés à la guerre de Troie, notamment à Achille, à Agamemnon, à Alexandra (= Cassandre), à Clytemnestre et à Hélène et Ménélas.

Achille, « honoré comme un dieu » selon Anaxagore cité par une scholie à Apollonios de Rhodes (IV, 814), disposait de 2 sanctuaires : au nord de Sparte, un sanctuaire fermé, où les éphèbes sacrifiaient avant le combat de Platanistas, et un autre à Prasiai, où se déroulait une fête annuelle. Il s'y ajoutait, à proximité de Gytheion, la tombe de Las, tué par Achille selon la tradition locale (Paus., III, 24, 10), tandis qu'un des ports du Ténare portait le nom d'Achilleios (Paus., III, 25, 4).

Amyclées possédait un sanctuaire [159] et une statue d'Alexandra, dans laquelle les gens du cru reconnaissaient Cassandre, ainsi qu'une statue (*eikôn*) de Clytemnestre et un monument funéraire qui passait pour être celui d'Agamemnon (Paus., III, 19, 6), tandis que plusieurs textes tardifs évoquaient à Sparte même un sanctuaire de Zeus Agamemnon.

Hélène et Ménélas étaient aussi objets de culte. A Sparte même se trouvaient un sanctuaire d'Hélène et l'ancienne maison de Ménélas. Thérapné possédait un temple de Ménélas, où Ménélas et Hélène auraient été enterrés, et Hérodote (VI, 61) y évoque le sanctuaire d'Hélène, où la statue divine (*agalma*) aurait miraculeusement acccordé une grande beauté à un petite fille très laide, qui allait devenir la troisième femme du roi Ariston. Isocrate (*Éloge d'Hélène*, X, 63) précise qu'à Thérapné Hélène et Ménélas reçoivent des « sacrifices saints et ancestraux non comme héros mais comme étant tous les deux des dieux ».

Ces cultes pouvaient s'adresser à des divinités locales, éventuellement liées à la végétation comme Hélène [160], divinités dont la dénomination viendrait du succès des poèmes homériques, mais, attestées dans des sites mycéniens comme

159. Il est attesté épigraphiquement sur une stèle inscrite (MDAI 3 (1878), p. 164-171) présentant Alexandra assise jouant de la lyre devant 3 éphores en adoration et invitant à dresser une stèle dans le sanctuaire d'Alexandra.

160. Cf. Hélène dendritis à Rhodes ou l'évocation par Théocrite (*Épithalame d'Hélène*, XVIII, 45-48) du platane comme « l'arbre d'Hélène ».

Amyclées et Thérapné, elles pouvaient aussi être en partie à la source de personnages homériques.

• Le culte des frères d'Hélène, les jumeaux Castor et Pollux qualifiés de Dioscures, n'est pas propre à Sparte. Il ne se limite pas aux régions doriennes comme l'Argolide, la Messénie, Théra ou Cyrène, mais se retrouve aussi à l'Anakeion d'Athènes tandis qu'à Rome un temple est consacré à Castor. Dieux sauveurs, les Dioscures sont aussi particulièrement adorés des marins.

Sparte et la localité voisine de Thérapné sont cependant les grands centres de leur culte et, dans un poème adressé à un Argien, Pindare (*Dixième Néméenne*, 52) fait des Dioscures « les intendants de Sparte ». Déjà rattachés à Lacédémone dans l'*Iliade* (III, 236-239), ils sont liés à Sparte par leur naissance : à l'époque de Pausanias (III, 16, 1), on y montrait encore un œuf enroulé dans des bandelettes et suspendu au toit, qu'on présentait comme l'œuf de Léda. Castor ayant été tué dans la lutte qui opposait les Dioscures à leurs cousins, ils se sont partagé l'immortalité, soit en restant tous deux en vie la moitié du temps, soit en vivant à tour de rôle. Lorsqu'ils sont morts, ils résident sous terre à Thérapnè.

A Sparte, leur iconographie insiste toujours à la fois sur leur union et leur dualité. Ils sont représentés sous la forme de deux serpents enroulés, ce qui rappelle leur caractère chtonien ; ils apparaissent aussi comme deux guerriers, notamment deux jeunes cavaliers coiffés du *pilos*, qui a la forme d'une moitié d'œuf et rappelle leur naissance miraculeuse ; ils sont surtout évoqués sous la forme de deux amphores jumelles ou sous la forme de *dokana*. Ceux-ci sont constitués de deux piliers verticaux (*dokos* désigne la poutre maîtresse), qui sont unis par deux poutres transversales reliées entre elles : les Anciens ont vu dans cette image simplifiée de la maison une représentation de l'union fraternelle de Castor et Pollux.

Associés à la double royauté, les Dioscures jouaient un grand rôle institutionnel : les rois partaient en campagne avec les Dioscures, représentés par les amphores jumelles ; quand, après 506, ils durent se séparer, un Dioscure partit avec le roi en campagne, tandis que l'autre restait à Sparte. Étant apparus à Lysandre avant la victoire d'Aigos-potamoi, ils furent associés à Zeus, Artémis et Apollon, dans le grand ex-voto que le vainqueur consacra à Delphes.

Mais ce sont aussi des divinités très populaires, ce dont témoignent le grand nombre d'ex-voto réunis au musée de Sparte et les miracles qu'on leur attribue : accueillis sous l'apparence d'étrangers de Cyrène dans leur ancienne maison, ils auraient fait disparaître la fille de la maison et laissé leurs propres statues (Paus., III, 16, 2 -3) ; au cours de la deuxième guerre de Messénie, Aristoménès, voulant attaquer Sparte de nuit, en aurait été détourné par les fantômes (*phasmata*) d'Hélène et des Dioscures (Paus., IV, 16, 9) ; les Dioscures seraient en courroux contre les Messéniens, car, au cours de la même guerre, deux de ceux-ci se seraient déguisés en Dioscures (à cheval, avec tunique blanche, chlamyde pourpre, *pilos* sur la tête et lance en main) ; apparaissant au milieu d'une fête consacrée à ces divinités et suscitant l'adoration des fidèles spartiates, ils en auraient profité pour les massacrer (Paus., IV, 27, 1 - 3).

Les Dioscures, unis ou séparés, ont plusieurs lieux de culte. A Sparte même, on trouve un monument funéraire (*mnèma*) et un *héroon* de Castor, qui rappellent sa condition mortelle : pour Pausanias, celui-ci n'aurait été divinisé que 40 ans après sa mort. On y trouve aussi un autel des Dioscures Amboulioi associé à un autel de Zeus Amboulios et Athéna Amboulia (Paus., III, 13, 6), un sanctuaire des Dioscures et des Charites (III, 14, 6), tandis que les *Dioscures Aphétèrioi* (qui font partir, donnent le départ) sont figurés à l'entrée du *Dromos*, où courent les jeunes (III, 14, 7). Dans la région de Thérapné sont attestés une source et un sanctuaire de Pollux ainsi qu'un temple des Dioscures, dans le Phoibaion, où les éphèbes sacrifient à Ényalios avant les combats de Platanistas. Enfin sont mentionnées des statues de bronze à Krokéai, au sud de Sparte, et dans un îlot en face de Thalamai, où les gens du cru prétendent que seraient nés les Dioscures.

Les Dioscures sont souvent liés à d'autres divinités. Outre les exemples déjà mentionnés, ce sont eux qui sont censés avoir continué la construction du temple d'Athéna Chalkioikos, où ils sont représentés sur un relief en bronze évoquant le rapt des Leucippides. Sur le trône de l'Apollon d'Amyclées est aussi figuré ce rapt, tandis que les Dioscures y sont représentés en jeunes cavaliers. Cette figuration souligne leurs liens avec la jeunesse déjà visibles à l'entrée du *dromos* et lors du sacrifice des éphèbes de Platanistas.

• Héraclès, héros panhellénique ou figure divine, ancêtre des deux familles royales, intervenant dans les mythes fondateurs de la cité, était à Sparte une sorte de héros national. Il aurait lutté contre Hippokoon et ses fils pour rétablir Tyndare sur le trône. Lui-même, blessé et soigné par Asclépios, lui aurait construit un temple et, comme Héra, contrairement aux mythes qui les opposent, ne lui aurait pas suscité d'obstacles, il lui aurait construit le sanctuaire d'Héra Aigophagos (Paus., III., 15, 9) ; une statue et un trophée rappelleraient aussi à Skotitas sa victoire sur Hippokoon (Paus., III, 10, 6).

Il est représenté sur les deux grands monuments religieux de Sparte : beaucoup de ses « travaux » et de ses autres exploits étaient figurés dans les reliefs de bronze du temple d'Athéna Chalkioikos ; sur le trône d'Apollon à Amyclées ses 12 travaux figuraient en relief (Paus. III, 18, 10, 16), tandis que l'autel adjacent représentait l'apothéose d'Héraclès, conduit au ciel par Athéna et les autres dieux (Paus., III, 19, 5).

Le culte d'Héraclès était surtout l'affaire des jeunes. A proximité du *dromos*, se trouvait une statue divine (*agalma*) ancienne d'Héraclès, à qui offraient des sacrifices les jeunes adultes (*sphaireis*) (Paus., III, 14, 6), tandis qu'un des deux ponts de Platanistas portait un *agalma* d'Héraclès. A proximité des murs hellénistiques de la ville se trouvaient un sanctuaire et une statue d'Héraclès en armes. Dans le reste de la Laconie, Pausanias n'évoque, outre le trophée et la statue de Skotitas, déjà mentionnés, qu'une statue à Gytheion, qu'Héraclès aurait fondée avec Apollon, et une autre à Las.

Il semble ainsi qu'Héraclès soit plus présent dans le mythe et l'idéologie spartiates que dans le culte lui-même.

Conclusion

Même si les Spartiates ont réussi à assimiler leurs vieilles divinités à des dieux olympiens ou à des héros homériques, ils se distinguent tant par leur piété quelque peu superstitieuse que par la persistance de cultes et de rites archaïques, souvent préhelléniques, qui, montre, au moins dans le domaine religieux, un syncrétisme entre les envahisseurs et les anciennes populations.

CONCLUSION GÉNÉRALE

Si l'on considère la société spartiate en elle-même, indépendamment des rapports qu'elle entretient avec les Hilotes et les Périèques, ainsi que les principes sur lesquels elle repose, elle paraît concilier l'égalité au moins relative et la discipline avec l'esprit de compétition.

C'est l'égalité sous ses deux formes, quantitative (l'*ison*) et qualitative (l'*homoion*, qu'on retrouve dans la dénomination des *Homoioi*), qui a permis à certains, notamment à Aristote [161], de parler de démocratie spartiate. En effet, pour le philosophe, la démocratie, au sens social du terme, associe égalité et pauvreté. Or, ces deux caractères se retrouvent à Sparte dans l'éducation des enfants, les repas collectifs et l'habillement, au point qu'« extérieurement le riche et le pauvre ne se distinguent aucunement » (*Polit.*, IV, 9, 1294b 26). Il s'y ajoute la « démocratisation » des funérailles [162], exceptionnelle dans une société aristocratique : le seul privilège est, pour les Spartiates morts à la guerre, d'avoir leur nom inscrit sur la tombe. Comme, en outre, chacun peut accéder, sinon à la gérousie, au moins à l'éphorat et, grâce à son courage et à ses capacités militaires, progresser dans la société, l'égalité paraît régner entre les hommes, tandis que les femmes paraissent plus libres et plus égales aux hommes que dans le reste de la Grèce ou, au moins, qu'à Athènes.

161. Ed. Lévy, « Le régime lacédémonien dans *La Politique* d'Aristote : une réflexion sur le pouvoir et l'ordre social chez les Grecs », *in* M. Mollin éd., *Images et Représentations*..., p. 57-72.

162. Cf. N. Richer, « Aspects des funérailles à Sparte », *Cahiers du centre Gustave Glotz*, 5 (1994), p. 51-96.

L'égalité des biens reste au contraire un mythe : l'austérité des *syssities*, où se distinguent déjà ceux qui peuvent améliorer l'ordinaire, n'empêche pas les plus riches d'embellir leur maison et surtout de se distinguer en faisant courir des chars à Olympie. La concentration des terres fait régner une grande inégalité économique non seulement entre les *Homoioi* et les autres Spartiates[163], mais aussi, malgré la dégradation des trop pauvres, entre les *Homoioi* eux-mêmes.

Cependant, vue de l'extérieur par ses admirateurs, Sparte paraît surtout la société du bon ordre (*eunomia, eukosmia*), où l'on pratique, dès l'enfance, l'obéissance (*peithô*) aux lois et aux magistrats et où la discipline militaire s'impose à tout âge. Les valeurs communes y sont intériorisées sous la forme de l'*aidôs* (le sens de l'honneur), qui incite à l'héroïsme de « la belle mort », tandis que les chants patriotiques et la fusion émotive du vote par cris sont censés unifier la cité. Comme, en outre, tout ou presque doit se faire en public et que tout se sait et se juge immédiatement (cf. Plut., *Apopht. lac.* 221b), la confiance[164] devrait régner entre les Spartiates.

Mais Sparte peut aussi, contrairement à la société de liberté exaltée par Périclès dans l'*Oraison funèbre* (Thuc., II, 35-46), apparaître comme la société de la contrainte (de chacun et de tous sur chacun), de la dissimulation et du soupçon, où l'on se cache pour thésauriser comme pour pratiquer la pédérastie et où l'on est obligé de faire bonne figure même dans les malheurs domestiques. Les contraintes seraient si fortes que les Spartiates, qui se trouvent à l'étranger, comme le régent Pausanias ou les harmostes du IVe siècle, réagiraient en ne respectant même plus les règles habituelles des Grecs.

Cette tyrannie de la norme commune associée à un genre de vie égalitaire aurait pu déboucher sur une société bloquée sans le contrepoids de l'émulation (*philotimia*) généralisée. Fondée sur la recherche de l'excellence militaire (*arétè*), déjà exaltée par Tyrtée, et sur le prestige (*timè*), c'est elle qui permet à Platon de parler de timocratie. De fait, l'émulation, qui

163. Même si Xénophon, *Rép. Lac.*, 10, 7, prétend que Lycurgue n'a tenu compte ni de la faiblesse physique ni de la faiblesse financière de ceux qui respectaient les normes.

164. Cf. le discours des Corinthiens à Sparte, Thuc., I, 68.

peut aller jusqu'à l'affrontement physique, est développée systématiquement dès l'enfance ; les jeunes adultes aspirent à se faire nommer ou à rester *Hippeis* et, éventuellement, à devenir un des 3 *hippagrètes* ou des 5 *agathoergoi* ; les combattants de tout âge s'efforcent d'obtenir le prix de la vaillance et les hommes âgés de se faire élire à la gérousie. La religion elle-même incite à des affrontements et à des compétitions, à Platanistas, au sanctuaire d'Artémis Orthia ou dans divers concours. D'une manière générale, l'intervention de la communauté par les discussions dans les *syssities*, les éloges et les quolibets des jeunes filles, les honneurs et les dégradations publics, suscite un classement perpétuel de chacun, qui incite à se surpasser tout en imposant un conformisme qui peut paraître étouffant.

Sparte présente ainsi le paradoxe d'une société conservatrice et collectiviste qui cultive la valeur individuelle : comme le souligne Xénophon (*Rép. Lac.*, 10, 4), tous sont forcés de pratiquer publiquement (*dèmosia*) toutes les vertus (*arétè*).

2. Les Hilotes [165]

Les Hilotes constituaient l'essentiel de la population servile de Sparte, même s'il devait y avoir aussi des esclaves-marchandises, du type habituel en Grèce, notamment à Athènes. En effet, soulignant la richesse des Spartiates, dans l'*Alcibiade majeur*, 122d, dont l'authenticité paraît probable [166], Platon évoque la possession d'esclaves (*andrapoda*), notamment mais non exclusivement « hilotiques », tandis que Plutarque (*Compar. de Lycurgue et Numa*, 24, 7) note que les activités économiques et domestiques sont abandonnées aux esclaves *et* aux Hilotes. Les textes mentionnent aussi quelques personnes qui auraient été vendues à l'extérieur ou affran-

165. Voir notamment à J. Ducat, *Les Hilotes, BCH suppl. XX*, Paris, De Boccard, 1990.

166. Cf. N. Benyer, *Plato. Alcibiades*, Greek and Latine Classics, Cambridge UP, 2001.

chies par leurs maîtres [167], ce qui, pour des Hilotes, était interdit. Les esclaves-marchandises peuvent provenir du butin, fait par exemple sur les Perses, voire, notamment à partir du IVe siècle, être achetés au marché. De toute façon, il n'est pas illégal d'en posséder, puisque l'accord qui mit fin à la révolte de 464 interdisait aux gens de l'Ithôme de revenir dans le Péloponnèse et prévoyait que « quiconque s'y ferait prendre serait l'esclave de qui s'en serait saisi » (Thuc., I, 103, 1). Cependant ces esclaves, très rarement mentionnés, devaient être peu nombreux [168].

Au contraire, les Hilotes, dont le sort a suscité des critiques ou, plus rarement, des éloges dès l'Antiquité, sont fréquemment évoqués. Ils cultivent la terre, à laquelle ils sont attachés, tandis que les citoyens, contrairement à ceux des autres cités, dont l'agriculture constitue l'activité essentielle, ne s'adonnent qu'à des activités politiques, militaires [169] ou cynégétiques, ce qui leur permet de se dire plus libres que les autres Grecs [170].

Mais l'opposition n'est peut-être pas originelle, car les poèmes guerriers de Tyrtée paraissent s'adresser à des soldats-paysans, qui se souciaient de la conquête d'une « Messénie bonne à labourer, bonne à planter » (fr. 4) [171] et redou-

167. J. Ducat, *Les Hilotes*, p. 55, signale les cas d'Alcman, qui aurait été affranchi par son maître Agésidas, d'un habitant de Cythère réduit en esclavage comme ses compatriotes et vendu à un Athénien et d'un cuisinier spartiate acheté par Denys de Syracuse ou par un roi du Pont ; on pourrait y ajouter les nourrices laconiennes qui étaient achetées par certains étrangers selon Plutarque, *Lyc.*, 16, 5, notamment Amycla, la nourrice d'Alcibiade, *ibid.* et *Alcibiade*, 1, 3 (où l'auteur se réfère au témoignage fiable d'Antisthène).

168. Au moins chez les Spartiates, car, si les Périèques n'ont pas d'Hilotes à leur service, il faut bien qu'ils aient des esclaves-marchandises, mais cf. *infra*, p. 151-152.

169. Cf. une remarque attribuée à Cléomène Ier : « Homère est le poète des Lacédémoniens car il dit comment il faut faire la guerre et Hésiode, le poète des Hilotes, car il dit comment il faut cultiver la terre », Élien, XIII, 19, et Plut., *Apopht. lac.*, 223a.

170. Cf. Critias, *DK* II⁶ B 37, et Plut., *Apopht. lacon.*, 221c, 234b, f, 235b, 236a, 242d.

171. Déjà, lors de la première guerre de Messénie, selon Plutarque, *Apopht. lacon.*, 231e, le roi Polydore aurait dit s'attaquer à « la partie non encore allotie (*aklèrotôn*) du territoire ».

taient d'avoir à abandonner leurs « champs fertiles » (fr . 6). D'ailleurs, selon Aristote (*Pol.*, V, 7, 1306b 37-1307a 2), qui se fonde sur Tyrtée, et Pausanias (IV, 18, 2-3), au cours de la seconde guerre de Messénie, des Spartiates accablés par la guerre, qui les empêchait de cultiver les terres qu'ils possédaient en Messénie ou dans le voisinage, réclamaient une nouvelle distribution des terres. De toute façon, avant que le développement du combat hoplitique ait incité les Spartiates à constituer une armée permanente, les citoyens restaient des paysans comme les autres.

Origine de l'hilotisme

Si les Hilotes n'ont pas toujours existé, quand sont-ils apparus ? Les Anciens, s'interrogeant sur le mot lui-même, se sont le plus souvent ralliés à l'interprétation d'Hellanicos (ve s.), suivi par Éphore, Théopompe et Pausanias, qui dérive Hilotes de la bourgade d'Hélos, au sud de Sparte. Les gens d'Hélos auraient été les premiers à être réduits à l'état d'Hilotes, et leur nom aurait ensuite été généralisé. Mais, comme le souligne P. Chantraine, dans son *Dictionnaire étymologique de la langue grecque*, cette dérivation est « impossible phonétiquement[172] ». L'*Etymologicum Magnum* propose de faire venir le terme d'*hélos* (le marais), ce qui n'est qu'une variante de la même thèse, car, Hélos étant situé dans une région marécageuse, le nom commun a servi de toponyme. Le même ouvrage rattache aussi Hilote à *heilon*, l'aoriste du verbe « prendre, faire prisonnier », ce qui est étymologiquement plus satisfaisant, le mot correspondant en fait à un ancien participe parfait à sens passif de ce verbe et désignant ainsi originellement le prisonnier[173].

172. Les habitants d'Hélos sont d'ailleurs appelés non *Heilôtai*, mais *Héleioi* par Éphore (fr. 117 = Strabon, VIII, 5, 4) et *Héléates* par Théopompe (fr. 13 = Athénée VI, 272a).

173. Je dois l'indication à Charles de Lamberterie ; cf. aussi J. Ducat, « Histoire sociale et enquête linguistique. Le mot "Hilote" et sa famille », *Nomina Rerum. Hommage à Jacqueline Manessy-Guitton, L. A. M. A.* 13 (1994), p. 175-182.

L'étymologie implique donc un hilotisme issu de la conquête, ce qui correspond bien au sort des Messéniens. En effet, comme nous l'avons vu, une conquête partielle, à la fin du VIIIe siècle, avait été suivie d'une révolte et d'une seconde guerre. Ce n'est qu'à la suite de cette guerre que le statut d'Hilotes aurait été imposé aux Messéniens, qu'Hérodote continue à nommer Messéniens.

Mais les anciens Hilotes, ceux de Laconie, qui avaient été les premiers à être ainsi appelés, ont suscité deux hypothèses opposées. Selon l'interprétation ethnique, proposée par Théopompe (IVe s.), qui a dominé dans l'Antiquité comme à l'époque moderne, les Hilotes seraient des Achéens soumis par les envahisseurs doriens. L'aristocratie achéenne se serait enfuie (ou assimilée), tandis que les paysans, restés sur place, verseraient des redevances à leurs nouveaux maîtres [174]. Le terme peuple (*ethnos*), parfois employé à propos des Hilotes (par exemple, Théopompe, fr. 13), pourrait confirmer cette thèse, encore que l'appellation s'explique surtout par l'asservissement des Messéniens.

Mais tous les Achéens n'ont pas été réduits à l'état d'Hilotes, puisque Amyclées a joui d'un statut particulier et que les Périèques ne descendent pas nécessairement des envahisseurs [175]. En outre, la thèse n'est pas dépourvue de contradictions : l'hilotisme étant censé commencer avec la prise d'Hélos et non avec le retour des Héraclides, il y aurait eu, avant cette date, des paysans libres (doriens ou achéens), qui étaient censés le rester ; or, on trouve des Hilotes dans des régions de Laconie conquises avant Hélos.

Aussi ne faut-il pas rejeter sans examen les thèses soutenues, dès le Ve siècle, par Antiochos de Syracuse (fr. 13 = Strabon, VI, 3, 2) ou, au IVe siècle, par Éphore (fr. 117 = Strabon VIII, 5, 4). Pour le premier, auraient été réduits à l'état d'esclaves et nommés Hilotes les Lacédémoniens qui n'avaient pas participé aux guerres de Messénie. Pour le second, les Spartiates ayant retiré leurs droits de citoyens aux Périèques, les Périèques d'Hélos se seraient révoltés et auraient été réduits

174. Certains sont même allés jusqu'à supposer qu'il s'agissait de pré-Achéens déjà soumis aux Achéens.

175. Cf. *infra*, p. 139-142.

à la condition d'Hilotes. L'hypothèse d'une évolution interne pourrait trouver une confirmation dans la comparaison avec Athènes, où, sans les réformes de Solon, les *hectémores* auraient pu devenir des sortes d'Hilotes, et dans les fréquentes allusions aux longs troubles civils (*stasis*) qui auraient ravagé Sparte avant l'instauration du bon ordre lycurguien.

La question a été compliquée par la confusion entre le problème dorien et le problème paysan. En effet, les prédoriens sont sans doute restés en grand nombre en Laconie, puisque les Doriens, même s'ils ont imposé leur dialecte, étaient trop peu nombreux pour peupler le pays, et ces prédoriens ont, bien sûr, continué à cultiver la terre. Quant aux paysans en général, quelle que fût leur origine, ils devaient vraisemblablement payer une redevance à l'aristocratie guerrière. Cependant, la distinction entre les deux catégories était fondée non seulement sur la naissance, mais aussi sur la fonction. C'est pourquoi, lorsque, au cours des guerres de Messénie, on a eu besoin de combattants, la possibilité a été ouverte aux paysans, déjà plus au moins dépendants, de devenir hoplites et donc d'accéder à la catégorie supérieure. C'est ce que suggère la tradition attribuant à Tyrtée le conseil de remplacer les morts par des Hilotes. Aussi la thèse d'Antiochos de Syracuse paraît-elle déjà correcte dans la mesure où les non-combattants, s'ils ne devenaient pas Hilotes, au moins le restaient, et il est même possible, comme le suggère l'allusion de Tyrtée (élégie 6) à la dégradation des lâches[176], que ceux-ci aient aussi été réduits à la condition d'Hilotes.

Ainsi, même si les paysans de Laconie sont en très grande part d'origine prédorienne et les Spartiates, essentiellement d'origine dorienne, la distinction, au moins en Laconie, n'est pas ethnique[177] mais sociale, ce qui contribue à faire considérer Sparte comme une oligarchie : on parlerait plutôt d'impérialisme, si l'on considérait les Hilotes comme un peuple soumis à un peuple étranger.

176. Cf. aussi, dans l'élégie 8, l'allusion aux guerriers qui ont tremblé ; cf. *supra*, p. 37.

177. Le cas est différent pour les Messéniens, qui, censés être doriens comme les Spartiates, entendent recouvrer leur indépendance.

Les dépendants ruraux

Le type de dépendant représenté par les Hilotes a fait problème pour des sources qui prenaient leurs références dans le modèle athénien. En effet, il occupe une place intermédiaire entre deux conditions : d'une part, l'esclave-marchandise (d'Athènes ou de Chios par exemple), en général acheté au marché plutôt qu'élevé à la maison, qui ne peut mener une vie familiale qu'avec l'autorisation de son maître et qu'on a tout loisir d'affecter à n'importe quelle tâche et d'aller revendre n'importe où, et, d'autre part, le paysan libre, non propriétaire de sa terre, qui doit une redevance au propriétaire. C'est ce statut intermédiaire qui justifie l'expression du grammairien Pollux (IIe s. apr. J.-C.) « entre (*metaxu*) libres et esclaves [178] ».

En fait, ce type de paysan, plus ou moins dépendant, est très fréquent en Orient et en Égypte, où, à l'époque hellénistique, les Grecs le retrouveront. Sans doute, dans la Grèce classique, la cité paraît-elle fondée sur le citoyen-paysan qui, quand c'est nécessaire, combat comme hoplite, tandis que les travaux les plus pénibles (mine) ou les moins recherchés (service domestique) sont abandonnés (et imposés) aux esclaves. Mais, même alors, les Hilotes spartiates ont des parallèles non seulement dans des pays doriens comme la Crète, Argos, Sicyone ou Héraclée du Pont, mais aussi en Locride et en Thessalie.

Ces populations dépendantes ont un statut particulier qui limite les droits de leurs maîtres et que, théorisant la coutume, les historiens hellénistiques expliquent par une sorte de « contrat originel de servitude [179] ». Ainsi, les

178. Cette expression, qui, comme le note justement J. Ducat, contredit volontairement l'idée de Critias, selon lequel les Hilotes sont plus esclaves que les autres, a servi de titre à un livre de D. Lotze ; les menaces pesant sur les Messéniens autorisés à émigrer (Thuc., I, 103, 1, cité *supra*, p. 131-132) laissaient aussi supposer que l'esclavage traditionnel était pire que l'hilotisme.

179. Cf. P. Vidal-Naquet, « Réflexions sur l'historiographie de l'esclavage », *Actes du colloque 1971 sur l'esclavage*, Paris, De Boccard,

Pénestes[180] sont restés sur place en s'engageant à devenir les esclaves des Thessaliens, qui ne pourront les expulser, les Mariandyniens seront les esclaves des Héracléotes, qui ne pourront les expulser ni les vendre à l'extérieur. Quant aux gens d'Hélos, qui, selon Éphore, dont Strabon reproduit les théories, avaient été les premiers à être réduits à la condition d'Hilotes, « ils furent condamnés à l'esclavage à certaines conditions », à savoir que « leur possesseur (*ton ékhonta*) ne serait autorisé ni à les affranchir (*sic*) ni à les vendre hors des frontières » (Strabon, VIII, 5, 4).

Ces dépendants sont souvent considérés comme une classe dangereuse. En effet, contrairement aux esclaves-marchandises, que leur diversité ethnique[181] et la variété de leurs occupations empêchent de s'unir, ils sont unis par leur genre de vie et par leur origine ethnique (réelle ou supposée). En outre, il leur est d'autant plus facile de se révolter qu'ils ne sont pas entièrement coupés du reste de la population. Alors qu'à Athènes on n'imagine pas une collusion entre les plus pauvres des citoyens (les *thètes*) et les esclaves, à Sparte, on peut toujours craindre une union de toutes les catégories inférieures contre les *Homoioi*. Ainsi, deux cités périèques ont participé à la grande révolte de 464 ; au début du IVe siècle, la révolte avortée de Cinadon devait associer tous les inférieurs ; et les hommes libres des autres cités n'ont aucun scrupule à collaborer avec cette population, formée comme eux de paysans et, sauf dans certaines cités coloniales, de Grecs ; d'où, en 462, la peur que le corps expéditionnaire athénien ne sympathise avec les Messéniens révoltés[182]. C'est ce qui explique les révoltes qu'ont connues, outre Sparte, la Thessalie[183] (notam-

---

1973, p. 25-44 = *Le Chasseur noir*, Paris, Maspero, 1981, p. 223-248.

180. Cf. J. Ducat, *Les Pénestes de Thessalie*, Annales littéraires de l'université de Besançon, Paris, Belles Lettres, 1994.

181. Au moins depuis la suppression de l'esclavage pour dettes.

182. Selon le pseudo-Xénophon (*Rép. Lac.*, 3, 10-11), le « peuple » athénien aurait, en l'occurrence, agi contre son intérêt en ne soutenant pas ses semblables.

183. La réalité de ces révoltes a été mise en doute par J. Ducat, *Les Pénestes*, p. 104 ; cf. cependant Xén., *Hell.*, II, 3, 36, et Aristote, *Pol.*, II, 5, 1264a 34-36, et 9, 1269a 36-39.

ment à la fin du ve siècle) et même la Crète au IVe siècle, bien que, comme le souligne Aristote (*Pol.*, II, 9, 1269a 39-b3), les cités crétoises aient la chance, contrairement aux Spartiates ou aux Thessaliens, d'avoir des voisins qui, possédant les mêmes dépendants ruraux, n'ont pas intérêt à les inciter à la révolte.

Le traitement de ces populations est donc considéré en Grèce comme un problème difficile : selon Aristote (*Pol.*, II, 9, 1269b 7-11), on risque, par le laxisme, de les inciter à toute sorte d'excès (*hubris*) et notamment à se vouloir les égaux de leurs maîtres, et, par la dureté, de les pousser, comme à Sparte, à la haine et au complot.

Le sort des Hilotes

Les Hilotes sont, comme les autres, paysans et dépendants, mais ils sont peut-être plus que les autres maltraités et redoutés, au moins après la grande révolte de 464.

• Sans doute les Hilotes ne s'adonnent-ils pas tous à l'agriculture. Ils peuvent aussi fournir le personnel domestique des citoyens. Xénophon (*Rép. Lac.*, 7, 5), considérant comme une évidence que les Spartiates ont des serviteurs (*oikétès*), assure que les femmes spartiates ne travaillent pas la laine, car les esclaves féminines suffisent à fournir les vêtements, tandis que Douris, cité par Plutarque (*Agésilas*, 3, 2), évoque les femmes hilotes au service de Timaia, la femme d'Agis II. En outre, les Spartiates sont, pendant leur éducation, secondés par de jeunes Hilotes, appelés *mothônés*[184], et, comme les autres Grecs, partent en expédition avec leurs valets d'armée, en l'occurrence, des Hilotes. De même rien, semble-t-il, n'interdit aux Hilotes de pratiquer un métier artisanal, puisque, justement, une telle interdiction les rapprocherait des citoyens, ce qu'on veut éviter avant tout.

Il n'empêche que l'agriculture est leur activité essentielle. Si l'on accepte le schéma traditionnel présenté par Plutarque (*Vie de Lycurgue*, 8, 7, et 24, 2), qui s'inspire vraisemblable-

184. Cf. *infra*, p. 158.

ment d'Aristote[185], les Hilotes cultivent la terre avec leur famille en fournissant aux Spartiates une quantité fixe, appelée *apophora*. Celle-ci serait de 70 médimnes d'orge pour un homme, de 12 médimnes pour une femme et d'une quantité équivalente de produits liquides (huile et vin) (sans doute des métrètes de 40 litres). Si on tient compte du fait que 70 médimnes éginétiques[186] sont à peu près équivalents à 100 médimnes attiques et qu'il s'y ajoute les produits liquides, on a une *apophora* qui correspond pratiquement aux 200 médimnes qu'étaient censés toucher les clérouques athéniens du ve siècle, donc un versement normal pour l'entretien d'un combattant et de sa famille. Il s'y ajoute ici la part de la femme, qui est sans doute versée à la fois pour la femme mariée et pour la veuve. Cette *apophora* devait permettre au Spartiate d'entretenir sa famille et de verser sa part aux repas collectifs et, dans les *Moralia* (239e), Plutarque ajoute qu'une malédiction pesait sur quiconque se ferait payer plus que la rente[187] traditionnelle.

Cette *apophora* a été contestée. En effet, un passage de Tyrtée (élégie 5), conservé par Pausanias (IV, 14), évoque les Messéniens, qui, « comme des ânes accablés de lourdes charges, en proie à une pénible nécessité, portent à leurs maîtres la moitié de tout ce que porte la glèbe ». Mais Pausanias, qui indique que ces vers concernent les Messéniens, précise bien qu'il s'agit de leur sort après la première guerre de Messénie. Il n'y a aucune raison de récuser son témoignage, car ce partage après conquête, où on laisse sa terre au vaincu à condition qu'il en partage les revenus avec le vainqueur, est assez habituel en Grèce. Mais rien n'oblige à

185. Nous n'avons pas la preuve que les indications proviennent d'Aristote, mais il est probable que, si elles contredisaient expressément Aristote, Plutarque le signalerait.

186. On ne sait cependant s'il s'agit ici de médimnes éginétiques d'environ 77 litres ou si, comme il l'a fait pour les contributions aux *syssities*, Plutarque a converti les quantités en médimnes attiques de 52 litres.

187. Le terme employé (*misthôsis*) est celui que la *Constitution d'Athènes* utilise pour évoquer le sixième que les *hectémores* versaient au propriétaire de la terre et correspond plus à des relations entre hommes libres que le terme *apophora*.

supposer que le sort des Messéniens, vaincus une seconde fois après une guerre difficile et intégrés comme Hilotes dans l'État lacédémonien [188], reste le même : on ne peut donc utiliser le texte de Tyrtée pour infirmer les indications de Plutarque.

On s'est cependant demandé comment un tel système pouvait fonctionner, lorsque – ce qui, étant donné le grand nombre d'Hilotes, était très probable – plusieurs familles cultivaient le même domaine : constituaient-elles une communauté villageoise [189] répartissant entre elles les contributions ? Plutarque n'en dit rien, mais, à son époque, l'hilotisme n'existe plus depuis longtemps [190], aussi beaucoup de choses doivent-elles lui échapper, à lui comme à nous. Si le système n'était qu'une invention tardive, datant par exemple des rois réformateurs du IIIe siècle, il serait plus clair. Aussi, contrairement aux hypercritiques, qui se fondent sur les incohérences et les difficultés d'application pour rejeter le système, peut-on, tout en reconnaissant nos ignorances, trouver dans ces difficultés mêmes un motif de confiance.

Cependant, quel que soit le montant de l'*apophora*, il importe, pour apprécier le sort de l'Hilote, de voir ce qui lui reste, à lui et à sa famille.

Comme les plaines de Laconie et de Messénie sont très fertiles et permettent même deux récoltes annuelles et que les Hilotes, fixés à la terre [191], peuvent l'améliorer et éventuellement pratiquer des cultures arbustives, plus avantageuses, il est possible qu'économiquement leur sort n'ait pas été trop mauvais. C'est ce que suggèrent certains textes. Sans doute

188. La Messénie disparaît et, chez Hérodote par exemple, le terme Laconie désigne l'ensemble de l'État lacédémonien, Messénie comprise, cf. Hdt., VII, 168 et VIII, 73, et Ed. Lévy, « La Sparte d'Hérodote », *Ktèma* 24 (1999), p. 131, n. 43.

189. Si Xénophon, *Hell.*, III, 3, 5, se contente d'évoquer le grand nombre d'Hilotes présents dans chaque domaine, Tite-Live, 34, 27, 9, qui s'inspire vraisemblablement de Polybe, présente les Hilotes de l'époque de Nabis (début du IIe siècle av. J.-C.) comme des paysans vivant dans des hameaux (*castellani*, *vicus*), hameaux où ils se font alors massacrer.

190. Cf. *infra*, p. 296.

191. S'il est interdit de les vendre à l'extérieur, la vente à l'intérieur n'est pas interdite, mais il est probable qu'elle se faisait avec la terre qu'ils cultivaient.

Plutarque fait-il preuve d'un angélisme naïf lorsqu'il assure, dans le passage déjà cité (*Mor.*, 239e), qu'il était interdit sous peine de malédiction de percevoir plus que la rente traditionnelle « de façon que les uns, faisant des gains (*kerdainontes*), aient plaisir à servir et que les autres ne réclament pas plus ». Mais, lorsque Myron de Priène, dans un texte critique à l'égard de Sparte (Athénée XIV, 657d), note : « S'il en était (parmi les Hilotes) qui s'élevaient au-dessus de l'aspect physique qui convient aux esclaves, ils étaient punis de mort et leurs maîtres, frappés d'une amende pour ne pas les avoir empêchés de grossir » (trad. Ducat modifiée), la sévérité même du châtiment suggère que, sans cette interdiction, la chose aurait été possible. De même, l'obligation de porter les vêtements du paysan d'autrefois ne s'explique que parce que certains Hilotes auraient été à même de se procurer des vêtements moins grossiers. De toute façon, le fait qu'en 223 6000 Hilotes aient pu acheter leur liberté en versant chacun 500 drachmes (Plut., *Cléomène*, 23) montre bien que certains d'entre eux avaient pu accéder à une certaine aisance. Enfin, si le sort matériel de l'Hilote dépend entre autres de l'étendue de sa famille et du nombre de familles exploitant le même *kléros*, il est à noter que les textes, qui évoquent volontiers les mauvais traitements endurés par les Hilotes, ne mentionnent jamais leur misère.

• Les Hilotes, qui ne sont pas toujours des paysans misérables, sont toujours des paysans dépendant. La nature de leur esclavage est cependant sujette à discussion. Si l'on a généralement voulu voir en eux des esclaves de la communauté, Jean Ducat a bien montré qu'avoir été asservis en bloc ne les empêchait pas d'être possédés individuellement. Les limites imposées au droit de propriété ne feraient que confirmer la réalité de ce droit. Ainsi, selon Xénophon (*Rép. Lac.*, 6, 3), on pouvait, à Sparte, en cas de besoin, employer aussi les serviteurs des autres (*allotriois*) et, en invitant les maîtres à la chasse, utiliser leurs chiens et leurs chevaux, et, selon Aristote (*Pol.*, II, 5, 1263a 35-37), on y utilisait les esclaves les uns des autres « pour ainsi dire comme s'ils vous appartenaient en propre (*idiois*) ainsi que les chevaux, les chiens et les provisions de route ». Les expressions employées par les auteurs du IVe siècle montrent qu'ils voient dans ces usages non les restes d'une ancienne propriété collective [192], mais uniquement une pratique communautaire, qui, pour Aristote, est fondée sur l'amitié (*philia*).

L'interdiction pour un particulier d'affranchir un Hilote ou de le vendre à l'étranger limite aussi le droit de propriété, et Ducat note que cette interdiction n'a de sens que parce que les Spartiates ont individuellement la propriété des Hilotes : il est inutile d'interdire de vendre ou d'affranchir ce qui ne vous appartient pas. On pourrait cependant arguer qu'une telle interdiction est aussi concevable dans le cas où les Hilotes seraient théoriquement la propriété collective de la cité, mais où la possession de fait qu'en avaient les citoyens les inciterait à en usurper la propriété.

Mais pourquoi ces deux restrictions ? Pour Ducat (*Les Pénestes*, p. 23), elles répondaient au « souci de maintenir dans son intégrité le cheptel servile », idée étrange quand on se rappelle les massacres de 425 [193]. Il est plus logique d'expliquer l'interdiction de vente à l'étranger par le droit coutumier, attesté dans d'autres cités, et qui constitue, pour reprendre l'expression de P. Vidal-Naquet, comme un « contrat originel de servitude ». Quant à l'interdiction d'affranchir, qui laissait à la cité le monopole de l'affranchissement, elle montre que la cité exerçait un certain droit de propriété sur les Hilotes et que les relations entre les Hilotes et leurs maîtres ne relevaient pas seulement de la sphère privée [194]. On connaît bien sûr, en dehors de Sparte, des cas d'affranchissements collectifs pour des raisons militaires sans indemnité pour les propriétaires, mais, ce qui serait plus surprenant, s'il s'agissait d'un esclavage entièrement individuel, c'est que, lorsque, en 223, 6000 Hilotes achètent leur liberté, ils l'achètent non à leurs maîtres, mais à la cité.

192. Si Xénophon parle bien de communauté (*koinônia*) à propos des chiens et des chevaux, le contexte montre qu'il s'agit d'usage en commun et non de propriété commune.

193. Cf. *infra*, p. 132-134.

194. D'où la limitation de l'*apophora* (*supra*, p. 120-122), l'amende infligée au maître dont l'Hilote avait trop bonne apparence (*supra*, p. 122) et l'autorité que tout Spartiate pouvait exercer sur tout Hilote.

Aussi ne doit-on conclure ni à une propriété totalement privée, ni à une propriété totalement collective, mais à un partage du droit de propriété : pour reprendre les distinctions du droit romain, déjà en germe chez Aristote (*Rhétorique*, I, 1361a 12-24), on pourrait dire que les individus jouissent du droit d'usage et la cité, du droit d'aliéner[195]. Cette position moyenne correspond aussi à la formule prudente de Strabon (VIII, 5, 4), qui, résumant Éphore, note que, « d'une certaine manière, les Lacédémoniens avaient en eux des esclaves publics, à qui ils avaient assigné des résidences et des tâches privées[196] ». C'est d'ailleurs ce statut ambigu qui justifie, entre autres, leur participation aux funérailles royales et aux activités militaires[197].

• Paysans dépendants comme les autres, les Hilotes paraissent s'en distinguer en étant particulièrement maltraités, ce que soulignent volontiers adversaires et partisans de Sparte. L'oligarque athénien Critias (DK II^{6} 88 B 37) note avec admiration que c'est à Lacédémone que les esclaves sont le plus esclaves et les libres, le plus libres. Pour Isocrate (*Archidamos*, VI, 96), les Hilotes (de Messénie) avaient subi un esclavage plus dur (*khalépôteron*) que les autres esclaves. Quant à Myron de Priène (Athénée, XIV, 657d), il accuse les Lacédémoniens d'obliger les Hilotes à subir toutes sortes de vexations dégradantes, dont il fournit même la liste. Il s'agit de ce que J. Ducat, dans un article remarquable[198], a qualifié de « conduites de mépris », conduites destinées à amener les Hilotes à intérioriser le mépris que leurs maîtres éprouvent à leur égard de façon à les obliger à rester à leur place ou, comme dit Myron, « à ne jamais désapprendre leur esclavage ». Myron mentionne l'obligation de porter une coiffure

195. Cf. pour le *kléros*, *supra*, p. 74-75.

196. J. Ducat, *Les Pénestes*, p. 62-63, a bien souligné comment la deuxième partie de la phrase, corrigeant la première, montrait que ni pour l'habitat, ni pour les tâches à accomplir, il ne s'agissait de véritables esclaves publics.

197. Sur l'utilisation militaire des Hilotes ou des anciens Hilotes, cf. *infra*, p. 156-157.

198. J. Ducat, « Le mépris des Hilotes », *Annales ESC*, 29 (1974), p. 1451-1464.

de cuir (*kunéè*) et une peau de bête (*diphtéra*)[199], ancien vêtement paysan qui devient en quelque sorte l'uniforme des Hilotes permettant de les distinguer facilement des Spartiates[200], et évoque les coups de fouet que les Hilotes doivent recevoir tous les ans. Vraisemblablement, seul un petit nombre d'entre eux devaient être fouettés[201], au titre de l'ensemble, et il en allait de même pour les danses grotesques et l'ivresse forcée des Hilotes qui, au cours de certaines fêtes, étaient exhibés aux *syssities* devant les jeunes Spartiates[202]. Ces rituels devaient à la fois renforcer le sentiment de supériorité des Spartiates et rappeler aux Hilotes leur condition inférieure. Un épisode, souvent monté en épingle, suggère qu'au moins pour les Hilotes de Laconie l'opération avait réussi : lors de l'invasion thébaine, alors que, libérés par les ennemis, ils n'avaient plus à redouter les Spartiates, ils refusèrent de chanter des chants civiques[203], car « les maîtres ne le voulaient pas » (Plut., *Lyc.*, 28, 10, où l'emploi du terme *desposunoi*, attesté chez Tyrtée, tend à authentifier l'anecdote).

Mais les Spartiates ne se contentaient pas de conduites de mépris, ils n'hésitaient pas à employer la violence. Protégés contre la souillure[204] par la guerre que les éphores déclaraient

199. Pollux, VII, 70, y voit « un chiton épais à capuchon ».

200. Admirateur de Sparte, le pseudo-Xénophon, *Rép. Ath.*, 1, 10, regrette qu'à Athènes on ne puisse distinguer un citoyen d'un métèque ou d'un esclave ; au contraire, comme le montre le récit de la conspiration de Cinadon (*infra*, p. 134-138), les Spartiates se distinguaient nettement du reste de la population.

201. L'exemple des Scythes et des fils révoltés de leurs esclaves (Hdt., IV, 2-3) est censé montrer comment la seule vue du fouet suffit à rappeler leur condition aux esclaves.

202. Plutarque est revenu plusieurs fois sur cet usage : *Lyc.*, 28, 8 ; *Démétrios*, 1, 5 ; *Mor.* 230a et (simple allusion) 455e.

203. Les Hilotes *doivent* se distinguer des Spartiates aussi bien par la nature de leurs chants et de leurs danses que par leur vêtement ou par leur ivresse, mais, comme l'a justement noté Th.J. Figueira, « The evolution of Messenian identity », *in* St. Hodkinson et A. Powell, *Sparta*, p. 223, l'épisode suggère justement qu'ils connaissaient ces chants civiques.

204. Ce serait au moins l'interprétation d'Aristote telle qu'elle est rapportée par Plutarque, *Lyc.*, 28, 7, mais les Spartiates ont peut-être simplement conservé une tradition datant d'une époque où il risquait d'y avoir tous les ans des escarmouches avec les Messéniens ; d'autre part, s'il s'agissait d'une guerre, elle devrait être du ressort des rois.

rituellement tous les ans aux Hilotes, les Spartiates pouvaient les terroriser au moyen des kryptes [205], chargés de tuer soit tous les Hilotes qu'ils surprenaient la nuit sur les routes, soit des Hilotes qui leur avaient été indiqués. Ceux-ci n'avaient aucune protection juridique, et les éphores pouvaient les faire mettre à mort comme ils l'entendaient, entre autres, comme le rappelle un passage de Myron, déjà cité, s'ils avaient trop bonne apparence. C'est ainsi, si l'on en croit Thucydide (IV, 80) que, sans doute en 425, on aurait massacré en secret environ 2 000 Hilotes qui croyaient avoir bien mérité de Sparte [206].

Le « danger hilote »

Si l'on s'efforce ainsi d'avilir et de terroriser les Hilotes, c'est qu'on les redoute et qu'on les redoute d'autant plus que la disproportion numérique entre eux et les Spartiates ne fait que croître. Thucydide (IV, 80) présente comme une évidence le fait que, « pour les Lacédémoniens, la majorité de leurs institutions concernant les Hilotes vise avant tout à s'en garder (*phulakè*) », et Critias (B 37) détaille les précautions qu'ils utilisent : retirer à la maison la courroie du bouclier, en campagne garder toujours la lance à portée de la main, enfin utiliser de bons verrous. Selon Xénophon (*Rep. Lac*., XII, 4), le fait que les Spartiates « se déplacent toujours avec leur lance » s'explique par le même souci de sécurité (*asphaleia*) que le maintien de leurs esclaves (entendons bien sûr les Hilotes) à l'écart des armes. Le déplacement en armes paraît cependant contredit par le récit de la conjuration de Cinadon (*Hell*., II, 3, 7), où il s'agit d'attaquer des Spartiates désarmés, mais la contradiction disparaît si l'on tient compte du contexte : le passage cité de *La République des Lacédémoniens* concerne expressément l'organisation des camps spartiates, et Xénophon s'est vraisemblablement contenté de démarquer le texte de Critias.

Si les Spartiates se méfient ainsi des Hilotes, c'est qu'ils sont

205. Sur la kryptie, cf. *supra*, p. 63-66.
206. Cf. *infra*, p. 130-132.

persuadés que ceux-ci les détestent. Xénophon, qui, lorsqu'il rédigea les *Helléniques*, connaissait bien la situation spartiate, souligne la violence de cette haine en faisant rapporter par l'informateur des éphores que « chaque fois que chez ces gens (*sc.* Hilotes, Néodamodes, Inférieurs et Périèques) on parlait des Spartiates, personne ne pouvait dissimuler qu'il aurait eu plaisir à en manger même tout crus » (*Hell.*, III, 3, 6). La haine manifestée par cette expression proverbiale paraît si forte qu'on ne peut plus la cacher, et le texte de Xénophon suggère que personne ne la met en doute. La situation au début du IVe siècle paraît ainsi fondée sur la peur réciproque.

Mais en a-t-il toujours été ainsi, à la fois pour les Hilotes de Laconie et pour ceux de Messénie ? Pour les Messéniens, la soumission a été difficile. Affaiblis par leurs deux longues guerres contre les Spartiates et par l'émigration de leurs élites, après l'intégration des Arcadiens dans la Ligue du Péloponnèse, ils perdirent sans doute l'espoir d'une aide étrangère [207]. Mais cela n'empêcha pas une guérilla sporadique. D'après Hérodote (V, 49), l'Ionien Aristagoras aurait en 499 invité les Spartiates à différer entre autres leur guerre contre les Messéniens « qui sont de même force qu'eux ». Aussi les passages de Platon, *Lois*, III, 692d et 698e, où, parmi les causes du retard spartiate à Marathon, l'Athénien mentionne « la guerre qu'ils avaient alors avec Messène », ne sont-ils peut-être pas à rejeter aussi brutalement qu'on le fait d'ordinaire [208]. Il l'est d'autant moins qu'en décrivant la révolte de 464 Thucydide (I, 101, 2) évoque « les descendants des anciens Messéniens qui alors (*toté*) avaient été asservis [209] », expression qui convient mieux à une domination récente qu'à un phénomène très ancien.

207. C'est ce que l'on peut déduire du traité, très discuté, entre Sparte et Tégée (Aristote, fr. 59 R = Plut., *Mor.* 292b), qui, selon l'interprétation de F. Jacoby (*CR* 38 (1944), p. 15-16), interdirait d'accueillir les Hilotes en fuite et non de mettre à mort les partisans de Sparte.

208. Si le retard a des causes religieuses, les problèmes messéniens pourraient, eux, expliquer l'envoi d'une expédition limitée, sans les rois.

209. L'expression employée suggère la perte de l'indépendance et non l'asservissement individuel ; pour le sens de *toté*, cf. Diodore, XI, 84, 8.

En ce qui concerne les Hilotes de Laconie, jusqu'à cette grande révolte, qui semble d'ailleurs plutôt le fait des Messéniens, on ne les voit participer à aucune action importante contre les Spartiates ; certains d'entre eux les auraient même aidés à combattre les Messéniens au cours de la deuxième guerre de Messénie.

Si, à Platées, il y a, pour chaque Spartiate, 7 Hilotes armés à la légère (Hdt., IX, 10, 1, 28, 2 et 29, 1-2), qui, quoi qu'on en ait dit, ne sont pas tous nécessairement des Hilotes de Laconie [210], cela suffit à montrer que les relations n'étaient pas aussi méfiantes et haineuses que le suggère le passage de Xénophon. Hérodote (VII, 229) évoque d'ailleurs un Spartiate à demi aveugle amené aux Thermopyles par son Hilote, qui, s'il s'enfuit, ne pensait aucunement à le « dévorer tout cru ».

Aussi certains historiens [211] ont-ils contesté l'image d'une Sparte toujours sur le qui-vive à cause de l'hostilité des Hilotes. Ils se fondent notamment sur le fait que, malgré des circonstances parfois très favorables à la révolte, comme la guerre du Péloponnèse avec les Athéniens à Pylos, à Cythère et au cap Malée, ou la guerre de Corinthe, aucune révolte importante n'est attestée entre 464 et l'invasion thébaine de 370-69, où les Hilotes de Laconie, sont non seulement restés fidèles, mais ont même proposé 6 000 hommes aux Spartiates.

210. Il est normal qu'en évoquant les guerres menées contre les Messéniens (3, 47, 1, 5, 49, 2, 9, 35, 1 et 9, 64, 2) Hérodote ne parle pas d'Hilotes, mais, si, d'une manière générale, chez lui le terme Hilote excluait les Messéniens, il faudrait supposer que les Messéniens ne participent pas aux funérailles royales (VI, 58) et que les Spartiates dont le domaine se trouvait en Messénie viendraient au combat avec des Hilotes de Laconie ; d'ailleurs, vouloir distinguer les Messéniens non révoltés et les Hilotes impliquerait la survivance de la Messénie, alors que, pour Hérodote, tout le territoire a été absorbé dans la Laconie, cf. *supra*, n. 188.

211. Voir J. Ducat, « Le mépris des Hilotes », p. 1451-1464, « Aspects de l'hilotisme », *Ancient Society* 9 (1978), p. 5-46, et *Les Hilotes*, Paris, De Boccard, 1990, A. Roobaert, » Le danger hilote ? », *Ktèma* 2 (1977), p. 141-155, G.L. Cawkwell, « The decline of Sparta », *Classical Quarterly* n.s. 33 (1983), p. 385-400, R.J.A. Talbert, « The role of the Helots in the class struggle at Sparta », *Historia* 38 (1989), p. 22-40, et M. Whitby, « Two shadows : Images of Spartans and Helots », *in* A. Powell et St. Hodkinson éd., *The Shadow of Sparta*, Londres et New York, The Class. Press of Wales, 1994, p. 87-126.

S'il est possible, comme le suggère en passant J. Ducat, que le danger hilote ait été volontairement exagéré pour justifier l'oppresion, personne ne conteste l'importance de la révolte de 464 ni la peur des Hilotes que suscite en 425 la chute de Sphactérie. Si les Spartiates renoncent alors à envahir l'Attique, ce n'est pas seulement pour préserver la vie de leurs prisonniers, c'est aussi parce qu'ils ne veulent pas dégarnir leur territoire : par peur d'une révolte, ils envoient des hoplites dans tout le pays et constituent une force de cavaliers et d'archers (Thuc., IV, 55, 1-2). C'est alors également que, démoralisés par la reddition des troupes de Sphactérie, les Spartiates auraient massacré en pleine guerre près de 2 000 Hilotes qui ne demandaient qu'à défendre Sparte. En 421, lors de l'alliance avec Sparte, dans une clause exceptionnellement unilatérale, les Athéniens doivent s'engager à aider celle-ci en cas de soulèvement de la classe servile (*douleia*) (Thuc., V, 23, 3). Enfin, au début du IVe siècle, le luxe de précautions utilisé pour réprimer la conspiration de Cinadon (Xén., *Hell.*, III, 3) montre la crainte éprouvée par les éphores devant la possibilité d'une révolution.

On peut donc affirmer qu'au moins à cette époque (de 464 au début du IVe siècle) les Spartiates ont eu réellement peur des Hilotes.

Mais cette crainte était-elle justifiée ? Les Hilotes, au moins de Laconie, ne se révoltaient pas pour différentes raisons. D'abord, comme l'a bien montré Jean Ducat, parce qu'ils avaient intériorisé l'idéologie de leurs maîtres en prenant conscience de leur place naturellement inférieure dans la société. Ensuite, comme l'a souligné G.L. Cawkwell, parce que les Hilotes constituaient une catégorie moins homogène [212] qu'on ne l'avait pensé et que l'élite des Hilotes, au lieu de prendre la tête d'une révolte, préférait profiter des possibilités

212. En dehors des Hilotes servant comme hoplites et qui, affranchis, formeront les Brasideiens ou les Néodamodes, St. Hodkinson, « Servile and free dependants of the classical Spartan *oikos* », *in* M. Moggi et G. Cordiano, *Schiavi e dependenti dell « oikos » e della « familia »*, Pise, ETS, 1997, p. 45-71, considère que les Hilotes qui constituent la domesticité des Spartiates sont favorisés par rapport à ceux qui cultivent la terre et que ce sont eux qui fournisssent les *mothônés* destinés à être affranchis, cf. *infra*, p. 158.

de promotion individuelle qui la faisaient échapper à sa condition. Il y a cependant des moments critiques, lorsque les Hilotes ont été utilisés de façon massive dans la guerre [213], ce qui à la fois retire aux Spartiates la justification de leur supériorité et fournit aux mécontents les moyens de se révolter. Aussi, pour éviter une conspiration comme celle de Cinadon, faut-il, sinon massacrer des Hilotes comme en 425, au moins en emmener au loin, comme Brasidas en 424 ou Agésilas, après l'échec de Cinadon [214].

Pour préciser les relations entre les Spartiates et les Hilotes au cours de la période considérée, on peut partir de trois moments critiques bien décrits dans nos sources : la révolte du tremblement de terre [215], les massacres de 425 et la conspiration de Cinadon.

• En 464, alors que, selon Thucydide (I, 101), les Lacédémoniens allaient aider secrètement les Thasiens révoltés contre Athènes, « ils en furent empêchés par le tremblement de terre qui était survenu et au cours duquel entrèrent en dissidence (*apéstèsan*) sur l'Ithôme à la fois les Hilotes et, parmi les Périèques, les gens de Thouria et d'Aithaia [216] ». Ce tremblement de terre [217], dont l'épicentre devait être proche

213. Cf., outre les exemples mentionnés dans le texte, les intrigues éventuelles du régent Pausanias avec les Hilotes au lendemain des guerres médiques (Thuc., I, 32, 4).

214. Cf. aussi, en 398, le recrutement massif de Lacédémoniens, sans doute à la fois des Inférieurs et des Périèques, par Denys de Syracuse, qui avait reçu l'autorisation de lever autant d'hommes qu'il voudrait (Diodore, XIV, 44,2) ; cf. aussi, pour 396, Diodore, XIV, 58.

215. Cf. Thuc., I, 101-103 (avec le commentaire de Gomme), Diodore, XI, 63-64 et 843, 7-8, Plut., *Lyc.*, 28, 12, *Cimon*, 16, 4, et Paus., IV, 24, 6 ; cf. aussi J. Ducat, *Les Hilotes*, p. 131-135.

216. Ce nom, qui repose sur une correction des manuscrits, n'est pas sûr.

217. Cf. R. Sealey, « The great earthquake in Lacedemon », *Historia* 6 (1957), p. 368-371 ; J. Ducat, « Le tremblement de terre de 464 et l'histoire de Sparte », *Tremblements de terre. Histoire et archéologie. IVes rencontres internationales d'archéologie et d'histoire d'Antibes*, actes du colloque des 2-4 novembre 1983, p. 73-84 ; L. Wierschowski, « Die demographischen Auswirkungen des Erdlebens von 464 v. Chr. für Sparta », *in* E. Olshausen et H. Sonnabend, éd., *Naturkatastrophen in der antiken Welt*, Bonn, Habelt, 1998, p. 291-306.

du site de Sparte, fut particulièrement destructeur : les différentes sources parlent volontiers du « grand tremblement de terre » ou « des grands tremblements de terre », et évoquent une destruction presque complète de Sparte (à l'exception de cinq maisons, précise Plutarque), avec notamment l'écroulement d'un gymnase entraînant la mort des éphèbes qui s'y entraînaient. Comme, contrairement aux Hilotes et aux Périèques, les Spartiates habitaient principalement à Sparte, ce sont eux, et notamment leurs femmes et leurs enfants de moins de 7 ans, qui ont dû subir les pertes les plus sévères. Bien que le séisme ait affecté aussi la *Périoikis*, notamment les pentes du Taygète, les estimations de Diodore, qui parle de 20 000 morts, paraissent sujettes à caution. Mais, même si l'on réduit ce nombre, les conséquences démographiques du tremblement de terre et de la révolte hilotique qu'il suscita ont dû être considérables, puisque les Spartiates, qui pouvaient par eux-mêmes aligner 8 000 hoplites en 479, n'en ont plus que 3 000 en 425.

La catastrophe fournit aux Hilotes l'occasion de « faire défection », expression qui correspond à l'opinion de Thucydide, selon lequel la grande majorité des Hilotes révoltés était constituée par les Messéniens. Comme l'historien ne parle que de « la grande majorité », il faut entendre que, pour lui, des Hilotes de Laconie avaient également participé au mouvement, mais que la majorité de ces derniers n'avaient pas bougé, que ce soit par loyauté envers Sparte ou du fait de la réaction rapide du roi Archidamos.

Les Spartiates durent mener une guerre difficile, où ils furent obligés de faire appel entre autres à leurs alliés d'Égine, de Platées, de Mantinée et même d'Athènes, et qui fut coûteuse en hommes, surtout si la bataille de Sténycláros, où, d'après Hérodote (IX, 64), les Spartiates perdirent 300 hommes (sans doute d'élite) en luttant « contre tous les Messéniens », date bien de cette guerre. Celle-ci ne s'acheva finalement, d'après Thucydide (I, 103) et Diodore (XI, 64, 4), qu'au cours de la dixième année, par une paix de compromis [218], par laquelle

218. Les Spartiates justifient leurs concessions en invoquant un oracle antérieur qui invitait à « laisser partir le suppliant du Zeus de l'Ithôme ».

les gens de l'Ithôme furent contraints – mais on peut aussi entendre autorisés – à quitter le Péloponnèse.

Les Spartiates avaient eu très peur et ils s'efforcèrent de ne plus jamais se retrouver dans une situation aussi critique. C'est pourquoi, d'après certaines sources, l'oppression des Hilotes se serait alors aggravée. Pour Plutarque (*Lyc.*, 28), les cruautés exercées sur les Hilotes, notamment dans le cadre de la kryptie, dateraient surtout de la période postérieure « au grand tremblement de terre », au cours duquel Hilotes et Messéniens avaient mis la cité « dans le plus grand danger ». Quant à Diodore (XI, 84), il précise que les Spartiates laissèrent partir sous convention les gens de l'Ithôme, mais que, parmi les Hilotes, ils châtièrent les responsables de la défection et réduisirent les autres en esclavage.

• Cette thèse est d'autant plus vraisemblable que, tandis qu'Hérodote n'évoque aucunement le sort déplorable des Hilotes, Thucydide (IV, 80) [219], en présentant les massacres de 425 [220], montre à quels excès la peur des Hilotes pouvait amener les Spartiates. Voulant suggérer que l'expédition de Brasidas en Thrace (en 424) s'expliquait en partie par « le désir d'avoir un motif pour envoyer des Hilotes à l'extérieur », l'historien rappelle un épisode antérieur [221] censé manifester la crainte que les Spartiates éprouvaient devant « la jeunesse et le nombre » des Hilotes, entendons probable-

219. Diodore, XII, 67, n'étant qu'une paraphrase de Thucydide, trop vite lu, d'où une erreur sur les nombres, et Plutarque, *Lyc.*, 28, 6, se référant expressément à Thucydide, celui-ci reste la source unique ; cf. Ed. Lévy, « Diodore de Sicile récrivant Thucydide (D.S., XII, 62, 6-7 et 67, 3-5, *versus* Thuc., IV, 12, 3 et 80) », *Ktèma* 26 (2001), p. 333-341.

220. Cf. F. et J. Ducat, « Mise en scène pour un massacre », *Mélanges Paul Gonnet*, Nice, 1989, p. 35-40, et B. Jordan, « The ceremony of the Helots in Thucydides », *Antiquité classique* 59 (1990), p. 37-69.

221. Il ne saurait être très antérieur, car 1) Thucydide se contente d'introduire l'épisode en évoquant « ce que les Spartiates avaient aussi fait », sans insister par un adverbe sur l'antériorité ; 2) si l'épisode était ancien, il n'aurait pas valeur d'argument pour expliquer l'expédition ; 3) seul le traumatisme provoqué par la capitulation de Sphactérie pourrait expliquer ce massacre absurde, qui n'interdit pas, quelques mois plus tard, d'envoyer des Hilotes en expédition.

ment « leur abondante jeunesse[222] ». Ils auraient ainsi invité les Hilotes qui « estimaient s'être montrés les meilleurs à leur égard au milieu des ennemis » à se faire examiner pour être libérés. Après en avoir sélectionné environ 2000 et leur avoir fait célébrer, en une véritable mascarade, les cérémonies de la libération, les Spartiates « les firent disparaître peu de temps après, sans que personne sût de quelle façon chacun avait péri ».

Si tels sont les faits dont Thucydide a pu avoir connaissance, on peut s'interroger sur son interprétation. L'invitation à demander la libération ne serait qu'un test pour inciter à se désigner eux-mêmes ceux qui, « du fait de leur fierté, seraient les plus à même de se soulever ». L'historien suppose ainsi que, dès le départ, les Spartiates avaient décidé de massacrer ces Hilotes, ce qui serait bien conforme à la « fourberie » que les Athéniens ont coutume de leur reprocher. Mais, pour que la décision pût rester secrète, il fallait qu'elle ne fût connue que d'un nombre restreint ; il est donc vraisemblable qu'elle a été prise par les éphores, éventuellement après consultation des gérontes ou des rois. Il était donc difficile pour Thucydide de savoir à quel moment précis la décision avait été prise. Or, libérer des Hilotes qui, notamment en temps de guerre, avaient bien mérité de Sparte, par exemple en ravitaillant la garnison de Sphactérie (Thuc., IV, 26, 5), ne comportait rien d'inhabituel. Ce qui, au contraire, était exceptionnel et avait pu affoler des Spartiates déjà démoralisés par leur récent désastre, c'était le nombre d'Hilotes demandant à être libérés : si on en a « sélectionné environ 2 000 », pour que la sélection eût vraiment l'air d'une sélection, il fallait que le nombre de candidats eût nettement dépassé ce nombre. On peut dès lors se demander si ce n'est pas cet afflux inattendu qui aurait amené les Spartiates à prendre la décision de les éliminer, qui n'aurait pas été envisagée au début. En tout cas, leurs réactions de 370-69 (Xén., *Hell.*, VI, 5, 28-29) confortent l'hypothèse, car, ayant alors

222. On peut aussi comprendre « devant l'esprit révolutionnaire et le nombre des Hilotes », mais, la jeunesse étant, pour les Anciens, naturellement révolutionnaire, les deux interprétations ne sont pas incompatibles.

proposé de libérer les Hilotes qui combattraient à leurs côtés, les Spartiates en avaient vu arriver 6 000, « nombre excessif[223] » qui, au lieu de les réjouir, les avait effrayés, au moins jusqu'à l'arrivée de leurs alliés et de leurs mercenaires.

• La peur qu'éprouvaient les Spartiates devant la menace, réelle ou imaginaire, que représentait pour eux la masse des Hilotes, est confirmée par le récit que fait Xénophon (*Hell.*, III, 3)[224] de la conspiration de Cinadon. Le texte, véritable morceau de bravoure, est orchestré en un récit dramatique évoquant suivant l'ordre chronologique l'avertissement divin[225] (comme au début d'une tragédie), la crise (la dénonciation) et le dénouement heureux (l'éloignement de Cinadon et la répression du complot). Comme toujours, sans avoir l'air d'intervenir, Xénophon, par l'organisation de son récit, impose insidieusement ses conclusions[226], à savoir : Cinadon était un homme de valeur, et la situation à Sparte, très périlleuse à cause de l'hostilité générale envers les *Homoioi*, justifiait l'effroi éprouvé par les éphores, qui ont habilement réagi.

Bien que Xénophon n'ait rien d'un révolutionnaire, il présente Cinadon avec sympathie en le décrivant comme juvénile d'aspect – sans doute beau, ce qui a pu favoriser sa promotion et le rapproche plus des Spartiates que des populations dépendantes – et d'une âme ferme[227]. Il était ainsi tout à fait qualifié pour être un Spartiate de plein droit, ce

223. Selon Diodore, XV, 65, 6, ils n'en auraient finalement enrôlé que 1 000.

224. Le récit de Polyen, II, 14, est moins détaillé et Aristote, *Pol.*, V, 7, 1306b 33-35, se contente d'une simple allusion; cf. aussi J.F. Lazenby, « The conspiracy of Cinadon reconsidered », *Athenaeum* 55 (1977), p. 437-443, E. David, « The conspiracy of Cinadon », *Athenaeun* 57 (1979), p. 239-259, R. Vattone, « Problemi spartani. La congiura di Cinadone », *RSA* 12 (1982), 19-52.

225. L'auteur force sans doute les choses en précisant que les dieux révélaient au devin « une conspiration des plus terribles » : les sacrifices pouvaient être très défavorables, mais on ne voit pas comment ils auraient pu indiquer qu'il s'agissait d'une conspiration.

226. Cf. Ed. Lévy, « L'art de la déformation historique dans les *Helléniques* », *in* H. Verdin, G. Schepens, E. de Keyser éd., *Purposes of History*, Louvain, Studia hellenistica 30, 1990, p. 125-157.

227. Aristote le dit de même *andrôdès*, c'est-à-dire viril ou courageux.

qu'il n'était pas, et Xénophon, comme plus tard Aristote, intervient personnellement pour critiquer la chose [228] : « Et pourtant (*mentoi*) il n'était pas au nombre des *Homoioi.* » Si cette situation paraît déjà anormale à l'historien et suggère à Aristote que l'aristocratie spartiate ne respecte pas toujours ses propres principes (l'*arétè*), elle paraît encore plus anormale aux yeux de Cinadon lui-même. D'où, quand on l'interroge sur ses motivations, sa fière réponse à l'allure d'apophtegme, donc tout à fait digne d'un Spartiate : « Pour n'être à Lacédémone inférieur à personne. » Bien que le terme utilisé par Xénophon ne soit pas celui qu'il avait employé plus haut (III, 3, 6) pour désigner la catégorie des *Inférieurs*, c'est-à-dire les Spartiates ayant, du fait de leur misère ou de leur lâcheté, perdu leur qualité de citoyens de plein droit, il est tout à fait vraisemblable que Cinadon a appartenu à cette catégorie. Il a reçu une certaine éducation, puisqu'il sait écrire. Il a déjà joué un rôle important comme homme de confiance des éphores, puisqu'il a opéré des arrestations et a disposé de la scytale [229], et il paraît normal qu'envoyé en mission il prenne une escorte de 6 ou 7 membres de la garde royale, qu'il est ainsi habilité à commander. Il a donc un rôle d'officier de police, ce qui s'explique par le fait que le petit nombre de Spartiates de plein droit les oblige à confier des missions importantes à des gens qui n'ont pas le statut d'*Homoioi* [230]. Son statut inférieur jure ainsi non seulement avec ses qualités naturelles, mais aussi avec le rôle qu'il joue à Sparte.

228. On rapprochera de Cinadon le personnage de Phéraulas, dans la *Cyropédie*, II, 37, « homme du peuple » que Xénophon présente comme « physiquement favorisé par la nature et ressemblant par l'âme à un aristocrate », mais qui, apprécié par Cyrus, est, contrairement à Cinadon, satisfait de son sort.

229. La scytale est le bâton rond autour duquel les Spartiates enroulaient la bande de papyrus portant le message officiel, d'où par extension la bande de papyrus elle-même ; le même bâton, à la disposition du destinataire, facilitait la lecture et authentifiait le message ; cf. notamment Plut., *Lys.*, 19, 8, 12, et N. Richer, *Les Éphores*, p. 483-490.

230. Voir le discours des Thébains à Athènes en 395, où, avec quelque exagération, ceux-ci reprochent aux Spartiates d'utiliser des Hilotes comme *harmostes* (Xén., *Hell.*, III, 5, 12) ; Jean Ducat (lettre personnelle) y verrait même une allusion à Lysandre, *mothax* et *harmoste*.

Quant à son principal complice [231], le devin Teisaménos, il a toute chance de descendre du fameux devin Teisaménos d'Élis, qui, lors des guerres médiques, avait reçu la citoyenneté spartiate, pour lui et ses descendants. Si l'un de ceux-ci n'est pas au nombre des *Homoioi*, [232] c'est que, peut-être à cause de ressources insuffisantes, il a été réduit à l'état d'*Inférieur*.

Les deux meneurs mentionnés par Xénophon n'appartiennent donc pas à des populations soumises qui entendent se libérer, mais sont plutôt des déclassés [233]. Ils illustrent ainsi la réflexion de Platon (*Rép.*, VIIII, 555d), pour qui les révolutions dans les oligarchies proviennent de ce que « des gens bien nés (*ouk agenneis*) » ont été réduits à la pauvreté et, pourvus d'aiguillons et armés, endettés ou frappés d'*atimie*, se montrent épris de révolution [234].

Mais, si leur entreprise est si dangereuse, c'est qu'ils peuvent compter sur l'appui de tous ceux qui ne sont pas des *Homoioi* et qui l'emportent de beaucoup par leur nombre : le texte suggère même, de façon imagée, un rapport de 1 à 100 [235] entre les Spartiates et les autres, puisque Cinadon est censé avoir amené le dénonciateur sur l'agora et lui avoir montré et fait compter les quelque 40 Spartiates [236] qui y

231. Xénophon le range parmi les plus dangereux (*épikairotatoi*).

232. S'il était encore de leur nombre, il aurait bénéficié d'un procès devant la gérousie, les premiers exemples d'*Homoioi* exécutés sans jugement ne datant que de 370-69 (cf. Plut., *Agésilas*, 32,11).

233. Il en va sans doute de même pour les 200 hommes qui, selon Plutarque, *Agés.*, 32, « couvaient depuis longtemps leur canaillerie » et qui, lors de l'invasion thébaine de 370-69, s'emparent d'un point fort, car l'auteur les distingue à la fois des Spartiates et des Hilotes et Périèques, évoqués plus loin dans le même chapitre.

234. Le tableau, comme l'avait déjà noté E. Chambry dans son édition de *La République*, correspond bien à Cinadon, qui a servi sous les armes et dont la condition d'*Inférieur* se retrouve dans l'*atimie* évoquée par Platon.

235. Ce rapport n'est pas invraisemblable, à condition de tricher un peu en comptant, d'un côté, hommes, femmes et enfants et, de l'autre, seulement les Spartiates mâles et adultes, qui, pouvant mobiliser 1 200 hoplites en 379, devaient, au début du IVe siècle, être au nombre de 2 000 à 3 000 ; cf. aussi les 3 000 citoyens actifs qu'avaient en 404 prévus leurs admirateurs athéniens.

236. L'expression employée par Xénophon : « ayant compté un roi et des éphores ainsi que des gérontes et d'autres, au nombre d'environ 40 »,

étaient présents – et bien sûr se distinguaient facilement par leur costume – pour les opposer aux autres, « qui (étaient) plus de 4000 ». Ces nombreux « ennemis [237] » peuvent disposer d'armes normales [238] ou de fortune et sont censés haïr profondément les Spartiates.

Dans de telles circonstances, il est normal que les éphores soient épouvantés et que, dans l'immédiat, n'étant pas sûrs de leur force, ils fassent appel à la ruse en combinant une sorte de contre-complot pour éloigner Cinadon sans éveiller ses soupçons. Non seulement ils l'envoient le plus loin possible, à la frontière de l'Élide, mais, en insistant sur les détails, ils s'efforcent de rendre le plus vraisemblable possible sa mission, qu'ils entourent aussi d'un luxe de précautions : les jeunes qui l'accompagnent, théoriquement pris au hasard, sont en fait choisis par le plus âgé des hippagrètes [239], et on envoie en renfort un détachement de cavalerie, sans doute pour le cas où son arrestation, même dans un coin reculé, pourrait susciter de l'agitation.

Cinadon ayant dénoncé ses complices, sous la torture précise Polyen, ce que Xénophon préfère laisser dans l'ombre, les principaux conjurés subissent un châtiment infamant se terminant, bien sûr, par la mort, tandis que les autres, dont Xénophon ne se soucie pas, auraient, selon Polyen, été éliminés avant même le retour de Cinadon.

Dans ce texte, Xénophon s'est ainsi efforcé de présenter les Spartiates comme une petite minorité haïe et menacée : si l'on n'avait eu la chance, grâce sans doute au dernier sacrifice, enfin favorable, de voir la conspiration dénoncée, elle

---

présente les Spartiates ordinaires comme ne formant qu'un complément aux magistrats.

237. Si, en ce qui concerne les instigateurs, tels qu'ils sont vus par les Spartiates, le texte mentionne complot (2 exemples d'*épiboulè*) et conspiration (3 exemples de *suneidein*), pour évoquer l'opposition générale à Sparte, il emploie le vocabulaire de la guerre (4 exemples de *polémioi*, 3 exemples de *summakhoi*) plutôt que celui de la *stasis*.

238. Il est d'ailleurs étrange que, dans une cité qui est censée tant se défier des population sujettes, il y ait un marché au fer où l'on puisse se procurer, entre autres, « beaucoup de poignards, beaucoup d'épées ».

239. Ce qui pourrait laisser supposer qu'on n'est pas sûr de l'ensemble des *Hippeis*.

aurait, d'après le texte, facilement réussi. Cependant, familier du roi Agésilas, l'auteur pouvait bien avoir des renseignements de première main sur les réactions des éphores et sur la répression, mais que pouvait-il savoir des sentiments des populations soumises ? C'est le dénonciateur qui est censé *avoir dit* aux éphores que Cinadon lui *avait dit* que ses complices lui *avaient dit* que les populations sujettes *se disaient* prêtes « à manger les Spartiates même tout crus » : on en est ainsi au quatrième degré du style indirect. Et, même si l'on admet cette hostilité généralisée, il n'est pas sûr que, sans même parler des Messéniens, qui n'apparaissent pas dans le texte, toutes les catégories aient des revendications identiques. De toute façon, la conspiration a échoué.

Si le premier épisode commenté faisait bien apparaître le danger messénien[240], les deux autres montrent ainsi plus la peur – on pourrait presque dire la paranoïa – éprouvée par les Spartiates que, au moins en Laconie, un véritable danger hilote.

3. Les Périèques[241]

Si une population dépendante paraît contredire les affirmations de Cinadon en restant fidèle à Sparte, c'est bien celle des Périèques.

Leur nom (*périoikoi*), attesté dans de nombreuses cités grecques, désigne ceux qui habitent autour, à la périphérie, et

240. Celui-ci sera diminué, après 404, par l'expulsion hors de la Grèce propre des Messéniens de Céphallénie et de Naupacte, cf. Diodore, XIV, 34 et 78.

241. Cf. G. Shipley, « *Perioikos* : The discovery of Classical Laconia », *in* J.M. Sanders, ΦΙΛΟΛΑΚΩΝ, *Lakonian Studies in Honour of Hector Catling,* Londres, The British School at Athens, 1992, p. 211-226, et « "The other Lakedaimonians" : The dependent Perioikic *Poleis* of Laconia and Messenia », *in* M.H. Hansen, *The Polis as an Urban Centre and as a Political Community*, Acts of the Copenhagen Polis Centre vol. 4, Copenhague, 1997, p. 189-281, et J.M. Hall, « Sparta, Lakedaimon and the nature of Perioikic dependency », *in* P. Flensted-Jensen, *Further Studies in the Ancient Greek Polis*, *Historia Einzelschriften* 138, Stuttgart, Franz Steiner, 2000, p. 73-89.

se trouvent de ce fait dans une position inférieure par rapport à ceux qui occupent le centre.

L'origine des Périèques

Comme pour les Hilotes, on s'est demandé si, à Sparte, l'origine des Périèques, expliquait leur statut.

Certains historiens ont voulu différencier ethniquement Spartiates et Périèques, en opposant le peuple conquérant (*Herrenvolk*) des Doriens, exalté par l'idéologie nazie, et les peuples soumis, les prédoriens de la plaine constituant les Hilotes et ceux de la bordure montagneuse, les Périèques. Une telle thèse a déjà été critiquée par F. Hampl[242], qui trouvait étrange de faire garder les frontières par une population dont on n'était pas sûr et qui considérait que les cités périèques, au nombre de cent selon la tradition, étaient trop nombreuses pour correspondre à d'anciennes bourgades achéennes.

Aussi Hampl a-t-il développé au contraire la thèse de la colonisation dorienne[243]. Il s'est fondé sur quelques cas attestés de colonisation spartiate en Laconie : à Pharis, Géronthrai et Hélos[244], ou à Cythère (Thuc., VII, 57, 6 ; Plut., *Nicias*, 6). Il a souligné que, tandis que la Grèce, trop peuplée pour sa structure agraire, se lançait dans la colonisation, Sparte, sauf dans le cas de Tarente, n'avait pas participé à ce grand mouvement. Elle se serait contentée de résorber ses excédents de population en colonisant la Laconie et la bordure de la Messénie[245].

La thèse peut aussi se fonder sur un passage d'Isocrate

242. F. Hampl, « Die lakedämonische Periöken », *Hermes* 72 (1937), p. 1-49.

243. La thèse reste valable si, au lieu de parler de Doriens, on évoque l'essaimage de la population de Sparte et de la vallée moyenne de l'Eurotas.

244. Leur conquête est évoquée par Paus., III, 2, 6-7, qui, au moins pour les deux premières bourgades, mentionne l'éviction de leurs premiers habitants ; quant à Hélos, si ses habitants ont été réduits à l'état d'Hilotes, il a bien fallu en faire venir d'autres pour constituer une cité périèque.

245. On comparera le rôle d'Athènes en Attique.

(*Panath.*, XII, 177-181)[246]. Selon l'auteur athénien, les Spartiates ont été plus que les autres Grecs en proie à la *stasis*[247]. Une fois vainqueurs, les aristocrates, qu'Isocrate désigne péjorativement comme « ceux qui l'emportaient en orgueil sur le peuple », au lieu de continuer à habiter avec leurs adversaires comme on le fait d'ordinaire, établirent pour eux-mêmes la démocratie[248], tout en transformant le peuple en Périèques, c'est-à-dire en obligeant ces gens à vivre à la périphérie, et « en asservissant leurs âmes tout autant que celles de leurs serviteurs », entendons de leurs Hilotes. Cette thèse devait déjà être répandue chez les oligarques athéniens de la fin du Ve siècle, puisque c'est ce modèle d'exil du peuple à l'extérieur de la ville qu'ont appliqué les Trente en 404-3[249]. En tout cas, Isocrate la précise non seulement en assurant que les Spartiates se sont réservé les terres les meilleures et les plus étendues et n'ont laissé aux Périèques qu'une petite quantité des terres les plus mauvaises, mais surtout en suggérant une colonisation imposée et organisée par Sparte :

> Après quoi (*sc.* la répartition des terres entre Sparte et la *Périoikis*), en répartissant leur masse (celle des Périèques) dans les groupes les plus petits possibles, ils les établirent (*katoikisai*) dans des lieux petits et nombreux en leur donnant des noms comme s'il s'agissait de cités alors qu'ils avaient une importance inférieure à nos dèmes.

La thèse suivant laquelle la Laconie aurait été colonisée à la suite de troubles sociaux ou politiques n'est pas absurde et elle a pour elle de nombreux parallèles dans l'histoire de la colonisation grecque. Il est cependant peu probable que tout ait été organisé depuis le centre. Il est plus vraisemblable que ceux qui

246. On rapprochera Platon, *République*, VIII, 547b, où l'aristocratie se change en timocratie (incarnée par le régime spartiate), lorsque les gardiens asservissent ceux qu'ils devaient protéger et en font des Périèques et des serviteurs.

247. Idée banale, déjà présente chez Thucydide, I, 18, 1, qu'Isocrate ne prend pas la peine de développer.

248. Il est inutile de souligner l'ironie d'Isocrate envers cette étrange démocratie, qui exclut le *dèmos*.

249. Il est probable que, pour critiquer Sparte, Isocrate s'inspire ici de l'anti-modèle que constituait le régime des Trente.

n'avaient pas de terre dans le voisinage de Sparte ou qui avaient eu le dessous dans des luttes civiles sont partis en chercher ailleurs en constituant d'autres communautés, qui, plus tard, sont, de gré ou de force, passées sous la domination de Sparte.

On peut cependant se demander si cette thèse est valable pour l'ensemble des cités périèques. Hampl lui-même reconnaît quelques exceptions : en Messénie [250], les Spartiates, au lieu de coloniser eux-mêmes, ont installé à Asinè des Dryopes chassés d'Asinè d'Argolide et à Méthonè, des Argiens de Nauplie, tandis que les Skirites, qu'on pourrait assimiler aux Périèques, sont d'origine arcadienne. Mais il y a plus grave, comment une petite cité comme la Sparte archaïque auraitelle pu fonder et peupler une centaine de bourgades [251] ?

D'autre part, dans les autres États grecs qui ont des dépendants qualifiés de Périèques [252], que ce soit à Élis, à Argos, en Crète ou en Thessalie, voire à Cyrène, il s'agit toujours de communautés voisines qui ont été soumises par la guerre ou par la diplomatie et dont le statut varie depuis celui d'alliés associés par un traité jusqu'à celui de quasi-Hilotes, mais, dans aucun cas, il n'est fait mention de colonisation par la cité dominante. Il serait d'ailleurs surprenant qu'à moins d'y être forcés, comme le prétend Isocrate, des colons acceptent de devenir des Périèques de la cité dont ils étaient citoyens [253].

Aussi est-il dangereux de vouloir généraliser en cherchant une origine unique de tous les Périèques lacédémoniens. V. Ehrenberg se référait prudemment à la conquête, à l'association et à la colonisation, tandis que G. Shipley, négligeant

250. Il est d'ailleurs possible, voire probable, qu'en Messénie des Messéniens ralliés aient pu former des cités périèques : cela expliquerait pourquoi, en 464, deux cités périèques ont rejoint les révoltés et pourquoi, en 370-69, les habitants des cités périèques de Messénie ne paraissent pas s'être opposés à la défection de la Messénie.

251. Milet est bien censée avoir fondé une centaine de colonies, mais il s'agissait d'une cité d'une tout autre importance que Sparte et de colonies auxquelles participaient des habitants d'autres cités.

252. Cf. J.A.O. Larsen, « Perioikoi », *RE* XIX,1, 1937, col. 816-833, et F. Gschnitzer, *Abhängige Orte*, Zetemata 17, Munich, Beck, 1958.

253. Le seul exemple allégué par Hampl est celui d'Héraclée Trachinia, fondée par Sparte en Grèce centrale pendant la guerre du Péloponnèse, mais rien n'indique qu'Héraclée, qui ne disposait au départ d'aucune autonomie, ait été une cité périèque.

l'association, qui ne convient guère à un système inégalitaire, distingue, à la suite de P. Cartledge, la conquête, la colonisation *ex nihilo* et, surtout, la colonisation de sites existants (*Philolakon*, p. 214). Quoi qu'il en soit, il s'agit de grouper autour de Sparte des communautés trop éloignées pour être assimilées et trop proches pour être de simples alliés. C'est ainsi que se mettent en place au VIe siècle trois cercles concentriques : Sparte, l'État lacédémonien, qui comprend le territoire périèque (la *Périoikis*), et l'alliance à laquelle les modernes ont donné le nom de « ligue du Péloponnèse ».

La place des Périèques dans l'État lacédémonien

Les Périèques ont un statut ambigu, puisqu'ils sont membres de l'État lacédémonien, mais n'y jouissent d'aucun droit politique, ce qui a pu amener certains modernes à se demander s'ils avaient vraiment le titre de citoyen lacédémonien.

Le territoire périèque fait partie intégrante du territoire lacédémonien, comme le roi Démarate, exilé, le précise aux Perses : « Il y a à Lacédémone une cité (*polis*) Sparte d'environ 8 000 hommes et l'ensemble des Lacédémoniens a beaucoup de cités (*poleis*) » (Hdt., VII, 234). L'intégration de la *Périoikis* dans le territoire lacédémonien est confirmée par les lieux où sont accomplis les sacrifices pour le franchissement de la frontière (*diabatèria*) et par le fait que, lorsque les Athéniens ravagent la *Périoikis*, la chose est considérée comme un *casus belli*, entraînant la reprise de la guerre du Péloponnèse [254]. Comme la *Périoikis* apparaît ainsi comme un territoire lacédémonien et que, comme le reconnaît Isocrate lui-même (cf. *supra*, p. 140), les Périèques sont propriétaires de leur terre, ils jouissent déjà dans ce domaine d'un des privilèges essentiels du citoyen.

De toute façon, il est manifeste que les Périèques eux-mêmes sont au nombre des Lacédémoniens, le terme lacédémonien ne se limitant pas aux seuls Spartiates, même si les

254. Pour les Anciens, tant qu'on ne s'affronte pas à l'intérieur de son territoire, on n'est pas en guerre.

textes confondent souvent Spartiates et Lacédémoniens [255]. Ainsi, dans le passage d'Hérodote qu'on vient de citer, Démarate évoque, outre les Spartiates, semblables (*homoioi*) aux combattants des Thermopyles, « les autres Lacédémoniens, qui, sans leur être semblables (*homoioi*), sont des braves », tandis qu'à propos de la bataille de Leuctres Xénophon (*Hell.*, VI, 4, 15) distingue « l'ensemble des Lacédémoniens » et « les Spartiates eux-mêmes [256] ». Pour Thucydide (IV, 53, 2), les gens de Cythère sont des Lacédémoniens faisant partie des Périèques et, lorsque, dans le récit d'opérations militaires, il parle de Lacédémoniens, il s'agit toujours de Spartiates et de Périèques.

En outre, on ne mentionne jamais d'État spartiate, qui se distinguerait de l'État lacédémonien. Le nom officiel de l'État, tel qu'il apparaît dans les traités, c'est « les Lacédémoniens » et le titre officiel de leurs rois, « rois des Lacédémoniens », même si Hérodote les appelle constamment « rois des Spartiates », ce qui ne l'empêche pas de présenter tel roi comme un Lacédémonien. Le terme laconien s'applique aussi à l'ensemble des Lacédémoniens, mais il est plus géographique ou « ethnique » que politique et est employé par exemple pour évoquer les qualités des Lacédémoniens, qui savent mourir en Laconiens.

La preuve que les Périèques font partie de l'État lacédémonien, c'est que l'armée civique [257] est formée de Spartiates et de Périèques. Ainsi, Xénophon évoque Archidamos, qui se porte au secours des Éléens « avec les citoyens » (*Hell.*, VII, 4, 20), et Sparte, qui s'irrite ensuite de voir « les citoyens » assiégés, mais, lorsque, un peu plus loin (VII, 4, 27), il dénombre les prisonniers faits par les Arcadiens, ces citoyens sont devenus des Spartiates et des Périèques.

255. Les historiens antiques, Hérodote par exemple, ne cherchent pas la plus grande précision terminologique, et cette confusion n'est pas plus grave que celle qui assimile Hollande et Pays-Bas ou Angleterre et Grande-Bretagne, voire Royaume-Uni.

256. On ne distinguera jamais, au contraire, les Lacédémoniens *et* les Périèques, ni pour les associer ni pour les opposer.

257. Cf. Xén., *Hell.*, IV, 4, 19, V, 3, 25, 4, 41 et 55, où, à chaque fois, Agésilas « licencia les alliés et ramena au pays l'armée civique (*to politikon* ou *to politikon strateuma*) ».

Les Périèques sont donc bien des citoyens lacédémoniens, et Isocrate n'a pas tort d'y voir le *dèmos*. Mais ce sont des citoyens de droit réduit, ce qui renforce le caractère oligarchique d'un État lacédémonien, qui, par son étendue comme par son organisation, se rapproche peut-être plus d'un *ethnos* (cf. le pseudo-Skylax, 46) que d'une véritable cité [258].

En effet, ils n'ont pas, dans cet État, les droits politiques du citoyen et ne peuvent ni être magistrats ni même participer à l'assemblée, c'est ce que suggère Isocrate dans le passage déjà cité (*Panath.*, XII, 178), quand il oppose l'attitude des Spartiates à celle des autres oligarques, qui, une fois qu'ils ont vaincu la faction populaire, laissent le peuple cohabiter avec eux en ne l'excluant que « des magistratures et des honneurs », c'est-à-dire en lui permettant de participer à l'assemblée.

Ils ont cependant les obligations du citoyen et doivent notamment suivre les rois à la guerre : Isocrate (XII, 180) ne se fait pas faute d'insister sur la contradiction, en s'indignant de les voir alors combattre aux côtés des Spartiates et parfois au premier rang.

On s'est demandé s'ils formaient des contingents séparés ou étaient amalgamés aux Spartiates. Comme Spartiates et Périèques sont envoyés séparément à Platées, il est probable, malgré Cawkwell [259], que, séparés dans leur progression, ils l'étaient aussi sur le champ de bataille. Quoi qu'il en soit, par la suite, ils seront amalgamés sans l'être jusqu'aux plus petites unités. Il semble en effet que les Périèques aient toujours formé des *énomoties* (contingent de base de 40 hommes maximum), voire des bataillons (*loches*) séparés [260] ; sinon, on ne voit pas comment les Spartiates pourraient mobiliser

258. Sparte elle-même a toutes les caractéristiques d'une cité, sauf qu'elle n'est qu'un élément de l'État lacédémonien, qu'elle domine entièrement.

259. G.L. Cawkwell, « The decline of Sparta », p. 385-400, suppose que les contingents spartiates et périèques ont été réunis avant la bataille.

260. Quelle que soit l'organisation de l'armée lacédémonienne, mal connue et qui a varié dans le temps, elle comporte toujours un nombre pair de *loches* permettant d'associer une unité spartiate à une unité périèque.

et, éventuellement, utiliser leurs troupes avant même l'arrivée des Périèques [261]. Cependant, comme les Spartiates ne sont plus assez nombreux pour, comme à Platées, équilibrer les Périèques, on va, de plus en plus, trouver des Périèques (et des Inférieurs [262]) dans les bataillons théoriquement « spartiates ». Ceux-ci formeront ainsi de plus en plus la majorité de l'armée civique : déjà à Sphactérie, en 425, sur 292 survivants, faits prisonniers, il y a environ 120 Spartiates en face de 172 autres Lacédémoniens, ce qui suppose un rapport de deux à trois [263], et il semble même qu'à Leuctres, en 371, le rapport ne soit plus que de deux à cinq, voire, si l'on retire les 300 Hippeis spartiates, de un à dix, ce qui laisse supposer que, même dans les bataillons « spartiates », ceux-ci ne constituent plus qu'un cinquième de l'effectif.

Si les Périèques sont amalgamés aux Spartiates, ils forment aussi des contigents séparés, comme celui des Skirites, et des Périèques peuvent être envoyés dans des expéditions à laquelle l'armée civique ne participe pas [264]. En outre, à la bataille de Sellasie, en 222, Polybe (II, 65) distingue les troupes lacédémoniennes (Spartiates et Périèques) et, dans un autre secteur, Périèques et alliés.

Dans l'armée comme dans la société, les Périèques occupent une position intermédiaire : ils ne sont pas cantonnés dans les fonctions les plus basses comme celles de rameurs ou de fantassins légers, mais constituent l'infanterie de marine (*épibates*) et fournissent l'essentiel des hoplites de l'armée

261. Cf., outre le cas de Platées, Xén., *Hell.*, III, 5, 7.

262. Cf. Cinadon, qui évoque « ceux d'entre nous qui sont rangés avec (*suntétagménoi*) (les Spartiates) », Xén., *Hell.*, III, 3, 7, et cf. *supra*, p. 134-138 ; mais la thèse de J.F. Lazenby, *The Spartan Army*, Warminster, Aris et Phillips, 1985, selon laquelle l'armée spartiate aurait surtout été renforcée par des Inférieurs, n'est pas fondée ; on ne sait même pas si les Spartiates dégradés en Inférieurs sont comptés parmi les Spartiates ou parmi les autres Lacédémoniens ; en 370, par exemple, l'armée d'Agésilas paraît constituée uniquement de Spartiates et de Périèques (Xén., *Hell.*, VI, 5, 21).

263. Étant donné la nature du combat, non hoplitique, qui s'était déroulé dans l'île, on peut supposer que la proportion des survivants reflète celle des combattants engagés.

264. Cf. Xén., *Hell.*, III, 15, 3, V, 2, 24 et V, 3, 9 (où il s'agit de volontaires d'élite).

civique. Ils peuvent sans doute exercer des fonctions de commandement[265], comme le suggère involontairement la remarque critique d'Isocrate (VI, 180), selon lequel quelques-uns d'entre eux se trouvaient même exposés au premier rang. Mais les postes les plus élevés sont réservés aux Spartiates : il est exceptionnel qu'une flotte par exemple soit commandée par un Périèque comme en 412 par Deiniadas (Thuc., VIII, 22, 1), qui reste d'ailleurs sous les ordres du navarque spartiate.

En dehors de leurs obligations militaires, ce qui marque la dépendance des Périèques, c'est leur soumission aux autorités lacédémoniennes, c'est-à-dire en fait spartiates.

Comme ils doivent suivre les rois à la guerre, envoyer des délégations aux funérailles royales et que les rois ont des terres qui leur ont été réservées dans la *Périoikis*, on a pu souligner les liens particuliers qui les unissent aux rois[266]. Mais, au moins à l'époque classique, il est excessif de parler d'union personnelle comme entre les Périèques thessaliens et le *tagos*, car les Périèques lacédamoniens sont aussi soumis aux éphores. Selon Isocrate (XII, 181), ceux-ci auraient même « le droit d'en mettre à mort sans jugement autant qu'ils le désirent », entendons que les Périèques sont alors condamnés par les éphores et non par la gérousie. C'est ce qui a dû se passer pour ceux d'entre eux qui étaient impliqués dans la conspiration de Cinadon et la « procédure » est confirmée par le régime athénien qui entend s'inspirer de Sparte : sous les Trente, seuls les 3000 citoyens de plein droit relevaient d'un jugement par le Conseil, les autres qui, chassés d'Athènes, étaient, d'une certaine façon, assimilables aux Périèques, pouvaient être mis à mort par les Trente. Si cette exécution de Périèques devait rester assez rare, l'affaire Cinadon montre que les éphores avaient tout loisir de les faire arrêter dans leurs propres cités.

Les Périèques apparaissent bien ainsi comme des citoyens, mais des citoyens de droit réduit.

265. Le fait qu'ils puissent, comme les Spartiates, servir dans la cavalerie (cf. Xén., *Hell.*, V, 4, 39) n'implique au contraire rien d'honorifique, car la cavalerie reste à Sparte une arme méprisée.

266. Cf. aussi *infra*, p. 147-148, la question du tribut royal.

Cependant, certains ont critiqué cette idée en se fondant sur quelques faits qui pourraient suggérer que les Périèques ne sont pas membres de l'État lacédémonien, mais qu'ils y sont d'une certaine manière considérés comme des étrangers.

L'exemple de Cythère a fait supposer que des magistrats particuliers contrôlaient la *Périoikis*. En effet, Thucydide (IV, 53, 2) note que les Spartiates envoyaient tous les ans dans l'île un gouverneur (*archè*) appelé *Kythérodikès* et qu'ils y faisaient passer à chaque fois une garnison d'hoplites. Or, une inscription (*IG* V, 1, 937) mentionnant la présence d'un *harmoste* à Cythère, on a été tenté d'y voir un *Kythérodikès* en supposant même que les 20 *harmostes* (cf. schol. Pindare, *Olymp.*, VI, 154) contrôlaient l'ensemble de la *Périoikis*[267]. Mais cette identification ne repose sur rien : le texte de Thucydide n'indique même pas que le *Kythérodikès*, dont le nom suggère une activité plus judiciaire que militaire, était à la tête de la garnison; la scholie de Pindare est équivoque : « Il y avait vingt *harmostes* des Lacédémoniens » peut signifier aussi bien « appartenant aux Lacédémoniens » qu'« exerçant leur pouvoir sur les Lacédémoniens[268] » ; l'inscription, qui date peut-être du IVe siècle, correspond à une situation particulière, et, de toute façon, l'île de Cythère posait des problèmes de défense spécifiques, qui interdisaient de généraliser son cas.

Le deuxième argument, fondé sur le régime fiscal imposé aux Périèques, paraît plus convaincant. Platon évoque dans l'*Alcibiade majeur* (123a) le tribut (*phoros*) considérable que les Lacédémoniens versaient aux rois. Étant donné le sens défavorable qu'avait pris le terme *phoros*, évité délibérément par la deuxième confédération maritime athénienne, il est tentant de considérer que ce tribut n'était imposé qu'aux Lacédémoniens non spartiates, c'est-à-dire aux Périèques. Ce *phoros* se distinguerait donc des contributions (*eisphorai*), que, selon Aristote (*Pol.*, II, 1271b 10-17), les Spartiates

267. Cette suggestion d'U. Kahrstedt, *Griechische Staatsrecht. 1. Sparta und seine Symmachie*, Göttingen, 1922, p. 73, a éte reprise et développée par H.W. Parke, « The evidence for Harmosts in Laconia », *Hermathena* 46 (1931), p. 31-38, E. Cavaignac, *Sparte*, Paris, 1948, et G. Bockisch, « Ἁρμοσταί (431-387) », *Klio* 46 (1965), p. 129-239.

268. Il faudrait d'ailleurs, dans cette hypothèse, supposer que les 20 harmostes se répartissaient la centaine de cités périèques.

rechignaient à payer et expliquerait, entre autres, pourquoi, alors que, comme le souligne le philosophe, les finances publiques étaient au plus bas, les rois étaient, au contraire, richissimes. Strabon (VIII, 365), se fondant sur Éphore, paraît confirmer le régime fiscal particulier des Périèques en rapportant qu'Agis, le fils d'Eurysthénès, « imposa aux Périèques de payer une contribution (*suntelein prostaxan*) à Sparte », ce qui symbolisait leur nouvelle dépendance par opposition à l'égalité de droits dont on les aurait privés.

Mais cela ne suffit pas pour transformer les Périèques en des sortes d'étrangers à rapprocher des métèques : des citoyens de droit réduit peuvent se voir imposer des charges supplémentaires.

L'assimilation à des étrangers ou à des métèques ne se trouve, elle, que dans des textes tardifs, où elle peut d'ailleurs provenir en partie de négligences de Plutarque. En effet, à propos des réformes de Cléomène III (au IIIe siècle), le même auteur évoque en trois passages différents le complément (*anaplèrôsis*) du corps civique : en *Cléomène* 10, 11, le roi révolutionnaire entend « examiner et choisir des étrangers (*xénoi*) afin que les plus forts (*kratistoi*) d'entre eux, devenus des Spartiates, préservent la cité par les armes » ; dès le chapitre suivant (11, 3), la même mesure est évoquée par : « Ayant complété le corps civique avec les plus distingués (*khariestatoi*) des Périèques, il porta le nombre des hoplites à 4 000 » ; enfin, dans la *Vie d'Aratos*, 38, 4, Plutarque rappelle que Cléomène « a introduit dans le corps civique un grand nombre de métèques ». Si l'on rapproche les trois passages, il semble que Plutarque assimile les Périèques à la fois aux métèques et aux étrangers en général. Une confusion entre Périèques et métèques n'aurait guère été possible à l'époque classique, puisque, même si le terme métèque désigne non, comme on l'avait cru, celui qui habite avec (les citoyens), mais celui qui a changé de résidence[269], le métèque n'est pas, comme le Périèque, nécessairement rejeté à la périphérie. Si Plutarque confond Périèques et métèques, c'est sans doute

269. Cf. Ed. Lévy, « Métèques et droit de résidence », *in* R. Lonis, *L'Étranger dans le monde grec,* Presses universitaires de Nancy, 1988, I, p. 47-67.

qu'à l'époque considérée un certain nombre de Périèques, notamment ceux qui avaient été formés à la spartiate se seraient mis à résider à Sparte ; c'est ce que paraît aussi suggérer le passage de la *Vie d'Agis* (5, 7) qui évoque un prolétariat urbain. Quant à l'identification à des étrangers, elle s'explique soit par le fait que, à une époque où les anciens Périèques sous le nom d'Éleuthérolaconiens ont cessé d'être les concitoyens des Spartiates, Plutarque substitue la ville de Sparte à l'État lacédémonien, soit, tout simplement, parce que Cléomène aurait intégré à la fois des étrangers (peut-être en partie des mercenaires [270] volontiers désignés comme *xénoi*) et des Périèques, et que Plutarque se serait montré imprécis en mentionnant tantôt les uns, tantôt les autres. L'hypothèse est d'ailleurs confirmée par le fait qu'Agis IV, que, sur ce point, Cléomène entend imiter, avait voulu compléter le corps civique avec des « Périèques et des étrangers (*xénoi*), qui, ayant eu part à une éducation d'homme libre et étant des gens distingués (*kharientés*) [271], seraient au sommet de leur forme physique et dans la fleur de l'âge » (Plut., *Agis*, 8, 3) [272].

Il n'y a donc aucune raison de considérer les Périèques comme étrangers à la communauté lacédémonienne. D'ailleurs, si les Grecs les considéraient comme des étrangers, Isocrate ne se serait pas fait faute de condamner sur ce point l'impérialisme spartiate.

L'organisation civique des Périèques

Partie intégrante de l'État lacédémonien, les Périèques vivent dans des cités, qui, selon Strabon (VII, 362) et Stéphane

270. Ils lui avaient permis de faire son coup d'État, cf. Plut., *Cléomène*, 7, 5-8, 1.

271. Il s'agit bien sûr des *trophimoi*, qui ont pu participer à l'*agôgè*, cf. *infra*, p. 159 ; on rapprochera *kharientés* du superlatif du même mot employé par Cléomène.

272. On rapprochera Xénophon, *Hell.*, V, 3, 9, où, en 381, le roi Agésipolis emmène en expédition à la fois des volontaires périèques, qualifiés de *kaloi kagathoi*, « des étrangers appartenant à ceux qu'on appelle des *trophimoi* » et des bâtards des Spartiates.

de Byzance seraient au nombre de 100. Si ce nombre rond a parfois paru excessif, Niese[273] avait réussi à identifier quelque 80 cités périèques, dont 30 en Messénie, et G. Shipley (« The Other Lakedaimonians », p. 190-193 et 226-269) a relevé 136 sites, dont certains ne sont pas des cités (*poleis*) et dont d'autres ne sont pas attestés à l'époque classique : ces incertitudes empêchent de préciser le nombre des *poleis* périèques, qui, à l'époque classique, paraît se situer entre 60 et une centaine. Étant donné ce nombre, ces cités ne peuvent être que très petites, et, pour les dénigrer, Isocrate les dit encore plus petites que les dèmes athéniens. Cependant, si l'on admet les 30 000 lots périèques qu'indique Plutarque, on aurait un corps civique moyen de 300 à 500 individus, ce qui dépasse déjà le niveau du simple village[274], et, si les cités périèques sont d'importance très inégale, la protection spartiate a permis même à de toutes petites communautés de subsister comme *poleis*. D'ailleurs, comme G. Shipley l'a précisé dans *Philolakon*, certaines cités périèques, telles Pellana, Gytheion (le port de Sparte), Kyparissia, Épidaure Liméra ou Prasiai étaient des bourgades relativement importantes. En outre, certaines d'entre elles, comme Méthonè (cf. Thuc., II, 25, 1) ou Gytheion, étaient fortifiées (cf. Xén., *Hell.*, VI, 5, 32).

Le terme *polis*[275] suggère déjà une certaine autonomie. Même si les cités périèques sont soumises au contrôle des éphores, elles s'administrent elles-mêmes et lèvent notam-

273. B. Niese, « Neue Beiträge zur Geschichte und Landeskunde Lakedämon », *Göttingen Gelehrte Nachrichten*, 1906, p. 101-142 ; cf. aussi P. Cartledge, *Sparta und Lakonia*, p. 185-193 et 325-334.

274. Dans le haut archaïsme, une *polis* ne se distingue pas encore d'un simple village, cf. Ed. Lévy, « Apparition en Grèce de l'idée de village », *Ktèma* 11 (1986), p. 117-127.

275. Ce statut est confirmé par la possibilité, pour un État étranger, d'accorder la proxénie à un Périèque, de telle cité, expressément mentionnée, par exemple d'Oinous (G. Shipley, « The other Lakedaimonians », p. 233) ou des cités périèques mentionnées dans un décret de Kéos (*IG* XII, 5, 1, 542), et par la participation de Périèques aux concours olympiques, cf. Paus., III, 22, 5 et *IG* V,1, 1108. Il est significatif, malgré l'ironie d'Isocrate, *Panath.*, XII, 179, que des auteurs comme Hérodote, VII, 234, Thucydide, V, 54, 1 ou Xénophon, *Hell.*, VI, 5, 21, *Rép. Lac.*, 15, 3, et *Agés.*, 2, 24, qualifient tout naturellement les cités périèques de *poleis*.

ment elles-mêmes les troupes qu'elles envoient à Sparte (cf. Thuc. V, 54, 1).

Les Anciens, qui ne se sont guère intéressés aux Périèques, n'ont pas précisé leur régime politique[276]. Mais les petites cités sont volontiers oligarchiques et il aurait été surprenant que Sparte, qui avait imposé des régimes oligarchiques dans la ligue du Péloponnèse, laissât subsister des régimes démocratiques dans les cités périèques. Ces cités connaissent bien sûr une certaine stratification sociale : Xénophon évoque ainsi des *kaloi kagathoi*, tandis que Plutarque, dans les passages commentés plus haut, mentionne des Périèques *kharientés* ou *khariéstatoi*. Mais, ce qui rend déjà le régime moins oligarchique que celui de Sparte, c'est que les Périèques n'ont pas eux-mêmes de Périèques.

De toute façon, le travail agricole ne leur est pas interdit comme il l'est aux Spartiates, et c'est l'agriculture qui, comme partout en Grèce, reste leur principale activité. On s'est cependant demandé s'ils avaient, comme les Spartiates, des Hilotes à leur service. Hampl[277] a présenté plusieurs arguments en faveur d'une réponse positive. A la bataille de Platées, chaque Périèque avait avec lui un soldat armé à la légère ; mais il pourrait s'agir aussi bien de Périèques pauvres que d'Hilotes[278]. Au cours de la guerre du Péloponnèse, les Athéniens se fortifient au cap Malée en espérant la défection d'Hilotes (Thuc., VII, 26, 2). Or, la région se trouvant à quelque 60 kilomètres à vol d'oiseau de Sparte, ce sont les Hilotes locaux et non ceux de Sparte dont on attend la défection ; mais cette attente reste, malgré Xénophon, *Hell.*, I, 2, 18, en partie vaine. Dans le drame satyrique de Sophocle, *Héraclès au*

276. Quelques inscriptions hellénistiques montrent qu'au moins certaines d'entre elles avaient des éphores.

277. *Hermes* 72 (1937), p. 1-49 ; voir aussi J. Ducat, *Les Hilotes*, p. 189-191, qui mentionne également Tite-Live, XXXIV, 27, 9 : en 195, Nabis aurait fait massacrer des Hilotes dans les cités périèques.

278. Alors que les soldats armés à la légère qui gardent les Spartiates sont expressément qualifiés d'Hilotes (Hdt., IX, 28), ceux des Périèques sont mis sur le même plan que ceux des alliés, qui ne sont manifestement pas des Hilotes (Hdt., IX, 29) ; cependant, pour Thucydide, IV, 8, 9, les hoplites, aussi bien spartiates que périèques, envoyés à Sphactérie, étaient accompagnés des Hilotes à leur service.

Ténare, le chœur est composé d'Hilotes, d'où on peut conclure qu'il y avait des Hilotes au Ténare (en territoire périèque) ; mais, pour les Athéniens, du moment qu'on veut représenter des esclaves dans le monde lacédémonien, on évoque les Hilotes, l'exemple n'est donc pas probant. Le cas le plus net serait cependant celui de Cinadon, puisque les éphores chargent celui-ci, entre autres, d'arrêter des Hilotes à Aulon, donc chez des Périèques ; mais les Hilotes qu'on trouve dans la *Périoikis* peuvent aussi être au service de Spartiates, notamment des rois, qui y possèdent beaucoup de terres. Aucun de ces exemples ne peut donc apporter la preuve recherchée, mais leur concordance est déjà significative et, d'une manière générale, il serait étrange que les Périèques n'aient pas d'Hilotes à leur service, car, sinon, ils auraient des esclaves-marchandises, qui paraissent peu fréquents à Sparte et, si, comme il est vraisemblable, les Spartiates ont dans la *Périoikis* des domaines pourvus d'Hilotes, pourquoi n'en irait-il pas de même pour les Périèques ?

Outre l'agriculture, où ils pouvaient ainsi vraisemblablement utiliser des Hilotes, les Périèques exerçaient des activités artisanales [279]. Une anecdote rapportée par Plutarque [280] paraît cependant le nier. Agésilas met à part Lacédémoniens et alliés et fait se lever successivement forgerons [281], charpentiers, maçons et autres artisans. Presque tous les alliés se lèvent, mais aucun Lacédémonien, ce qui permet à Agésilas d'affirmer : « Nous envoyons plus de soldats (entendons : de vrais soldats) que vous. » Plutarque explique la chose en notant : « C'est qu'il leur (*sc.* aux Lacédémoniens) était interdit d'apprendre et de pratiquer un métier artisanal (*technèn… banauson*). » Si l'on admet cette interdiction, il faut supposer que l'artisanat était abandonné à des inférieurs qui n'avaient pas droit au nom de Lacédémoniens, c'est-à-dire essentiel-

279. Cf. R.T. Ridley, « The economic activities of the Perioikoi », *Mnemosyne* 27 (1974), p. 281-292.

280. Plut., *Apopht. lac.*, 214a et *Vie d'Agésilas*, 26, 7-9 ; cf. aussi Polyen, II, 1, 7.

281. Rappelons l'importance des mines de fer du cap Malée, notamment dans la région de Boiai, cf. J. Christien, « Promenades en Laconie », *Dialogues d'Histoire ancienne*, 1989, p. 75-105, notamment p. 89-91.

lement à des Hilotes, ou, éventuellement, à des étrangers [282]. Mais, le plus probable, si l'anecdote est véridique, c'est qu'elle ne concernait que les Périèques servant comme hoplites : il n'y avait pas d'artisans parmi les hoplites lacédémoniens. S'il existait des contingents d'artisans dans l'armée lacédémonienne (cf. Xénophon, *Rép. Lac.*, XI, 2), ils n'étaient pas formés d'hoplites, mais constituaient un service auxiliaire et ce n'étaient pas nécessairement des Périèques. Quant à l'interdiction elle-même, elle ne vaut que ce que valent les commentaires de Plutarque sur une société dont il est séparé par un demi-millénaire.

Conclusion : importance et fidélité

Les Périèques ont toujours été plus nombreux que les Spartiates. Selon Plutarque (*Lyc.*, 8, 5), ils auraient reçu 30000 lots de terre et les Spartiates, 9 000. Si certains historiens ont contesté ces indications en y voyant une reconstruction rétrospective censée justifier les réformes d'Agis IV entendant, dans un État lacédémonien réduit de près de la moitié par la perte de la majeure partie de la Messénie, distribuer 4500 lots aux Spartiates et 15000 aux Périèques, une telle position est difficilement tenable. En effet, de tels nombres ou des nombres voisins sont déjà attestés à l'époque classique : selon Hérodote (VII, 234), Démarate aurait affirmé que les Spartiates pouvaient aligner 8000 hommes, tandis qu'Aristote (*Pol.*, II, 9, 1270a 36-38) note que, selon certains, à l'époque archaïque, ils auraient même disposé de 10000 hommes et rappelle que le pays pourrait nourrir 30000 hommes.

Dans l'armée, cette disproportion était initialement compensée par le plus grand engagement des Spartiates et, à la bataille de Platées, par exemple, les 5000 Spartiates équilibraient les 5000 Périèques. Mais, avec la diminution brutale du nombre des Spartiates, les Périèques formeront

282. Les *xénélasies*, c'est-à-dire les expulsions globales des étrangers, suggèrent qu'en temps normal il y avait des étrangers.

de plus en plus la grande majorité de l'armée lacédémonienne[283].

Aussi importe-t-il qu'ils restent fidèles à Sparte, ce qui, jusqu'en 370, est généralement le cas. Au cours de la grande révolte du tremblement de terre, ne firent défection que deux cités périèques (Thuc., I, 101, 2), dont l'une, Thouria, se trouvait en Messénie, et dont l'autre, dont le nom est incertain, pouvait s'y trouver aussi. Lors de la guerre du Péloponnèse ou de la guerre de Corinthe, il n'est jamais question de défection, mais cela peut tenir aussi au fait que le territoire lacédémonien n'a pas été envahi. Car, lors de l'invasion thébaine de 370-69, beaucoup de cités périèques firent défection[284], notamment les Skirites, Caryai et probablement la Belminatis, c'est-à-dire ceux qui pouvaient se reconnaître des liens ethniques avec les Arcadiens, qui se séparent alors de Sparte.

La fidélité des Périèques s'explique par des raisons politiques, sociales et psychologiques. Si les cités périèques ont des gouvernements oligarchiques, la solidarité des oligarques a pu jouer. Ces cités, autonomes, sont trop petites pour jouir d'une véritable indépendance : elles ne pourraient mener une politique étrangère[285] et ne disposent même pas d'une voix au Conseil des alliés ; or, elles n'ont pas su se regrouper, que ce soit à cause du morcellement géographique ou, éventuellement, du fait de l'opposition de Sparte. Socialement, si, comme on l'a supposé, les Périèques disposent d'Hilotes, ils sont solidaires du système spartiate. Psychologiquement, les Périèques peuvent être satisfaits de ne pas se trouver en bas de la hiérarchie[286] ; ils sont fiers d'avoir droit au titre de Lacédémoniens, surtout à des époques comme le VIe siècle ou les débuts du Ve et du IVe siècle, où Lacédémone est l'État dominant en Grèce. Enfin, la camaraderie de combat avec les

283. Cf. *supra*, p. 145.

284. Cf. Xén., *Hell.*, VI, 5, 25 et 32 ; VII, 2, 2, qui distingue les Hilotes, qui font tous défection, les Périèques, dont beaucoup le font, et les alliés, dont, d'après lui, peu abandonnent Sparte ; et *Agés.*, 2, 24, 6.

285. Ce qui ne veut pas dire qu'elles n'ont pas de relations avec l'étranger, cf. *supra*, n. 275.

286. Pour G. Shipley, « The other Lakedaimonians », p. 203 : « On accède au statut de Périèque par promotion et non par dégradation » ; cf. cependant *supra*, p. 140.

Spartiates a dû développer chez eux un patriotisme lacédémonien[287].

Un cas particulier : les Skirites[288]

Les Skirites, qui sont, comme les Périèques, dont ils se distinguent cependant (cf. Xén., *Hell.*, V, 2, 24), au nombre des Lacédémoniens (Thuc., V, 67, 1), occupent, entre l'Oinous et le haut Eurotas, une région montagneuse, inhospitalière, qui, présentant pour Sparte un grand intérêt stratégique, car elle domine la route qui mène vers Tégée et la future Mégalopolis, a été conquise assez tôt. D'origine arcadienne (cf. Stéphane de Byzance, Hésychius et Photius), les Skirites sont surtout des bergers et n'ont pas de grosses bourgades, leurs principaux centres étant Oion et Caryai.

Ils constituent, dans l'armée lacédémonienne, un bataillon (*lochos*) spécial, de 600 hommes (cf. Thuc., V, 68, 3, sur la bataille de Mantinée, en 418), qui ont le privilège de combattre à l'extrême gauche de la ligne de bataille (Thuc., V, 67, 1). Troupes d'élite, les Skirites sont placés la nuit en sentinelles en avant des lignes (Xén., *Rep. Lac.*, 12, 3) et, lors de la progression des troupes, ouvrent la marche, avec les éclaireurs montés, devant le roi lui-même (Xén., *Rep. Lac.*, 13, 6).

Les Skirites restent fidèles à Sparte jusqu'en 370-69, où ils se rappellent leur origine arcadienne.

4. Catégories marginales

• Sparte a connu des catégories particulières, dont certaines, comme les Brasideiens ou les Néodamodes[289], créées pour

287. On peut rapprocher le patriotisme athénien des métèques du Ve siècle.

288. Cf. Geyer, « Skiritis », *RE* III A 1, 1927, coll. 536-537.

289. Cf. V. Ehrenberg, « Neodamodeis », *RE* XVI, 2, 1935, coll. 2396-2401, T. Alfieri Tonini, « Il problema dei *neodamodeis* nell' ambito

des raisons conjoncturelles, notamment des expéditions lointaines, ne durèrent qu'un temps et donnèrent sans doute naissance à des Périèques et dont d'autres, comme les *mothônés*, les *mothakés* et les *trophimoi*, furent plus durables.

Si des Hilotes avaient déjà combattu aux côtés des Spartiates[290], ne serait-ce qu'à Platées, il était exceptionnel de les envoyer en expédition, sans l'armée civique et à l'autre bout de la Grèce. C'est ce que fit Brasidas, lorsque, en 424, il emmena 700 Hilotes en Chalcidique (Thuc., IV, 80, 5) en leur promettant sans doute la libération. En tout cas, en 421, une fois la paix et l'alliance conclues avec Athènes et les soldats de Brasidas revenus à Sparte, « les Lacédémoniens votèrent que les Hilotes qui avaient combattu avec Brasidas seraient libres et résideraient où ils voudraient ; et, peu de temps après, ils les installèrent avec les Néodamodes à Lépréon » (Thuc., V, 34, 1). Le fait que Thucydide emploie « et » (*kai*) et non pas « mais », montre que, pour lui, il n'y a pas de contradiction entre la liberté de résider où l'on veut et l'installation à Lépréon. En fait, les Brasideiens ne sont plus liés aux domaines de leurs anciens maîtres et, si on leur accorde le droit de résider où ils veulent, cela ne veut pas dire qu'ils en aient la possibilité matérielle. Ils sont peut-être même heureux qu'on les installe quelque part. Il est d'ailleurs vraisemblable qu'ils restent plus ou moins intégrés dans l'armée, puisque, selon Thucydide, on les installe à Lépréon pour protéger la frontière contre les Éléens et qu'on les retouve bientôt à Mantinée, où, en 418, ils combattent avec les Néodamodes aux côtés des Spartiates (V, 67, 1).

Quant aux Néodamodes, le fait même qu'on ait forgé pour eux cette appellation, suggère une catégorie moins éphémère que celle des Brasideiens[291], c'est sans doute ce qui explique

---

della società spartana », *RIL* 109 (1975), p. 305-316, et G.B. Bruni, « Mothakes, neodamodeis, Brasideioi », *Pubbl. ist. di storia ant.*, Université de Padoue, 1979, p. 21-31.

290. Cf. K.-W. Welwei, *Unfreie im antiken Kriegsdienst. I. Athen und Sparta*, Wiesbaden, Franz Steiner, 1974, et P. Hunt, *Slaves,Warfare, and Ideology in the Greek Historians,* Cambridge University Press, 1998.

291. Selon Myron de Priène, cité par Athénée (VI, 271f), d'autres catégories d'Hilotes affranchis porteraient les noms d'*aphétai* (libérés),

pourquoi Thucydide n'a pas pris la peine d'expliquer leur apparition. Certains, comme J. Ducat (*Les Hilotes*, p. 160), ont supposé « que leur statut (avait) été largement inspiré par les mesures que les circonstances avaient dictées concernant les Brasidiens : « la chose est probable, au moins si les Brasidéiens sont vraiment apparus avant les Néodamodes ; d'ailleurs, à Lépréon comme à Mantinée, les deux catégories continuent à être mentionnées séparément. Les Néodamodes sont attestés de 420 à 369 et participent notamment, sans l'armée civique, aux opérations d'Agésilas en Asie. Le statut de Néodamode implique l'affranchissement [292], et Thucydide (VII, 19, 3 et 58, 3) les distingue des Hilotes envoyés avec eux en expédition en Sicile. Leur nom suggère même un accès à la citoyenneté [293] ou à la quasi-citoyenneté si, contrairement à Hésychius qui fait de *damôdeis* [294] l'équivalent laconien de *dèmotai*, on est sensible au suffixe *-ôdès*, qui marque seulement la ressemblance [295]. De toute façon, il s'agit non de rejoindre les *Homoioi*, mais seulement le *dèmos* des Périèques, ce qui suggère que les Spartiates ne sont pas si éloignés des idées d'Isocrate [296] sur le rejet du *dèmos* à la périphérie.

• Les *mothônés*, les *mothakés* et les *trophimoi* constituent, eux, des catégories permanentes regroupant des gens qui, grâce à l'éducation spartiate et à des phénomènes de clientélisme, ont pu progresser dans la société spartiate [297].

---

adespotoi (sans maîtres), *éruktèrés* (défenseurs ?) ou *desposionautai* (matelots avec un maître ? ou selon P. Carlier, *Mélanges P. Lévêque* 8, 1994, p. 34, « maîtres de manœuvre »).

292. Cf. Hésychius, *s.v.*, et Pollux, III, 83, ainsi qu'une glose introduite dans le texte de Thuc., VII, 58, 3.

293. Diodore, XIV, 36, 1, qualifie de citoyens (*politai*) les 1 000 Néodamodes mentionnés par Xénophon, *Hell.*, III, 1, 6.

294. Cette forme n'est qu'une correction, les manuscrits portant *damôseis*.

295. Cf. V. Ehrenberg, « Neodamodeis », col. 2401.

296. Cf. *supra*, p. 140.

297. Cf. V. Ehrenberg, « Mothakes », *RE* XVI,1, 1933, coll. 382-384, D. Lotze, « Μόθακες », *Historia* 11 (1962), p. 427-435, J. Ducat, *Les Hilotes*, p. 166-168, et St. Hodkinson, « Servile and free dependants of the classical Spartan "*oikos*" », *in* M. Moggi et G. Cordiano éd., *Schiavi*

Les *mothônés* sont de jeunes Hilotes qui servent le fils du maître pendant son éducation, ce qui les fait qualifier d'« élevés à côté » (*paratréphoménoi*) ; ils l'accompagnent aussi à la guerre et aux *syssities*. L'*Etymologicum magnum* voit en eux des esclaves nés à la maison ; c'est sans doute le cas habituel, le service domestique pouvant rapprocher les Hilotes de leurs maîtres, mais il est difficile d'y voir une règle institutionnelle. Ces jeunes Hilotes sont affranchis à l'issue de leur éducation, mais l'une des danses grotesques auxquelles les Hilotes sont astreints porte le nom de *mothôn*[298] : les *mothônés* devaient y participer (peut-être au moment de leur émancipation ?), ce qui leur rappelait leur condition inférieure.

Les *mothakés* sont, eux, initialement libres[299] mais non citoyens. On les dit élevés non à côté des jeunes Spartiates mais avec eux (*suntrophoi*) (cf. Phylarque, *in* Athénée, VI, 271e-f) : selon les moyens de sa famille, un jeune Spartiate a un, deux ou trois *suntrophoi*. A l'issue de l'éducation, les *mothakés* peuvent devenir des citoyens de plein droit, au moins si leur protecteur leur fournit un *kléros* ou des moyens de payer leur part aux *syssities*. Élien (12, 43) prétend même que certains des plus grands chefs spartiates, Callicratidas, Gylippe et Lysandre, étaient des *mothakés*. La chose a été contestée, mais elle n'a rien d'impossible. En effet, Gylippe était le fils d'un exilé condamné à mort pour trahison et toute une tradition insiste sur la pauvreté de Lysandre, qui aurait acquis la citoyenneté du fait de sa bravoure (*andragathia*) (Phylarque) et de ses liens avec la famille royale. Ainsi, les enfants de gens déchus de la citoyenneté, du fait par exemple de leur pauvreté, peuvent la recouvrer en devenant des *suntrophoi* d'un jeune aristocrate, qui se crée par là une clientèle. A l'époque hellénistique, ces *mothakés* peuvent même deve-

---

e dependenti dell' « oikos » et della « familia », p. 45-71, dont je résume en partie les conclusions.

298. Selon L.B. Lawler, *TAPA* 75 (1944), p. 20-33, notamment p. 31-33, il s'agirait d'une vieille danse de marins.

299. Seul Hésychius les dit à tort esclaves (*douloi*), mais il s'agit soit d'une confusion avec les *mothônés*, soit d'une glose de *paidés*, qui se serait indûment introduite dans le texte.

nir des sortes de pages, quand il s'agit d'enfants nobles élevés à la cour avec le prince héritier[300]. Bien qu'ils ne soient pas qualifiés de *mothakés*, les bâtards (*nothoi*) paraissent avoir avoir un statut proche de ceux-ci ; comme ils forment des contingents spéciaux (cf. Xén., *Hell.*, V, 3, 9), il semble qu'ils ne jouissent pas ou pas dès le début du statut d'*Homoioi*.

• Quant aux *trophimoi* (ceux qui ont été élevés), ce sont des enfants soit de Périèques, soit d'étrangers, admirateurs ou protégés de Sparte, comme Xénophon ou Phocion[301]. Ils sont élevés à Sparte, un peu comme des enfants adoptifs, au moins temporaires, d'un *oikos* spartiate : Xénophon avait ainsi été incité par son hôte, le roi Agésilas, à faire élever ses enfants à Sparte. En général, ces *trophimoi* retournent ensuite dans leur patrie, où ils accroissent l'influence de Sparte[302] et celle de l'*oikos* qui les a accueillis, mais ils peuvent aussi combattre aux côtés des Lacédémoniens, ainsi dans l'armée qu'en 381 Agésipolis emmène contre Olynthe (Xén., *Hell.*, V, 3, 9).

Le clientélisme qu'impliquent ces trois catégories permet d'établir des distinctions entre les Spartiates : dans le banquet célébré le deuxième jour des Hyakinthia, le riche Spartiate réunit ses fils légitimes et ses *nothoi*, ses *mothakés* et ses serviteurs hilotes et leur nombre accroît son prestige, qu'il ne lui est plus possible de manifester par le luxe du vêtement, des repas ou des monuments funéraires.

300. Cf. les deux *mothakés* élevés avec le futur Cléomène III, qui, en tant qu'héritier du trône, n'était pas astreint à une *agôgè* d'ailleurs en pleine déliquescence, Plut., *Cléomène*, 6, 1.

301. Cf. aussi l'engagement non tenu du roi Pyrrhus de faire élever ses plus jeunes enfants à Sparte « dans les mœurs laconiennes », Plut., *Pyrrhus*, 26, 21.

302. C'est là un moyen d'accroître son influence que Rome utilisera fréquemment.

3

Le système politique

Les Spartiates avaient un régime original, rattaché traditionnellement au législateur plus ou moins légendaire Lycurgue, qui, contrairement à la construction théorique d'un Clisthène, s'était constitué progressivement et, sous des dehors immobiles, continua à évoluer. Ce régime associait deux rois, un conseil des Anciens (gérousie), 5 éphores et une assemblée, ce qui permit à Aristote d'y voir une combinaison harmonieuse de monarchie, d'aristocratie et de démocratie. Cependant, la plupart des Anciens, sensibles à la présence de Grecs dépendants comme les Périèques et surtout les Hilotes et au petit nombre des Spartiates de plein droit, y ont reconnu le type même de l'oligarchie, d'autant plus que la guerre du Péloponnèse se présentait en partie comme une lutte idéologique entre la démocratie et l'oligarchie.

1. Les rois [1]

Les rois sont souvent évoqués, notamment dans des récits, de Thucydide ou de Xénophon par exemple, qui les montrent en action, au moins à la guerre ; ces récits fournissent invo-

1. On se référera à B. Sergent, « La représentation spartiate de la royauté », *Revue de l'histoire des religions* 189 (1976), p. 3-52, et surtout à P. Carlier, *La Royauté en Grèce avant Alexandre*, Strasbourg, AECR, 1984 ; cf. aussi L.G. Iglesias, « La sucesion real en Esparta : Fallas e paliativos de un sistema » *Polis* 2 (1990), p. 39-51, J.M. Casillas, « *Geras thanonton.* Muerte y funerales en la monarquia lacedemonia », *Polis* 5 (1993), p. 23-57. P. Cartledge, « Spartan kingship : Doubly odd ? », *Spartan Reflections*, Londres, Duckworth, 2001, p. 55-75.

lontairement des renseignements sur leur pouvoir effectif et ont donc des chances d'échapper à la déformation partisane comme aux constructions théoriques. Leurs pouvoirs sont aussi précisés par Hérodote (VI, 56-59), rapportant le conflit entre Cléomène et Démarate, qui consacre une digression aux prérogatives royales ; le texte se présente comme un inédit dont l'historien se fait gloire ; Xénophon en est manifestement parti pour, dans *La République des Lacédémoniens*, y apporter des compléments, soigneusement orientés : le chapitre XIII, consacré au roi en campagne, entend montrer que tout est parfaitement organisé, tandis que le chapitre XV, consacré à la royauté elle-même, suggère que celle-ci n'a rien de tyrannique, mais que, tout en jouant un rôle religieux et militaire, le roi n'est qu'un *primus inter pares*. Quant à *La Politique* d'Aristote, après avoir, en II, 9, 1271a 18-26, critiqué le fonctionnement de la royauté spartiate, elle en fait, en III, 14, 1285, le type de la royauté fondée sur la loi, se limitant à une magistrature à vie.

Les deux rois

Les deux rois appartiennent à deux dynasties distinctes, qui donnent à leurs membres des noms différents [2], ne doivent pas pratiquer d'intermariages [3] et ont des tombeaux significativement placés dans deux quartiers différents.

2. Le légendaire Agis, dont les Agiades auraient tiré leur nom, fait exception, puisque le nom ne se retrouve ensuite que chez les Eurypontides, qui ont aussi repris aux Agiades le nom d'Agésilas ; parmi les rois ou régents, on note, chez les Agiades, 3 Cléomène, 2 Cléombrotos, 2 Léonidas, 2 Pausanias et 2 Areus et, chez les Eurypontides, 4 Agis, 5 Archidamos, 2 Agésilas, 2 Eudamidas et 2 Léotychidas ; si on y ajoute Zeuxidamos, Anaxidamos et Démarate ainsi que Charilaos et Anaxilaos, on remarque le grand nombre de rois en *damos* ou en *laos* chez les Eurypontides, alors que de tels noms (à l'exception d'Archélaos) sont absents de la liste des Agiades ; cf. P. Carlier, *La Royauté en Grèce avant Alexandre*, p. 316-318.

3. Encore qu'à l'époque hellénistique l'Eurypontide Chilonis épouse successivement les Agiades Cléonymos et Acrotatos.

Ils sont censés descendre des deux jumeaux Eurysthénès, père d'Agis et ancêtre des Agiades, et Proclès, père d'Eurypon et ancêtre des Eurypontides. Eurysthénès et Proclès auraient eux-mêmes été des descendants d'Héraclès à la cinquième génération, d'où la qualification d'Héraclides, à laquelle ont droit les deux familles royales et certaines familles aristocratiques, peut-être théoriquement apparentées aux familles royales [4]. Censés descendre de deux jumeaux, les deux rois ont des pouvoirs égaux, encore que les Agiades, dont l'ancêtre passe pour l'aîné des jumeaux, aient pu avoir la préséance sur les Eurypontides [5]. Mais, si l'Agiade Pleistoanax est mentionné avant l'Eurypontide Agis, en 421, dans la paix de Nicias comme dans l'alliance qui suivit (Thuc., V, 19, 2 et 24, 1), la chose est due à son âge (ou à sa date d'accession au trône), car le même Agis est mentionné avant son cadet l'Agiade Pausanias dans une inscription (*IG* V, 1, 1564) de la fin du ve siècle ou du début du IVe siècle.

La présence simultanée de deux dynasties a suscité différentes hypothèses. Certains, rappelant les trois chefs de la première guerre de Messénie, ont supposé que les trois tribus spartiates avaient originellement chacune un roi et que l'un des trois aurait été éliminé. D'autres, soulignant que Cléomène Ier s'était déclaré à Athènes achéen et non dorien, ont voulu distinguer le roi des envahisseurs et celui des anciens habitants restés à Amyclées. Si les dynasties ne se disaient toutes deux héraclides, on pourrait aussi distinguer les Doriens et les Héraclides. Enfin, étant donné la localisation de leurs tombeaux, les Agiades pourraient aussi représenter les anciens villages de Pitana et de Mésoa, et les Eurypon-

4. Le terme d'Héraclides est même parfois appliqué, par extension, à l'ensemble des Spartiates de plein droit, voir, par exemple, Tyrtée, élégie 8, v. 1, qu'on opposera à l'élégie 2.

5. C'est, bien sûr, la situation effective des deux dynasties qui a donné naissance à la fable, longuement développée par Hérodote, VI, 52, des jumeaux et de la ruse utilisée pour découvrir l'aîné. Cette préséance des Agiades a aussi laissé supposer qu'ils avaient commencé à régner avant les Eurypontides, dont la liste aurait été artificiellement allongée (par exemple, par l'adjonction des noms de Prutanis et d'Eunomos) pour égaler celle des Agiades.

tides, ceux de Limnai et de Konooura, dont les affrontements anciens sont rappelés par Pausanias (III, 16, 9)[6].

De toute façon, il n'y a pas à s'étonner qu'il y ait eu à un certain moment deux rois : Rome a bien eu deux consuls, Messène, deux rois, et Athènes, après un roi, 2, puis 3 « archontes ». Le fait d'avoir deux chefs permet d'en garder un à l'intérieur pendant que l'autre part en expédition, encore que, jusqu'en 506[7], les deux rois partent généralement en expédition ensemble ; il permet aussi d'éviter la vacance du pouvoir, à la mort d'un roi ou lorsque l'un des deux est trop jeune. Mais, ce qui est original et permettait de faire l'éloge de Sparte, c'est qu'au moins jusqu'au IIIe siècle aucune dynastie n'ait éliminé l'autre. Cette permanence est sans doute à mettre au crédit du système politique lui-même, qui a empêché les rois d'accéder au pouvoir absolu, même lorsque la tyrannie se développait en Grèce. Elle a pu aussi être favorisée par le culte des Dioscures, Castor et Pollux[8] offrant le modèle d'une alternance amicale.

L'accession au pouvoir

L'accès au trône se fait par l'hérédité. Le fils passe ainsi avant le frère : au début du IVe siècle, Léotychidas entendait donc être préféré à Agésilas, car, disait-il « la loi enjoint que ce soit non le frère, mais le fils qui soit roi » (Xén., *Hell.*, III, 3, 2). Mais Démarate apporte une précision supplémentaire en signalant à Darius l'usage (*nomizesthai*) spartiate : « Si des fils sont nés avant que leur père soit devenu roi et que survienne un fils né plus tard, alors que le père règne, c'est le fils né après qui hérite de la royauté » (Hdt., VII, 3). Cependant, si le second est ainsi favorisé, les premiers ne sont pas éliminés. Pierre Carlier (*La Royauté en Grèce avant*

6. Cf. J.F. Lazenby, *The Spartan Army*, Warminster, Aris et Phillips Ltd, 1985, p. 66-67.

7. La date est approximative.

8. Le nom de celui-ci, qui, en grec, signifie le « très doux », en fait l'antonyme de Polynice, le « très querelleur », qui avec Étéocle constitue au contraire le modèle des frères ennemis.

Alexandre, p. 247) s'est fondé sur ce passage, où il reconnaît déjà ce que les Byzantins qualifieront de porphyrogenèse, ainsi que sur une étude précise des successions royales pour proposer la règle suivante : le trône revient au « plus proche descendant (je dirais plutôt parent, car le frère n'est pas un descendant) du plus récent détenteur du pouvoir le plus royal[9] », entendons qu'un roi est plus royal qu'un régent, lui-même plus royal qu'un membre ordinaire de la famille royale.

Ce sont là les règles normales de succession, mais il semble que les Spartiates aient eu leur mot à dire : ils se contentent sans doute d'acclamer le nouveau roi, qui est nommé même s'il n'est pas encore en âge de régner[10] ; mais ils doivent aussi trancher en cas de contestation.

La désignation de Cléomène Ier est, à cet égard, éclairante. En effet, dans un texte assez hostile à Cléomène, Hérodote (V, 42) rapporte que Dorieus[11], qui avait plus de mérite, espérait obtenir la royauté, mais que les Spartiates ont respecté la règle (*nomos*) et nommé roi l'aîné Cléomène. Les espoirs et la déception de Dorieus suggèrent qu'on aurait pu ne pas la respecter et faire l'autre choix. Mais il s'agit en fait d'un cas exceptionnel. Le roi Anaxandridas, père des deux prétendants, avait, de façon anormale, été autorisé à avoir deux femmes à la fois. On pouvait dès lors se demander si la deuxième femme, mère de Cléomène, devait vraiment être considérée comme une épouse légitime, à l'égal de la future mère de Dorieus, ou si elle n'était qu'une épouse secondaire,

9. Le fils de Dorieus, Euryanax, dont seuls le grand-père et les oncles avaient régné et dont le père n'avait même pas été prince héritier, passait ainsi après les frères cadets de Dorieus, Léonidas et Cléombrotos, fils et frères de rois ; voir aussi Polybe, IV, 35, 14, à propos de la nomination comme roi d'un personnage « dont aucun ancêtre n'avait porté ce titre ».

10. Cf. Thuc., I, 107, 2, où Nicomède, le fils de Cléombrotos, exerce le commandement au nom (*huper*) de son neveu, « le roi Pleistoanax, qui était encore jeune », I, 132, 1, où le régent Pausanias exerce sa tutelle (*épétropeuen*) sur son cousin, Pleistarchos, « qui était roi et encore jeune », et III, 26, 2, où Cléomène dirige l'invasion en Attique au nom (*huper*) de son neveu Pausanias, « qui était roi et encore trop jeune ».

11. Cf. sur Dorieus, L. Braccesi, *L'enigma Dorieo,* Rome, L'Erma di Bretschneider, « Hesperia, 11 », 1999.

simple donneuse d'enfants pour le cas où la première continuerait à se montrer stérile. C'est d'ailleurs ce qu'impliquent les réactions de la famille de Cléomène à la nouvelle que la première femme était enceinte : dès ce moment on devait craindre que l'enfant à naître ne passât avant Cléomène [12].

Ce sont aussi les Spartiates qui tranchent entre Léotychidas et Agésilas, c'est-à-dire entre le fils à la filiation contestée et le frère. Le choix pourrait avoir été fait, au moins initialement, par la gérousie, comme le suggèrent les expressions de Xénophon (*Agés.*, 5) : « Dans la cité la plus puissante jugé par les meilleurs (*aristoi*) digne de l'apanage (*géras*) le plus beau » ; celle-ci aurait ainsi décidé en fonction de ses pouvoirs judiciaires, mais la phrase des *Helléniques* (III, 3, 4) : « Après avoir entendu de tels arguments des deux parties, la cité choisit Agésilas comme roi » orienterait plutôt vers une décision de l'assemblée [13] : le plus probable, c'est que, surtout si le roi devait être proclamé, le choix de la gérousie avait besoin d'être confirmé par l'assemblée. C'est en tout cas la gérousie, selon Pausanias (III, 6, 2), qui doit trancher entre Cléonymos et Areus, c'est-à-dire entre le fils cadet et le fils du fils aîné. Mais, même dans les cas où aucun problème ne se pose, on n'est pas, au moins théoriquement, assuré d'obtenir la succession. Ainsi, dans un passage d'Isocrate (VI, *Archidamos*, 8), favorable à Archidamos, celui-ci se présente lui-même comme « descendant d'Héraclès, fils du roi actuel et qui peut (lui-même) s'attendre (*épidoxon*) à obtenir le même honneur (*timè*) » : l'expression surprendrait, si le fils succédait à son père, automatiquement et sans aucune formalité [14].

12. Il s'y ajoute certainement des luttes à l'intérieur de l'aristocratie spartiate et on a pu souligner que la deuxième femme d'Anaxandridas était une descendante du fameux éphore et sage Chilon.

13. C'est aussi ce que suggère Plutarque, *Agés.*, 12, 3, 8, en notant que Lysandre, partisan d'Agésilas, avait convaincu un grand nombre de Spartiates.

14. Cf. aussi l'expression de Xénophon, *Hell.*, III, 3, 1, à propos de la désignation d'Agésilas : « La période de deuil achevée, il fallait *nommer* (*kathistasthai*) un roi. »

Pouvoir théorique

Le pouvoir des rois, très grand à l'origine, a décru, comme suffisent à le montrer la comparaison des textes d'Hérodote et de Xénophon et le jugement d'Aristote, qui voit en eux des magistrats à vie et non plus de véritables rois.

Il semble qu'à l'origine leur pouvoir ait été collégial. La thèse a été développée, dans une perspective polémique, par l'entourage d'Agis IV, qui entendait montrer que, quand les deux rois étaient d'accord, les éphores perdaient leur pouvoir d'arbitrage et devaient s'incliner. Mais l'idée d'un pouvoir collégial des deux rois n'est pas une simple invention du IIIe siècle, car elle est déjà, à la fin du VIe siècle et au début du Ve siècle, utilisée par les Éginètes, puis par les Athéniens, pour refuser de céder à un seul roi (Hdt., V, 50, et VI, 86). De même, le passage d'Hérodote (VI, 56-58) consacré aux prérogatives royales, qui s'inspire manifestement d'un texte officiel spartiate [15], emploie constamment le pluriel, alors que les textes correspondants de Xénophon utilisent le singulier, sans contredire expressément Hérodote, dont le pluriel pouvait se référer aussi bien aux deux rois qu'aux rois successifs.

Les rois ont un pouvoir surtout militaire et religieux : Xénophon (*Rép. Lac.*, XIII, 11) conclut le chapitre consacré aux rois à la guerre en assurant que « le roi n'a pas d'autre tâche en campagne que d'être un prêtre pour les dieux et un stratège pour les hommes ».

Leur première prérogative mentionnée par Hérodote, c'est « de porter (*ekphérein*) la guerre contre la contrée (*chôra*) qu'ils voudront et qu'aucun Spartiate n'y fasse obstacle, sinon, qu'il soit voué à la malédiction ». Le texte est doublement équivoque. D'abord, le pluriel, comme nous venons de le rappeler, peut correspondre au pouvoir collectif des deux rois aussi bien qu'au pouvoir des rois successifs. Mais, comme souvent à Sparte [16], c'est justement l'ambiguïté qui a

15. C'est ce qu'il affirme lui-même et ce que suggèrent à la fois la syntaxe (l'infinitif) et le vocabulaire (notamment les *géréa* et *en tôi agèï*).

16. Cf., pour la grande *rhètra*, *supra*, p. 31-33.

permis l'évolution. Avant 506, les deux rois partaient ensemble en expédition, même si, vraisemblablement, dans les faits, l'un devait avoir le pas sur l'autre. Après la dispute d'Éleusis entre Cléomène et Démarate, désormais, sauf exception, on n'en envoie plus qu'un seul : « A la suite de ce divorce (*dikhostasiè*) fut établi comme loi à Sparte qu'il ne soit pas permis aux rois d'accompagner tous les deux une armée en campagne » (Hdt., V, 75), et, symbole de cette séparation, la même loi imposait de laisser désormais l'un des deux Dioscures à Sparte. Cette nouvelle disposition pouvait soit mettre les deux rois en concurrence pour mener les expéditions, en accroissant ainsi le pouvoir de l'assemblée et des éphores, soit, au contraire, renforcer la prépondérance du roi mis habituellement à la tête des troupes.

Cependant, le texte d'Hérodote présente encore une seconde ambiguïté, selon que *chôra*, que j'ai traduit par territoire, désigne un pays ou une simple région. Dans le premier cas, il s'agit du droit de déclencher la guerre [17], sens qu'autorise le groupe verbal (cf. Polybe, IV, 36, 1), dans le second, uniquement de la direction stratégique des opérations.

Le choix par les rois de l'ennemi à combattre est encore attesté à la fin du VIe siècle, quand Cléomène réunit « une expédition de l'ensemble du Péloponnèse sans indiquer vers (ou en vue de) quoi, il la réunit » (Hdt., V, 74). Mais la chose paraît assez anormale pour qu'Hérodote la signale et l'expédition échoue lamentablement, puisque, à Éleusis, les Corinthiens font défection, suivis du deuxième roi, Démarate, et finalement de l'ensemble des alliés. Il est cependant probable qu'à l'époque archaïque, lorsqu'on guerroyait, tous les ans ou presque, contre les mêmes voisins, l'initiative de la guerre revenait aux seuls rois.

En tout cas, à l'époque classique, les rois ne décident plus de la guerre, non seulement parce que, depuis 506, ils ont perdu la direction collégiale des opérations, mais aussi à cause du rôle dévolu aux alliés de la « ligue du Pélopon-

17. Il semble que les rois n'aient jamais eu le droit de conclure la paix, cf. Plut., *Agés.*, 10, 7, ni même de déclarer officiellement la guerre, car, comme me le fait remarquer Claude Vatin, on déclare la guerre à un peuple ou à roi mais non à un territoire.

nèse ». C'est, entre autres, ce qu'avait négligé Cléomène et qui a entraîné la défection des Corinthiens. Au contraire, en 432, lors du déclenchement de la guerre du Péloponnèse, toutes les formalités sont respectées et, en ce qui concerne Sparte, c'est l'assemblée qui vote la guerre avant de soumettre la question aux alliés (Thuc., I, 87). De plus, au IVe siècle et, sans doute, déjà plus tôt, il revenait aux éphores de proclamer la mobilisation (*phrouran phainein*) de l'armée civique [18] en indiquant normalement contre qui elle se faisait.

Si, au cours de la dernière phase de la guerre du Péloponnèse, le roi Agis, stationné dans la région de Décélie, avait tout pouvoir (*kurios*), sans en référer aux autorités spartiates, « d'envoyer une expédition où bon lui semblait, de réunir des troupes et de lever de l'argent » (Thuc., VIII, 5, 3), la chose est présentée comme exceptionnelle. Et les *Helléniques* de Xénophon montrent des rois en expédition lointaine de plus en plus soumis aux autorités spartiates. Généralement accompagnés de deux éphores [19] (II, 4, 36) ou d'envoyés des éphores, les rois obéissent aux instructions qu'on leur transmet ; le roi Cléombrotos, en expédition en Béotie, fait même demander aux autorités de Sparte « ce qu'il doit faire » (V, 42), tandis qu'Agésilas, qui, désireux de faire la guerre aux Perses, a rendu compte aux éphores de sa consultation de l'oracle de Dodone, se voit inviter par ceux-ci à consulter aussi Delphes (Plut., *Apopht. lac.*, 209a) [20].

Les rois restent néanmoins les commandants en chef. Aristote (*Pol.*, III, 14, 1285a 5-8) les qualifie de stratèges *autokrator*, et il est impensable qu'ils soient soumis à un autre chef militaire : dès qu'arrivent les rois Pausanias

18. Cf. Xén., *Hell.*, 3, 2, 23 et 25 ; 3, 5, 6 ; 4, 2, 9 ; 5, 4, 35, 47 et 59 ; 6, 4, 17.

19. Il y a déjà des éphores, le pluriel impliquant qu'ils sont au moins deux, auprès du régent Pausanias, à la bataille de Platées, Hdt., IX, 76 ; cf. aussi *Classical Review* 17 (1903), p. 99, où est évoquée une inscription métrique avec un bas relief représentant le régent Pausanias accompagné de deux éphores, d'une suppliante et de deux enfants.

20. Cf. aussi Plut., *Agés.*, 17, 1, où l'éphore Diphridas venu de Sparte au-devant d'Agésilas de retour d'Asie, lui donne l'ordre (*keleuôn*) d'envahir tout de suite la Béotie et, alors que le roi aurait préféré d'abord accroître ses forces, il n'a garde de « désobéir aux magistrats ».

ou Agis, Lysandre doit se mettre sous leur commandement.

Hérodote et surtout Xénophon précisent leur rôle militaire. Commandant l'armée civique[21], le roi avance en tête du corps de troupe, précédé seulement des Skirites et des éclaireurs montés, qui ouvrent la voie ; il quitte aussi en dernier le champ de bataille et choisit l'emplacement du camp. Il combat à l'aile droite, la plus exposée, mais non à l'extrémité, puisqu'il a encore un corps d'armée (une *more*) à sa droite, et à l'avant, mais protégé, selon Hérodote (VI, 56) par une garde d'honneur de 100 hommes d'élite (*logadés*), pris vraisemblablement parmi les *Hippeis*[22]. L'organisation pyramidale du commandement, dont Thucydide (V, 66, 3-4) souligne l'efficacité, permet une bonne transmission des ordres, et le roi peut, selon Xénophon, se décharger des affaires judiciaires sur des hellanodiques, des affaires financières, sur des trésoriers, et des problèmes de butin, sur des vendeurs de butin (*Rép. Lac.*, XIII, 11). Il exerce, comme tout chef militaire, un pouvoir disciplinaire qui lui donne, sur le champ de bataille, un droit de vie et de mort même sur les citoyens (Aristote, *Pol.*, III, 14, 1285a 8-10) et peut, bien sûr, envoyer des ambassades tant aux amis (pour demander par exemple de l'aide) qu'aux ennemis (pour conclure par exemple une trêve) (*Rép. Lac.*, XIII, 10). Ce droit d'envoyer des ambassades a été contesté par certains éditeurs de Xénophon, qui ont imprudemment introduit une négation dans le texte *(ou* à la place de *au*), mais il est confirmé par de nombreux récits d'Hérodote, Thucydide ou Xénophon[23].

De fait, le roi exerce une activité diplomatique, plus ou moins liée à ses fonctions militaires, puisque, en dehors des ambassades demandant une trêve, on voit Cléomène recevoir des ambassades qui voulaient inciter Sparte à la guerre : en 516, le Samien Maiandrios, qu'il fait expulser par les

21. Elle est appelée par Xénophon *phroura* (*Hell.*, IV, 7, 2 et V, 2, 3) ou, plus souvent, *to politikon* ou *to politikon strateuma* (cf. *supra*, p. 143, n. 257).

22. A Mantinée, en 418, selon Thuc., V, 72, 4, le roi est entouré de « ceux qu'on appelle les trois cents *Hippeis* ».

23. Cf., sur ce point, l'excellente analyse de P. Carlier, *La Royauté en Grèce avant Alexandre*, p. 264-265.

éphores, en 514, une ambassade scythe, et, en 499, l'Ionien Aristagoras. En tant que chef de l'armée, il a sous ses ordres les troupes alliées et est donc en rapport avec les cités qui les envoie. Enfin, les rois désignent des proxènes [24] : « Il leur appartient de désigner des proxènes, ceux qu'ils veulent parmi les citoyens de souche (*astoi*) » (Hdt., VI, 57). L'indication est étrange, car un proxène pourrait être soit un Spartiate qui s'occupe des étrangers appartenant à la cité qui lui a décerné ce titre [25], soit un étranger désigné par Sparte pour accueillir les Spartiates dans sa propre cité et qui serait alors un « proxène des Lacédémoniens », comme l'ont été, par exemple, parmi les Athéniens, les ancêtres d'Alcibiade (Thuc., V, 49, 2 et 89, 2) ou l'exilé Xénophon [26] et, parmi les Thessaliens, Polydamas de Pharsale (Xén., *Hell.*, VI, 1, 4) et son adversaire Jason de Phères (Xén., *Hell.*, VI, 4, 24) ; un tel proxène pourrait bien, à l'époque d'Hérodote, être désigné par les rois. Mais, dans le texte, sont mélangés les deux types de proxènes, puisqu'il s'agirait de Spartiates désignés par Sparte. On a donc supposé une institution originale, à savoir des magistrats spartiates chargés de s'occuper des étrangers [27], c'est-à-dire en fait de les surveiller, et on les a

24. Cf. P. Monceaux, *Les Proxénies grecques*, Paris, E. Thorin, 1886, notamment p. 6-12 et 146-160, F. Huybrechts, « Over de proxenie in Lakonië », *Revue belge de philologie et d'histoire* 37 (1959), p. 5-30, D.J. Mosley, « Spartan kings and proxeny », *Athenaeum*, n.s. 49 (1971), p. 433-35, F. Gschnitzer, *RE Supplb.* XIII, 1973, *s.v.* Proxenos, coll. 629-730, notamment coll. 635 *sq.*, C. Marek, *Die Proxenie*, Europ. Hochschulschrift. 3 R. 213, Francfort, Lang, 1984, et L. Porciani, « La prossenia spartana : Note a Erodoto, 6, 57, 2 », *Annali della Scuola Normale Superiore di Pisa* 21 (1991), p. 125-136 ; cf. aussi Xén., *Rép. Lac.*, 15, 5, Cicéron, *De div.*, 1, 43, 95, *Souda*, *s.v.*

25. Cf. Lichas, proxène d'Argos, Thuc., V, 76, 3, Cléarque, proxène de Byzance, Xén., *Hell.*, I, 1, 35, Pharax, proxène des Béotiens (ou plutôt des Thébains), Xén., *Hell*, IV, 5, 6, Koroibos, qui, en 367, devient proxène d'Athènes, *IG* II ^{2} 106, et, dans les *Lois* de Platon, I, 642b-c, le personnage de Mégillos, proxène héréditaire d'Athènes.

26. Cf. aussi, Nicias (de Gortyne), Thuc., II, 85, 5, Lakon (*sic*) (de Platées), Thuc., III, 52, 5, Alciphron (d'Argos), Thuc., V, 59, 5, et, à Élis, Xénias, qui, selon Pausanias, III, 8, 4, était à la fois « l'hôte personnel d'Agis (II) et le proxène de la communauté des Lacédémoniens ».

27. Mais, s'il s'agissait de magistrats, on s'attendrait à ce que le texte en donnât le nombre, comme pour les *Pythioi*, évoqués juste après, et

rapprochés des polémarques athéniens et surtout des collèges de proxènes d'Olympie et de Delphes, qui sont formés de gens du cru nommés par les autorités locales. Mais il s'agit, dans ces derniers cas, de sanctuaires devant accueillir des pèlerins, ce qui n'est pas le cas de Sparte, et, d'autre part, Olympie n'est pas une cité.

Il est aussi possible que, dans le texte d'Hérodote, la conjonction et (*kai*) ait été déplacée et que l'expression « parmi les *astoi* » se rapporte non aux proxènes mais aux Pythioi, évoqués immédiatement après et qui, eux, sont manifestement des citoyens distingués. Il est cependant toujours périlleux de corriger un texte attesté par de nombreux manuscrits.

Aussi est-il préférable de supposer, comme me le suggère Claude Vatin, que les rois se contentaient de confirmer *pro forma* et en quelque sorte d'enregistrer la désignation (normale) du proxène par la cité concernée

De toute façon, les rois établissaient volontiers avec les dirigeants étrangers, au profit de Sparte ou à leur profit personnel, des relations héréditaires d'hospitalité (*xénia*), qui facilitaient les relations diplomatiques et pouvaient, comme en 403 à Athènes ou en 380 à Phlionte, déboucher sur la constitution de coteries ou de factions.

En tant que « descendants de la divinité », ils ont aussi des prérogatives religieuses importantes, que souligne Aristote : « Ce qui concerne les dieux est du ressort des rois » (*Polit.*, III, 1285a 6). Ils exercent les sacerdoces de Zeus Lacédémon et de Zeus Ouranios, sans que le texte d'Hérodote permette de savoir si c'est collégialement ou si chacun exerce un des deux sacerdoces. Ils organisent tous les sacrifices publics, notamment à l'armée, et y reçoivent des parts d'honneur (la peau et les filets). Ces sacrifices sont si nombreux qu'il leur a été accordé « de recevoir un porcelet de toutes les portées de truies, de façon que le roi ne manque jamais de victimes, s'il est quelque besoin de consulter les dieux » (Xén., *Rép. Lac.*, XV, 5). Les rois ont aussi la maîtrise des relations avec Delphes, puisque chacun d'eux désigne deux Pythioi, qui seront leurs commensaux et auront la garde des oracles, ce

---

les Spartiates auraient, par le terme proxène, désigné deux charges différentes.

qui implique des archives écrites et permet éventuellement des manipulations.

Il ne leur reste plus personnellement qu'un pouvoir judiciaire limité, concernant le droit familial (attribution des filles *épiclères* et adoption) et les chemins publics, qu'il faut préserver des empiétements privés. Mais les rois sont associés à la gérousie, qu'ils ne président pas (ou plus ?), mais où ils siègent et ont même le privilège de se faire représenter ; ils participent ainsi à ses pouvoirs législatifs (initiative et veto) et judiciaires.

Puissance politique

On a pu se demander si, en dehors de leurs fonctions militaires et religieuses, les rois n'avaient qu'un rôle honorifique ou s'ils jouissaient encore d'une grande puissance, notamment en politique étrangère.

Certains, comme Edouard Will [28], ont évoqué l'impuissance des rois et les ont comparés aux *archontes* athéniens, qui, au cours du Vᵉ siècle, en viennent à avoir moins de pouvoir que de prestige. Mais, au VIᵉ siècle, les archontes exerçaient encore l'essentiel du pouvoir, et Sparte n'a pas de stratèges indéfiniment rééligibles capables d'inspirer la politique de la cité. Et, surtout, comme l'a bien souligné G.E.M. de Sainte-Croix [29], il faut distinguer le pouvoir de droit et la puissance de fait, qui ressortit à l'*auctoritas* et est ainsi fondée sur l'influence et le prestige.

Les rois sont avant tout des personnages sacrés : ils sont issus des dieux, et le cas des enfants d'Anaxandridas, d'Ariston ou d'Agis II, dont on tient à s'assurer de la filiation légitime, montre l'importance qu'on attache à cette origine [30]. La

28. Ed. Will, *Le Monde grec et l'Orient. Le Vᵉ siècle (510-403)*, Paris, PUF, 1972 (rééd. 1994), p. 440 : « Les deux rois sont égaux aussi bien dans l'honneur que dans l'impuissance politique. »

29. G.E.M de Sainte-Croix, *Origins of the Peloponnesian War*, Londres, Duckworth,1972, p. 125.

30. Ce souci contraste avec la souplesse des relations conjugales à Sparte, où il est permis de prêter sa femme ou de faire appel à un géniteur extérieur, cf. *supra*, p. 87-89.

présidence des sacrifices maintient leurs liens avec les dieux et il est sacrilège de leur désobéir. Contrairement aux stratèges athéniens, même s'il arrive qu'on les condamne par contumace, on n'ose pas les mettre à mort : après le décès du régent Pausanias, qu'on avait emmuré dans le sanctuaire d'Athéna Chalkioikos, souillure dont Sparte aura du mal à se guérir, il faut attendre la crise révolutionnaire du IIIe siècle pour qu'on ose attenter à la vie d'un roi et, même alors, la chose ne se fait pas sans mal : selon Plutarque (*Agis*, 19, 9), les exécuteurs hésitaient dans la mesure où il paraissait contraire aux lois divines et humaines « de porter la main sur la personne d'un roi ». Les Spartiates prétendent même, à tort, que les ennemis hésitent à le faire (*Agis*, 21, 2-4). Ce caractère sacré du roi apparaît clairement dans les honneurs funèbres dont il jouit et qui sont d'autant plus remarquables que, pour les autres Spartiates, on a supprimé tout le lustre des funérailles. Selon Hérodote (VI, 58-59) se réunisssent Spartiates et Hilotes ainsi qu'une délégation de Périèques et, « les hommes mêlés aux femmes, ils se frappent le front avec ardeur et poussent des gémissements infinis ». Ces funérailles imposées par la cité – des pénalités sont prévues pour qui ne respecterait pas les rites – rappellent même à l'historien ethnologue les funérailles des rois chez les Barbares d'Asie. Xénophon, qui veut au contraire montrer que le roi est assez modéré pour apparaître comme un *primus inter pares*, évite, bien sûr, de décrire ces funérailles exceptionnelles et se contente de conclure son ouvrage en notant que « ce n'est pas en tant qu'homme mais en tant que héros qu'elles (les lois de Lycurgue) ont honoré particulièrement les rois des Lacédémoniens [31] ».

Le caractère exceptionnel des rois, qui interdit de voir en eux, comme le voudrait Aristote, de simples magistrats, apparaît bien dans le serment mutuel que se prêtent tous les mois rois et éphores (Xén., *Rép. Lac.*, XV, 7). Le roi accepte sans doute de limiter son pouvoir, puisqu'il « jure de régner conformément aux lois établies de la cité », tandis que les éphores ne prononcent qu'un serment conditionnel, puisqu'ils jurent, « le

31. Voir aussi les funérailles d'Agis II, « d'une solennité plus qu'humaine » selon Xénophon, *Hell.*, III, 3, 1.

roi respectant son serment, de rendre la royauté inébranlable ». Mais, le plus important, c'est que ce serment établit une sorte de contrat ou de traité [32] entre la cité et le roi ; or, on imagine mal une cité concluant un traité avec ses propres magistrats.

Pourtant, et c'est là tout le paradoxe, par ce serment les rois acceptent de s'intégrer dans le système politique spartiate, dans lequel ils jouent un rôle important, ne serait-ce que par leur participation à la gérousie : grâce à leurs liens familiaux et, éventuellement, à des largesses comme celles qu'on a reproché à Agésilas de faire à tout nouveau géronte [33], ils pouvaient y constituer des coteries ou des factions.

L'influence des rois est accrue par leur immense richesse : ils possèdent beaucoup de terre dans la *Périoikis*, perçoivent le « tribut royal » que leur paient les Lacédémoniens, reçoivent une part considérable du butin (un tiers à l'époque de Cléomène III, si l'on en croit Plutarque), peuvent tirer parti des peaux des animaux sacrifiés et obtiennent un porcelet de chaque portée de truie. Bref, comme le rappelle Platon, dans l'*Alcibiade majeur*, 123a, ce sont les plus riches des Spartiates, eux-mêmes les plus riches des Grecs. Ces richesses accroissent leur influence et facilitent la constitution d'une clientèle de gérontes et d'éphores, surtout quand ces derniers sont assez pauvres.

Le roi peut aussi tirer son prestige de ses victoires militaires et on s'est demandé si les soldats, habitués à lui obéir sur le champ de bataille, n'hésiteraient pas à s'opposer à lui à l'assemblée. Cependant, dès l'*Iliade*, l'exemple de Diomède incitait à distinguer l'obéissance sur le champ de bataille et la liberté de parole et de critique à l'assemblée. De fait, les récriminations suscitées par une campagne malheureuse ou qui aurait pu donner de meilleurs résultats [34] n'attendaient

32. Le terme est d'ailleurs employé par Xénophon au début du chapitre : « Je veux rapporter aussi le traité (*sunthèkas*) que Lycurgue a conclu entre le roi et la cité » ; on rapprochera la royauté démocratique décrite ou imaginée par Xénophon dans la *Cyropédie*, notamment I, 3, 18, qui débouche aussi, en VIII, 5, 27, sur un traité (*sunthéménoi*) entre Cyrus et les Perses.

33. Cf. Plut., *Agés.*, 4, 5, et *De l'amour fraternel*, 482d, cf. *infra*. p. 186-187.

34. Voir, en 418, les réactions des Lacédémoniens revenus d'Argos contre Agis II, qui n'avait pas soumis la grande rivale de Sparte, Thuc., V, 63.

que l'assemblée pour se déchaîner. D'ailleurs, même sur le champ de bataille, les chefs spartiates ne faisaient pas toujours preuve d'une obéissance aveugle : il suffit de rappeler l'insubordination d'Amompharétos à Platées (Hdt., IX, 53) ou celle des polémarques Hipponoïdas et Aristoklès en 418 à Mantinée (Thuc., V, 71, 3-72, 1), voire déjà, avant la bataille, les critiques du zèle intempestif d'Agis (Thuc., V, 65, 2).

Il y a, en outre, généralement un roi dominant, soit un roi adulte en face d'un roi encore tout jeune, soit celui qui, paraissant avoir plus de capacités militaires, est, de ce fait, préféré pour mener les opérations. C'est pourquoi certains rois, à la forte personnalité, ont pu véritablement diriger la politique spartiate pendant de nombreuses années, ainsi Cléomène Ier [35] (de 520 à 488), le roi Pausanias ou Agésilas II [36].

Il ne faudrait pas cependant s'exagérer leur pouvoir, car, entre les deux rois, qui se voient constamment, puisqu'ils mangent dans la même tente, règne le plus souvent la rivalité, voire l'hostilité, et elle est si fréquente qu'Hérodote (VI, 52) la fait remonter aux jumeaux fondateurs des deux dynasties et ajoute que leurs descendants continuent à être toujours en désaccord, tandis qu'Aristote considère même cette discorde comme voulue : les Spartiates « voyaient dans l'opposition (*stasiazein*) des rois le salut de la cité » (*Pol.*, II, 9, 1271a 25-3-26).

Le roi le plus faible peut d'ailleurs trouver appui auprès de la gérousie, comme Léonidas, le rival d'Agis IV, ou auprès des éphores, qui contrôlent et surveillent les rois et ont le droit de leur infliger une amende ou de leur intenter un procès.

La puissance réelle d'un roi dépend donc de sa personnalité et de son prestige, qui, sources de popularité, lui assurent des appuis dans la cité, mais en va-t-il différemment pour un Périclès ? Elle a aussi varié dans le temps et l'on peut même parler d'une véritable crise de la royauté au Ve siècle.

35. Cf. P. Carlier, « La vie politique à Sparte sous le règne de Cléomène Ier. Essai d'interprétation », *Ktèma* 2 (1977), p. 65-84 et G.L. Cawkwell, « Cleomenes », *Mnemosyne* 4e s. 46 (1993), p. 506-527.

36. Cf. P. Cartledge, *Agesilaos and the Crisis of Sparta*, Londres, Duckworth, 1987, et D.R. Shipley, *Plutarch's Life of Agesilaos. Reponse to Sources in the Presentation of Character*, Oxford, Clarendon Press, 1997.

La crise de la royauté au Vᵉ siècle

Entre la période où Cléomène Iᵉʳ emmenait les troupes de tout le Péloponnèse sans indiquer les objectifs de sa campagne et celle où Agésilas II devait faire la cour aux éphores [37] et se laissait peut-être imposer une paix d'Antalcidas contraire à sa politique, la royauté spartiate a connu de nombreuses vicissitudes : les rois ont été fréquemment soumis à des procès et ont perdu au profit des navarques leur monopole du commandement militaire.

Les procès des rois [38]

Les premiers cas attestés datent du tout début du Vᵉ siècle et paraissent liés à l'opposition de Cléomène et de Démarate, qui avait déjà suscité le divorce d'Éleusis.

Des menaces voilées auraient sans doute, dès le VIᵉ siècle, été lancées contre Anaxandridas pour l'inciter à accepter le compromis matrimonial que lui imposaient éphores et gérontes (Hdt., V, 39-40), mais, pour autant qu'elles n'aient pas été imaginées en fonction de ce qu'Hérodote connaît des destitutions à venir des rois de Sparte, elles n'avaient pas été suivies d'effet.

En tout cas, du fait de la bigamie d'Anaxandridas, la cité fut obligée d'intervenir pour départager Cléomène et Dorieus [39]. Ayant réglé des problèmes de succession, elle put aussi le faire après coup, quand une filiation était contestée, même longtemps après l'accession au trône, et Cléomène fit ainsi, en 491, destituer Démarate. Avec un tel précédent, on n'hésita plus à s'attaquer à un roi pour toute défaillance politique ou militaire.

37. C'est sans doute à lui que pense Aristote (*Pol.*, II, 9, 1270b 13-16), lorsqu'il prétend que les rois étaient obligés de *dèmagôgein* les éphores, cf. Plut., *Agés.*, 4, 5-6, et 5, 3.

38. Cf. E. David, « The trial of Spartan kings », *Revue internationale des droits de l'Antiquité*, 3ᵉ série 32 (1985), p. 131-140, qui surestime peut-être le rôle de l'assemblée.

39. Cf. *supra*, p. 165.

• La fréquence des procès de 494 à 395

Dans une première période, 3 procès furent intentés à des Agiades : à Cléomène en 494 [40] et au régent Pausanias en 477 et vers 470-465, et 3, à des Eurypontides : à Démarate en 491 et à Léotychidas II vers 488 et en 476. Quatre rois ou régents subirent ainsi 6 procès en une trentaine d'années et, au début de la période, en 6 ans, s'affrontèrent même en 3 procès les partisans et les adversaires de Cléomène : Cléomène, attaqué en 494, l'emporta en 491, tandis qu'en 488, après la mort du roi, les Spartiates se retournèrent contre son acolyte Léotychidas.

Après 465, le tremblement de terre et la révolte messénienne ont dû amener une « union nationale » qui ne se prêtait guère à des attaques contre les rois.

Mais les procès, encore que moins fréquents, recommencèrent en 445, où l'Agiade Pleistoanax fut contraint à l'exil. Furent ensuite soumis à procès l'Eurypontide Agis II en 418 et l'Agiade Pausanias, en 403 et en 395, tandis que, vers 397, on avait dû, pour l'accession au trône, choisir entre Léotychidas et Agésilas.

Ainsi, en un siècle, 7 rois ou régents ont été soumis à 10 procès ou, si l'on tient compte de l'accession au pouvoir d'Agésilas, 8 rois ou régents l'ont été à 11 procès ; et, chez les Agiades par exemple, le grand-père (le régent Pausanias), le père (Pleistoanax) et le fils (le roi Pausanias), ont, à eux trois, subi 5 procès.

Autant dire que de tels procès ont cessé d'être un événement exceptionnel et que la peur d'un procès peut influer sur l'action des rois. Ainsi, en 418, Agis II, qui avait précédemment été critiqué et condamné pour sa retraite devant Argos, était sur le point de se lancer dans une attaque intempestive contre les Argiens installés sur une position favorable, quand un Spartiate lui reprocha opportunément de vouloir « guérir un mal par un mal » (Thuc., V, 65, 1-3). Le roi Cléombrotos, dont le père, le grand-père et l'arrière-grand-père avaient été condamnés et qui lui-même se faisait critiquer pour sa modération à l'égard de Thèbes (Xén., *Hell.*, V, 4, 16 et 60, VI , 4,

40. Certains placent cette action en 520, mais c'est moins probable.

5), se laissa, lui, influencer par ses amis, qui l'invitaient à attaquer les Thébains, s'il désirait revoir sa patrie (*Hell.*, VI, 4, 5), c'est-à-dire échapper à une condamnation à l'exil. Il se rendit ainsi en partie responsable du désastre de Leuctres, où il trouva la mort.

• Motifs et châtiments

Des procès peuvent être intentés lorsque la filiation du roi est contestée : Démarate fut démis, tandis que Léotychidas, bien que fils présumé du défunt Agis, n'obtint pas la royauté.

Il s'agit cependant le plus souvent d'accusations, très graves, de corruption par l'ennemi expliquant des insuccès à la guerre.

Cléomène, qui, victorieux, ne s'était pas emparé d'Argos, fut accusé de s'être laissé acheter; mettant en avant l'oracle trompeur qui lui avait prédit la prise non de la ville d'Argos, mais du bois sacré du héros Argos, il réussit à se faire acquitter (Hdt., VI, 82).

Léotychidas II, lors de son deuxième procès, fut accusé d'avoir épargné les Thessaliens et, comme il avait été pris, dans son camp même, en flagrant délit de corruption, « assis sur une manche pleine d'argent », il fut exilé et sa maison, détruite (Hdt., VI, 72).

Le jeune Pleistoanax, soupçonné de s'être laissé acheter pour évacuer l'Attique, fut condamné à une amende si forte qu'il fut obligé de s'exiler, tandis que son conseiller Cléandridas était condamné à mort; sur l'intervention de Delphes, il fut cependant rétabli, avec tous les honneurs, dix-huit ans plus tard [41].

Dans d'autres cas, sans accuser le roi de corruption, on s'attaqua directement à son action militaire ou diplomatique.

Dès la mort de Cléomène, les Éginètes, maltraités par Cléomène et Léotychidas, se retournèrent contre ce dernier et le firent condamner par les Spartiates à leur être livré comme otage, tout en renonçant finalement à l'emmener (Hdt., VI, 85).

41. Cf. Thuc., II, 21, 1 et V, 16, Plut., *Périclès*, 22, et Éphore, *FGH* 70, fr. 193 (= schol. Aristophane, *Nub.*, 859), où l'amende s'élève à 15 talents.

Le régent Pausanias fut dans un premier procès, condamné à titre privé pour avoir lésé des particuliers et, bien qu'acquitté du chef de médisme (Thuc., I, 95, 5-6 et 128, 3), il ne fut plus envoyé officiellement à l'extérieur. Comme, selon Thucydide, il continua ses intrigues, on l'accusa de nouveau de médisme, ainsi que de menées révolutionnaires avec les Hilotes, il fut alors arrêté par les éphores, relâché et finalement emmuré dans le sanctuaire d'Athéna Chalkioikos, d'où il ne fut arraché que pour mourir (Thuc., I, 131-134).

Agis II ne fut accusé, lui, ni de corruption ni de trahison, mais les Lacédémoniens étaient mécontents, parce qu'il avait conclu une trêve avec les Argiens au lieu de s'emparer d'Argos et qu'en outre Orchomène d'Arcadie venait de faire défection, et ils le condamnèrent à une amende de 100 000 drachmes ainsi qu'à la destruction de sa maison. Comme il promit de se racheter par un exploit, on lui accorda le sursis, mais une loi exceptionnelle lui imposa 10 conseillers (*sumbouloi*) « sans lesquels il ne serait pas habilité à emmener une armée hors de la cité » (Thuc., V, 63).

Un premier procès fut intenté en 403 au roi Pausanias parce qu'au lieu de vaincre les démocrates il avait réconcilié les Athéniens. Il fut acquitté, selon Pausanias, III, 5, 2, et la chose a dû être d'autant plus facile que Xénophon, qui ne mentionne même pas ce procès, précise que « les éphores et l'assemblée avaient envoyé 15 personnes à Athènes et leur avaient enjoint de réaliser, de concert avec Pausanias, une réconciliation du mieux qu'ils pourraient », c'est-à-dire avec pleins pouvoirs pour le faire (*Hell.*, II, 4, 38). Il n'y avait donc aucune faute à reprocher au roi, et ce procès devait seulement témoigner du mécontentement de Lysandre et de ses partisans, et peut-être d'une rupture avec l'autre roi. Un second procès lui fut intenté après la défaite d'Haliarte, où Lysandre avait trouvé la mort : on lui reprocha d'être arrivé en retard à Haliarte, d'avoir recouvré les morts par convention – ce qui impliquait l'aveu de la défaite – au lieu d'avoir combattu pour les reprendre et on ressortit la vieille affaire de 403, pour laquelle il avait pourtant déjà été acquitté, mais qui était considérée différemment maintenant que les Athéniens étaient devenus les adversaires de Sparte. Condamné à mort par contumace, il s'exila à Tégée, où il mourut de maladie (Xén., *Hell.*, III, 25).

On voit ainsi comment, à partir d'interventions légitimes, pour résoudre un problème de succession ou punir un crime grave, réel ou supposé [42], de corruption par l'ennemi, on en est venu à mettre en jugement des rois qui n'avaient commis d'autre faute que de mener une politique qui ne plaisait pas ou ne plaisait plus : le procès est devenu un moyen de contrôler les rois et, si Agésilas et ses successeurs y échappent, c'est sans doute – pour Agésilas, la chose est sûre – qu'ils font preuve de la plus grande prudence dans leurs rapports avec les autres pouvoirs.

• Les juges

Il est d'autant plus important de préciser la procédure et notamment de déterminer qui est habilité à juger les rois.

Le procès peut être déclenché par un accusateur privé. Ainsi, Cléomène « est déféré devant les éphores par ses ennemis » (Hdt., VI, 82) ; Léotychidas, qui aspire à remplacer Démarate, l'accuse sous serment en fournissant des témoins (Hdt., VI, 65), et les Éginètes viennent se plaindre à Sparte du même Léotychidas (Hdt., VI, 85). Il semble que les éphores eux-mêmes puissent prendre l'initiative d'un procès : cela paraît le cas pour les deux procès du régent Pausanias. De toute façon, ils instruisent l'affaire et soit infligent au roi une simple amende, soit portent l'affaire devant les juges, qui pourraient être l'assemblée, la gérousie ou un tribunal *ad hoc*.

L'assemblée semble être intervenue dans quatre cas. Pour Démarate, « comme l'affaire suscitait des querelles (*neikeôn*) (peut-être à la gérousie ?), il plut aux Spartiates d'interroger l'oracle de Delphes », qui, corrompu par Cléomène, fit destituer Démarate (Hdt., VI, 66). Cléomène, dont « les paroles paraissaient dignes de foi et vraisemblables et (qui) fut acquitté à une forte majorité » (Hdt., VI, 82), n'a pu l'être que par l'assemblée. Quant à Agis II, quelle que soit l'instance qui l'avait d'abord condamné, le sursis qui lui fut accordé, assorti d'une loi (*nomos*) *ad hominem*, ne peut être le fait que

42. L'accusation de corruption, par exemple contre Pleistoanax, peut viser en fait une politique qui déplaît, en l'occurrence les tentatives de rapprochement avec Athènes.

de l'assemblée. Enfin, même si le choix entre Léotychidas et Agésilas a été fait par « les meilleurs », entendons les gérontes, il a dû être entériné par « la cité », c'est-à-dire l'assemblée[43]. Un cinquième exemple pourrait être invoqué : alors qu'Agis IV venait d'être condamné par un tribunal-croupion, sa mère et sa grand-mère « demandaient en criant que le roi des Spartiates obtînt de parler et d'être jugé devant les citoyens », c'est-à-dire à l'assemblée (Plut., *Agis*, 19, 10), ce qui suggère la possibilité de cette procédure, au moins en appel.

Pour le reste, on ne voit jamais la gérousie intervenir en tant que telle, mais, dans trois cas, est mentionné un tribunal (*dikastèrion*). Pour juger la plainte des Éginètes contre Léotychidas, les Lacédémoniens, « ayant réuni un tribunal », le jugèrent (*egnôsan*) coupable et le condamnèrent à être livré aux Éginètes (Hdt., VI, 85) : l'expression, qui suggère un tribunal spécialement réuni, et peut-être pour la première fois, ne pourrait convenir pour la gérousie. Pour le deuxième procès de Léotychidas, il est aussi indiqué qu'il avait été traduit devant un tribunal (Hdt., VI, 72) et, là encore, le mot est employé sans article. La composition du tribunal est précisée à propos du premier procès du roi Pausanias, qui, si l'on en croit le Périégète, bien renseigné, puisqu'il indique même le détail du vote, aurait été jugé par les 28 gérontes, l'autre roi et les 5 éphores (Paus., III, 5, 2) : c'est, selon l'auteur, le tribunal qui était habilité à juger les rois et il n'y a pas de raison de récuser son témoignage, au moins pour tous les cas où il s'agit de tribunal et non d'assemblée. On peut même trouver une allusion à ce tribunal dans le procès bâclé d'Agis IV, où l'on voit l'autre roi, Léonidas, les éphores et « les gérontes qui étaient de leur parti » juger et condamner Agis (Plut., *Agis*, 19, 5-8).

Que les rois soient déférés devant une gérousie élargie ou devant une assemblée présidée par les éphores, dans tous les cas ces procès accroissent les possibilités d'action des autres organes et notamment de l'éphorat à leur égard.

43. Cf. *supra*, p. 166.

La navarchie[44]

Les rois sont aussi affaiblis par la nomination des navarques. En effet, au ve siècle, Sparte dut affronter l'invasion perse, le tremblement de terre suivi de la révolte messénienne et une guerre interminable et épuisante contre Athènes. Comme il lui fallait mobiliser toutes ses forces et souvent envoyer des expéditions au loin, se posa le problème du commandement : les rois ne suffisaient plus et il était nécessaire de contrôler des chefs qui se trouvaient loin de Sparte.

Il y avait sans doute déjà eu auparavant des expéditions qui n'étaient pas dirigées par des rois, mais il s'agissait d'expéditions limitées, sans mobilisation importante de l'armée civique. Ainsi, une petite expédition dirigée par Anchimolos (ou Anchimolios) ayant échoué (Hdt., V, 63), les Lacédémoniens en envoyèrent une plus importante, par voie de terre, sous le commandement du roi Cléomène, qui renversa les Pisistratides (Hdt., V, 63-65). De même, le contingent de 2 000 hommes arrivé en retard à Marathon ne paraît pas avoir été dirigé par un roi (Hdt., VI, 120).

La deuxième guerre médique fournit deux exemples de chefs d'expédition qui ne sont pas des rois : le polémarque[45] Euainétos commande les Lacédémoniens envoyés à Tempè en 480 (Hdt., VII, 173), tandis qu'Eurybiadès est le commandant de la flotte (navarque) qui combat à l'Artémision et à Salamine (Hdt., VIII, 42). Mais la chose reste exceptionnelle, comme le suggère Hérodote en signalant dans les deux cas qu'il s'agissait « d'un Spartiate, mais qui n'était pas de race royale ». D'autre part, la flotte des coalisés, très peu lacédé-

44. Cf. L. Pareti, « Ricerche sulla potenza maritima degli Spartani e sulla cronologia dei nauarchi », *Mem. dell'Accad. delle Scienze di Torino*, 2, 59 (1908-9), p. 71-159 = *Studi minori* II, 1961, p. 1-131, R. Sealey, « Die spartanische Nauarchie », *Klio* 58 (1976), p. 335-358, J.-F. Bommelaer, *Lysandre de Sparte. Histoire et tradition*, Paris, De Boccard, 1981, p. 75-79 et 163, et E.F. Bloedow, « Sparta naval command from secretary to "vice-amiral" », *Scholia*, n.s. 9 (2000), p. 12-19.

45. Comme les polémarques sont les adjoints des rois, il est possible qu'il ne s'agisse ici que d'une délégation de pouvoir, mais ce n'est pas assuré.

monienne, n'était pas assimilable à l'armée civique, et les rois aussi pourront en prendre le commandement, ainsi Léotychidas à Mycale en 479, tandis que le régent Pausanias, avant son remplacement par Dorkis, dirigeait les opérations dans l'Hellespont.

A partir de 430, alors qu'il fallait affronter Athènes à la fois sur mer et sur terre, tout en laissant un roi emmener l'armée civique en expédition en Attique, on désigna systématiquement[46] des navarques. Ceux-ci sont nommés par la cité, c'est-à-dire vraisemblablement par l'assemblée, sur proposition des éphores ou, peut-être, des rois, mais pas par les rois eux-mêmes[47]. Thucydide (II, 80), évoquant l'envoi par les Lacédémoniens, en 429, de Cnémos, « qui était encore navarque », suggère en effet une charge annuelle et non une simple délégation de pouvoir pour une campagne ; d'ailleurs, même si Cnémos se rend en Acarnanie par la voie maritime, il s'agit en l'occurrence de combattre sur terre, à la tête de 1 000 hoplites.

Les Spartiates en viennent même à organiser dans le détail cette nouvelle charge de navarque en lui adjoignant comme commandant en second un secrétaire (*épistoleus* ou, plus rarement, *épistoliaphoros*) et comme commandant en troisième un officier de bord (*épibatès*). Nommé pour un an, le navarque n'est pas renouvelable : malgré les demandes pressantes des alliés ioniens et de Cyrus, Lysandre ne peut, en 405, être envoyé que comme commandant en second, « car il n'est pas légal (*nomos*) chez eux (*sc.* les Lacédémoniens) que le même homme soit deux fois navarque » (Xén., *Hell.*, II, 1, 7) et cette règle n'a pas été édictée uniquement contre lui, car, auparavant, aucun navarque n'avait exercé deux fois la navarchie.

Mais on peut ruser avec la loi. Arakos, qui reçoit le titre de

46. Trois navarques se succèdent avec des interruptions de 430 à 425, tandis qu'on en trouve tous les ans à partir de 413 jusqu'à la fin de la guerre et de nouveau, avec quelques interruptions, après la guerre, jusqu'en 372, cf. la liste dans Pareti, « Ricerche... », p. 120-131.

47. La nomination, en 395, de Téleutias par Agésilas lui-même est présentée comme exceptionnelle, car le roi avait reçu, outre son commandement sur terre, le commandement de la flotte avec pouvoir de nommer qui il voulait comme navarque, Xén., *Hell.*, III, 4, 27-28.

navarque, n'est qu'un homme de paille, et, avec seulement le titre d'*épistoleus*, Lysandre est en fait le véritable chef[48]. C'est peut-être aussi le cas de Téleutias, qui, deux ans avant d'avoir le titre de navarque, en exerce, dès 392, les fonctions, sous le commandement théorique de son demi-frère Agésilas.

Ces navarques, étant des magistrats et non des rois, étaient, comme tout magistrat, sous le contrôle direct des éphores, qui pouvaient les destituer[49] et les faire condamner. En 412-11, ils envoyèrent ainsi une commission de 11 conseillers (*sumbouloi*), chargée d'enquêter sur le navarque Astyochos, qui avait suscité des plaintes, et éventuellement de le destituer et de le remplacer. En 390, Ekdikos fut remplacé par Téleutias et renvoyé à Sparte (Xén., *Hell.*, IV, 8, 23), tandis qu'en 409 Pasippidas, vraisemblablement navarque, avait été remplacé par Cratésippidas et banni de Sparte (Xén., *Hell.*, I, 1, 32). Même le vainqueur d'Athènes, l'ancien navarque Lysandre, accusé par Pharnabaze et rappelé à Sparte, préféra, par crainte des éphores, demander l'autorisation de partir consulter l'oracle d'Amon (Plut., *Lys.*, 18, 7 et 19-21, 1).

Ces chefs militaires, qui sont ainsi sous le contrôle des éphores mais non des rois, peuvent entrer en concurrence avec ces derniers, soit pendant leur navarchie, comme Antalcidas en face d'Agésilas, soit après leur navarchie, du fait du prestige que celle-ci leur a permis d'acquérir, comme Lysandre en face du même Agésilas, son ancien protégé qui entend bien s'émanciper. C'est pourquoi, comme le rappelle Aristote (*Pol.*, II, 9, 1271a 37-41), « la loi sur les navarques a été à juste titre blâmée par d'autres, car elle se montre cause de dissensions (*stasis*) ; en effet, à côté des rois, qui sont des stratèges perpétuels, la navarchie constitue presque une autre royauté ».

La parade, pour des rois puissants comme Agésilas, capables d'influencer éphores et assemblée, sera de faire nommer des proches comme navarques. Mais la nécessité d'utiliser de tels

48. Xén., *Hell.*, II, 1, 7, l'affirme expressément ; de même, en 403, Lysandre se fait envoyer en Attique comme harmoste, tandis que son frère Libys y vient en tant que navarque, Xén., *Hell.*, 2, 24, 28-29.

49. Les rois, eux, sont intouchables tant que la campagne n'est pas finie.

moyens ainsi que les efforts pour éviter de passer en jugement montrent bien le pouvoir dont les rois ont été dépossédés.

Agésilas et le renouveau royal

Il ne faudrait pas, cependant, surestimer le changement : le pouvoir royal change de forme sans nécessairement diminuer.

Dans *La Politique* (II, 9, 1270b 14-17), pensant vraisemblablement à Agésilas, Aristote assure, en une formule surprenante, que les rois « étaient contraints de *dèmagôgein*[50] les éphores », entendons « d'agir en démagogues à leur égard », et qu'en conséquence « on passait de l'aristocratie à la démocratie ».

Cette « démagogie » implique flatterie ou, au moins, déférence. Comme le souligne Plutarque (*Agés.*, 4, 5), Agésilas, contrairement à ses prédécesseurs, était aux petits soins (*éthérapeue*) avec les éphores : il les consultait avant toute action ; il se levait devant eux et s'empresssait d'accourir à leurs convocations, alors qu'il était seulement permis aux éphores de rester assis devant les rois et que ceux-ci (cf. Plut., *Cléomène*, 10, 5) n'étaient obligés d'obtempérer qu'au troisième appel. Cette attitude devait être payante, car aucune opposition d'éphores n'est réellement attestée et, malgré les échecs de sa politique, il ne fut jamais mis à l'amende[51].

Agésilas s'efforçait de même de se gagner l'appui des gérontes : il offrait « à tout nouveau géronte[52] un manteau (*chlaina*) et un bovin » (Plut., *Agés.*, 4, 5 et *De l'amour fraternel*, 482d) et, en permettant, contre toute attente, l'acquittement de Sphodrias, il acquit un titre de reconnaissance

50. On rapprochera Plut., *Agés.*, 5, 3, où le même verbe régit *pantas* ; cf. aussi *supra*, n. 37.

51. Si Plutarque, *Agés.*, 5, 4, et *Mor.*, 482d, rapporte qu'il aurait été mis à l'amende par les éphores parce qu'il « s'appropriait des citoyens appartenant à tous », le fait est démenti par Xénophon, *Agés.*, 6, 8.

52. Donc même à ceux qui ne sont pas de sa tendance.

de la part de la faction qui soutenait Sphodrias et l'autre roi [53].

Il cherchait ainsi, en leur rendant service, à désarmer l'hostilité de ses ennemis. C'est pourquoi il avait sans doute vu d'un bon œil les liens pédérastiques qui unissaient son fils à celui de Sphodrias et, alors que les deux rois étaient souvent en conflit, il se concilia le jeune Agésipolis en favorisant ses amours pédérastiques (Xén., *Hell.*, 5, 3, 20 et Plut., *Agés.*, 20, 8-9). Xénophon (*Agés.*, 7, 3) affirme qu'il traitait ses ennemis politiques comme un père, ses enfants, et Plutarque (*Agés.*, 20, 6 = *Apopht. lacon.*, 212d) prétend même qu'il laissait des adversaires accéder à des charges ou à des commandements pour pouvoir gagner leur reconnaissance lorsqu'ils étaient accusés de malversations.

Il s'efforçait surtout de se gagner des amis ou des partisans. Il élargit déjà sa base familiale en laissant à ses frères utérins la moitié de l'héritage de son frère Agis (Xén., *Agés.*, 4, 5, et Plut., *Agés.*, 4, 1) et en faisant nommer navarque son frère utérin Téleutias ; il complut aussi à sa propre femme [54] et à sa famille en nommant lui-même navarque son beau-frère Peisandros [55]. Il profitait aussi des possibilités de butin pour enrichir ses amis (Xén., *Agés.*, 1, 19).

Mais il lui fallait aussi obtenir l'appui de la majorité des citoyens, surtout depuis que Lysandre avait cessé d'être son protecteur pour devenir son ennemi. L'image du roi simple, proche de son peuple, est trop systématique pour être seulement un trait de caractère : c'est aussi un rôle que l'aimé du rusé Lysandre a su jouer sciemment tandis que son protégé Xénophon orchestrait le thème du roi démocratique qui se distingue peu des autres citoyens : « Les honneurs que le roi reçoit à Sparte de son vivant ne dépassent pas beaucoup ceux des simples particuliers » (*Rép. Lac.*, 15, 8). N'étant pas

53. La gérousie était alors partagée entre les partisans d'Agésilas, ceux de Cléombrotos et les neutres.

54. Aristote, *Polit.*, II, 9, 1269b 31-32, pensait certainement à Agésilas, lorsqu'il notait que « chez les Laconiens,… du temps de leur empire, beaucoup d'affaires étaient traitées par les femmes ».

55. Il est possible que, nommé par Agésilas lui-même (Xén., *Hell.*, III, 4, 28), il ait seulement fait fonction de navarque, sans en avoir le titre.

destiné à régner, Agésilas avait été soumis à l'« *agôgè* », ce qui, selon Plutarque, *Agés.*, 1, 5, l'avait rapproché du peuple [56] et, le rendant populaire, avait favorisé son élévation à la royauté (3, 5). Nombreuses sont les anecdotes censées montrer la simplicité de son existence tant à Sparte qu'à l'armée [57]. Dès l'adolescence, on le voit, fils cadet du roi, accepter une place sans gloire dans un chœur des Gymnopédies (Plut., *Apopht. lac.*, 208d). Contrairement aux aristocrates de son époque, il habite une maison sans luxe, dont les portes n'ont pas été rénovées, et fait, aux Hyakinthies, arriver sa fille sur un simple chariot public (Xén., *Agés.* VIII, 7, et Plut., *Agés.*, 19, 7-8). Il ne fait pas courir de chars à Olympie et se contente de laisser sa sœur Kyniska se glorifier de ses victoires.

Mais sa déférence aux autorités et la simplicité de sa vie, ainsi que son physique peu majestueux – il était petit et boitait [58] – n'en faisaient pas pour autant un roi faible. Xénophon fait l'éloge de ce roi qui, « étant le plus puissant dans la cité, se montrait clairement le plus grand serviteur des lois » (*Agés.*, 7, 2). Quant à Plutarque, il lie encore mieux l'attitude d'Agésilas et la puissance qu'il en tirait : « Il donnait ainsi l'impression de respecter et d'accroître la dignité de leur magistrature (*sc.* des éphores et des gérontes) mais on ne voyait pas qu'il augmentait sa propre puissance (*dunamis*) et qu'il ajoutait à la royauté une grandeur qui venait de sa popularité (*eunoia*). » Quand Aristote parlait de démagogie à l'égard des éphores et d'une aristocratie qui dégénérait en démocratie, il ne faut pas oublier que c'était Agésilas qui jouait le rôle du démagogue et accroissait ainsi son influence.

De fait, avec ses « amis », fréquemment mentionnés, ses « clients », dont il s'efforce d'accroître le nombre, et les solli-

56. Il est présenté ainsi comme « celui qui parmi les rois est de beaucoup le mieux accordé (*euarmostaton*) à ses sujets », car, par l'*agôgè*, il a ajouté à ses dons naturels *to dèmotikon kai philanthrôpon*, entendons le sens du peuple et de la solidarité humaine ; voir aussi Plut., *Agés.*, 7, 3, où, en Asie, Agésilas se montre un homme simple, d'abord facile et *dèmotikos*.

57. Cf. Xén., *Agés.*, 9, et Plut., *Agés.*, 14 (expédition en Asie).

58. Il est inutile de se demander pourquoi il n'a pas été éliminé à la naisssance, car son infirmité provient d'un accident, cf. Plut., *Agés.*, 3, 8.

citeurs (citoyens, étrangers ou même Hilotes) qui l'entourent dès qu'il sort (cf. Xén., *Hell.*, V, 4, 28), il préfigure déjà le roi hellénistique. Sous des dehors modestes, il en est venu à exercer un pouvoir exceptionnel à la fois sur Sparte [59] et sur l'ensemble de la Grèce. C'est le seul roi qui ait pu obtenir simultanément le commandement suprême sur mer et sur terre et nommer lui-même un navarque (Xén., *Hell.*, III, 4, 27-28). Il est choisi comme législateur extraordinaire pour décider du sort des Spartiates revenus vivants de la bataille de Leuctres (Plut., *Agés.*, 30, 2-6). Il domine suffisamment le système politique pour obliger l'autre roi à diriger à contrecœur des expéditions qu'il n'approuve guère, ainsi Agésipolis contre Mantinée ou Olynthe ou Cléombrotos contre Thèbes. Si la paix d'Antalcidas était contraire à sa politique antiperse, elle était indispensable, et Agésilas, en affectant d'y être opposé, a peut-être été bien aise de rejeter sur un autre l'opprobre d'avoir abandonné les Grecs d'Asie. De toute façon, c'est lui qui profite de cette paix pour renforcer la domination spartiate en Grèce et mener une politique violemment antithébaine.

Quelles que soient les conséquences désastreuses de sa politique, qui amène la perte de la Messénie et l'éclatement de la Ligue du Péloponnèse, on ne voit jamais Agésilas ni soumis à un procès ni mis à l'amende. Autant dire que, même si sa politique à l'égard de Phlionte, d'Athènes ou de Thèbes pouvait susciter des oppositions, il avait suffisamment domestiqué, en général par la douceur [60], les différents pouvoirs pour avoir la possibilité d'agir comme il le souhaitait.

Aussi Agésilas, dont le long règne marque à la fois l'apogée de Sparte et son déclin irrémédiable, apparaît-il comme le roi à la fois le plus puissant et le plus respectueux des institutions.

59. Surtout depuis qu'en 395 la mort de Lysandre le débarrasse à la fois de son ancien mentor et du roi Pausanias, bientôt exilé, entre autres, pour n'avoir pas secouru à temps Lysandre.

60. Si nécessaire, il ne recule pas devant la violence, comme le montrent l'exécution de la mère et de la tante de Lysandridas (Théopompe, *FGH* 115 F 240 = Athénée, XIII, 609b), sans doute l'harmoste condamné en 379 (Plut., *Pélop.*, 13, 3, où le nom paraît déformé) ou, lors des troubles de 370-69, la mise à mort sans jugement, avec l'accord des éphores, de Spartiates eux-mêmes.

2. Les éphores [61]

Les éphores paraissaient si caractéristiques de Sparte que les oligarques athéniens de 404 constituèrent, à leur imitation, un comité secret de 5 éphores (Lysias, *Contre Eratosthène*, 43) [62] ; Aristote (*Pol.*, II, 10, 1272a 4-7) confirme leur rôle prédominant en leur attribuant le même pouvoir qu'aux kosmes crétois.

Création et pouvoir originel

On ne sait quand ils sont apparus et le problème est compliqué par les polémiques entre Spartiates et, notamment, les luttes entre rois et éphores. Ainsi le roi Pausanias, exilé au début du IVe siècle, aurait, selon Aristote (*Pol.*, V, 1, 1301b 20-21), voulu abolir l'éphorat et ses écrits polémiques ont dû exercer une certaine influence sur les historiens antiques. Quant aux rois révolutionnaires, Agis IV et surtout Cléomène III, tenant à affirmer la supériorité des rois, ils avaient tout intérêt à suggérer que l'éphorat était une création relativement récente [63].

61. On trouvera la bibliographie de la question dans l'ouvrage récent de N. Richer, *Les Éphores. Études sur l'histoire et sur l'image de Sparte (VIIIe-IIIe siècle avant Jésus-Christ)*, Paris, Public. de la Sorbonne, Histoire ancienne et médiévale 50, 1998 ; voir aussi St. Sommer, *Das Ephorat : Garant des spartanischen Kosmos* (MAS 2), St Katharinen, Scripta Mercaturae Verlag, 2001 (de tendance hypercritique).

62. Cf. D. Whitehead, « Sparta and the Thirty Tyrants », *Ancient Society* 13-14 (1982-83), p. 105-130.

63. Cf. notamment le discours devant l'assemblée que Plutarque (*Cléomène*, 10) prête à Cléomène et où celui-ci, pour justifier l'abolition de l'éphorat, prétend que, bien après Lycurgue, « la guerre de Messénie tirant en longueur, les rois, qui n'avaient pas le temps à cause des expéditions, désignèrent eux-mêmes pour rendre la justice certains de leurs amis et les laissèrent aux citoyens à leur place sous le nom d'éphores..., mais que, peu à peu et sans qu'on s'en rendît compte, ceux-ci avaient attiré à eux l'autorité et étaient devenus un pouvoir

Pour Hérodote, qui n'insiste pas, Xénophon, Satyros, cité par Diogène Laërce, et l'auteur de la lettre VIII attribuée à Platon, l'éphorat serait, comme en général toutes les institutions spartiates, une création de Lycurgue. Aristote (*Pol.*, V, 11, 1313a 26-33), qui devait avoir accès au texte de la grande *rhètra*, dans lequel les éphores n'étaient pas mentionnés[64], y voit au contraire une création du roi Théopompe, qui a assuré la pérennité du régime ; Platon, sans mentionner expressément Théopompe, évoque dans les *Lois* (III, 692a), après le dieu qui avait fait naître les jumeaux et ainsi donné naissance à la double royauté et le personnage à la nature à la fois divine et humaine (à savoir Lycurgue) qui avait créé la gérousie, le troisième sauveur qui introduisit comme élément modérateur « la puissance des éphores ».

D'autres sources évoquent Chilon, qui aurait, au VIe siècle[65], selon Diogène Laërce (I, 68), « le premier proposé d'associer (*parazeugnunai*) des éphores aux rois », ce qui correspond sans doute plus à un accroissement de leur importance[66] qu'à leur création. Quant à Astéropos, qui, selon Cléomène III (Plut., *Cléomène*, 10, 5), aurait été « le premier à renforcer et à étendre le pouvoir des éphores, il n'était devenu éphore que de nombreuses générations après » la création de l'éphorat.

Ces datations ne sont pas innocentes, car, si l'éphorat ne date pas de Lycurgue, il se réduit à un ajout postérieur, qu'on peut ou même qu'on doit supprimer pour revenir à la

---

(*archeion*) indépendant ». Mais il est difficile de passer insensiblement et peu à peu de délégués des rois à des magistrats élus par l'assemblée, encore qu'il soit imaginable que les rois aient d'abord présenté à l'assemblée ceux qu'ils avaient désignés, pour se contenter, plus tard, de soumettre des candidats au vote de l'assemblée. Un apophtegme attribué au roi Anaxilas (VIIe s.) (Plut., *Apopht. lac.*, 217 B-C) indiquait aussi que les éphores étaient nommés par les rois.

64. Il faut vraiment forcer le texte pour imaginer comme certains que, dans la version en vers que Tyrtée (élégie 3) donne de la grande *rhètra*, l'expression *dèmotas andras* puisse désigner les éphores.

65. On date généralement son activité du milieu du VIe siècle, encore qu'Hérodote, I, 59, 2, en en faisant un contemporain du père de Pisistrate, inciterait à le placer plus tôt dans le siècle, cf. C.M. Stibbe, « Chilon of Sparta », *MNIR* 46 (1985), p. 7-24.

66. Cf. les éphores qui, après le « divorce d'Éleusis », accompagnent le roi en campagne.

véritable constitution de Lycurgue, de plus en plus idéalisée.

En fait, l'institution paraît assez ancienne. Déjà attribuée à Lycurgue à l'époque d'Hérodote, elle saurait d'autant moins être très récente que l'historien voit, dès le milieu du VIe siècle, les éphores intervenir, avec autorité, auprès du roi Anaxandridas. Le « procédé trop puéril » utilisé pour les élire, sans doute le même que celui qui était utilisé pour élire les gérontes [67] et qu'Aristote qualifie aussi de « puéril », convient bien à une institution archaïque, mais le conservatisme institutionnel des Spartiates interdit de trop se fonder là-dessus. On peut davantage s'appuyer sur l'existence d'éphores dans des colonies de Sparte : on en trouve en effet à Thèra, à Cyrène, fondée vers 630, et, surtout, sinon à Tarente, fondée à la fin du VIIIe siècle, mais dont nous ne connaissons pas suffisamment les institutions, au moins dans sa colonie d'Héraclée de Siris, qui a dû en emprunter les institutions. Aussi n'est-il pas impossible d'admettre les indications antiques, qui font débuter la liste des éphores en 757 ou 755. Mais, comme ils ne sont pas mentionnés dans la grande *rhètra*, il faut admettre que, même s'ils étaient ou étaient devenus éponymes, ils ne jouaient à l'origine qu'un rôle mineur.

Certains historiens modernes ont, pour leur part, spéculé sur leur dénomination en se fondant aussi sur quelques survivances archaïques [68]. Comme leur nom signifie manifestement « ceux qui regardent, observent, surveillent » et qu'un éphore du nom d'Astéropos aurait joué un rôle important dans l'histoire de l'éphorat, on a voulu, en utilisant un passage de la *Vie d'Agis* (11, 5), voir dans les premiers éphores un collège d'astrologues. Cependant, comme l'avait déjà souligné V. Ehrenberg [69], Astéropos signifie non « celui qui regarde les astres », mais « celui qui a une apparence, un

67. Il est décrit par Plutarque, *Lyc.*, 26, 3-5.

68. On peut se référer, sans en adopter nécessairement les conclusions, au long chapitre que N. Richer a intitulé : « Les éphores comme observateurs du ciel : l'astéroscopie octannuelle », *Les Éphores*, p. 155-198.

69. *Philologische Wochenschrift* 46 (1927), coll. 27-9 ; P. Chantraine, *Dict. étymol. de la langue grecque*, *s.v.* ἀστήρ, traduit le mot en « étoilé, brillant comme une étoile ».

regard, des yeux semblables aux astres ». Et, surtout, on a attaché une importance démesurée aux quelques lignes de Plutarque qui signalent que tous les 8 ans les éphores observent le ciel par une nuit sans lune et que, s'ils aperçoivent une étoile filante [70], les rois, considérés comme fautifs à l'égard des dieux, sont suspendus jusqu'à l'obtention d'un oracle de Delphes ou d'Olympie. Il s'agit des rois et non d'un roi, ce qui est logique, car comment l'étoile filante pourrait-elle indiquer lequel des deux a commis une faute, et on se contente de suspendre provisoirement les rois sans les démettre. Même si, dans une situation révolutionnaire, ce vieil usage a été utilisé comme moyen d'ébranler un roi qu'on va démettre sous d'autres prétextes, il est absurde de se fonder sur le passage de Plutarque pour expliquer toutes les destitutions de l'histoire de Sparte.

Il est plus raisonnable de rattacher le mot éphore à l'idée, habituelle pour *éphoran*, de surveiller les choses (« les affaires de la cité », pour la *Souda*) ou les gens (« tout le monde », pour l'*Etymologicum magnum*).

Leur pouvoir théorique à l'époque classique

Selon Aristote (*Pol.*, II, 9, 1270b 6-36), les éphores exercent les plus grands pouvoirs [71], car leur charge (*archè*), considérée comme la plus importante (*mégistè*), leur donne une autorité souveraine (*kuria*) sur les plus grandes affaires, notamment dans les procès. C'est, aux yeux du philosophe, un pouvoir excessif, qu'il qualifie d'égal à celui des tyrans [72], dans la mesure où il s'exerce sans contrôle et sans recours, comme le marque le terme *kurios* (maître absolu), qui apparaît deux fois

70. S'il s'agit non d'une étoile filante mais, comme le suppose N. Richer, *Les Éphores*, p. 186-192, du lever héliaque de Sirius, cela ne change rien à l'argumentation.

71. C'est aussi ce qu'affirmait la *Constitution des Lacédémoniens* aristotélicienne, fr. 10 Dilts : « Ils ont le plus grand pouvoir. »

72. Mégillos, le Spartiate des *Lois* de Platon, IV, 712d, soulignait déjà que « le pouvoir des éphores y (= à Sparte) est extraordinairement tyrannique ».

dans le passage ; et l'on comprend qu'il ait pu, à Athènes, servir de modèle aux Trente. Mais ce jugement montre surtout la surprise des Grecs et même d'un philosophe et politologue aussi averti qu'Aristote devant ce qui ressemble à un gouvernement, avec un directoire élu qui décide à la majorité [73], alors que, dans une cité comme Athènes, la permanence est bien assurée par les 50 prytanes, qui changent tous les mois, mais on y chercherait en vain un gouvernement.

• Conformément à leur nom et à ce qui fut sans doute leur rôle initial, les éphores exercent d'abord une fonction de surveillance générale de la société, en préservant l'ordre public aussi bien en ce qui concerne les mœurs que dans le domaine politique, où il s'agit avant tout de veiller à la sûreté de l'État.

Cette surveillance s'exerce sur toutes les catégories de la population et d'abord sur les Hilotes, qu'il faut maintenir dans leur état de sujétion en ne laissant jamais disparaître l'écart qui les sépare des citoyens. Les éphores peuvent aussi intervenir dans les cités périèques, puisque, lors de la conspiration de Cinadon, ils feignent de charger celui-ci d'arrêter à Aulon, dans une cité périèque, outre des Hilotes, des Aulonites (donc des Périèques) et notamment « une femme qui avait la réputation de débaucher tous ceux qui y arrivaient de Lacédémone » (Xén., *Hell.*, III, 3, 8).

Ils surveillent aussi étroitement les citoyens en les obligeant à respecter les règles, même dans leur aspect physique : selon Aristote, cité par Plutarque (*Cléomène*, 9, 3 et *Mor.* 550b), « en entrant en charge, les éphores font ordonner par le héraut de se raser la moustache et d'obéir aux lois, si l'on veut éviter leurs rigueurs » ; les masques en terre cuite barbus mais sans moustache semblent indiquer que la première prescription était bien respectée [74], encore que, selon Plutarque, cette obligation paraisse concerner surtout les *néoi* (de 20 à 30 ans) (cf. Plut., *Cléomène*, 9, 3, et N. Richer, *Les Éphores*, p. 251-255).

73. Cf. *infra*, n. 81.

74. Même si la moustache est figurée sur certaines coupes laconiennes.

Il est vrai que les éphores contrôlent particulièrement ces jeunes : selon des sources tardives (Agatharchidès, *FGH* 86, fr. 10 = Athénée XII, 550c-d, et Élien, 14, 7), ils leur imposent un examen physique tous les 10 jours et inspectent tous les jours leur habillement et leur literie. Le pédonome leur défère aussi ceux qui, malgré l'intervention d'un adulte, ont refusé d'interrompre leurs combats mutuels (Xen, *Rép. Lac.*, IV, 6).

Ils contrôlent aussi les magistrats et Xénophon (*Rép. Lac.*, VIII, 4), faisant l'éloge de leur autorité, qui leur permet d'infliger des amendes, de révoquer sur-le-champ, d'emprisonner ou d'intenter une action capitale, note qu'ils n'ont pas à attendre (comme à Athènes) une reddition de comptes en fin d'année, mais que, « dès qu'ils surprennent quelqu'un qui contrevient à la loi, ils le punissent immédiatement ».

Ce pouvoir de contrôle s'exerce même sur les rois. Les éphores se soucient d'abord d'assurer la régularité de la succession royale : ils imposent ainsi une deuxième épouse à Anaxandridas (Hdt., V, 39-40), assistent à l'accouchement de sa première femme pour éviter toute supposition d'enfants (Hdt., V, 41) et sont amenés à témoigner à propos de la filiation de Démarate (Hdt., VI, 63 et 65). Ils en viennent même à contrôler le roi en campagne, puisque deux d'entre eux accompagnent habituellement le roi [75], sans qu'on sache s'il s'agit d'une nouveauté suscitée par le « divorce d'Éleusis », les deux éphores remplaçant le deuxième roi, qui ne participe plus à l'expédition, ou, si c'est au contraire une survivance, les deux rois ayant initialement été chacun secondé par un éphore [76].

• Cette surveillance générale de la société lacédémonienne s'appuie sur un grand pouvoir de coercition, à la fois pouvoir de police et pouvoir judiciaire.

Les éphores sont habilités à imposer librement, même aux rois [77], des amendes, qu'ils perçoivent immédiatement ; il est

75. Cf. *supra*, p. 169.

76. Cf. Diogène Laërce, I, 68 (Chilon), cité *supra* p. 191.

77. Cf. l'amende infligée à Archidamos II, selon Théophraste, pour avoir épousé une femme trop petite (Plut., *Agés.*, 2, 6, et *De l'éducation*

cependant possible qu'il y ait un montant maximal, car il semble qu'une amende énorme comme les 100 000 drachmes qu'on voulait imposer à Agis II (Thuc., V, 63) n'aurait pu l'être par les seuls éphores.

Ils peuvent aussi emprisonner toute personne, même un roi, comme le régent Pausanias ou le roi Agis IV; mais, si Thucydide (I, 131, 2) note que « les éphores ont le droit de traiter ainsi le roi », la chose reste tout à fait exceptionnelle.

Ils ont un droit de vie et de mort sur les Hilotes, comme le montrent aussi bien la répression de la conspiration de Cinadon que l'utilisation des kryptes [78]. Selon Isocrate (*Panath.*, 181), ils auraient même « le droit de mettre à mort sans jugement autant (de Périèques) qu'ils le désirent » ; mais il s'agit d'un texte très polémique et, même si la chose est confirmée par le parallèle des Trente [79], elle devait rester peu fréquente.

Ce pouvoir de police est complété par un pouvoir judiciaire. A côté des quelques cas qui relèvent des rois, les éphores jugent eux-mêmes les affaires de droit civil fondées sur des contrats (*ta sumbolaia*). Ils le font individuellement [80], peut-être en se spécialisant, puisque, comme l'indique Aristote (*Pol.*, III, 1, 1275b 9-10), de ces affaires, « les éphores jugent, les uns, les unes et les autres, les autres ». Ils jugent en équité et en dernière instance, ce que regrette le philosophe (*Pol.*, II, 9, 1270b 28-31) : « Ils décident souverainement dans des jugements importants, bien qu'ils soient les premiers venus ; c'est pourquoi il vaudrait mieux qu'ils jugent non de leur propre chef mais en se fondant sur des textes écrits et sur les lois. » Plutarque (*Apopht. lac.*, 221b) ajoute que ces jugements ont lieu tous les jours et que, selon Eurukratidas, le fils d'Anaxandridas (peut-être à corriger en Anaxandros) (VIe siècle), si les éphores rendent tous les jours

---

des enfants, 1c-d) ; pour Athénée, XIII, 566a-b, il est reproché au roi d'avoir préféré à une belle femme une femme laide et riche ; les deux textes ne sont pas contradictoires, car, pour les Grecs, la taille est un élément important de la beauté féminine.

78. Cf. *supra*, p. 134-138 et p. 63-66.

79. Cf. *supra*, p. 146.

80. On rapprochera le juge unique, fréquemment évoqué dans le *Code de Gortyne*.

des jugements, c'est « pour que nous ayons confiance les uns dans les autres au milieu des ennemis ».

Quant aux affaires pénales, de meurtre (cf. *Pol.*, III, 1, 1275b 10), de violence ou d'atteinte à la sûreté de l'État, elles sont, du moins quand il s'agit de citoyens, du ressort de la gérousie, mais les éphores assurent l'instruction et mènent l'accusation devant la gérousie, où il semble qu'ils aient obtenu le droit de vote. C'est au moins ce que suggère le procès du roi Pausanias, acquitté par un tribunal composé des 28 gérontes, de l'autre roi et des 5 éphores, tribunal qui aurait voté au grand jour, puisque Pausanias (III, 5, 2) peut détailler le vote de chaque catégorie.

• Le plus important reste le pouvoir exécutif ou, si l'on préfère, gouvernemental, exercé collectivement par les éphores, qui décident à la majorité [81] et dont le bureau (*éphoreion*) constitue le centre du pouvoir à Sparte.

Ceux-ci assurent la permanence, alors que les rois sont souvent absents : ils prennent ainsi toutes les décisions urgentes, comme l'envoi d'une expédition ou la répression, dans le plus grand secret, de la conspiration de Cinadon.

Ils gèrent les relations avec l'extérieur et reçoivent les ambassadeurs, qu'ils introduisent à l'assemblée : ce sont eux, par exemple, qui, en 404, après les avoir d'abord refoulés, permettent à Théramène et aux autres envoyés athéniens de venir négocier à Sparte (Xén., *Hell.*, 2, 2, 13 et 19). Ils se substituent ainsi au roi, qu'au VIe siècle l'envoyé samien ou ionien allait voir en premier, dans la mesure où la guerre était du ressort des rois.

Enfin, et surtout, ils préparent le travail de l'assemblée, président ses débats et exécutent ses décisions. La formule de Xénophon (*Hell.*, III, 2, 23 et IV, 6, 3, et cf. II, 4, 38) : « Il a plu aux éphores et à l'assemblée [82] » leur reconnaît, au

81. Voir Xénophon, *Hell.*, 2, 3, 34, où l'oligarque athénien Critias assure que, « si un éphore, au lieu d'obéir à la majorité (des éphores), se mettait à critiquer le collège (des éphores) et à s'opposer à ses actes…, il serait jugé, par les éphores eux-mêmes et par tout le reste de la cité, mériter le châtiment le plus grave ».

82. Cf. aussi l'expression de Plutarque, *Lyc.*, 17, 2, « et eux (les éphores) présentèrent (à l'assemblée) une proposition (*gnômè*) ».

moins au IVe siècle, un pouvoir probouleutique qui rappelle celui du Conseil des Cinq-Cents à Athènes et qui, dans la grande *rhètra*, était accordé aux rois et aux gérontes. L'éphore Sthénélaïdas préside ainsi l'assemblée qui, en 432, décide de lancer Sparte dans la guerre du Péloponnèse et la façon dont il organise le vote ainsi que la manière de poser la question n'ont sans doute pas été sans conséquences pour le vote final[83]. Les éphores proclament la mobilisation (*phrouran phainein*) conformément aux décisions de l'assemblée, désignent le chef de l'expédition, soit librement, soit conformément à ce qui a été décidé par l'assemblée, affectent les cavaliers à leurs montures et réunissent le matériel.

Ce pouvoir gouvernemental est justifié dans la mesure où, comme la Boulè à Athènes, ils sont censés représenter le peuple, ce qui permet à Cicéron (*Rép.*, II, 3 et *Lois*, III, 7) de les comparer aux tribuns de la plèbe. Ils sont, en effet, élus par le peuple et dans le peuple pour un an, à la nouvelle lune qui suit l'équinoxe d'automne. Si la procédure est la même que pour les gérontes, il faut supposer qu'ils font acte de candidature, ce qu'Aristote n'indique pas, alors qu'il critique la chose à propos des gérontes, mais son texte, polémique, est loin d'être exhaustif. En tout cas, ils se font élire, soit du fait de la politique qu'ils défendent[84] et, le scrutin étant majoritaire, les 5 éphores risquent d'être de la même tendance, soit grâce à leur prestige personnel : ainsi Brasidas avait eu l'occasion de se distinguer et de recevoir un éloge public (*épainos*) avant de se faire élire à l'éphorat. L'un d'entre eux est éponyme, mais, même s'il figure avant ses collègues sur les documents officiels comme la paix de Nicias[85], cela n'implique pas nécessairement un pouvoir accru, d'autant plus que nous ignorons si c'est le mieux élu, le plus âgé ou celui qui est désigné par ses collègues, voire, ce qui est peu vraisemblable, par le tirage au sort.

Représentant la cité, ils sont à égalité avec les rois, comme

83. Cf. *infra*, p. 247.

84. C'est le cas notamment lorsque l'opinion est partagée, par exemple à propos de la paix et de l'alliance avec Athènes, en 421, ou des relations avec la Macédoine et l'Étolie, à la fin du IIIe siècle.

85. Cf. aussi *IG* V, 1, 1564, où les 4 autres éphores sont mentionnés dans l'ordre alphabétique.

l'impliquent le serment mutuel que rois et éphores se prêtent tous les mois ainsi que le droit de rester assis devant les rois. Cependant, sauf Agésilas, qui ne recule pas devant une certaine démagogie, les rois non plus ne se lèvent pas devant eux. Si les rois sont mentionnés avant eux dans les traités, ce sont eux qui convoquent les rois et non l'inverse, et c'est même un privilège des rois de n'être obligés d'obéir qu'à la troisième convocation.

Leur puissance effective

Le grand pouvoir des éphores peut être, en fait, limité par des facteurs politiques et sociaux et par l'opposition éventuelle des rois.

• Certaines limites politiques interdisent de voir en eux de quasi-tyrans. D'abord, ils sont cinq et les cinq ne sont pas nécessairement unanimes. Ensuite, ils ne sont élus que pour un an et ne sont pas rééligibles, au moins immédiatement[86] : il suffit qu'Agésilas, l'oncle d'Agis IV, s'efforce de se faire proroger pour qu'on l'accuse d'aspirer à la tyrannie. Ils peuvent être condamnés à leur sortie de charge à l'initiative des nouveaux éphores. Aristote (*Rhét.*, III, 1419a) évoque ainsi un éphore, dont les collègues ont été condamnés à mort et qui reconnaît que leur mort était juste, mais cherche à se dédouaner en affirmant que, s'il avait proposé les mêmes mesures qu'eux, c'était non pour de l'argent, mais de propos délibéré (*gnômèi*). On voit de même l'éphore Lysandre, qui avait soutenu Agis IV, mis en jugement par ses successeurs (Plut., *Agis*, 12, 1). Ces deux exemples, où il s'agit d'une action judiciaire comme les nouveaux éphores pourraient en intenter à tout citoyen, ne suffisent pas pourtant pour qu'on puisse affirmer, comme certains historiens, que les éphores sont systématiquement soumis à reddition de comptes en fin de charge.

86. Il n'est pas totalement exclu que, comme les kosmes crétois, les éphores puissent se faire réélire après un délai assez long, mais aucun document ne permet de l'affirmer.

• Leur puissance pourrait cependant être limitée par leur origine sociale. Selon Aristote (*Pol.*, II, 9, 1270b 8-10), les éphores sont pris « dans l'ensemble du peuple de sorte que souvent sont précipités dans cette charge des hommes très pauvres, que leur misère (*aporia*) rendait vénaux ». Cette présentation polémique, qui veut souligner l'inadéquation entre les hommes et la fonction, paraît excessive, car un homme très pauvre ne pourrait payer sa part des *syssities* et perdrait donc, selon Aristote lui-même, son statut de citoyen de plein droit. D'autre part, Manfred Clauss [87] a bien montré que, les ambitieux aspirant à devenir éphores ou navarques, un certain nombre d'éphores appartenaient aux milieux dirigeants et, de toute façon, une élection, même « puérile », n'est jamais aussi égalitaire que le tirage au sort.

Quelques cas montrent bien que les éphores ne sont pas nécessairement les premiers venus. Brasidas, éphore en 431-30, est un chef militaire de grande valeur : il a été le premier à recevoir un éloge public pendant la guerre du Péloponnèse et, après son éphorat, il est ensuite lieutenant de navarque, triérarque et enfin chef de l'expédition qu'on envoie en Thrace. L'éphore de 419-18 est probablement le Léon qui avait triomphé à Olympie avec les chevaux de son père. Son fils Antalcidas [88], qui conclut la paix avec les Perses, a été navarque et éphore. Quant à Endios, éphore en 413-12, il est le fils d'un Alcibiade que des liens d'hospitalité associaient à la famille de l'Athénien Alcibiade – d'où, sans doute, le nom de l'Athénien – et appartient donc à la haute aristocratie.

Cependant, si ces exemples amènent à nuancer l'affirmation d'Aristote et s'il faut faire la part de l'esprit systématique du philosophe, qui l'incite à souligner l'aspect démocratique de l'éphorat, il est difficile d'admettre qu'il aurait pu s'exprimer comme il l'a fait si, à son époque, les éphores étaient le plus souvent d'origine aristocratique. Aussi peut-on se demander

87. M. Clauss, *Sparta*, Munich, Beck, 1983, p. 136-37 ; cf. aussi N. Richer, *Les Éphores*, p. 275-280.

88. Il n'est pas impossible néanmoins qu'il soit, ainsi que le Pédaritos qui commande à Chios en 411, le fils d'un autre Léon.

si, après Leuctres et Chéronée, les couches dirigeantes spartiates ne se sont pas moins intéressées à la politique et si, de toute façon, étant donné le nombre réduit de citoyens de plein droit, ceux-ci, quel que fût leur milieu social, n'avaient pas la plus grande chance, s'ils le souhaitaient, de devenir éphores.

• La puissance des éphores pourrait aussi être affectée par leurs conflits avec les rois. Ainsi l'éphore Sthénélaïdas et le roi Archidamos s'opposent à propos de la guerre à faire à Athènes, de même l'éphore Endios et le roi Agis II, à propos des opérations à mener en Ionie et de la confiance à accorder à Alcibiade, hôte héréditaire d'Endios mais amant de la femme d'Agis. Dans les deux cas, c'est la politique défendue par l'éphore qui a triomphé. En 421-20, deux éphores, Cléoboulos et Xénarès, aidés de leurs amis, essaient de « torpiller » la paix de Nicias (Thuc., V, 36-38). Enfin, selon Plutarque (*Agésilas*, 23, 3), l'ancien éphore Antalcidas aurait conclu la paix qui porte son nom en s'opposant au roi Agésilas.

Cependant, ces quelques exemples ne permettent pas de parler d'un lutte continuelle entre rois et éphores, car non seulement les éphores changent tous les ans, mais ni les uns ni les autres ne sont nécessairement unanimes : le plus souvent, les cinq éphores ne s'opposent pas aux deux rois, mais chaque roi est soutenu par une partie des éphores. Ceux-ci ne sont pas les ennemis des rois, mais leur sont indispensables pour agir. Déjà, au VIe siècle, pour chasser Maiandrios, Cléomène devait aller voir les éphores et les convaincre qu'il était de l'intérêt de Sparte d'expulser le Samien du Péloponnèse (Hdt., III, 148). Au IVe siècle, Aristote en vient même à dire étrangement que les rois sont obligés de faire de la « démagogie » à leur égard (*Pol.*, II, 9, 1270b 14-15)[89], entendons de les séduire et éventuellement de les corrompre. D'ailleurs, les éphores qui soutiennent un roi particulier peuvent se voir entraîner dans la même disgrâce : ainsi, tandis qu'en 446 le roi Pleistoanax est exilé, son conseiller Cléandridas, dont il n'est cependant pas sûr qu'il ait été éphore, est condamné à mort par contumace ; quant à l'éphore Naukleidès, qui avait

89. Cf. *supra*, p. 177 et 186.

soutenu, en 403, la politique athénienne du roi Pausanias (Xén., *Hell.*, II, 4, 36), il se fait attaquer à l'assemblée par Lysandre, qui lui reproche… son embonpoint (Agatharchidès, *in* Athénée, XII, 550d).

3. La gérousie

La gérousie se distingue par son recrutement et ses pouvoirs, mais son importance réelle reste discutée.

• Elle est constituée de 28 vieillards, d'au moins 60 ans, âge auquel on cesse d'être astreint au service militaire. Ceux-ci, après avoir fait acte de candidature, sont élus à vie par acclamation, selon une procédure décrite par Plutarque (*Lyc.*, 26, 3-8) : les candidats passent dans un ordre tiré au sort devant les Spartiates réunis en assemblée et des juges, enfermés dans une maison voisine, d'où ils ne peuvent voir la scène, notent l'intensité des cris au passage de chacun ; « on proclamait élu celui qui avait obtenu les cris les plus nombreux et les plus forts. »

L'élection à la gérousie est particulièrement honorifique. Le nouveau géronte fait le tour des sanctuaires, une couronne sur la tête, suivi de jeunes gens et de femmes célébrant ses mérites (*arétè*). Chacun de ses parents lui offre un repas au nom de la cité et il reçoit une deuxième part aux *syssities*, prix de la valeur (*aristeion*), qu'il offre lui-même à la parente qu'il veut honorer et qui sera, elle-même, félicitée et escortée par les autres femmes. L'élection à la gérousie apparaît ainsi comme le plus grand honneur [90] que Sparte puisse accorder à l'un de ses membres.

Aussi n'est-il pas surprenant que les gérontes soient recrutés dans les grandes familles. C'est ce que suggère Aristote

90. C'est pour en conserver le souvenir que, par exemple, dans le premier quart du IVe siècle, un géronte a dédié un siège de marbre à Athéna Aléa, cf. *Horos* 10-12 (1998), p. 259-276 et pl. 42, où sont aussi mentionnées 4 autres offrandes de gérontes, dont 3 du IVe ou du IIIe siècle.

(*Pol.*, II, 9, 1270b 23-26) : pour lui, tous les éléments de la cité sont satisfaits du régime, « les gens de bien (*kaloi kagathoi*) à cause de la gérousie... et le peuple à cause de l'éphorat, car il est constitué de gens recrutés parmi l'ensemble (des citoyens) », ce qui implique, *a contrario*, que la gérousie n'est pas recrutée parmi l'ensemble des citoyens. C'est d'ailleurs ce qu'il indique au passage à propos de l'Élide (V, 6, 1306a 18-19), où l'élection des 90 gérontes, dite *dunasteutikè*, c'est-à-dire se faisant, selon les normes de l'oligarchie restreinte, dans un nombre limité de familles, est présentée comme semblable à celle des gérontes lacédémoniens. De fait, certains gérontes sont des proches des rois, puisque, selon Hérodote (VI, 57), lorsque les rois sont absents, votent à leur place ceux des gérontes « qui leur sont les plus proches » et, parmi les gérontes dont le nom nous a été conservé, figurent le sage Chilon et l'Héraclide Hétoimaridas.

Mais, puisqu'il y a élection et que le régime n'est pas censitaire, pourquoi les gens du peuple ne se font-ils pas élire gérontes comme ils se font élire éphores ? Les hypothèses proposées sont plus complémentaires que contradictoires. Il est d'abord très probable que la tradition impose d'élire quelqu'un de respectable : étant donné les cérémonies qui suivent l'élection, si ce n'était le cas, la chose paraîtrait scandaleuse. D'autre part, il est possible que seules les grandes familles présentent des candidats, éventuellement après accord entre elles ou entre les gérontes en exercice, voire entre les deux factions royales, pour susciter ou soutenir telle ou telle candidature : l'élection à la gérousie reviendrait ainsi à une sorte de cooptation. Enfin, il y avait très probablement un examen des candidatures. C'est ce que suggèrent Démosthène (*Contre Leptine*, XX, 107), en évoquant celui qui « a été sélectionné (*enkrithè*) dans ce qu'on appelle la gérousie, après s'être montré tel qu'il fallait », et Isocrate (*Panath.*, XII, 154), en félicitant Lycurgue d'avoir « imposé par la loi (*nomothétèsantos*) de faire le choix des gérontes avec autant de soin » qu'autrefois à Athènes celui des membres de l'Aréopage.

Ce recrutement des gérontes n'a pas suscité seulement des éloges. Aristote, en particulier, critique entre autres leur âge, car « l'esprit comme le corps a sa vieillesse ». Leur mode de désignation, par acclamation, comme il est normal à Sparte, lui paraît « puéril », tandis que la nécessité d'un acte de candidature ne peut que développer l'ambition et limiter les possibilités de choisir le meilleur. Enfin, comme les gérontes, nommés à vie, n'ont pas de comptes à rendre, ils peuvent s'adonner à la corruption et au favoritisme.

• Ces critiques paraissent d'autant plus graves que la gérousie exerce de grands pouvoirs, judiciaires et politiques.

Constituant le tribunal suprême, elle juge les crimes les plus graves, notamment les procès capitaux où sont impliqués des citoyens [91]. Elle peut, en s'associant les éphores, condamner même un roi [92] et elle est amenée à trancher dans des cas de succession contestée, ainsi entre Agésilas et Léotychidas ou entre Areus et Cléonymos.

La gérousie aurait pu abuser de ce pouvoir judiciaire pour contrôler l'État, à la manière de l'Aréopage archaïque, en menaçant les rois ou les éphores en fin de charge. Elle ne semble pas l'avoir fait, sinon son pouvoir aurait été contesté, ce qui ne paraît pas le cas, au moins juqu'à Cléomène III.

Dans le domaine proprement politique, elle dispose d'un pouvoir probouleutique (droit de préparer les décisions), puisque les *rhètra* doivent d'abord lui être soumises, et d'un droit de veto, puisqu'elle peut infirmer une décision de l'assemblée. Ce double pouvoir a surpris, car, si toute proposition doit d'abord obtenir l'agrément de la gérousie, le veto devient inutile. Plutarque, qui juge ce droit un ajout introduit dans la grande *rhètra* [93], a bien vu la contradiction. Aussi suppose-t-il qu'il aurait été accordé à la gérousie pour pouvoir infirmer des amendements intempestifs votés par l'assemblée.

Il est plus vraisemblable, comme je l'avais autrefois indiqué [94], que cet état de choses révèle une évolution. La grande *rhètra*, telle qu'elle a été transmise par Plutarque et paraphrasée par Tyrtée, accordait l'initiative des lois aux rois et

91. De même, dans l'Athènes des Trente, qui entend imiter le modèle spartiate, seul le Conseil peut condamner les citoyens de plein droit (les Trois Mille).

92. Cf. *supra*, p. 181-182.

93. Cf. *supra*, p. 25 et 32.

94. Ed. Lévy, « La grande *Rhètra* », *Ktèma* 2 (1977), p. 85-103 ; cf. aussi *supra*, p. 33-34.

aux gérontes (ensemble ou peut-être, initialement, en deux étapes), tandis que le peuple se contentait de « répondre par de droites *rhètra* ». L'amendement introduisant le droit de veto est attribué aux rois Polydore et Théopompe, à une époque où certains, notammment Plutarque, à la suite d'Aristote, plaçaient la création des éphores. Il est possible que les éphores aient pu, assez tôt, faire voter des propositions (ou des contre-propositions) qui n'avaient pas l'agrément de la gérousie et c'est pour contrecarrer de telles initiatives qu'on aurait accordé à la gérousie le droit de veto.

Cependant, l'exercice de ce droit n'est attesté qu'une fois : les réformes d'Agis IV, qui, d'abord soumises à la gérousie, n'avaient, semble-t-il, pas obtenu son agrément sans avoir non plus été formellement rejetées (Plut., *Agis*, 9, 1), sont, après avoir été votées par l'assemblée, finalement annulées par la gérousie (Plut., *Agis*, 11, 1). Or, Plutarque, faisant de cette annulation un élément du pouvoir probouleutique, suggère que le prétendu « droit de veto » n'était en fait qu'une extension de ce pouvoir. La gérousie peut en effet laisser les éphores présenter des projets à l'assemblée, éventuellement après en avoir discuté avec quelques gérontes. Mais, même après adoption du projet, si elle décide d'intervenir, on est ramené au cas normal, où ne sont transmis à l'assemblée que les projets qui ont l'aval de la gérousie.

• On peut dès lors s'interroger sur l'importance réelle de ce conseil. Les Anciens ont tous insisté sur la gérousie, qui paraissait déjà à Pindare (Fr. 78 Puech) une caractéristique de Sparte. Au milieu du IVe siècle, Platon (*Lois*, III, 691d-e) lui reconnaissait une puissance égale à celle des rois, tandis que Démosthène (*Contre Leptine*, XX, 107) voyait dans la nomination à la gérousie « la récompense du mérite (*arétè*) [95] », qui, en vous faisant « le maître (*despotès*) de la multitude » (sans doute grâce au pouvoir judiciaire), vous rendait « avec vos pairs (*homoioi*) [96] maître (*kurios*) de l'État ». Eschine

95. La même expression, sans doute traditionnelle, se retrouve chez Aristote, *Pol.*, II, 9, 1270b 24-25.

96. On ne peut y voir une allusion à l'ensemble des citoyens et donc à l'assemblée, car cela contredirait le propos de Démosthène.

(*Contre Timarque*, I, 180) évoquait les gérontes, qui inspirent aux Spartiates respect et crainte et dont l'âge [97] leur sert à désigner leur « magistrature la plus importante (*mégistèn*) ». Enfin, Isocrate (*Panath.*, XII, 154), soucieux de faire l'éloge de l'Aréopage, assurait que les gérontes, « placés à la tête de toutes les affaires », avaient reçu « le même pouvoir » que l'Aréopage athénien, que Lycurgue aurait voulu imiter. Ces trois textes, tous favorables à Sparte, relèvent du « mirage spartiate » et montrent surtout qu'il était plus facile de faire l'éloge de la respectable gérousie que de l'éphorat, quelque peu inquiétant, ou de la double royauté, difficilement imitable.

Quant aux auteurs tardifs, ils ont pu se laisser influencer par le modèle du sénat romain, dont le nom même suffit à en faire le parallèle de la gérousie [98]. Pour Polybe [99], la gérousie, dont les membres sont choisis selon le mérite (*aristindèn*), assure l'équilibre du régime, en se mettant toujours du côté de l'élément le plus faible et le plus traditionaliste (VI, 10, 9-10), et collabore avec les rois pour traiter toutes les affaires politiques (VI, 45, 5). Pour Plutarque (*Agésilas*, 4, 3), à l'époque d'Agésilas, « les éphores et les gérontes avaient le plus grand pouvoir (*kratos*) dans l'État ».

On peut cependant se demander si, en dehors du domaine judiciaire, la gérousie jouait un rôle important. En effet, Aristote, qui mêle éloges traditionnels et critiques originales de la gérousie, n'évoque ni son pouvoir probouleutique ni son droit de veto.

Si celle-ci intervenait souvent dans la vie politique, on la verrait, comme le sénat romain, fréquemment mentionnée dans les textes. Or, même lorsqu'il s'agit d'affaires importantes, comme de décider de la paix ou de la guerre, les historiens anciens évoquent l'assemblée sans aucune allusion à la gérousie [100]. Ainsi, lors du déclenchement de la guerre du Péloponnèse, alors que s'affrontent le roi Archidamos et

97. Géronte signifie à la fois vieillard et membre de la gérousie.

98. Plutarque, qui, dans la *Vie de Romulus*, 13, 3, souligne l'équivalence des termes sénat et gérousie, appelle constamment le sénat gérousie.

99. Cf. Ed. Lévy, « La Sparte de Polybe », *Ktèma* 12 (1987), p. 63-79.

100. On pourrait objecter que les textes ne mentionnent pas davantage le rôle de la *Boulè* athénienne, alors que nous connaissons, par

l'éphore Sthénélaïdas, personne ne fait allusion à une proposition préalable de la gérousie (Thuc., I, 79-83). Celle-ci n'est pas non plus mentionnée en 414 pour la décision de reprendre les hostilités (Thuc., VI, 88, 10) ; et, pour la paix de Nicias, Thucydide (V, 17, 2) n'évoque que le vote des alliés. Quant à la politique étrangère en général, elle paraît le fait soit des éphores, soit des rois s'appuyant sur la majorité des éphores et donc soucieux de faire élire des éphores favorables à leur politique.

Dans le domaine législatif, aucune opposition de la gérousie n'est attestée, sauf, dans le cas d'Agis IV, où celle-ci, d'abord réticente mais poussée par l'autre roi, annule le vote de l'assemblée. On peut donc se demander si, en général, ou bien les mesures étaient présentées d'abord à la gérousie, qui, étant donné le conformisme spartiate, se contentait de les entériner, ou bien même étaient présentées directement à l'assemblée par les éphores, sans que la gérousie désire ou ose exercer son droit de veto.

Cependant, si ces remarques incitent à ne pas surestimer le pouvoir des gérontes, il ne faut pas non plus le sous-estimer [101].

En effet, dans une Grèce qui ne connaît pas encore la simple responsabilité politique [102], le pouvoir judiciaire a des implications politiques, qu'il s'agisse de condamner un roi [103] ou un chef militaire comme Sphodrias (cf. Xén., *Hell.*, V, 4,

---

l'épigraphie et par la *Constitution d'Athènes* aristotélicienne, ses fonctions probouleutiques ; mais la *Boulè*, tirée au sort pour un an, ne dispose pas de la durée permettant de mener une véritable politique, alors que les gérontes, élus à vie, pourraient, comme le sénat romain, constituer une source de pouvoir autonome.

101. C'est l'erreur que j'avais faite dans mon livre, *La Grèce au* v*e siècle, de Clisthène à Socrate*, Paris, Seuil, « Nouvelle Histoire de l'Antiquité 2 », 1995, p. 156-157, où j'affirmais, avec quelque excès, que « si, dans le domaine politique, jusqu'à Agis IV, la gérousie reste sans histoire, c'est sans doute parce qu'elle était sans pouvoir ».

102. Il faut attendre le régime parlementaire pour pouvoir distinguer la responsabilité politique, qui entraîne, sans conséquences judiciaires, la chute de l'homme politique dont on condamne la politique, et la responsabilité pénale, qui faisait condamner le roi de Sparte ou le stratège athénien pour des opérations malheureuses.

103. Cf. *supra*, p. 177-181.

24). C'est aussi parce qu'ils disent le droit que les gérontes ont pu trancher entre Areus et Cléonymos : « Les gérontes jugent (*dikazousin*) donc que la dignité royale (*timèn*) est le bien ancestral d'Areus, fils d'Acrotatos, et non de Cléonymos » (Pausanias, III, 6, 2).

D'autre part, la gérousie est en rapport avec les trois autres institutions. Elle n'est pas mentionnée uniquement à propos des réformes d'Agis IV. Déjà, au ve siècle, Hétoimaridas, avant de persuader l'assemblée, avait convaincu la gérousie d'accepter la constitution de la Ligue de Délos et de renoncer à faire la guerre à Athènes (Diodore, XI, 50) : si l'on en croit l'historien, il y aurait eu successivement des discussions à l'assemblée [104], où la majorité se montrait favorable à la guerre, puis un vote de la gérousie et, finalement, un vote de l'assemblée.

Les rois ne négligent pas la gérousie : Agésilas n'hésite pas à offrir « à tout nouveau géronte un manteau (*chlaina*) et un bovin » (Plut., *Agés.*, 4, 5, et *De l'amour fraternel*, 482d). Même si la chose était assez inhabituelle pour lui valoir le reproche de « s'approprier à titre privé (*idious*) les citoyens qui appartiennent à tous (*koinous*) [105] », elle montrait bien que les gérontes constituaient une source de pouvoir à ne pas négliger [106].

Les éphores se sont, semble-t-il, fréquemment appuyés sur les gérontes. Déjà, au milieu du VIe siècle, lorsqu'ils avaient fait pression sur le roi Anaxandridas pour l'obliger à prendre une nouvelle épouse, leur dernière proposition provenait des délibérations (*bouleusaménoi*) communes des éphores et des gérontes, ce qui lui permettait d'être particulièrment commi-

104. Il n'est pas sûr, contrairement à ce qui se passera sous Agis IV, que ces discussions aient débouché sur un vote, mais, en plus de deux siècles, les pouvoirs respectifs de la gérousie, des éphores et des rois ont pu varier.

105. C'est à partir d'une telle formule, bien spartiate, qu'une source de Plutarque (*Agés.*, 5, 4) a imaginé que les éphores l'avaient mis à l'amende, mais Xénophon, *Agés.*, 6, 8, assure que ses concitoyens ne lui ont jamais infligé d'amendes.

106. Cf. aussi Xén., *Hell.*, 5, 4, 25 : en 378, lors du procès de Sphodrias, la gérousie était divisée entre les amis de Cléombrotos, ceux d'Agésilas et les neutres (ceux du « milieu »).

natoire : le roi doit éviter de s'y opposer « afin que les Spartiates ne prennent à (son) sujet des décisions autres qu'il ne faudrait » (Hdt., V, 40). Le récit détaillé de la conspiration de Cinadon suggère que, avant de prendre une décision importante, les éphores consultaient les gérontes : du fait de l'urgence et pour éviter d'éveiller les soupçons des conjurés, ils se contentèrent, en l'occurrence, « chacun de réunir des gérontes en un lieu différent » (Xén., *Hell.*, III, 3, 8). On pourrait d'ailleurs supposer, même si aucun autre document ne permet de l'assurer, que, lorsque les gérontes étaient d'accord et qu'il y avait urgence, les éphores devaient souvent se dispenser de soumettre l'affaire à l'assemblée.

Si l'on admet qu'au moins dans certains cas les éphores prennent leurs décisions en accord avec la gérousie ou une partie des gérontes[107] se pose le problème du sens précis de deux expressions (*hoi en télei* et *ta télè*[108]) qui apparaissent souvent dans les textes, notamment chez Thucydide et chez Xénophon, et qu'on pourrait traduire par « les autorités ». On a coutume d'y voir, à juste titre, une allusion aux éphores[109], mais s'agit-il des seuls éphores ? Quand Thucydide (VI, 88, 10) évoque ce qu'envisageaient à la fois « les éphores et les autorités », le texte incite à distinguer les deux, même s'il est probable, contrairement à l'usage habituel de *té kai*, que les éphores y soient considérés comme faisant partie des « autorités ». Bien plus, quand Xénophon (*Anabase*, II, 6, 3) rapporte que Cléarque, vainement rappelé par les éphores, est condamné à mort par les autorités (*télè*) de Sparte[110], il

107. Serait-ce là la « petite assemblée » que, lors de la conspiration des Cinadons, les éphores n'ont même pas pu réunir.

108. Ainsi, en 425, dans des circonstances critiques, les Lacédémoniens, entendons l'assemblée, décidèrent d'envoyer les autorités (*ta télè*) à l'armée « pour, au vu de la situation, prendre sur-le-champ les décisions qui leur paraîtraient s'imposer », Thuc., IV, 15, 1 ; cf. C. König, *Τά τέλη et οἱ ἐν τέλει verbis quinam intellegendi sint*, Iéna, Phil. Fak., Inaug.-Diss., 1886.

109. Plutarque, *Lys.*, 14, 7-8, cite textuellement une décision (*dogma*) des éphores, introduite par « Voici ce qu'ont décidé les autorités (*ta télè*) des Lacédémoniens… » ; de même, le terme *archontés* se réfère souvent aux éphores.

110. L'expression peut aussi, dans certains cas, désigner les éphores et l'assemblée, cf. Xén., *Hell.*, III, 3, 23.

ne peut s'agir que de la gérousie, éventuellement complétée des éphores, qui a seule le pouvoir de condamner à mort un citoyen.

De toute façon, on ne saurait négliger l'influence sociale que leur origine et leur prestige, à la fois personnel et collectif, assuraient aux gérontes : si la gérousie, au lieu de se partager, s'était très majoritairement opposée à son projet, Agis IV aurait-il osé faire voter ses réformes par l'assemblée [111] ? Il est enfin significatif que le régime, qui prétend imiter le système spartiate, soit un régime non des Cinq mais des Trente.

Si la gérousie n'apparaît guère, c'est qu'à Sparte comme à Athènes les historiens antiques évoquent rarement le stade préparatoire et que les Spartiates cultivent le secret. Mais, même si la gérousie spartiate, ne serait-ce qu'à cause de l'âge de ses membres, n'aura jamais le poids du sénat romain, elle constitue l'élément stabilisateur empêchant les autres organes d'outrepasser leur pouvoir.

4. L'assemblée

Si le rôle de la gérousie a peut-être été surestimé dans l'Antiquité, celui de l'assemblée a sans doute été sous-estimé.

• En tout cas, celle-ci est si mal connue qu'on ne sait à partir de quel âge on peut y participer : vraisemblablement à 20 ans, âge auquel on est intégré dans l'armée et admis aux *syssities*, mais certains [112] ont aussi proposé 30 ans, âge auquel on peut mener une vie familiale, aller soi-même au marché et être nommé magistrat.

On hésite également sur le nom officiel de l'assemblée :

111. Cléomène III, lui, n'hésitera pas à s'attaquer à la gérousie, cf. *infra*, p. 285.

112. Par exemple D.M. McDowell, *Spartan Law*, p. 66. Il serait cependant assez conforme aux habitudes spartiates de progression selon l'âge que les *néoi* assistent à l'assemblée en silence et, comme les votes se faisaient normalement par cris, leur rôle y serait resté très limité ; cf. aussi le début de l'*Archidamos* d'Isocrate.

peut-être *haliè* (en dorien *halia*), comme l'indique Hérodote (VII, 134)[113], ou, plus vraisemblablement, *ecclésia*, comme le suggèrent Thucydide (I, 87, 1, VI, 88, 10, et surtout V, 77, 1, où est cité un texte spartiate), et Xénophon (*Hell.*, III, 2, 23 ; IV, 6, 3 et V, 2, 11), qui, en outre appelle les membres de l'assemblée *ekklètoi* (*Hell.*, II, 4, 38, V, 2, 33 et VI, 3, 3) ; en tout cas, probablement pas *apella* (ou, plutôt, *apellai*)[114], malgré Plutarque, qui se fonde entre autres sur le passage de la grande *rhètra* où apparaît le verbe *apellazein*[115].

On ne connaît pas non plus avec certitude la fréquence de ses réunions, ce qui serait pourtant indispensable pour apprécier son rôle. La grande *rhètra* prévoit une réunion « de saison en saison » entre le confluent de l'Oinous et de l'Eurotas et le pont sur l'Eurotas. L'expression a dû correspondre initialement à une réunion annuelle, au mois *apellaios*, avant le départ en campagne, mais son ambiguïté a permis de se réunir plusieurs fois par an, selon les divisions de l'année en deux, trois ou quatre[116] saisons, voire tous les mois, à la pleine lune, selon les indications d'une scholie à Thucydide (I, 67).

L'assemblée paraît à Aristote jouer un rôle si limité qu'il la néglige, lorsqu'il évoque les éléments démocratiques du régime lacédémonien. Il est vrai qu'à Sparte les décisions se prennent normalement[117] selon la procédure archaïque du

113. Le terme est attesté dans un certain nombre de cités doriennes : en Sicile, notamment à Agrigente, à Byzance, à Corcyre, à Anaktorion, à Héraclée de Lucanie, en Élide et dans la colonie spartiate de Tarente ; cf. les références *in* F.R. Adrados, *Diccionario griego-español*, Madrid, consejo superior de investigationes cientificas, 1989, *s.v.*

114. Cf. G.E.M. de Sainte-Croix, *The Origins of the Peloponnesian War*, Appendice XXIII, « The name of the Spartan Assembly », p. 346-347, W. Burkert, « Apellai und Apollon », *Rh. M* 118 (1975), 1-21, et K.-W. Welwei, « Apella oder Ekklesia, Zur Bezeichnung der spartanischen Volksversammlung », *Rh. Mus. für Philologie* 141 (1998), p. 242-249, qui défend la dénomination *Apella*.

115. On peut aussi mentionner *agora*, si le mot a bien ce sens chez Hérodote (VI, 58) et si on peut le restituer dans la dernière ligne (mutilée) de la grande *rhètra*.

116. Cette division de l'année est déjà attestée chez Alcman.

117. En 432, l'éphore Sthénélaïdas a, exceptionnellement, fait voter par déplacement, cf. Thuc., I, 87.

vote par cris et que, les membres de l'assemblée ne jouissant pas du droit d'initiative, leur rôle paraît se limiter à l'élection des éphores et des gérontes et à l'approbation ou au rejet des propositions émanant des rois, des gérontes ou des éphores.

Mais on ne peut passer outre à un rejet par l'assemblée : comme le proclamait sans doute la fin de la grande *rhètra*, « à l'assemblée du peuple victoire et prédominance (*kratos*) ». Les décisions les plus graves, concernant la guerre et la paix, sont nécessairement prises par l'assemblée. Ainsi, quand les Argiens proposent, en 480, une paix de 30 ans, les envoyés spartiates répondent qu'« ils en feront rapport à ceux qui forment la majorité (*tous pléonas*) » (Hdt., VII, 149), expression où l'on a généralement reconnu une allusion à l'assemblée. C'est elle qui décide de soumettre aux alliés la décision de se lancer dans la guerre du Péloponnèse (*infra*, p. 224), qui conclut, en 417, un traité avec Argos (Thuc., V, 77) et qui, en 371, vote la paix du roi (Xén., *Hell.*, VI, 3, 18) et prend la décision de poursuivre la guerre contre les Thébains (Xén., *Hell.*, VI, 4, 3).

D'autre part, ceux qui jouissent du droit d'initiative ne constituent pas un bloc monolithique : on peut toujours trouver quelqu'un pour proposer ce que souhaite l'assemblée. Ainsi, le discours d'Alcibiade, qui n'est pourtant qu'un étranger invité, influence l'assemblée en l'incitant à reprendre les hostilités contre Athènes, alors que les « autorités » favorisaient une attitude prudente (Thuc., VI, 88, 10-93, 1).

Cependant, si l'on veut apprécier l'importance de l'assemblée et son caractère démocratique, il faut avant tout s'interroger sur le droit de parole. Or, on se fonde généralement sur deux passages d'Aristote pour assurer que seules les « autorités » ont le droit de parler à l'assemblée.

Dans le chapitre II, 10 de *La Politique*, consacré au régime crétois, Aristote est amené à le comparer au régime lacédémonien, déjà étudié, en soulignant ressemblances et différences : ainsi, les éphores ont le même pouvoir que les kosmes, mais ils sont 5 au lieu de 10. Pour l'assemblée, le philosophe note qu'en Crète « tous (y) participent, mais (qu') elle n'est maîtresse de rien, sauf de ratifier par son vote les décisions des gérontes[118] et des kosmes » (1272a 10-12). Le texte est équivoque, car la fin de la phrase peut présenter une ressemblance entre les deux régimes – c'est la thèse de J. Aubonnet dans l'édition des Belles Lettres – ou au contraire, comme pour les kosmes, souligner une différence.

• Dans le deuxième passage, consacré au régime carthaginois, après avoir indiqué que, lorsque les rois (entendons les suffètes) sont d'accord, ils ne sont pas obligés de soumettre l'affaire au peuple, Aristote précise (*Pol.*, II, 11, 1273a 9-13) : « Mais, sur ce qu'ils lui présentent (*eisphérein*), ils ne reconnaissent (*apodidoasi*) pas seulement au peuple le droit d'écouter les décisions des dirigeants (*ta doxanta tois arkhousin*), mais ils (= les gens du peuple) sont maîtres de décider et il est permis à celui qui le désire (*tôi bouloménôi*) de s'opposer par la parole (*anteipein*) aux propositions, ce qui n'est pas le cas dans les autres régimes (entendons à Sparte et en Crète). »

Le texte présente trois caractéristiques carthaginoises : le peuple n'a pas seulement le droit d'écouter ; il est maître de décider ; celui qui le désire peut *anteipein*. La structure de la phrase permet à cet égard deux interprétations, selon que les trois caractéristiques ou seulement la dernière opposent Carthage aux deux autres régimes. Comme il est clair qu'à Sparte, comme le montrent aussi bien la grande *rhètra* que les textes d'Aristote lui-même, c'est le peuple qui est censé prendre les décisions, seule la troisième caractéristique est ici en cause.

On peut donc tirer du texte l'idée qu'à Sparte il n'est pas « permis à celui qui le désire[119] de s'opposer par la parole aux propositions ». Mais tout le problème vient du sens d'*anteipein*[120]. Cet infinitif aoriste pourrait signifier « parler contre »,

118. Dont Aristote vient de mentionner l'existence en Crète.

119. L'expression suggère déjà qu'il y a des gens qui ne sont pas « les premiers venus » et ont le droit d'intervenir.

120. Sans en tirer vraiment parti, P. Cartledge, « The peculiar position of Sparta in the development of the Greek City-State », *Proceedings of the Royal Irish Academy*, 80 (1980), p. 91-108 (= *Spartan Reflections*, Londres, Duckworth, 2001, p. 21-38), notait déjà que *« no discussion or at least no alternative proposals were permitted in the assembly »*.

mais cela impliquerait le droit de « parler pour » et il aurait été plus normal d'interdire tout simplement de parler[121], ce qui aurait eu l'inconvénient de contredire expressément le texte de Tyrtée (élégie 3a), consacré à la grande *rhètra*, au moins dans la version longue, transmise par Diodore[122]. Aussi paraît-il préférable d'adopter une autre interprétation : *eipein* ayant constamment dans les inscriptions le sens de « faire une proposition », il serait interdit non de « parler contre », mais de « faire une contre-proposition ». C'est précisément l'interprétation que propose Plutarque (*Lyc.*, 6, 6) dans son commentaire de la grande *rhètra :* « Il n'était permis à aucun autre de faire une proposition (*eipein gnômèn*) mais le peuple était maître de se prononcer sur la proposition présentée par les gérontes et les rois. » Il semble d'ailleurs que même le roi Archidamos, qui n'est pourtant pas le premier venu (*ho bouloménos*), n'ait pu, en 432, présenter en séance une contre-proposition et se soit contenté de combattre la proposition de faire la guerre.

Si l'on accepte ces conclusions, il apparaît qu'à l'assemblée il est interdit non de parler, pour ou contre, mais de présenter une contre-proposition. Il ne faudrait pas cependant en conclure que n'importe qui peut prendre la parole n'importe comment. Sinon, on ne comprendrait pas qu'un oligarque, admirateur de Sparte, comme le pseudo-Xénophon puisse reprocher aux Athéniens de « laisser tout le monde parler à la file » et, notamment, « celui qui le désire », même s'il est un homme de rien (*ponèros*), se lever pour prendre la parole (*Rép. Ath.*, I, 6). Il doit être inhabituel, contraire à la décence (*aidôs*) qui s'impose fortement à tout Spartiate, qu'un simple citoyen, non magistrat, intervienne de lui-même, surtout s'il est jeune : même un prince héritier comme le futur Archidamos III est censé s'excuser de violer les coutumes (*nomima*)

121. Le préverbe *anti-*, qui marque l'opposition est si gênant que certains ont préféré le négliger ; ainsi, M. Nafissi, *La nascita del Kosmos. Studi sulla storia e la società di Sparta*, Naples, Ed. scient. ital., 1991, p. 363, se contente de traduire : « *a chi voglia è concesso di prendere la parola sulle proposte di legge* ».

122. Les gens du peuple y sont invités à « dire ce qu'il faut » et, dans la partie commune à Diodore et à Plutarque, le fait de « répondre par de droites *rhètra* » peut aussi suggérer l'accès à la parole.

de la cité en prenant la parole malgré son âge (Isocrate, VI, *Archidamos*, 1-6).

De nombreux textes montrent cependant que, contrairement à ce qu'on a trop souvent répété, l'assemblée spartiate n'était pas muette et que pouvaient s'y dérouler des débats animés.

Déjà, à l'époque d'Hétoimaridas (Diodore, XI, 50, 3-5), si, lors de l'assemblée préparatoire, il est vrai que les jeunes et la majorité des autres se montraient très désireux de recouvrer l'hégémonie au détriment d'Athènes, cela implique, au moins chez l'historien qui rapporte la chose (sans doute Éphore), que de nombreux avis s'étaient exprimés. De même, lorsque Thucydide, en décrivant en détail l'assemblée spartiate qui allait décider la guerre, note qu'avant les discours du roi et de l'éphore « les avis (*gnômai*) de la plupart convergeaient » (I, 79, 2), il suggère que de nombreux avis se sont exprimés. La décision, après la victoire sur Athènes, de laisser entrer à titre public de la monnaie d'or et d'argent, mais de punir de mort le particulier qui en détiendrait, paraît une mesure de compromis adoptée après des débats animés (Plut., *Lyc.*, 17, 2-6). Enfin, lors de l'assemblée qui devait voter les réformes d'Agis IV, Plutarque (*Agis*, 9, 1 et 5) évoque les interventions de l'éphore Lysandre, de Mandrocléidas, dont on ne sait s'il était éphore, et d'Agésilas, qui ne sera éphore que l'année suivante, et ne fait intervenir le roi Agis IV qu'après tous les autres.

Le Prothoos (Xén., *Hell.*, VI, 4, 2, et Plut., *Agésilas*, 28, 6), qui, en 371, fait un discours où il invite à licencier l'armée de Béotie, a des chances d'être un éphore, puisque le texte de Xénophon incite à le placer parmi les autorités spartiates (*ta oikoi télè*) consultées par Cléombrotos et qu'il parle comme un chef. Mais on ne peut dire la même chose de tous ceux qui prennent la parole à l'assemblée. Isocrate (*Archidamos*, VI, 2) évoque en effet « ceux qui ont l'habitude de parler » à l'assemblée et qui sont en l'occurrence divisés et on ne saurait récuser son témoignage, car il connaît bien les institutions spartiates et il serait tout à fait maladroit de prêter au prince héritier des propos qui contrediraient les habitudes spartiates. On peut enfin se référer à un passage d'Eschine (*Contre Timarque*, I, 180-181). L'orateur soucieux de montrer qu'on ne doit pas laisser parler les gens de mauvaise vie, invoque un exemple spartiate. Les Lacédémoniens allaient voter après le discours et selon l'avis (*gnômè*) d'un excellent orateur qui avait mené une vie infâme (*aischrôs*). Un géronte monta alors à la tribune et, assurant que « Sparte ne restera pas longtemps inviolable, si elle utilise de tels conseillers (*sumbouloi*) dans ses assemblées », il invita un autre Lacédémonien, « orateur médiocre, mais brillant guerrier et se distinguant par sa justice et sa tempérance (*enkrateia*) », à faire (*eipein*) les mêmes propositions, « pour que les Lacédémoniens votent après le discours d'un homme de bien sans même prêter l'oreille aux paroles des lâches ou des gens de rien ».

Le géronte, qui a le droit de faire un discours, remplace ainsi, pour faire la proposition, un orateur par un guerrier. Le texte tend à présenter les deux comme de simples citoyens et notamment le second, qui, médiocre orateur, ne serait monté à la tribune, s'il n'y avait été invité par le géronte. Mais, pour autant que les indications d'Eschine soient exactes, il doit s'agir d'éphores : ils ont, contrairement peut-être au géronte, le droit de présenter une proposition et le terme de conseillers (*sumbouloi*) employé dans le texte pour ces orateurs qui soutiennnent des propositions pourrait suggérer leurs fonctions. Il est donc difficile de trop se fonder sur ce texte, dont la valeur historique paraît assez douteuse.

Il apparaît néanmoins qu'à l'époque classique une assemblée spartiate ne doit pas être imaginée à la manière des assemblées homériques. On y assiste au contraire à des discours opposés et, même si le droit de parole n'est pas accordé aussi libéralement qu'à Athènes, où chaque citoyen est expressément invité à faire toute proposition utile à la cité, il est vraisemblable que, les restrictions étant plus du domaine des convenances que de l'interdiction légale, les aristocrates ambitieux n'avaient pas besoin de se faire élire éphores ou gérontes pour y prendre la parole.

4

Sparte et le monde extérieur du milieu du VIe siècle à 362[1]

La conquête de la Messénie et les victoires remportées en Arcadie (Hdt., I, 68) et sur Argos[2] avaient permis à Sparte de dominer le Péloponnèse. Mais elle ne pouvait profiter durablement de ces succès et devenir la première puissance militaire de Grèce qu'en organisant tout un système d'alliances, notamment ce que les historiens modernes ont appelé la Ligue du Péloponnèse. Elle avait sans doute été capable, dès le VIe siècle, d'intervenir, avec des résultats variables, seule ou avec quelques alliés, à Samos, à Naxos ou même à Athènes. Mais c'est grâce à ses alliés qu'elle eut, sur terre, une supériorité si manifeste que, lors de la guerre du Péloponnèse, Athènes n'essaya même pas de résister aux invasions.

Quelques nombres suffisent à montrer l'importance militaire de ces alliances[3] : en 479, lors de la bataille de Platées, selon Hérodote (IX, 278-29), sur les 38 700 hoplites grecs, Sparte en aligne 10 000 (5 000 Spartiates et 5 000 Périèques), alors que les alliés du Péloponnèse et de l'Isthme en engagent 16 400[4], auxquels il faut peut-être ajouter les 8 000 hoplites

1. Cf. surtout P. Cartledge, *Sparta and Lakonia. A Regional History 1300-362 B.C.*, Londres, Routledge et Keagan, 1979, p. 138-159 et 199-304, et *Agesilaos and the Crisis of Sparta*, Londres, Duckworth, 1985.

2. Cf. Hérodote, I, 82, mais Argos ne fut définitivement battue qu'à Sépeia, vers 494.

3. En 394, Timolaos de Corinthe, comparant les Lacédémoniens à un fleuve, qui grossit depuis sa source, notait que « les Lacédémoniens, là où ils sortent [de chez eux] sont réduits à eux-mêmes mais, en avançant et en recevant l'apport des cités [alliées], deviennent plus nombreux et plus difficiles à vaincre », Xén., *Hell.*, IV, 2, 11-12.

4. Sur mer, la part relative des Lacédémoniens est encore plus faible, puisque, à la veille de Salamine, selon Hérodote, VIII, 43-48, sur 366 ou

athéniens, si, comme il est probable, Athènes fait alors partie de la Ligue du Péloponnèse, et cela, bien que des alliés comme Ambracie, les Éléens, Mantinée ou l'Arcadie occidentale n'aient pas envoyé de troupes. De même, au début de la guerre du Péloponnèse, sur les quelque 60 000 hommes (y compris les 11 000 Béotiens) qui peuvent envahir l'Attique, les effectifs lacédémoniens ne devaient pas dépasser ceux de la bataille de Platées, soit, au maximum, 10 000 hommes. Enfin, lors de la répartition des alliés en 10 secteurs, que Diodore (XV, 31, 2) date de 377/76, les Lacédémoniens ne constituent plus qu'un dixième de l'ensemble ou un septième, si l'on ne considère que le Péloponnèse et l'Isthme, les seuls Arcadiens comptant pour deux dixièmes.

Aussi, avant d'étudier brièvement la politique lacédémonienne à l'égard des Perses, des Athéniens ou du reste de la Grèce, doit-on préciser la nature et le fonctionnement de la Ligue du Péloponnèse [5].

---

378 navires grecs, outre les 180 navires athéniens, on ne trouve que 16 navires lacédémoniens en face de 40 corinthiens, 30 éginètes, 20 mégariens, 15 sicyoniens.

5. Sur la question restent fondamentaux les travaux d'U. Kahrstedt, *Griechische Staatsrecht* I, *Sparta und seine Symmachie*, Göttingen, Vandenhœk et Ruprecht,1922, p. 81-118 et 267-272, de G. Busolt et M. Swoboda, *Griechische Staatskunde* II (HdbAW 4, 1, 1), Munich, Beck, 1926, p. 1320-1337, de J.A.O. Larsen, *Classical Philology* 27 (1932), p. 136-150, 28 (1933), p. 257-276, et 29 (1934), p. 1-19, de L. Moretti, *Ricerche sulle leghi greche (Peloponnesiaca-Beotica-Licia)*, Rome, l'Erma di Bretschneider, 1962, p. 1-95, et de K. Wickert, *Der Peloponnesische Bund von seiner Entstehung bis zum Ende des archidamischen Krieges*, inaugural Dissertation der philosophischen Fakultät Erlangen, Erlangen, 1962 ; cf. aussi, G.E.M. de Sainte-Croix, *The Origins of the Peloponnesian War*, Londres, Duckworth, 1972, p. 96-124 et 333-346, F. Gschnitzer, *Ein neuer spartanischer Staatsvertrag und die Verfassung des Peloponnesischen Bundes*, Meisenheim am Glan, Hain, 1978, Kl. Tausend, *Amphiktyonie und Symmachie, Historia Einz.* 73, 1992, p. 118-123 et 167-180, G.L. Cawkwell, « Sparta and her allies in the sixth Century », *Classical Quarterly* 43 (1993), p. 364-376, et J.E. London, « Thucydides and the "Constitution" of the Peloponnesian League », *Greek, Roman and Byzantine Studies*, 35 (1994), p. 159-177.

1. La Ligue du Péloponnèse

L'alliance, que les Anciens désignaient par « les Lacédémoniens et les alliés [6] » ou, plus rarement, « les Péloponnésiens », se constitua à la fin du VIe siècle et dura jusqu'aux invasions thébaines de 370-369 ou de 362.

Origine

Au cours du VIe siècle, les Lacédémoniens conclurent des alliances bilatérales avec un certain nombre de cités du Péloponnèse. Ces alliances inégales, qui permirent à Hérodote (I, 68) d'affirmer que « la majorité du Péloponnèse était alors (après les victoires sur Tégée, vers le milieu du VIe siècle) soumise aux Lacédémoniens », devaient impliquer l'obligation de « suivre (à la guerre) les Lacédémoniens partout où ils (vous) mèneront [7] ». Elles ont pu être le fruit de victoires militaires, comme dans le cas de Tégée, ou provenir des bonnes relations que l'oligarchie spartiate avait établies avec les oligarchies de Corinthe ou des cités arcadiennes. Si l'on ne possède pas de dates précises pour la conclusion de ces

6. On trouve aussi, notamment dans l'armistice de 423 (Thuc., IV, 118,4, 2 exemples), la formule « les Lacédémoniens et *hoi alloi xummachoi* », entendons : « les Lacédémoniens et les alliés, qui forment le reste de l'ensemble », expression qui associe étroitement les deux éléments.

7. Cf. Thuc. V, 62, où, en 418, tout en critiquant Agis, « les alliés suivaient comme ils les menaient, conformément à la règle (*nomos*) », et Xén., *Hell.*, II, 2, 20, où, en 404, les Athéniens doivent s'engager à « suivre les Lacédémoniens à la fois sur terre et sur mer partout où ils les mèneront », IV, 6, 2, où, en 389, les Achéens affirment : « Nous vous suivons partout où vous (nous) menez », V, 3, 26, où, en 379, les Olynthiens, vaincus, doivent s'engager à « avoir mêmes amis et mêmes ennemis que les Lacédémoniens, à les accompagner (*akolouthein*) partout où ils les mèneraient et à combattre (*summachein*) avec eux », et VI, 3, 7, où, en 371, l'Athénien Autoclès adresse comme reproche aux Lacédémoniens : « La première stipulation des traités que vous concluez avec les cités alliées, c'est de suivre partout où vous les mènerez. »

accords, on voit déjà Corinthe participer en 525-24 à une expédition commune contre Samos (Hdt., III, 48), tandis que des Sicyoniens et des Éginètes – ces derniers sous la contrainte de Cléomène – participent en 494 à une descente en territoire argien (Hdt., VI, 92).

Ces alliances ont dû se constituer progressivement et on ne saurait y voir l'œuvre d'un seul homme, que ce soit celle de l'éphore Chilon, qu'Hérodote incite à placer plutôt au début qu'au milieu du VIe siècle [8], ou celle de Cléomène Ier. En tout cas, Hérodote (V, 74) peut affirmer, avec sans doute quelque exagération [9], que (vers 506) Cléomène avait réuni contre Athènes une armée « de tout le Péloponnèse ».

Mais cette expédition suscita justement la première crise majeure dans l'alliance. En effet, selon l'historien, Cléomène n'avait pas indiqué le but (géographique et politique) de l'expédition, ce qui n'avait rien d'extraordinaire (cf. de même Agis en 419, Thuc., V, 54, 1), mais, lorsque, à Éleusis, les Corinthiens se rendirent compte qu'elle était destinée à établir à Athènes la tyrannie d'Isagoras [10], ils firent demi-tour, suivis par le second roi, Démarate, puis par l'ensemble des alliés. Ce divorce (*dichostasie*) d'Éleusis entre les deux rois pose un problème : comment les Corinthiens ont-ils pu faire défection, alors qu'ils avaient vraisemblablement fait serment de suivre les rois partout où ils les mèneraient [11] ? Comme l'historien note que les chefs corinthiens, en discutant entre eux, « avaient réfléchi qu'on ne faisait pas ce qui était juste », il est vraisemblable que, outre un éventuel

8. Cf. ses relations supposées avec le père de Pisistrate lors de la naissance du futur tyran, Hdt., I, 59 ; cf. ausssi C.M. Stibbbe, « Chilon of Sparta », *Medelingen Nederl. hist. Inst. Rome* 46 (1985), p. 7-24.

9. En I, 68, à propos de la victoire sur les Tégéates, Hérodote dit plus justement que « la plus grande partie du Péloponnèse était soumise » aux Lacédémoniens.

10. La présentation est bien sûr partiale : pour Cléomène, il devait s'agir non de tyrannie, mais de mise en place d'une oligarchie inféodée à Sparte ; il en ira différemment lorsqu'il s'agira de rétablir Hippias.

11. Il est habituel qu'une armée prête serment et l'on voit, plus tard, Cléomène employer la même formule, avec seulement le remplacement des deux rois par le seul Cléomène, lorsqu'il essaie de soulever les Arcadiens contre Sparte (Hdt., VI, 74).

accord secret avec l'autre roi, ils avaient pu arguer d'une clause leur permettant de ne pas participer en cas d'empêchement religieux[12]. Quant au reste des alliés, puisque les rois se séparaient, ils n'étaient plus tenus par le serment de les suivre : la décision de ne plus envoyer les deux rois ensemble évitera, à l'avenir, une telle situation.

Cependant, le plus important fut que, pour prévenir un nouvel échec et mener à bien une expédition contre Athènes, qui semblait alors tentée de se rapprocher des Perses, les Lacédémoniens décidèrent de réunir un congrès des alliés (Hdt., V, 91-93). Ils firent ainsi venir à Sparte, probablement en 505, Hippias et des messagers (*angélous*) des alliés : l'absence d'article défini suggère qu'il ne s'agit pas d'un conseil déjà établi, dont on réunirait *les* membres. Les Lacédémoniens assurent avoir fait une erreur en renversant les Pisistratides, qui leur étaient liés, et entendent les rétablir en faisant en commun (*koinos* est répété deux fois) un débat (*logos*) et une expédition. La majorité des alliés, hostile au projet, resta silencieuse. Seul Soclès, le représentant de Corinthe, osa porter la contradiction en soulignant que ce serait au contraire la lutte contre les tyrans qui serait conforme à la tradition spartiate et en invitant les Lacédémoniens à ne pas rétablir Hippias « contre toute justice », car, en tout cas, les Corinthiens n'approuvent pas[13]. Bien qu'Hippias eût ensuite, de façon quelque peu anachronique, évoqué le danger athénien, les autres alliés, jusque-là silencieux, « élevant tous la voix, se ralliaient à l'avis du Corinthien et conjuraient les Lacédémoniens de ne rien faire de révolutionnaire (*néôtéron*) à l'égard d'une cité grecque ». L'imparfait suggère qu'il s'agit plus d'exprimer des avis que de décider par un vote ; de toute façon, voyant l'opinion générale, les Lacédémoniens auraient été mal avisés d'organiser un tel vote, où ils auraient été mis

12. Cf. Thuc., V, 30, 1 (en 421) : « Ce qui serait voté par la majorité des alliés serait exécutoire à moins qu'il n'y ait un empêchement venant des dieux ou des héros » ; voir aussi l'allusion à la justice dans le récit d'Hérodote et dans le discours de Soclès, cité un peu plus bas dans le texte.

13. On rapprochera Homère, *Iliade*, IV, 29, où Héra, contestant les projets de Zeus, achève son intervention en « Fais, mais nous, l'ensemble des autres dieux, nous n'approuvons pas » et où le roi des dieux s'incline.

en minorité. L'opposition des alliés les incita même à renoncer à intervenir seuls contre Athènes.

Ce récit suggère que la consultation officielle des alliés était une nouveauté : il était sans doute déjà habituel de mener des expéditions communes mais il aurait été inutile pour les Lacédémoniens d'évoquer dans leur péroraison un « débat (*logos*) commun », si c'était déjà la norme : le silence des alliés, à l'exception du Corinthien, montre bien qu'ils étaient plus habitués à suivre les Lacédémoniens qu'à participer activement à de telles discussions. De même, il semble qu'on en reste à la recherche d'un consensus sans aller jusqu'à un vote à la majorité. Aussi est-il difficile de voir dans ce congrès l'instigateur d'une réforme institutionnelle qui aurait donné à la Ligue une véritable constitution[14]. Mais la défection générale d'Éleusis et la consultation des alliés qu'elle a suscitée ont créé un précédent, sur lequel il sera difficile de revenir. Le congrès des alliés, ayant ainsi délibéré à la demande même des Lacédémoniens, constituera désormais l'organe délibératif de la Ligue[15]. Il sera amené à prendre des décisions s'imposant à tous : les textes évoquent, outre les serments, sans lesquels aucun traité n'est valable, des décrets (*dogma*) des alliés[16] ou « ce qui a été dit (*eirèménon*)[17] ». Il est peut-être excessif de parler, avec Larsen de « constitution » et d'« amendements », dans la mesure où nous n'avons aucun texte indiquant un moment précis où on aurait promulgué une « constitution ». Mais l'expédition commune et le congrès qui suivit montrent que, contrairement aux thèses récentes de G. Cawkwell, il existait déjà une communauté d'alliés à la fin du VIe siècle et qu'il ne faut donc pas attendre les premiers affrontements avec Athènes pour qu'elle se mette en place.

14. A cet égard, on ne voit rien de comparable au congrès qui donna naissance à la Ligue de Délos en fixant les droits et les devoirs de chacun.

15. Les décisions arbitraires d'une seule cité seront, au moins en théorie, remplacées par des votes à la majorité.

16. Xén., *Hell.*, V, 2, 37 et 4, 37, cf. aussi l'emploi du verbe *dokein* en Thuc., I, 87, 4, IV, 118 (3 exemples), VIII, 8, 2, et Xén., *Hell.*, V, 2, 20, 23, où le terme est précisé par *ta psèphismata*, et 24 (en 382).

17. Thuc. V, 30, 1, et cf. V, 30, 3, 31, 1 et 31, 5.

Fonctionnement

De 505 jusqu'au congrès de 432, qui décida de lancer l'alliance dans la guerre du Péloponnèse, la Ligue connut des péripéties variées. Si, en 490, Athènes fit seulement appel à Sparte, la Ligue participa activement à la deuxième guerre médique, en s'intégrant dans la « Ligue hellénique », également dirigée par Sparte, mais qui, contrairement à la Ligue du Péloponnèse, avait un but précis : repousser l'envahisseur perse. La Ligue hellénique éclata en 477, quand les Athéniens, désireux de continuer la lutte, fondèrent la Ligue de Délos. Mais elle ne fut jamais dénoncée officiellement, ce qui explique sans doute l'aide apportée aux Spartiates par Athènes et Platées [18] lors de la révolte du tremblement de terre.

Mais, même intégrés dans la Ligue hellénique, les alliés péloponnésiens de Sparte avaient conservé leur identité et, hostiles à la continuation de la guerre en Asie, s'en étaient, en 479, retournés en Grèce avec le roi des Lacédémoniens Léotychidas (Hdt., IX, 114), dont ils reconnaissaient toujours l'autorité. Quand, en 477, Dorkis remplaça Pausanias comme chef de l'expédition grecque et que les Athéniens et leurs amis, refusant de reconnaître le nouveau chef, firent sécession, les Péloponnésiens s'en revinrent avec le chef lacédémonien.

La Ligue du Péloponnèse connut cependant, entre 479 et 465, des problèmes internes, qui ne furent réglés que par les victoires remportées à Tégée, sur Argos et Tégée, et à Dipaia, sur les Arcadiens (Hdt., IX, 35). Après la rupture de 462 entre Athènes et Sparte, la menace athénienne constitua, notamment pour les cités de l'Isthme, le ciment de la Ligue.

Celle-ci fut, en 451, partie au traité de 5 ans, conclu selon Thucydide (I, 112, 1) entre « les Péloponnésiens et les Athé-

18. Le cas de Platées est particulièrement éclairant, puisque Sparte avait refusé de l'intégrer dans la Ligue du Péloponnèse ; en 427, les Thébains assureront même que les Platéens n'avaient pas besoin de l'alliance athénienne, puisque l'alliance contre les Perses conclue avec les Lacédémoniens aurait suffi à les protéger (Thuc., III, 63, 2).

niens », et avait donc participé à la guerre. Elle devait de même, en 446, être partie à la paix de 30 ans, puisque, en 435, les Athéniens redoutaient qu'une alliance avec Corcyre n'amenât la rupture des traités conclus avec les Péloponnésiens (Thuc., I, 44, 1). En 440, Sparte soumit au vote de ses alliés une intervention à Samos pour soutenir l'île révoltée contre Athènes, projet que fit échouer l'intervention des Corinthiens (Thuc. I, 41, 2). Mais nous n'avons sur tous ces faits que de brèves allusions dans la *Péntékontaétie* de Thucydide.

L'historien s'est au contraire étendu sur le congrès de 432, essentiel pour son sujet, puisqu'on y décida de faire la guerre à Athènes. Il distingue deux étapes dans la marche à la guerre.

Se réunit d'abord, sans doute en juillet 432, une assemblée spartiate (Thuc., I, 67-88, avec le commentaire de Gomme), à laquelle furent invités les alliés qui avaient des griefs contre Athènes [19]. Après leurs interventions et celle d'un Athénien, les Spartiates firent se retirer leurs alliés et votèrent la guerre, au moins sous la forme hypocrite [20] selon laquelle les Athéniens étaient coupables et les traités rompus (de leur fait). Annonçant ensuite leurs décisions aux alliés présents, ils leur dirent « vouloir convoquer tous les alliés et les faire voter, pour que, ayant délibéré en commun, ils fissent la guerre, si cela leur semblait bon » (I, 87, 4).

Après une consultation encourageante de Delphes (Thuc., I, 118) se réunit le congrès (*xunodos*) des alliés (Thuc., I, 119-125) (août 432), dans lequel Sparte voulait mettre aux voix la question de savoir « s'il fallait faire la guerre » (I, 119). Après l'intervention des différents délégués, parlant librement, mais, pour la plupart, poussant à la guerre, et le long discours des Corinthiens, recomposé par Thucydide, « les Lacédémoniens firent voter à la suite tous les alliés présents, aussi bien petite que grande cité, et la majorité (*to plèthos*) décréta de faire la guerre » (I, 125).

19. Certains d'entre eux avaient déjà été incités à venir par les Corinthiens.

20. C'était aussi un moyen d'en faire une guerre défensive en évitant ainsi de se parjurer et en impliquant nécessairement la Ligue.

Le texte suggère un fonctionnement « démocratique » de la Ligue, puisque les alliés décident à la majorité, que ce soit, comme ici, pour entrer en guerre, comme en 421 [21], pour conclure la paix ou, comme en 428 (Thuc., III, 8, 1 et 15, 1), pour conclure une alliance avec les Mytiléniens. Le congrès des alliés apparaît ainsi comme une institution essentielle de la Ligue, au moins au ve siècle : il est caractéristique à cet égard qu'on ne parle plus de simples messagers (sans article) comme en 505 mais de l'arrivée des « ambassadeurs envoyés par l'Alliance (*apo tès xummachias*) » et de « réunion du congrès (*xunodos*) » (Thuc., I, 119).

Si les propositions soumises au congrès émanent normalement de Sparte, qui peut faire droit à telle ou telle demande de ses alliés, les alliés eux-mêmes peuvent, en séance, présenter une autre proposition, voire une contre-proposition. C'est ce que montre, en 404, le traitement d'Athènes vaincue. En effet, Sparte était hostile à l'anéantissement d'Athènes et son assemblée avait voté en ce sens [22]. Or, au congrès des alliés, Corinthiens, Thébains et beaucoup d'autres ont combattu (*antélégon*) la proposition spartiate de traiter avec Athènes (Xén., *Hell.*, II, 2, 19), et le délégué thébain a proposé (*eipen*) de détruire Athènes [23]. La proposition avait été mise aux voix, puisque Démosthène (*Ambass.*, XIX, 65) rappelle que les Phocidiens avaient alors voté contre la proposition thébaine.

Il est aussi probable que la décision, prise en 376, de construire une flotte pour bloquer Athènes et pouvoir transporter par mer l'armée en Béotie a été prise à l'initiative des alliés, las de la guerre d'usure (Xén., *Hell.*, V, 4, 60).

Cependant, le congrès est convoqué à la seule initiative des Lacédémoniens, qui en assurent la présidence, car il n'y a pas, comme dans la Ligue de Délos, de réunions périodiques de la Ligue du Péloponnèse. C'est pourquoi, dans un discours que lui prête Thucydide (I, 141, 6), Périclès peut souligner

21. Cf. *infra*, p. 249.

22. Cf. Xén., *Hell.*, VI, 5, 46-47, où un délégué corinthien rappelle en 369 aux Athéniens que : « Les Lacédémoniens vous ont jadis sauvés par un vote sans danger. »

23. Plutarque, *Lys.*, 15, 3, a même conservé le nom du délégué thébain, Érianthès, qui avait fait la proposition (*eisègèsasthai*).

que les Péloponnésiens n'ont pas de *bouleutèrion* commun. Ils n'ont pas non plus, au Ve siècle, de finances communes alimentées par des contributions (*phoros*) (Thuc., I, 19), même si, en 413, le roi Agis sera amené à lever des contributions pour la flotte.

Le pouvoir de réunir ou non les alliés et l'impossibilité d'une expédition collective, si elle n'est votée et dirigée par Sparte, laissent à celle-ci une grande capacité de blocage, qui permet aux contestataires, dont Thucydide s'est fait l'écho, de critiquer la lenteur des Spartiates (discours des Corinthiens à Sparte, Thuc., I, 68-71). Ainsi, en 432, Sparte s'était fait prier [24] pour réunir le congrès : Corinthiens et Mégariens se plaignaient depuis des années, et seules les menaces de sécession [25] avaient amené les Lacédémoniens à voter la guerre et à soumettre la question aux alliés. D'autre part, l'égalité de vote [26] entre grandes et petites cités peut favoriser les pressions de la cité la plus puissante, à laquelle on s'efforce de complaire (*charizesthai*, cf. Xén., *Hell.*, 5, 2, 14) et qui a dû établir, notamment dans les petites cités [27], des régimes à sa convenance [28]. Cependant elle n'était pas seule à exercer son influence et une cité comme Corinthe avait aussi sa propre clientèle à l'intérieur de la Ligue. C'était, selon toute apparence, l'accord entre Corinthe et la majorité des Lacédémoniens qui, en 432, avait permis de voter la guerre.

Le congrès peut prendre des décisions générales, valables pour toute la durée de la Ligue. Ainsi, à une date indétermi-

24. Cf. Thuc., I, 69, 2 : « Ce n'est pas sans peine qu'aujourd'hui nous nous sommes réunis » (propos des Corinthiens).

25. Cf. aussi Xén., *Hell.*, IV, 6, 1-3, où, en 389, les Achéens, attaqués par les Acarnaniens, se plaignent d'être négligés par les Lacédémoniens et parlent d'abandonner « la guerre qui se déroule dans le Péloponnèse », ce qui, selon l'historien, serait une manière déguisée de menacer d'abandonner l'Alliance ; finalement, on envoya Agésilas avec des troupes lacédémoniennes et alliées.

26. En Thuc., I, 141, 6, tous les alliés sont dits *isophèphoi*, c'est-à-dire ayant un égal droit de vote ; ils ont probablement chacun un seul représentant, cf. Xén., *Hell.*, III, 5, 8 (discours des Thébains à Sparte).

27. Sparte s'efforce d'éviter qu'il y ait des cités trop puissantes en s'opposant chaque fois qu'elle le peut à l'impérialisme régional de cités comme Élis ou Mantinée.

28. Voir *infra*, p. 231.

née mais sans doute assez tôt, il a été décidé que « ce que voterait la majorité des alliés serait exécutoire à moins d'empêchement [29] venant des dieux ou des héros » (Thuc., V, 30,1). Le décret (*dogma*) des alliés interdisant aux membres de la Ligue de se faire la guerre tant que l'armée commune est en expédition n'est mentionné qu'en 378 lors de l'expédition d'Agésilas [30] en Béotie (Xén., *Hell.*, V, 4, 37), mais il a des chances d'être beaucoup plus ancien, car, au cours de la guerre du Péloponnèse, Mantinée et Tégée, accompagnées de leurs alliés respectifs, attendent l'armistice de 423 pour s'affronter. Il avait d'ailleurs été « dit dans une convention », sans doute au début du conflit, que « ce qu'on possédait en entrant en guerre contre Athènes, on le posséderait au sortir de la guerre » (Thuc., V, 31, 5).

Le congrès des alliés prend aussi des décisions particulières concernant telle guerre ou telle expédition. En 396, c'est vraisemblablement lui qui, en réponse aux préparatifs perses, a voté l'envoi d'une nouvelle expédition en Asie [31]. En 376, il a fait construire une flotte [32], et, en 368, « a triomphé chez les alliés » l'idée d'envoyer les renforts syracusains en Laconie plutôt qu'en Thessalie (Xén., *Hell.*, VII, 1, 28). En 382, dans la guerre de Chalcidique, le congrès a pris des mesures (*Hell.*,VI, 2, 16) aussi bien ponctuelles – la détermination des effectifs nécessaires –, que plus durables, puisque encore appliquées dix ans plus tard : la possibilité de verser de l'argent au lieu de fournir des troupes, assortie d'amendes infligées par Sparte en cas de manquement à la règle (*Hell.*, V, 2, 20-22, 37). Au contraire, la réorganisation du système d'alliance en 10 secteurs, évoquée par Diodore de Sicile (XV,

29. Sur les cas attestés d'empêchement (respect des serments, donc des traités, trêve sacrée ou mauvais présages), cf. Sainte-Croix, *The Origins of the Peloponnesian War*, p. 118-120.

30. Il n'aurait pu disposer des mercenaires de la cité arcadienne de Clètor s'il n'avait interdit à sa voisine Orchomène d'en profiter pour attaquer Clètor.

31. C'est ce que suggèrent à la fois les expressions de Xénophon, *Hell.*, III, 4, 2 : « Les Lacédémoniens réunirent les alliés et délibérèrent sur ce qu'il convenait de faire » et la participation d'un fort contingent allié (*suntagma* de 6 000 hommes) à l'expédition d'Agésilas.

32. Voir *supra*, p. 225.

31, 2) (377/76), correspond à une coalition élargie à l'Acarnanie, à la Phocide et à la Locride ainsi qu'aux Olynthiens et à leurs alliés et paraît sans lendemain.

Sparte a peut-être aussi essayé de faire du Congrès des alliés une instance juridictionnelle[33] – ou, au moins d'arbitrage –, puisque, en 395 (*Hell. Oxyrh.*, XVIII, 4), elle tenta, d'ailleurs vainement, d'obliger les Béotiens à soumettre aux alliés le différend qui les opposait aux Phocidiens. De même, en 382, elle constitua un tribunal (fédéral), formé de trois juges lacédémoniens et d'un juge de chaque cité alliée, petite ou grande, et l'envoya à Thèbes pour condamner (H)isménias (Xén., *Hell.*, V, 2, 35).

La Ligue du Péloponnèse est une entité internationale reconnue, puisqu'elle peut faire la guerre et conclure des traités ; en sont membres ceux qui figurent parmi « les Lacédémoniens et les alliés » (cf. Thuc., III, 15, 1, et Xén., *Hell.*, IV, 6, 4) et ont le droit de participer aux congrès de la Ligue. Mais il est difficile de préciser l'extension de celle-ci, car, de même qu'Athènes a des alliés qui n'appartiennent pas à la Ligue de Délos, Sparte a des alliés qui n'appartiennent pas à la Ligue du Péloponnèse et il en va de même pour les autres membres de la Ligue : il existe des alliances particulières (*idia xummachia*) entre cités et Corinthe a tout un groupe d'alliés, dont certains doivent appartenir à la Ligue et d'autres non.

Lorsque celle-ci n'est pas en guerre, ses membres jouissent toujours du droit de se faire la guerre : ainsi, au Ve siècle, Corinthe est fréquemment en guerre contre Mégare (Thuc., I, 103, 4 et Plut., *Cimon*, 17, 2) et Tégée et ses alliés le sont souvent contre Mantinée et ses alliés (Thuc., I, 134, 1 ; IV, 134 et cf. V, 29). Ces luttes internes peuvent déboucher sur des traités qui n'engagent pas la Ligue : ainsi Sparte, après avoir, en 418, vaincu Mantinée, a conclu avec elle une trêve de 30 ans (Xén., *Hell.*, V, 2, 2, cf. Thuc., V, 81, 1) et, après avoir, vers 398, vaincu Élis, a conclu avec elle paix et alliance.

La Ligue elle-même, dans son ensemble, peut, en tant qu'entité du droit international, avoir des alliés qu'elle n'intègre pas dans son sein, tels, vraisemblablement, les Myti-

33. L'idée sera reprise dans la Ligue de Corinthe.

léniens en 428 (Thuc., III, 8, 1 et 15, 1). De plus, lors de grandes coalitions comme dans la deuxième guerre médique ou la guerre du Péloponnèse, d'autres puissances font cause commune avec la Ligue. Ainsi, en Thuc., II, 11,1, le roi Archidamos, au début de la guerre du Péloponnèse, s'adresse à ses troupes en les apostrophant en « Péloponnésiens et alliés », entendons membres de la Ligue et autres alliés, et, dans le cours de son récit, l'historien évoque plus d'une fois « les Péloponnésiens et les alliés » (III, 1, 1 ; 89, 1 ; IV, 2, 1) [34] ou « le Péloponnèse et l'alliance (entendons les territoires alliés) extérieure » au Péloponnèse (II, 10, 1) [35]. Si les alliés du Péloponnèse, à savoir presque tout le Péloponnèse à l'exclusion notable d'Argos, et ceux de l'Isthme font certainement partie de la Ligue ainsi que probablement Athènes à certains moments de son histoire, peut-être au début du ve siècle [36], plus probablement après 404, il est plus difficile de préciser la situation exacte de Thèbes ou des alliés situés au nord du golfe de Corinthe.

Rapport avec les alliés

Avant 404

La Ligue du Péloponnèse a été d'une longévité exceptionnelle : plus de deux siècles, alors que sa rivale, la Ligue de Délos a duré 73 ans et la seconde Confédération maritime athénienne, à peine 23 ans.

La première raison est, bien sûr, la puissance de Sparte,

34. On retrouve la même expression dans les *Helléniques d'Oxyrhynchos*, XII, 4 et XXI, 1 et 2 (à propos de l'expédition d'Agésilas en Asie), et dans les *Helléniques* de Xénophon, I, 1, 24.

35. Cf. aussi Thuc., V, 77, 5-7 et 79, 1-2 (alliance avec Argos), mais, en II, 9, 2 et V, 57, 2, la distinction entre le Péloponnèse et l'extérieur paraît plus géographique qu'institutionnelle.

36. Cela expliquerait comment Sparte avait pu arbitrer entre Athènes et Égine, alors membre de la Ligue (cf. T.J. Figueira, « Aiginetan membership in the Peloponnesian League », *CPh* 76 (1981), p. 1-24), et imposer à cette dernière l'envoi d'otages à Athènes.

qui, au cours de cette période, n'a jamais dû capituler : elle a failli le faire en 425 et, si Athènes avait eu la sagesse d'accepter, il n'est pas sûr que la Ligue du Péloponnèse aurait survécu. La deuxième raison serait la nature de l'Alliance, qui n'avait été conclue ni pour un but particulier amenant sa dissolution une fois celui-ci atteint[37], ni, en conséquence, pour une durée limitée. Aussi tout abandon de l'Alliance peut-il être considéré comme une défection, que Sparte, le chef (*hègémôn*) de la Ligue, est habilitée à châtier[38], ce qu'elle peut faire d'autant plus facilement que l'absence de fortifications[39] met les alliés à sa merci.

Une autre raison, paradoxale, de la durée de la Ligue, c'est sans doute, au moins au Ve siècle, la souplesse de son organisation : pas de réunion périodique ni de structure permanente, pas de contributions, pas de chefs spartiates contrôlant la vie des cités alliées, la seule obligation étant d'envoyer des troupes[40] quand le congrès des alliés l'a décidé à la majorité. Aussi les Spartiates ne se font-ils pas faute de souligner l'indépendance[41] dont jouissent les cités de leur

37. Il suffit de rappeler les problèmes de la Ligue de Délos une fois qu'eut cessé la guerre contre les Perses, qui avait suscité sa formation.

38. Le droit pour chaque cité hégémonique, en l'occurrence Athènes mais aussi Sparte, de « châtier les ressortissants (*prosèkontas*) de son alliance » (entendons : quand ils font défection) est en 440 affirmé publiquement par les Corinthiens dans le discours que leur prête Thucydide, I, 40, 5 et 43, 9, 1.

39. Seules Mantinée et Phlionte peuvent profiter de leurs murs pour mener une politique indépendante ; on rapprochera, en 479, la vaine pression exercée sur Athènes pour l'empêcher de se fortifier.

40. Elles sont cependant commandées par des officiers spartiates, les *xénagoi*, à raison d'un par cité, cf. Xén., *Hell.*, V, 2, 7, où, après le *dioecisme* (dissolution) de Mantinée, Sparte en envoie désormais un par village.

41. Cette *autonomia*, au moins théorique, permettra à Sparte, en profitant aussi des bonnes dispositions des Perses et sans avoir besoin d'une clause d'exception, d'échapper aux stipulations de la paix d'Antalcidas imposant de laisser l'*autonomia* à toutes les cités, petites ou grandes (Xén., *Hell.*, V, 1, 31) (386). Sur l'*autonomia*, qui désigne non l'autonomie au sens moderne mais l'indépendance par rapport à l'État qui la menace, cf. M. Ostwald, *Autonomia. Its Genesis and Early History*, Chico, California Scholar Press, 1982, Ed. Lévy, « Autonomia et éleuthéria au Ve siècle », *Revue de philologie*, 57 (1983), p. 249-270,

Ligue par opposition à la sujétion des cités de la Ligue de Délos.

Mais il ne faut pas se faire d'illusion sur cette indépendance, car, comme l'affirme Thucydide (I, 19, et cf. I, 144, 2), Sparte veille à ce que ses alliés « aient un régime oligarchique répondant à sa seule convenance » et les délégués athéniens sont censés dire aux Spartiates, en 432 : « Vous commandez à des alliés que vous avez organisés à votre avantage » (Thuc., I, 76, 1). On ne doit pas sans doute, au moins avant le IVe siècle, surestimer cette mainmise politique, car plusieurs cités importantes gardent un régime plus ou moins démocratique [42]. Mais les interventions répétées à Athènes, pour renverser Hippias, puis chasser Clisthène, avant d'essayer de rétablir Isagoras ou Hippias, laissent deviner comment Sparte devait traiter une petite cité de la Ligue dont le régime ne lui convenait pas. Elle bénéficie ainsi de la solidarité politique (cf. Thuc., V, 31, 6) des gouvernants redoutant d'être renversés par des démocrates pro-athéniens.

Elle avait en fait imposé un ordre lacédémonien dans le Péloponnèse en remplaçant, autant qu'elle le pouvait, des régimes autoritaires, qualifiés de tyrannies, par des régimes oligarchiques pro-spartiates. Si l'on a récemment mis en doute la réalité de cette politique anti-tyrannique [43], il est

---

T. Figueira, « *Autonomoi kata tas spondas* (Thuc., I, 67, 2) », *BICS*. 37 (1990), p. 63-88, et A.B. Bosworth, « *Autonomia* : the use and abuse of political terminology », *SFIC* 10 (1992), p. 122-152.

42. Les Lacédémoniens, qui n'avaient pas réussi à imposer à Athènes un régime oligarchique, tolérèrent un régime démocratique à Mégare jusqu'en 424 (Thuc., IV, 66 et 74), n'imposèrent qu'en 417 un régime plus oligarchique à Sicyone (Thuc., V, 81, 2) et laissèrent à Mantinée son régime démocratique jusqu'en 385 (Thuc., V, 29, 1, et Xén., *Hell.*, V, 2, 7). Au début du IVe siècle, Élis jouit encore d'un régime démocratique, dont le chef est Thrasydaios (Xén., *Hell.*, III, 2, 27-29 ; Plut., *Mor.*, 835f), mais on ne sait quand il a été instauré, Aristote (*Pol.*, V, 6, 1306a 12-19) indiquant seulement que l'oligarchie restreinte y avait jadis (*poté*) été renversée. Quant à Phlionte, qui avait 5 000 citoyens et qui fut, en 384, sous la pression spartiate, plus ou moins obligée de voter le retour des oligarques extrêmes qu'elle avait exilés, elle avait aussi, à l'époque, un régime démocratique.

43. Cf. R. Bernhardt, « Die Entstehung der Legende von der tyrannenfeindliche Spartas im sechsten und fünften Jahrhundert v. Chr. », *Historia* 36 (1987), p. 257-289.

difficile de rejeter sur ce point les témoignages concordants d'Hérodote, de Thucydide et d'Aristote. Chez Hérodote (V, 92a), ce sont des critiques de Sparte, en l'occurrence les Corinthiens, qui, s'indignant à l'idée de rétablir Hippias à Athènes, affirment que ce serait le monde à l'envers si « les Lacédémoniens, ruinant les régimes égalitaires (*isokratia*), se (préparent) à ramener la tyrannie dans les cités », ce qui suggère que, normalement, Sparte fait le contraire, c'est-à-dire renverse les tyrannies. C'est très précisément ce qu'affirme Thucydide (I, 18, 1) : « Les tyrans des Athéniens et ceux du reste de la Grèce – où déjà auparavant la tyrannie était très répandue –, (à savoir) la plupart [44] des plus récents (*téleutaioi*), à l'exception des tyrans siciliens, furent renversés par les Lacédémoniens. » L'allusion à la chute des Pisistratides et aux tyrans les plus récents suggère une date assez tardive, sans doute la seconde moitié du VIe siècle.

Sparte profite aussi d'un certain « patriotisme péloponnésien », qui a incité, en 480, à vouloir défendre le seul Péloponnèse, qui est exploité dans la grande guerre des Péloponnésiens et des Athéniens et, après Leuctres, lors des invasions thébaines [45] et qu'on retrouvera à l'époque hellénistique.

Aussi, en général, au moins au Ve siècle, les alliés lui restent-ils fidèles et n'ont-ils pas profité des difficultés spartiates, notamment lors de la révolte du tremblement de terre, pour faire massivement défection.

Cela ne veut pas dire que Sparte n'ait jamais connu de difficultés avec eux. C'est, comme on l'a vu, une rébellion collective, au cours même d'une campagne, qui a amené,

44. Aristote, *Politique*, V, 10, 1312b 7-8, résumant sans doute Thucydide, note en passant que « les Lacédémoniens renversèrent la plupart des tyrannies ».

45. Dans des formules qui rappellent l'évocation hérodotéenne des Grecs coalisés contre les Perses, Xénophon mentionne « ceux qui délibèrent le mieux pour le Péloponnèse », *Hell.*, VII, 4, 35, ou qui « se soucient du Péloponnèse », VII, 5, 1 ; cf. aussi V, 2, 2, « la proposition la meilleure pour le Péloponnèse » ; en 362, les Arcadiens demandent aux Lacédémoniens « s'ils veulent s'opposer en commun à ceux qui viendraient asservir le Péloponnèse » (*Hell.*, VII, 5, 3), alors qu'Épaminondas entendait laisser à sa patrie Thèbes la domination (*archè*) du Péloponnèse (*Hell.*, VII, 5, 18).

en 505, la Ligue à commencer à s'organiser. Mais, si l'on néglige les problèmes arcadiens des années 70, la première crise grave de l'Alliance fut provoquée par la paix de Nicias (421).

En effet, l'Alliance, qui était devenue de plus en plus une alliance contre Athènes, perdit sa raison d'être lors de la paix, quand Sparte alla jusqu'à conclure, sans participation des alliés, un traité d'alliance avec Athènes. Comme, en outre, même dans la paix, qui engageait l'Alliance, une clause de révision permettait aux Athéniens et aux Lacédémoniens, s'ils étaient d'accord, de modifier le traité, sans avoir besoin de consulter les alliés, ceux-ci étaient à la fois mécontents et inquiets. Car ces alliés, qui, théoriquement, avaient fait la guerre pour garantir l'indépendance (*autonomia*) des cités, risquaient de se voir soumis à la domination conjointe d'Athènes et de Sparte [46]. Forte de sa réconciliation, provisoire, avec Athènes, Sparte put ainsi négliger ses principaux alliés, puisqu'elle fit voter la paix par la majorité de la Ligue malgré l'opposition de Corinthe, Élis, Mégare et Thèbes, qui refusèrent de la jurer, Corinthe, Mégare et Thèbes conservant des revendications territoriales à l'égard d'Athènes et Élis se plaignant d'avoir été dépossédée de Lépréon par Sparte elle-même.

Aussi assiste-t-on à un étonnant renversement d'alliances : les alliés se tournèrent vers Argos, qui n'était plus liée par la paix de 30 ans conclue avec Sparte en 451, voire vers Athènes, de nouveau en froid avec Sparte. Se constitua finalement une quadruple alliance défensive de 100 ans entre Athènes, Argos, Élis, Mantinée et leurs alliés respectifs (Thuc., V, 47), tandis que Corinthe, satisfaite de voir Sparte et Athènes de nouveau brouillées, était revenue dans le camp spartiate. Cette alliance, qui désagrégea en partie la Ligue du Péloponnèse, peut être considérée comme le chef-d'œuvre diplomatique du jeune Alcibiade, mais, Athènes ne s'engageant pas suffisamment, Sparte obtint une grande victoire à Mantinée en 418. Elle eut dès lors d'autant plus le loisir de rétablir un ordre

46. Sparte aurait même promis de contraindre par une action commune avec les Athéniens ceux qui n'acceptaient pas le traité de paix (Thuc., V, 35, 3 et 42, 2).

spartiate dans le Péloponnèse qu'elle avait conclu un traité d'alliance avec Argos, où elle réussit, provisoirement, à installer un gouvernement oligarchique. Elle obligea ainsi Mantinée à renoncer à la domination (*archè*) qu'elle exerçait sur les cités (voisines) (Thuc., V, 81, 1) et l'Achaïe à adopter un régime qui convenait mieux (*épitèdeios*) aux Spartiates.

La victoire de Mantinée avait donc permis à Sparte de reprendre en mains la Ligue du Péloponnèse, qui, bien qu'aucun congrès ne fût mentionné, s'opposa d'autant moins, en 414, à la reprise de la guerre que, cette fois, c'était Athènes l'agresseur.

En 404, Sparte conclut paix et alliance avec Athènes vaincue, malgré Corinthe, Thèbes et beaucoup d'autres, qui souhaitaient la destruction de la cité ennemie (Xén., *Hell.*, II, 2, 19), mais Sparte, victorieuse, était alors assez forte pour ne pas avoir à redouter de défections.

Le rôle et l'importance relative de Sparte et de ses principaux alliés ont donc varié. Le plus souvent, au moins jusqu'en 421, la politique de Sparte peut s'expliquer par la volonté – et la nécessité – de préserver la cohésion de la Ligue. C'est ainsi en grande part sous l'influence des alliés que Sparte a renoncé, après les guerres médiques, à poursuivre la lutte contre les Perses, comme, plus tôt, à rétablir Hippias, ou s'est lancée, prématurément, si l'on en croit le roi Archidamos, dans la guerre du Péloponnèse.

Après 404

Mais, victorieuse en 404 ou soutenue par la Perse en 386, Sparte aura tendance à imposer sa politique à des alliés qui ne se sentaient guère concernés par des expéditions en Asie, en Grèce du Nord ou même en Béotie. Ainsi s'explique sans doute la mesure déjà évoquée[47] permettant de remplacer l'envoi de contingents militaires par une contribution financière. Et il est manifeste que les expéditions quasi annuelles contre Thèbes ne suscitaient pas l'enthousiame des alliés. La mainmise de Sparte sur la Ligue se voit bien, quand, en 371,

47. Cf. *supra*, p. 227.

elle jure la paix au nom de ses alliés (Xén., *Hell.*, VI, 3, 18) au lieu de les laisser jurer individuellement[48] comme en 421 ou en 404 et sans qu'on sache si elle a réuni un congrès.

Il y a plus grave : sûre de sa puissance, Sparte n'hésita pas à intervenir avec violence dans ou contre des cités de la Ligue[49]. Lysandre et ensuite Agésilas imposèrent ainsi, au mépris de l'*autonomia*, le retour d'oligarques exilés, par exemple à Athènes en 404 ou à Phlionte en 384, et portèrent volontiers au pouvoir des extrémistes qui ne reculaient pas devant le massacre des opposants[50]. Dès 402, Sparte voulut, par un ultimatum, obliger Élis à accorder l'indépendance (*autonomia*) à ses cités périèques et, dans les années qui suivirent, au moyen de deux campagnes militaires, elle obligea les Éléens à se soumettre. L'appui perse, qu'assura à Sparte la paix d'Antalcidas (386), lui permit de réintégrer Corinthe dans son alliance en l'obligeant à se séparer d'Argos et à porter les oligarques au pouvoir. Pouvant désormais agir en maître en Grèce, dès 385, Sparte s'empara de la cité alliée de Mantinée, qui l'avait mal soutenue pendant la guerre de Corinthe, et obligea la population à se disperser (*dioecisme*) dans des villages. Lors d'une expédition en Chalcidique, en 382, le Spartiate Phoibidas, sans en être officiellement mandaté mais sans se faire désavouer, s'empara en pleine paix de la citadelle de Thèbes. En 380-79, Agésilas, sans aucun mandat de la Ligue, s'attaqua à la cité alliée de Phlionte, qui avait pourtant financé l'expédition lacédémonienne de l'autre roi, Cléombrotos, et lui imposa un gouvernement oligarchique assorti du massacre des opposants (Xén., *Hell.*, V, 3, 27) et,

48. Au contraire, à la fin de la même année, Sparte, vaincue à Leuctres, laisse ses alliés jurer avec elle la paix commune patronnée par Athènes, Xén, *Hell.*, VI, 5, 1-2 et 37.

49. Intervenant personnellement au début de son livre XV, Diodore de Sicile critique à ce sujet les Spartiates du IVe siècle : alors que leurs prédécesseurs agissaient correctement et avec humanité envers leurs sujets (*tous hupotétagménous*), « les successseurs ont traité leurs alliés de façon violente et difficile à supporter », folie qui, avec la défaite de Leuctres, a contribué à la perte de leur empire.

50. Les Agiades Pausanias et Agésipolis se montrèrent au contraire plus modérés, ainsi à Athènes en 403 ou à Mantinée, où, en 385, Agésipolis évita aux démocrates de se faire massacrer.

en 378, Sphodrias fit, toujours en paix, une incursion en Attique sans se faire condamner par Sparte[51].

Une telle politique ne pouvait que susciter ou aggraver l'hostilité des alliés. Corinthe et Thèbes, déjà récalcitrantes en 404, avaient trouvé des prétextes pour ne pas participer aux expéditions de Sparte et des alliés contre les démocrates athéniens de 403 (Xén., *Hell.*, II, 4, 30)[52], puis contre les Éléens (Xén., *Hell.*, III, 2, 25, et Diodore, XIV, 17, 7). Les deux cités passèrent de l'hostilité larvée à la guerre ouverte : Corinthe, qui fut même amenée à fusionner avec Argos, et Thèbes s'opposèrent à Sparte dans la guerre de Corinthe (395-386).

La défaite de Leuctres révéla l'impopularité de Sparte. Xénophon lui-même (*Hell.*, VI, 4, 15) dut reconnaître qu'au lendemain de la bataille les chefs spartiates « se rendaient compte que l'ensemble des alliés (présents) n'avait pas le cœur à combattre et que même certains d'entre eux n'étaient pas mécontents de ce qui s'était passé[53] ». Si, dans l'immédiat, les alliés péloponnésiens sont encore décidés à participer à l'expédition de secours, envoyée en Béotie avec Archidamos (Xén., *Hell.*, VI, 4, 18), dès le retour peu glorieux de celle-ci, leur fidélité paraît moins sûre et Xénophon, *Hell.*, VI, 5, 1, se contente de noter, sans trop s'engager, que « les Athéniens *pensaient* que les Péloponnésiens *se croyaient encore* obligés de suivre (les Lacédémoniens) ». Bien plus, dans les chapitres suivants, il montre comment Mantinée se fortifie malgré Sparte, qui n'a plus les moyens de l'en empêcher, comment les Arcadiens constituent une confédération hostile à Sparte et comment Arcadiens et Éléens incitent les Thébains à envahir la Laconie (370-369).

51. Ce qui suggère que, quoi qu'en dise Xénophon, *Hell.*, V, 4, 20, Sphodrias ne s'était pas laissé acheter par les Thébains pour provoquer les Athéniens et les inciter à la guerre contre Sparte.

52. Sainte-Croix, *The Origins of the Péloponnesian War*, p. 343-346, a bien montré qu'il n'y avait pas de contradiction entre les politiques de ces cités en 404 (proposition de détruire Athènes) et en 403 (défense des démocrates athéniens), car, dans les deux cas, il s'agissait d'éviter qu'une Athènes gouvernée par des séides de Lysandre ne devînt un satellite de Sparte.

53. Certains se mirent même tout de suite à négocier avec Thèbes, Xén., *Hell.*, VI, 4, 24.

La paix séparée qu'en 366-65 les Corinthiens, les Phliasiens et une bonne partie des alliés conclurent avec les Thébains ne saurait cependant constituer l'acte de décès de la Ligue, car, selon Xénophon, *Hell.*, VII, 4, 7-10, ils avaient demandé et obtenu l'aval de Sparte [54]. D'autre part, les Lacédémoniens, qui avaient réussi à se réconcilier avec Mantinée, eurent à leurs côtés, lors de l'invasion thébaine de 362, une partie des Arcadiens (notamment ceux qui refusaient le synoecisme de Mégalopolis), les Achéens, les Éléens et les Athéniens (Xén., *Hell.*, VII, 5, 18). Cependant, refusant de jurer la paix commune qui fit suite à la bataille indécise de Mantinée (362), paix jurée par toutes les autres cités, y compris les Messéniens (Diodore, XV, 89, Polybe, IV, 33, 8-9, et Plut., *Agésilas*, 35, 3-4), Sparte se trouva désormais totalement isolée [55].

Les Lacédémoniens n'avaient réussi ni à pacifier, ne serait-ce que par la force, un Péloponnèse où les oppositions de cité à cité, notamment en Arcadie, restaient toujours aussi vives, ni à gagner la sympathie durable de la majorité de ses habitants. Avec la constitution d'une confédération arcadienne et la renaissance d'une Messénie libre, Sparte ne pourra plus jamais retrouver son ancienne puissance.

2. Sparte en dehors du Péloponnèse

La Ligue du Péloponnèse, indispensable à la puissance de Sparte, pouvait servir soit seulement à préserver le Péloponnèse de toute intervention extérieure, soit, aussi, à intervenir à l'extérieur : en d'autres termes, comme le suggère le titre d'un livre récent [56], Sparte s'est-elle montrée isolationniste ou

54. Ce n'est cependant sûrement pas le cas pour le traité qu'en 365 Sicyone conclut avec Messène.

55. Lors des luttes intestines en Arcadie, en 361, on ne mentionne aucune intervention spartiate, Diodore, XV, 94, 1.

56. A. Roobaert, *Isolationnisme et Impérialisme spartiates de 520 à 469 avant J.-C.*, Acad. royale de Belgique, Cl. des Lettres (Fonds René Draguet 2), Louvain, Peeters, 1985.

impérialiste ? La réponse varie selon les périodes et selon les inspirateurs de la politique spartiate : deux rois, Cléomène Ier et Agésilas II, ont joué un grand rôle, à la fois par leur activisme et par la durée exceptionnelle de leurs règnes, plus de trente ans pour l'un, voire quarante ans pour l'autre [57].

Sparte et les Perses [58]

Avant Cléomène, Sparte paraît s'intéresser même aux régions lointaines, comme le montrent, au milieu du VIe siècle, l'alliance avec Crésus (Hdt., I, 69-70) et l'intervention, au moins diplomatique, auprès de Cyrus (Hdt., I, 141, 4 et 152-153, 2), vers 525, l'expédition de Samos, qui ne réussit pas à renverser Polycrate (Hdt., III, 46 et 54-56), et, vers la même époque, le renversement du tyran Lygdamis de Naxos (Plut., *De la malignité d'Hérodote*, 859 d).

Mais, au début du règne de Cléomène, les Lacédémoniens se montrèrent prudents à l'égard du monde oriental. Se virent ainsi successivement éconduits Maiandrios de Samos en 516, une ambassade scythe après 514 et Aristagoras, l'envoyé des Ioniens révoltés contre les Perses, en 499. Dans ces trois cas, Sparte se refusa, contrairement à ce que fit Athènes en 499, à tout ce qui pouvait amener un affrontement direct avec le puissant empire perse.

La même prudence s'était déjà manifestée en 519, quand Sparte refusa d'accueilir Platées dans son alliance et l'invita à s'allier à Athènes (Hdt., VI, 108, et Thuc., III, 68, 5). L'interprétation d'Hérodote, qui voit dans cette proposition une ruse des Lacédémoniens, « désireux que les Athéniens s'épuisent à affronter les Béotiens », est sans doute une vision rétrospective, fondée sur l'opposition future entre Athènes et

57. Pour Cléomène, d'environ 520 à environ 488, pour Agésilas, d'environ 398 à 359-58, cf. Ch.D. Hamilton, « Étude chronologique sur le règne d'Agésilas », *Ktèma* 7 (1982), p. 281-296.

58. Pour le détail de la révolte ionienne et celui des guerres médiques, je me permets de renvoyer à mon livre, *La Grèce au Ve siècle de Clisthène à Socrate*, Paris, Seuil, « Nouvelle Histoire de l'Antiquité 2 », 1995, réimpr. 2002, p. 9-44.

Sparte. De toute façon, l'alliance entre Athènes et Platées était tout bénéfice pour Sparte, car les Pisistratides, qui gouvernaient Athènes, étaient alors des alliés de Sparte ; Platées, s'alliant à Athènes, devenait donc l'alliée d'une alliée de Sparte sans que celle-ci fût impliquée dans un conflit avec Thèbes, tandis qu'après un arbitrage corinthien les Thébains furent obligés de « laisser (libres) ceux des Béotiens qui ne voulaient pas faire partie de l'union béotienne ».

Cette prudence, qui n'aurait peut-être pas été de mise, si, à la place de Cléomène, les Spartiates avaient choisi comme roi son demi-frère Dorieus [59], peut s'expliquer par un recentrage sur le Péloponnèse et les zones voisines, destiné à renforcer l'empire terrestre de Sparte. Ainsi, de 510 à 505, Sparte intervint militairement deux fois à Athènes et essaya encore deux fois de le faire, mais en fut empêchée par l'opposition des alliés. En 494, Cléomène écrasa les Argiens à Sépeia.

C'est sans doute aussi à cette époque que, comme on l'a vu, Sparte imposa un ordre lacédémonien dans le Péloponnèse en y établissant, autant qu'elle le pouvait, des régimes oligarchiques prospartiates et en renforçant ainsi sa mainmise sur la région, même si elle avait dû laisser un droit de décision au congrès des alliés [60].

Un tournant se dessina vers 491, au moment où Cléomène, déjà victorieux d'Argos, réussit à se débarrasser de l'autre roi Démarate : il semble que désormais Sparte place au premier plan la menace perse. Cléomène et Démarate s'étaient déjà affrontés à propos d'Égine et de sa politique favorable à la Perse. Le remplacement de Démarate par Léotychidas permit à Cléomène d'obliger Égine à remettre des otages à Athènes (Hdt., VI, 73), qui entendait résister aux Perses. C'est probablement la présence de ces otages qui, en 490, empêcha Égine d'aider les Perses. Mais, il y a plus grave, les Spartiates avaient jeté dans un puits les hérauts de Darius venus demander la terre et l'eau [61] (Hdt., VII, 133-134), symboles

59. Cf. ses expéditions aventureuses en Libye et en Sicile.

60. Les alliés ont sans doute ainsi réagi aux excès de l'arbitraire spartiate.

61. Pour Sparte, la réalité de la chose paraît assurée par l'obligation de réparer cet acte sacrilège, mais il est possible que la même attitude n'ait été prêtée à Athènes que pour la mettre à égalité avec Sparte.

de la soumission au roi des Perses. C'est sans doute pour marquer irrémédiablement sa volonté de résistance en coupant les ponts et peut-être aussi pour forcer la main aux hésitants [62] que la pieuse Sparte s'était résolue à ce grave sacrilège. Cette volonté de résister se manifesta aussi dans l'envoi d'une expédition de secours à Athènes, même si celle-ci arriva après la bataille (de Marathon).

En 481, Xerxès, qui, sauf à Athènes et à Sparte, a demandé « la terre et l'eau » aux cités grecques, demande que peu d'entre elles ont osé rejeter, se lance dans la grande invasion. Se réunissent alors les Grecs qui veulent résister, et c'est tout naturellement Sparte, l'*hégémôn* de la Ligue du Péloponnèse, déjà considérée, selon Hérodote (I, 69 et V, 49), comme étant à la tête (*proestanai*) des Grecs par Crésus, au milieu du VIe siècle, comme par les Ioniens en 499, qui reçoit la direction de la « ligue hellénique ». Ce choix n'est contesté par personne, sauf peut-être par Gélon de Syracuse, qui n'aurait accepté d'intervenir qu'en obtenant le commandement en chef ou, quand on le lui eut refusé, au moins le commandement sur mer (Hdt., VII, 158-162). Pour autant que la demande ait réellement été formulée, il s'agirait seulement pour lui de trouver un prétexte pour ne pas intervenir en Grèce. Il en va de même pour les Argiens, secrètement favorables aux Perses, qui, sûrs d'essuyer un refus, demandent à partager le commandement à égalité avec les Spartiates (Hdt., VII, 148-152). Quant aux Athéniens, malgré leur prépondérance navale (180 navires sur les 366 ou 378 navires grecs de Salamine, Hdt., VIII, 42-48), comme les alliés refusent d'obéir à un autre qu'à un Laconien, ils renoncent à réclamer le commandement de la flotte (Hdt., VIII, 2-3). Mais eux aussi se refusent à se mettre sous les ordres d'un autre que d'un Lacédémonien et même à laisser aux Tégéates la deuxième place dans l'armée de terre.

Les coalisés, après avoir mis fin aux guerres entre Grecs, notamment entre Athènes et Égine, organisèrent la résistance

62. Ce meurtre a dû se passer avant le renversement de Démarate, car celui-ci est postérieur à l'intervention spartiate à Égine, qui avait accepté de donner « la terre et l'eau », et les hérauts perses n'ont pas dû venir à Sparte longtemps après être passés à Égine.

commune. Après avoir abandonné la Thessalie, en renonçant à défendre les gorges de Tempè, ils luttèrent héroïquement, mais en petit nombre, aux Thermopyles, avant de refluer vers le Péloponnèse, tandis qu'Athènes était évacuée et prise, trois mois seulement après que les Perses furent partis de l'Hellespont. La flotte grecque, qui avait combattu à l'Artémision ou qui mouillait dans le port de Trézène, se rassembla à Salamine.

Se posa alors le problème de la stratégie à adopter. Hérodote a longuement insisté sur les discussions de Salamine en distinguant bien les thèses opposées. C'étaient déjà les Athéniens qui avaient incité les alliés à mouiller à Salamine au lieu de regagner tout de suite le Péloponnèse (Hdt., VIII, 40). Mais ils paraissent assez isolés. En invitant à choisir, pour combattre, des lieux dont les alliés étaient encore les maîtres et en rappelant que l'Attique avait été abandonnée, le chef spartiate Eurybiadès suggérait déjà la solution qu'il préférait. C'était celle que réclamaient la grande majorité des alliés en proposant de cingler vers l'Isthme et de combattre devant[63] le Péloponnèse. Selon le récit d'Hérodote, l'incendie de l'acropole d'Athènes suscita la panique et fit entériner la décison de partir à l'Isthme. Mais Thémistocle persuada Eurybiadès d'organiser une nouvelle réunion des chefs alliés, au cours de laquelle le chef athénien invita à combattre à Salamine. Il mit en avant des raisons politiques : une telle solution permettrait de conserver Salamine, Mégare et Égine[64] – et, bien sûr, les représentants de ces cités ne pouvaient qu'approuver –, et un argument stratégique : étant donné la disproportion des forces, il était préférable de combattre dans un détroit[65]. Mais, surtout, il fit peser une menace, qui ressortit presque au chantage : si on ne l'écoutait pas, les Athéniens, qui, nous l'avons vu, constituaient la moitié de la flotte, abandonneraient la lutte pour aller s'établir en

63. La préposition *pro* ne suggère pas seulement le lieu, mais aussi qu'on combattra pour la défense du Péloponnèse.

64. Mégare, avec 20 navires, et Égine, avec 30, fournissaient plus du quart des vaisseaux non athéniens de Salamine.

65. C'était le principe même de la stratégie des Grecs, envisagée à Tempè, mise en pratique aux Thermopyles, comme, sur mer, à l'Artémision, et prévue à l'Isthme.

Italie (Hdt., VIII, 62). Devant de telles menaces, Eurybiadès décida[66] de « livrer le combat naval décisif en restant sur place ». Cependant, les alliés étant sur le point de revenir sur la décision (Hdt., VIII, 74), Thémistocle avertit Xerxès que les Grecs voulaient fuir : l'intervention des Perses, qui leur coupa la retraite, les obligea alors à combattre à Salamine, où, contre toute attente, ils écrasèrent l'ennemi.

Même si, comme tout ce qui concerne Thémistocle[67], le récit d'Hérodote a des chances d'être en partie romancé, on voit bien les incertitudes du commandement spartiate : celui-ci est partagé entre les aspirations des Péloponnésiens, qui, dès l'échec des Thermopyles, sont venus en masse fortifier l'isthme de Corinthe (Hdt., VIII, 71), et les exigences des Athéniens. S'il cède (finalement ou provisoirement ?) à ceux-ci, c'est qu'on ne peut, sans eux, combattre sur mer.

Après la victoire de Salamine (septembre 480) et étant donné le maintien en Grèce d'une puissante armée ennemie, on hésite encore entre la défense du seul Péloponnèse ou une intervention en Grèce centrale, qui s'impose d'autant plus que les Perses adressent aux Athéniens, par deux fois, des propositions avantageuses. Assurés que les Athéniens ne trahiront pas la cause grecque, les Lacédémoniens attendent d'avoir terminé la fortification de l'Isthme pour, enfin, envoyer les troupes en Béotie, soit, selon Hérodote (IX, 28-30), en comptant les 8 000 Athéniens, 38 700 hoplites, dont 10 000 Lacédémoniens, auxquels s'ajoutent 69 500 hommes armés à la légère, dont 35 000 Hilotes.

En 479, les victoires, presque simultanées, de Platées et de Mycale, remportées dans les deux cas sous commandement spartiate, délivrent la Grèce du péril, mais plusieurs questions restent à régler : faut-il laisser les Perses battre tranquillement en retraite ou détruire le pont de bateaux qui leur permet de franchir le Bosphore ? faut-il libérer des Perses les Grecs d'Asie ? et comment faut-il traiter les Grecs qui ont

66. L'expression employé en VIII, 64 (*édoxé*) suggère que, si Eurybiadès consulte les alliés, c'est lui, et lui seul, qui prend les décisions.

67. Cf. A.J. Podlecki, *The Life of Themistocles*, Montréal et Londres, McGill-Queens University Press, 1975.

« médisé » ? Trois problèmes sur lesquels les Lacédémoniens et leurs alliés péloponnésiens se montrent très prudents.

Ainsi, Eurybiadès et les autres chefs des Péloponnésiens se refusèrent à couper la retraite aux Perses en allant tout de suite détruire le pont de bateaux (Hdt., VIII, 108) ; Léotychidas fut quand même chargé de le faire, d'ailleurs inutilement, puisqu'il le trouva déjà détruit par la tempête, mais il s'agissait surtout, comme dans l'occupation des détroits, d'empêcher un retour offensif des Perses.

Tandis que la flotte alliée se trouvait à Samos, les chefs péloponnésiens proposaient d'abandonner aux Barbares l'Ionie, trop lointaine [68], et de transférer les Ioniens en Grèce propre sur les terres de ceux qui avaient *médisé* (Hdt., IX, 106) ; cependant, la proposition fut abandonnée du fait de l'opposition d'Athènes (et sans doute aussi des intéressés).

Selon Plutarque (*Thém.*, 20, 3, 4), les Spartiates auraient aussi voulu chasser de l'amphictionie delphique les cités qui avaient *médisé* : il ne pouvait s'agir de toutes celles qui l'avaient fait, car elles formaient la majorité de l'amphictionie. Mais, même si on néglige les contradictions internes qui rendent le texte suspect et qu'on limite la mesure à quelques peuples, il est clair qu'elle n'avait pas été adoptée, que ce soit du fait de Thémistocle, comme l'indique Plutarque, ou parce que, comme pour les propositions de Samos, Sparte n'avait pas insisté. Quant aux opérations de Léotychidas en Thessalie, la date en est mal établie, et on ne sait donc s'il faut y voir le châtiment du *médisme* des Thessaliens ; de toute façon, leur succès limité contribua à la disgrâce du roi, qui fut condamné pour corruption.

68. C'est le même type d'argumentation que pour le refus de s'allier avec Platées, voir *supra*, p. 238-239 ; Thucydide, I, 95, 7, reprendra aussi le thème de l'éloignement, redouté par les Spartiates pour son influence nocive, pour expliquer leur désir de ne pas continuer la lutte contre les Perses.

Sparte et Athènes [69]

Cependant commençait déjà à se poser le problème athénien. Si Athènes avait, en dépit de sa prépondérance navale, accepté de mettre ses forces sous commandement spartiate et si, après Salamine, Thémistocle avait reçu un accueil triomphal à Sparte, la puissance d'Athènes allait bientôt inquiéter Sparte et ses alliés.

Les bonnes relations existant entre les deux cités et le prestige des victoires communes avaient interdit à Sparte d'utiliser la force pour empêcher Athènes de reconstruire ses murs, mais le fait que, poussée par Égine (Plut., *Thém.*, 19, 1) et peut-être par Corinthe, Sparte ait exigé (sans succès) qu'Athènes restât sans murailles suggérait déjà une volonté de la maintenir dans un état de semi-dépendance à l'instar des alliés péloponnésiens. On aurait donc pu redouter une réaction violente quand Athènes prit la tête de la sécession à l'intérieur de la ligue hellénique, qui, avec l'adhésion de cités des îles et de l'Asie mineure, allait constituer la Ligue de Délos. Si l'on en croit Diodore (XI, 50), sans l'intervention du géronte Hétoimaridas, les Spartiates étaient prêts à se lancer dans la guerre. Thucydide (I, 95, 7) se contente cependant de noter brièvement que les Lacédémoniens n'envoyèrent plus de généraux, parce qu'ils « craignaient que l'éloignement ne gâtât les Spartiates qui sortaient de chez eux [70]… et parce qu'ils désiraient se débarrasser de la guerre contre les Mèdes et considéraient les Athéniens comme des gens capables d'assurer le commandement et, à cette époque, en bons termes avec eux ». Mais, dans son bref aperçu de la *Pentékontaétie*, Thucydide n'avait pas à évoquer les débats de Sparte et une proposition qui, de toute façon, avait été rejetée.

Il fait au contraire allusion à l'aide que les Spartiates avaient, en 465, promis aux Thasiens révoltés contre Athènes : « Les Thasiens incitaient les Lacédémoniens à les défendre

69. Pour le récit des événements, cf. Ed. Lévy, *La Grèce au Ve siècle*, 1995, réimpr. 2002, p. 73-119.

70. Ils n'y étaient guère habitués.

en envahissant l'Attique. Et eux le leur promirent, à l'insu des Athéniens, et ils allaient le faire, mais ils en furent empêchés par le tremblement de terre… » (Thuc., I, 101, 1-2). Si des tractations secrètes [71] sont probables, il serait surprenant que Sparte, qui est toujours théoriquement l'alliée d'Athènes et qui fera appel à elle lors de la révolte du tremblement de terre, ait envisagé d'envahir l'Attique, ce qui impliquait une guerre ouverte.

Jusqu'au renvoi outrageant des hoplites athéniens venus avec Cimon au secours de Sparte (462), les relations entre les deux cités étaient restées apparemment correctes, mais les faits rapportés montrent qu'à Sparte ou dans la Ligue du Péloponnèse certains s'inquiétaient des progrès d'Athènes et de son autoritarisme à l'intérieur de la Ligue de Délos : la laconophilie de Cimon, qui avait appelé un de ses fils Lacédémonios, ne l'avait pas empêché de renforcer la domination d'Athènes sur ce qui devient de plus en plus un « empire » (*archè*) athénien.

Le renvoi du contingent athénien entraîna l'ostracisme de Cimon et la rupture avec Sparte. Athènes se tourna alors vers Argos et entendit profiter des difficultés des Lacédémoniens aux prises avec les Messéniens pour accroître son influence en Grèce centrale, dans l'Isthme et dans le Péloponnèse. Elle réussit ainsi notamment à détacher de Sparte Mégare et l'Achaïe. Mais l'alliance d'Athènes avec Mégare suscita une guerre avec Corinthe et Épidaure, auxquelles se joignit Égine. Sparte elle-même, attendant sans doute d'avoir sufisamment jugulé la révolte messénienne, n'intervint qu'à partir de 457. Après des alternatives de victoires et de défaites [72] et, alors que la construction des Longs Murs mettait désormais Athènes à l'abri, on conclut en 451, sous l'égide de Cimon, rappelé à Athènes, une paix de 5 ans.

Les relations entre les deux cités restaient néanmoins médiocres : elles s'opposèrent à Delphes comme à propos du

71. Si elles sont secrètes, on ne voit pas comment Thucydide, même bien introduit en Grèce du Nord, aurait pu connaître la teneur exacte des promesses spartiates.

72. Les Athéniens, vaincus à Tanagra, sont vainqueurs à Oinophyta et à Égine, tandis qu'ils subissent en 454 un grave désastre en Égypte.

congrès panhellénique que Périclès voulait organiser. Si Athènes avait profité de la révolte messénienne, Sparte entendait pour sa part profiter des difficultés de la Ligue de Délos. Après qu'en 447 Athènes, vaincue, avait dû évacuer la Béotie, en 446, la révolte de l'Eubée et de Mégare suscita une coalition générale contre une Athènes aux abois : les Spartiates furent même déçus que leur roi Pleistoanax n'eût pas poussé plus loin son offensive [73] et, l'accusant de corruption, l'obligèrent à s'exiler. En tout cas, lors de la paix de 30 ans, conclue la même année, Athènes dut abandonner toutes ses conquêtes, à l'exception d'Égine, dont l'*autonomia* était néanmoins garantie au sein de la Ligue de Délos.

En 440, la révolte de Samos, la plus puissante des alliés maritimes d'Athènes, ébranla la ligue de Délos, mais, malgré le vote favorable de l'assemblée spartiate [74], la ligue du Péloponnèse, du fait de l'opposition corinthienne, renonça à intervenir.

C'est au contraire Corinthe, mal récompensée par Athènes, et Mégare qui poussèrent les Lacédémoniens et la ligue du Péloponnèse à se lancer dans la guerre du Péloponnèse. En effet, Athènes avait interdit à Mégare les ports et les marchés de son « empire », tandis que Corinthe avait dû affronter sur mer Athènes, alliée à sa colonie révoltée de Corcyre, et avait elle-même envoyé des troupes défendre Potidée [75], révoltée contre Athènes. Aussi ces deux cités, auxquelles s'était, entre autres, jointe Égine, voulaient-elles qu'on déclarât rapidement la guerre, avant que Mégare, asphyxiée économiquement, ne fût obligée de céder et que Potidée ne succombât. Les Lacémoniens hésitaient devant ce qui s'annonçait comme une guerre difficile [76], même s'ils n'imaginaient pas qu'elle

73. Bien que le Long Mur central n'ait pas encore été construit, le système de fortifications d'Athènes était suffisant pour que la seule chose possible eût été de ravager l'Attique.

74. Il n'est pas évoqué dans les textes, mais, s'il n'avait eu lieu, la question n'aurait pas été soumise au vote des alliés.

75. Potidée était à la fois une colonie de Corinthe et un membre de la Ligue de Délos.

76. Si l'on voulait se lancer dans la guerre, il aurait été préférable de la faire en 440, quand on pouvait tirer parti de la marine samienne, ou, au moins avant qu'en 435 la marine de Corcyre ne vînt renforcer la prépondérance navale des Athéniens.

ne s'achèverait, après une brève interruption, qu'au bout de vingt-sept ans. Ils cèdèrent néanmoins devant les menaces de sécession des Corinthiens.

L'affrontement s'explique aussi par une détérioration progressive des relations entre Athènes et Sparte. Après avoir accepté, peut-être à contrecœur mais loyalement, de rester le brillant second de Sparte dans la deuxième guerre médique, Athènes avait, sous Cimon, développé et fortifié sa ligue sans affronter Sparte, dont elle restait théoriquement l'alliée ; elle cherchait ainsi à établir une sorte de condominium sur la Grèce, que les alliés de Sparte redouteront de voir renaître en 421 : Cimon aurait, en 462, invité les Athéniens « à ne permettre ni que la Grèce fût boiteuse ni que la cité restât seule sous le joug » (Ion de Chios, selon Plut., *Cimon*, 16, 10). Mais la chute de Cimon avait amené une période d'opposition, faite de « guerre froide » et de conflits ouverts, qui devaient déboucher, soit sur un retour à une Grèce cimonienne, mais personne n'y croyait plus, soit sur la lutte à mort que deviendra la guerre du Péloponnèse.

Cependant, les Spartiates n'étaient pas tous de chauds partisans de la guerre. L'assemblée spartiate avait été loin d'être unanime : le roi Archidamos s'était opposé à l'éphore Sthénélaïdas, qui présidait et était partisan de la guerre immédiate. Bien que la proposition soumise au vote gommât habilement le parjure en attribuant aux Athéniens la rupture des traités, le vote par acclamations était, selon Sthénélaïdas lui-même, resté incertain. La procédure, inhabituelle, de vote par déplacement, qu'il appliqua alors, était vraisemblablement un moyen de faire pression sur les hésitants.

D'autre part, il n'est pas sûr, quoi qu'en dise Thucydide, persuadé du caractère inéluctable de la guerre, que les dernières négociations entre Sparte et Athènes n'aient été que des gesticulations de propagande : des concessions athéniennes permettant de sauver la face devant les alliés auraient peut-être préservé la paix ; Périclès lui-même, pour les faire rejeter, doit suggérer que, si on cède sur un point, les Spartiates accroîtront leurs exigences.

Enfin, même s'il fallait faire la guerre, certains Spartiates la croyaient [77] et la souhaitaient courte et limitée. Ainsi, lors de la première campagne, Archidamos progressa lentement et évita de faire trop de ravages : il s'agissait de faire comprendre aux Athéniens que, s'ils refusaient une bataille rangée, dont les Péloponnésiens sortiraient nécessairement vainqueurs, toute l'Attique serait ravagée et de les amener ainsi à accepter une paix de compromis.

Mais c'était compter sans la stratégie de Périclès, prêt à transformer Athènes et son port du Pirée, réunis par les Longs Murs, en une sorte d'île, et à abandonner l'Attique à l'ennemi, pourvu qu'Athènes pût compter sur sa flotte et son Empire. Aussi, malgré la « peste », la mort de Périclès et, en 428, la dangereuse révolte de Mytilène, Athènes ne se laissa-t-elle pas abattre. Ce fut même elle qui, en 425, porta un coup redoutable à Sparte en obligeant à capituler la garnison bloquée dans l'îlot de Sphactérie.

Cette capitulation est une catastrophe pour Sparte, car non seulement Athènes détient 292 Lacédémoniens, dont environ 120 Spartiates, en partie membres des plus grandes familles de la cité, prisonniers qu'elle menace de massacrer si les invasions lacédémoniennes recommencent, mais cette capitulation, qui fait oublier l'héroïsme des Thermopyles, montre que les Spartiates (dont le nombre est réduit) ne sont plus prêts à se laisser tuer à leur poste. La démoralisation [78] est telle que les Spartiates remettent aux Athéniens – qui n'auront pas l'honnêteté de la rendre – leur flotte de 60 navires et qu'ils sont prêts à abandonner leurs alliés, pourvu qu'on leur rende leurs prisonniers et qu'Athènes conclue avec eux paix et alliance. Autant dire que Sparte s'avouait vaincue et que, si Cléon n'avait fait échouer les négociations, la guerre était finie.

Mais Brasidas réussit à traverser toute la Grèce, et même des régions hostiles, avec une petite troupe de 1 000 hoplites

77. Cf. Thuc., VII, 28, 3 : « Au début de la guerre, ils (*sc.* les Grecs) estimaient que les Athéniens, si les Péloponnésiens envahissaient leur territoire, tiendraient, pour les uns, un an, pour les autres, deux, mais, pour personne, plus de trois ans. »

78. C'est peut-être elle qui explique aussi le massacre d'environ 2 000 Hilotes qui avaient bien mérité de Sparte, cf. *supra*, p. 132-134.

péloponnésiens et 700 Hilotes, et à arracher à Athènes les riches cités de la côte thrace, ce qui changea de nouveau la face de la guerre.

Cependant, tous les Spartiates n'approuvaient pas cette expédition (cf. Thuc., IV, 108, 6-7), et la mort simultanée de Brasidas et du jusqu'au-boutiste athénien Cléon facilita les négociations, qui, après l'armistice de 423, débouchèrent en 421 sur la paix de Nicias.

Cette paix, assortie d'une alliance avec Athènes, qui devait même porter secours à Sparte en cas de révolte servile (de la *douleia*), et peut-être de l'engagement d'imposer la paix aux récalcitrants, impliquait une véritable réconciliation. Or, outre les difficultés d'application suscitées par la mauvaise volonté des alliés qui ont refusé de jurer la paix, dans les deux camps, subsistent des adversaires du rapprochement entre les deux grandes puissances, aussi bien des Spartiates inquiets de l'éclatement de la Ligue du Péloponnèse que des Athéniens désireux de profiter des nouvelles difficultés spartiates. Ainsi, alors qu'Athènes n'a pas recouvré Amphipolis ni Sparte, Pylos, certains des nouveaux éphores [79], élus à l'automne 420, particulièrement hostiles à la paix, font, contrairement aux stipulations de l'alliance avec Athènes, conclure une alliance avec Thèbes. Dès lors, Athènes conclut une quadruple alliance avec Argos, Élis et Mantinée. Elle affronte même militairement, en 418, les Lacédémoniens à Mantinée, où l'Athénien Alcibiade a amené une force limitée de 1 000 hoplites et 300 cavaliers. Comme l'affrontement a eu lieu en dehors du territoire de chacune des deux cités, elles ne sont pas encore en guerre ouverte, mais on ne peut pas dire non plus qu'elles soient véritablement en paix [80] : dès l'hiver 419-18, « les Athéniens, persuadés par Alcibiade, inscrivirent en bas de la stèle laconienne [81] que les Lacédémoniens n'avaient pas respecté les serments et ils amenèrent

79. Thucydide, V, 36, 1 et 38, 2, évoque les intrigues de deux d'entre eux, Cléoboulos et Xénarès.

80. G. Glotz, *Histoire grecque*. II. *La Grèce au* v*e* *siècle*, Paris, PUF, 1948, parle à juste titre de « Paix fourrée ».

81. Entendons, celle où étaient inscrits les traités de paix et d'alliance avec Sparte.

à Pylos, pour piller, les Hilotes de Cranies » (Thuc., V, 56, 3) et, en 415, même Nicias avoua que les traités ne subsistaient plus que nominalement (Thuc., VI, 10, 2).

Dès lors, ne se posait plus que la question de savoir quand l'un des deux camps s'attaquerait au territoire de l'autre en déclenchant de nouveau la guerre. En 414, les Spartiates, se considérant comme agressés par les Athéniens, hésitaient encore à intervenir contre Athènes (Thuc., VI, 93, 1). Celle-ci, non contente de s'être emparée, en 416, sans que Sparte réagisse, de la petite île dorienne de Mélos, dont elle avait massacré les hommes et réduit les femmes et les enfants en esclavage, était en train, grâce à une immense expédition, de vaincre Syracuse. Alcibiade, condamné à mort par les Athéniens, réussit, soutenu par les délégués corinthiens et syracusains, à persuader les Spartiates, encore hésitants, d'envoyer des hommes et un chef en Sicile et de recommencer la guerre en Attique en y fortifiant Décélie.

Le désastre athénien de Sicile (413), la révolte de l'Ionie, l'aide perse et l'habileté de Lysandre permirent à Sparte de triompher finalement d'Athènes, qui, après la défaite d'Aigos-potamoi (405) et le siège de la cité affamée, fut contrainte de capituler.

Contrairement à certains de ses alliés, comme Thèbes ou Corinthe, Sparte ne souhaita pas alors détruire Athènes en la traitant comme avaient été traitées Mélos, Histiée, Toronè, Égine et beaucoup d'autres (Xén., *Hell.*, II, 2, 3). Il lui suffisait de rendre la cité inoffensive en l'obligeant à détruire les Longs Murs (sur 10 stades de chaque côté, selon Xén., *Hell.*, II, 2, 15) et les fortifications du Pirée et à livrer sa flotte. Mais Sparte n'exigea pas la destruction des murs mêmes d'Athènes, ce qui l'aurait laissée à la merci de voisins immédiats comme les Thébains. Athènes fut aussi contrainte de se soumettre à Sparte comme alliée, sans doute dans le cadre de la Ligue du Péloponnèse.

Les Spartiates sont cependant en désaccord entre eux à propos du gouvernement à imposer à Athènes. Ils se refusent, bien sûr, à conserver la démocratie radicale qui gouvernait Athènes à la fin de la guerre du Péloponnèse et prônent le retour à « la constitution des ancêtres ». Mais les uns, comme Lysandre, voulaient une oligarchie extrême, s'appuyant éventuellement sur une garnison spartiate, alors que d'autres, comme le roi Pausanias, se satisfaisaient d'un régime modéré écartant les plus pauvres et les démocrates extrémistes et bénéficiant d'un certain appui auprès de la population[82]. Aussi Lysandre, qui avait imposé à Athènes la tyrannie des Trente, se porta-t-il au secours de ses protégés, lorsqu'ils furent, en 403, menacés par les démocrates, qui, d'abord réfugiés dans la forteresse de Phylè, au nord de l'Attique, s'étaient renforcés et établis au Pirée. Mais Pausanias, soutenu alors par la majorité des éphores et s'opposant à Lysandre, laissa les démocrates triompher des Trente avant de jouer au médiateur entre les oligarques modérés restés à Athènes[83] et les démocrates du Pirée. Cependant, le désaccord persistait à Sparte, puisque le roi fut, à son retour, soumis à jugement et, s'il fut alors acquitté, il sera condamné, huit ans plus tard, quand Athènes sera redevenue l'adversaire de Sparte.

Le nouvel impérialisme spartiate[84]

La mainmise sur Athènes correspond à une nouvelle orientation de la politique spartiate, dont la forme extrême est symbolisée par Lysandre et Agésilas.

Sparte, qui, théoriquement, avait fait la guerre pour combattre l'impérialisme athénien en se faisant le défenseur de

82. C'était là, selon Xén., *Hell.*, II, 3, 35-49, le régime défendu par Théramène ; cf. aussi les critiques d'Autoclès, *infra*, n. 86.

83. Les Trente et leurs partisans se sont, eux, réfugiés à Éleusis.

84. Cf. outre P. Carlier, *Le IVe Siècle grec jusqu'à la mort d'Alexandre*, Paris, Seuil, 1995, « Nouvelle histoire de l'Antiquité 3 », p. 11-73, H.W. Parke, « The development of the Second Spartan Empire (405-371) », *Journal of Hellenic Studies* 50 (1930), p. 37-79, Ch.D. Hamilton, *Sparta's Bitter Victories. Politics and Diplomacy in the Corinthian War*, Ithaca et Londres, Cornell Univ. Press, 1979, et *Agesilaus and the Failure of Spartan Hegemony*, Ithaca, Cornell Univ. Press, 1991, J.-F. Bommelaer, *Lysandre de Sparte. Histoire et tradition*, BEFAR 240, Paris, De Boccard, 1981, P. Cartledge, *Agesilaos and the Crisis of Sparta*, Londres, Duckworth, 1987, et D.R. Shipley, *Plutarch's Life of Agesilaos. Response to Sources in the Presentation of Character*, Oxford, Clarendon Press, 1997.

l'indépendance (*autonomia*) des cités, eut vite fait de prendre la succession d'Athènes en imposant, notamment aux cités « libérées », un tribut[85], des gouvernements à sa solde et, éventuellement, un gouverneur lacédémonien (harmoste) à la tête d'une garnison. Comme les oligarchies restreintes[86] de 10 personnes (décarchies) ou, à Athènes, exceptionnellement de 30 que Lysandre imposa ainsi n'avaient même pas le soutien populaire dont avaient bénéficié, au moins dans une certaine mesure, les démocrates pro-athéniens, elles avaient besoin d'un engagement militaire spartiate pour assurer leur défense. Or, les Spartiates en vinrent à se méfier de la puissance excessive que ces gouvernements à sa solde pouvaient donner personnellement à l'ambitieux Lysandre, qui jouissait de tout le prestige de la victoire[87]. Aussi, tandis que Lysandre, rappelé à Sparte, se contentait de faire le tour des sanctuaires en cherchant peut-être à les corrompre, les éphores remplacèrent-ils les décarchies de Lysandre par des régimes plus modérés, présentés comme un retour à « la constitution des ancêtres » (Xén., *Hell.*, III, 4, 2). Mais Lysandre recouvra son influence à Sparte, puisqu'il réussit à faire nommer roi et envoyer en expédition en Asie (396) son protégé Agésilas. L'y accompagnant, il en profita pour rétablir les décarchies. Même si les politiques sont différentes, on voit comment Sparte modifiait à son gré le régime des cités « libérées ».

C'est que, débarrassée de sa rivale athénienne, elle est redevenue, conformément aux espoirs que, dès 413, lui prêtait Thucydide (VIII, 2, 4), la puissance qui « exerce seule désor-

85. Selon Diodore, XIV, 10, 1, celui-ci se monterait à plus de 1 000 talents par an, mais il est possible que Diodore ait confondu le montant du tribut et les 1 000 talents de butin qu'Agésilas rapporta d'Asie en 394.

86. Ces régimes autoritaires sont volontiers qualifiés de tyrannies, cf. Xén., *Hell.*, II, 3, 48-49, III, 5, 13 et VI, 3, 8, où l'Athénien Autoclès les oppose aux régimes constitutionnels (*politeiai*) ; voir aussi la période suivante, où les oligarques pro-spartiates de Thèbes sont considérés comme des tyrans, V, 4, 2, 4, 9, 13, et les oligarchies des cités béotiennes, comme des *dunasteiai*, V, 4, 46.

87. Les Samiens vont jusqu'à célébrer en son honneur des *Lysandreia ;* on lui érige, de son vivant, sa statue à Delphes (dans le monument dit des navarques) et à Olympie.

mais son hégémonie sur toute la Grèce ». Et, dans l'*Anabase*, VI, 6, 9-16, Xénophon note, comme un fait reconnu, qu'en 400 les Lacédémoniens sont les chefs (*archein, proestanai*) de la Grèce (entendons d'Europe et d'Asie), exercent l'empire (*archein*) sur terre et sur mer et peuvent chacun (en tant qu'harmoste) faire ce qu'il veut dans les cités.

Cette situation aurait pu durer si Sparte avait fait preuve de plus de modération et ne s'était attaquée au puissant empire perse. Pour avoir l'appui des Perses dans leur lutte contre Athènes, les Lacédémoniens avaient, en 412-11, conclu avec le Roi des traités qui lui abandonnaient la Grèce d'Asie[88]. Mais, victorieux d'Athènes, ils n'entendent plus respecter ces accords : ils souhaitent, dans une perspective panhellénique[89] justifiant leur hégémonie, se faire les défenseurs des Grecs d'Asie[90] ; ils ont aussi besoin d'employer les anciens combattants qui n'appartiennent pas aux *Homoioi*[91], tandis que certains chefs veulent donner libre cours à leurs ambitions.

Les cités grecques d'Asie ont pu profiter des dissensions entre Tissapherne et Cyrus, qui, accusé par Tissapherne de complot contre son frère Artaxerxès II Memnon, monté sur le trône au début de 404, a été ensuite rétabli dans son commandement de Sardes. Cyrus voulait effectivement renverser son frère et il obtint de Sparte, outre la possibilité de lever des mercenaires, 800 hoplites et une aide navale. La mort de

88. Cf. Ed. Lévy, « Les trois traités entre Sparte et le Roi », *Bulletin de Correspondance hellénique* 107 (1983), p. 221-241.

89. La même idéologie, que développe par exemple un Isocrate, sera, dans leur propagande, reprise par Philippe et par Alexandre.

90. Voir Xén., *Hell.*, III, 1, 3 : en 400, les ambassadeurs ioniens demandent aux Lacédémoniens, « puisqu'ils sont les chefs (*prostatai*) de toute la Grèce, de se soucier aussi d'eux, les Grecs d'Asie ».

91. P. Carlier, *Le IVe Siècle grec*, p. 26, soulignant le danger que représentaient ces « catégories intermédiaires », ajoute que « le moyen le plus simple d'éloigner ces soldats indésirables à Sparte était… de les enrôler dans les expéditions que la cité organisait au loin. En outre, les Spartiates n'imaginaient pas d'entretenir dans l'inactivité un grand nombre d'inférieurs, ni à titre privé ni aux frais de la cité : seule la guerre pouvait nourrir ces guerriers sans moyens d'existence ». La colonisation d'Héraclée Trachinia, fondée en 426, et, en 398, l'envoi de colons en Chersonèse de Thrace pouvaient aussi être des solutions.

Cyrus fait finalement échouer (en 401) cette expédition, dite des Dix Mille, qui nous est bien connue par le récit qu'en a fait un des protagonistes, Xénophon, dans son *Anabase*. Mais elle a montré la faiblesse des défenses perses et pourra nourrir les rêves de conquête [92] d'Agésilas.

Dès 400, Sparte intervint en Asie à l'appel des cités grecques, sur lesquelles Tissapherne voulait rétablir son autorité. Les opérations, menées d'abord par Thibron, puis par Derkylidas, ne débouchèrent pas sur de grandes victoires, mais ces pillages incitèrent le Roi à passer à la contre-offensive en Grèce et sur mer.

C'est dans ces conditions qu'en 396 Agésilas fut envoyé en Asie, à la tête de 30 Spartiates, 2000 Néodamodes d'élite et 6000 alliés, renforcer les troupes qui y combattaient déjà. Voulant, malgré l'opposition des Thébains [93], sacrifier à Aulis, il entendait, nouvel Agamemnon, apparaître comme le chef de la Grèce menant une expédition panhellénique. Si le nouveau roi s'émancipa rapidement de son ancien *éraste* Lysandre, qu'il n'hésitait pas à humilier et qu'il envoya au loin, il montra autant de ruse et d'ambition que son ancien maître. Vainqueur de Tissapherne, que le Roi fit décapiter, Agésilas s'enfonça à l'intérieur de l'Asie [94], mais il s'agissait plus de faire un énorme butin que d'essayer de détruire l'empire perse [95].

92. Isocrate voyait dans la conquête de l'Asie mineure un moyen de résoudre les problèmes sociaux de la Grèce.

93. Xénophon, *Hell.*, III, 4, 4, se contente, avec malveillance, de noter que les béotarques ont envoyé des cavaliers qui « ont arraché de l'autel et dispersé les victimes qui se trouvaient déjà sacrifiées », alors que le Béotien Plutarque, *Agés.*, 6, 9-10, 599b, précise qu'Agésilas avait chargé son propre devin du sacrifice au lieu de le faire pratiquer par le préposé béotien et sans tenir compte des lois et usages ancestraux des Béotiens : Agésilas entendait donc déjà agir en Béotie comme en territoire conquis.

94. Ayant ravagé la Paphlagonie, il prévoyait de s'attaquer à la Cappadoce, *Hell. Oxyrh.*, éd. Chambers, p. 49, 766-772 ; cf. aussi Xén., *Hell.*, IV, 1, 41.

95. Malgré Xénophon, *Agés.*, I, 8 et 36, mais, en *Hell.*, III, 5, 1, la chose n'est présentée que comme une supputation du chef perse et, en *Hell.*, IV, 1, 41, il ne s'agit que d'aller le plus loin possible en Haute-Asie.

De toute façon, même si ce n'était qu'un rêve, qui dut attendre Alexandre pour se réaliser, Agésilas fut forcé d'y renoncer, car la situation en Grèce obligea, dès 394, les Spartiates à le rappeler. En effet, les Perses étaient passés à la contre-offensive en constituant, dès 396, une flotte puissante, placée sous le commandement de Pharnabaze et de l'Athénien Conon, et en finançant[96], en Grèce, une coalition antispartiate. En 395, s'allièrent contre Sparte Athènes, Thèbes, Corinthe et Argos, bientôt rejointes par les Eubéens, les Leucadiens, les Acarnaniens et les cités de Chalcidique de Thrace (Diodore, XIV, 82, 2-3). Mais Sparte, à laquelle la Ligue du Péloponnèse était restée fidèle, fut, en 394, victorieuse sur terre à Némée et à Coronée.

Elle avait cependant perdu la maîtrise de la mer, car la flotte de Peisandros avait été, au cours de l'été 394, écrasée, au large de Cnide, par Conon et Pharnabaze, ce qui permit à de nombreuses cités d'Asie ou des îles[97] de chasser leur garnison spartiate. Au printemps suivant, la flotte perse s'empara de l'île de Cythère, tandis que Conon, célébré comme un héros, finançait, avec l'argent perse, la reconstruction des Longs Murs d'Athènes.

La guerre, connue sous le nom de guerre de Corinthe (395-386), resta longtemps indécise. Après 392, où les tentatives de paix avaient échoué, Xénophon, *Hell.*, IV, 4, 14, souligne qu'il n'y eut plus de grandes expéditions : les Lacédémoniens, basés à Sicyone, et leurs adversaires, basés à Corinthe, s'affrontèrent dans une guerre limitée avec surtout des mercenaires. Comme l'historien le note avec humour (*Hell.*, IV, 4, 17), les alliés avaient peur des peltastes (notamment de l'Athénien Iphicrate), qui, eux-mêmes, redoutaient les hoplites lacédémoniens. Les Spartiates durent cependant déplorer en 390 le massacre (250 morts), par les peltastes d'Iphicrate,

96. Selon Xén., *Hell.*, III, 5, 1, Timocratès de Rhodes aurait été chargé de distribuer 50 talents aux principaux hommes politiques « à condition qu'ils déclenchent la guerre contre Sparte », mais cette distribution n'aurait servi à rien si Sparte n'avait été aussi impopulaire, cf. *Hell. Oxyrh.*, éd. Chambers, p. 14, 35-16, 8, et Xén., *Hell.*, III, 5, 10-13 (discours des Thébains à Athènes).

97. Dès 396, Rhodes s'était déjà ralliée à Conon.

du bataillon (*more*) qui avait escorté les gens d'Amyclées (*Hell.*, IV, 5, 17) et, en 386, Athènes, déjà gênée par la présence lacédémonienne à Égine, vit son ravitaillement menacé par l'action d'une flotte ennemie dans les Détroits. Mais, comme, pourvue de Longs Murs, elle commençait à rétablir sa zone d'influence, les Spartiates réussirent à s'entendre avec les Perses pour imposer, en 386, à l'ensemble des Grecs une paix commune, dite paix d'Antalcidas.

Celle-ci fut instaurée par un rescrit royal, dont Xénophon, *Hell.*, V, 1, 31, a conservé le texte : le Roi « estime juste que les cités d'Asie et, parmi les îles, Clazomènes et Chypre lui appartiennent », proclame l'indépendance (*autonomia*) des autres cités grecques, grandes ou petites, à l'exception de Lemnos, Skyros et Imbros, laissées aux Athéniens, et menace d'intervenir sur terre et sur mer contre ceux qui n'accepteraient pas ces clauses.

Cette paix, qui jette sur Sparte l'opprobre d'avoir abandonné aux Perses les Grecs d'Asie, marque sans doute un échec de la politique asiatique d'Agésilas, mais il ne faudrait pas en conclure trop vite qu'Antalcidas s'opposait alors à Agésilas. De fait, Plutarque (*Agés.*, 23, 3-4, *Artax.*, 22, 4, et *Apopht. lac.*, 213b) a, sans y voir malice, juxtaposé deux traditions contradictoires : l'une, qui, sans doute pour dédouaner Agésilas[98], voyait dans Antalcidas un ennemi personnel du roi voulant éviter que la guerre n'accrût l'influence de celui-ci, l'autre, où Agésilas, triomphant, assurait que c'étaient non les Lacédémoniens qui « médisaient », mais les Mèdes qui « laconisaient ». De fait, forte de l'appui du Roi, qui en faisait le protecteur (*prostatès*) de la paix commune[99], Sparte ne renonça aucunement à sa politique impérialiste. Simplement, au lieu de se parer aussi[100] de panhellénisme, l'impérialisme spartiate, se fondant désormais sur les clauses de la paix, ne mit plus en avant, comme au ve siècle, que la

98. Il se plaît volontiers à laisser les autres assumer les missions militaires ou civiles embarrassantes.

99. C'est, significativement, à Sparte qu'elle a été jurée.

100. L'expédition d'Agésilas était censée défendre contre les Perses l'*autonomia* des cités grecques d'Asie, cf. Xén., *Hell.*, III, 1, 20, 2, 12, 20, 4, 5 et 25.

défense de l'*autonomia* des cités[101] en présentant le paradoxe[102] d'un impérialisme qui se développait sous couvert d'anti-impérialisme.

Ainsi, Thèbes, menacée d'une intervention militaire, dut reconnaître l'indépendance (*autonomia*) des cités de Béotie ; Argos fut obligée de rendre son indépendance à Corinthe (et à ses oligarques) en dissolvant l'union (*sympolitie*) d'Argos et de Corinthe ; enfin, à la suite d'une longue guerre (382-79), Olynthe fut contrainte d'abandonner les cités de Chalcidique et de se soumettre à l'alliance hégémonique de Sparte[103]. Celle-ci semblait alors à son apogée, et Xénophon assure qu'à cette date « la domination (*archè*) des Lacédémoniens paraissait désormais établie d'une façon parfaitement belle et inébranlable » (*Hell.*, V, 3, 27).

Mais, dès la phrase suivante, qui ouvre un nouveau chapitre, il montre que ce n'était là qu'une apparence et annonce de façon dramatique[104] le châtiment divin de Sparte, qui sera punie pour avoir, en dépit des serments, porté atteinte à l'indépendance de Thèbes. En effet, le raid de Sphodrias sur le Pirée, peut-être simple provocation pour inciter les Athéniens

101. Cette défense de l'*autonomia* des cités n'est, bien sûr, qu'à usage externe, comme le montrent les interventions spartiates à Mantinée ou à Phlionte, la prise de la Cadmée ou, en 378, le raid de Sphodrias en Attique, cf. *supra* p. 235-236 ; aussi l'Athénien Autoclès peut-il, en 371, reprocher aux Spartiates d'avoir sans cesse à la bouche le mot d'*autonomia* et d'être « eux-mêmes le plus grand obstacle à l'*autonomia* des cités », Xén, *Hell.*, VI, 3, 7-9.

102. C'est un paradoxe qui, dans la seconde moitié du XXe siècle, n'aurait pas surpris nos contemporains. Les Spartiates ont ainsi repris, successivement, dans une perspective offensive, leurs deux idéologies défensives du Ve siècle : la défense de la Grèce (contre les Perses) et celle de l'*autonomia* des cités (contre Athènes).

103. L'intérêt pour la Grèce du Nord s'était déjà manifesté par la fondation d'Héraclée Trachinia en 426 (aux mains des « alliés » thébains de 419 à 400, de nouveau des Spartiates jusqu'en 395, où elle est reprise par les Thébains, avant d'être démantelée en 371 par le Thessalien Jason), par l'expédition de Brasidas en 424 (*supra*, p. 248-249) et par l'envoi d'un harmoste et d'une garnison à Pharsale (de 400 à 395).

104. Cf. Ed. Lévy, « L'art de la déformation historique dans les *Helléniques* de Xénophon », *in* H. Verdin, G. Schepens et E. de Keyser, *Purposes of History, Studia Hellenistica* 30, Louvain, 1990, p. 125-157, notamment p. 138.

à prendre l'initiative de la guerre, suscita contre Sparte, dès 378, une coalition d'Athènes et de ses alliés, de Thèbes, qui venait de chasser la garnison spartiate, et de tous ceux qui rejetaient la domination spartiate. Les Perses imposèrent en 375 une nouvelle paix commune, alors qu'Athènes, qui avait reconstitué une confédération maritime, avait vaincu Sparte sur mer, à Naxos et à Alyzeia, et que la victoire thébaine de Tégyres avait montré que, même sur terre, les Spartiates n'étaient plus invincibles.

Au cours des années suivantes, la guerre ayant repris, les Athéniens, vainqueurs des Lacédémoniens à Corcyre, s'inquiétèrent des progrès de Thèbes, qui, établissant sa domination sur la Béotie, avait détruit Thespies et Platées, l'alliée traditionnelle d'Athènes, et s'attaquait aux Phocidiens. Aussi Sparte et Athènes furent-elles tentées de se rapprocher dans une perspective cimonienne de double hégémonie, sur terre pour Sparte, sur mer pour Athènes. C'est ce que devait entériner la paix commune de juin 371. Mais, après avoir accepté de jurer la paix en tant qu'alliés d'Athènes, les Thébains demandèrent à remplacer leur nom par celui des Béotiens, ce que refusa Agésilas. Les Thébains, qui s'étaient exclus du traité, se trouvèrent dès lors totalement isolés et, selon Xénophon (*Hell.*, VI, 3, 20), s'en retournèrent « complètement démoralisés [105] ».

Malgré les conseils de prudence du Spartiate Prothoos, qui invitait, conformément au traité, à licencier l'armée [106] et à réunir ensuite, éventuellement, une coalition générale contre ceux qui s'opposaient à l'indépendance (*autonomia*) des cités, les Lacédémoniens, forts de leur supériorité numérique, déclenchèrent immédiatement l'offensive contre Thèbes. Et l'imprévu se produisit. Grâce au génie militaire et à la tactique révolutionnaire [107] d'Épaminondas, les troupes de

105. Les Athéniens, qui vendaient déjà la peau de l'ours, espéraient même obliger les Thébains à payer la dîme à laquelle ils avaient été condamnés au lendemain des guerres médiques.

106. Elle était déjà en Grèce centrale, où elle devait défendre les alliés phocidiens.

107. Il utilise une phalange oblique avec renforcement de l'aile gauche (au moins 50 hommes de profondeur à Leuctres, selon Xén., *Hell.*, VI, 4, 12) pour enfoncer l'aile droite adverse, où sont rangées les meilleures troupes.

Cléombrotos se firent écraser à Leuctres (juillet 371). Les Thébains auraient même pu, malgré l'envoi d'une armée de secours, empêcher la retraite des survivants, si les Athéniens et surtout les Thessaliens, théoriquement alliés des Thébains, n'avaient souhaité préserver les Spartiates : le Thessalien Jason de Phères imposa ainsi son arbitrage assurant leur salut.

Mais l'assassinat de Jason, en 370, permit aux Thébains d'accroître le nombre de leurs alliés et, comme Athènes, soucieuse de ménager Sparte, refusa de s'allier aux Arcadiens, ceux-ci firent, de même que les Éléens et les Argiens, appel à Thèbes. Les Thébains envoyèrent alors (hiver 370-69), dans le Péloponnèse, une puissante armée [108] pour soutenir leurs alliés arcadiens et intimider les Spartiates. Comme, du fait de l'hiver, Agésilas avait abandonné l'Arcadie et démobilisé ses troupes, les Thébains envahirent la Laconie. Mais, en refusant le combat, en mobilisant de nombreux Hilotes [109] et en faisant appel à leurs alliés, les Lacédémoniens arrivèrent à préserver Sparte elle-même. Ils ne purent cependant empêcher Épaminondas et Pélopidas de libérer la Messénie, où on fonda et fortifia Messène, tandis qu'en Arcadie se constituait par synoecisme la grande cité de *Mégalèpolis.*

Les Athéniens, inquiets des progrès de Thèbes, avaient envoyé des secours aux Spartiates ; arrivés trop tard, ils évitèrent d'affronter les Thébains, mais ils conclurent une alliance égalitaire avec Sparte dès le printemps 369. Au cours des années suivantes, les interventions de Thèbes restèrent infructueuses et, malgré l'appui que lui apportait désormais le Roi, elle ne put faire jurer ni par Athènes ni par Sparte ni même par les autres Grecs la paix commune avortée de 367. Malgré ses efforts, Thèbes n'arriva pas à arracher aux

108. Plus de 50000 hommes selon Diodore, XV, 62, 5 *;* 40000 hoplites, auxquels s'ajoutent 30 000 hommes armés à la légère ou non armés, selon Plutarque, *Agés.*, 31, 1-2, et cf. *Pélopidas*, 24, 2, *Comp. Agésilas Pompée*, 83 (3), 5, et *De gloria Athen.* 346b, qui répètent le nombre de 70 000.

109. Plus de 6 000 se seraient fait enregistrer, selon Xén., *Hell.*, VI, 5, 28, mais il semble, d'après Diodore, XV, 65, 6, que les Spartiates n'en aient finalement enrôlé que 1 000, qu'ils auraient préalablement affranchis.

Athéniens la maîtrise de la mer. Si elle réussit à gagner à sa cause les Corinthiens, les Arcadiens restaient toujours aussi divisés, entre cités comme entre oligarques et démocrates. Thèbes soutenant Tégée, Mantinée, soutenue par ses alliés éléens, achéens et athéniens, fit appel à Sparte. En 362, Épaminondas, après avoir failli s'emparer par surprise de Sparte, affronta l'ennemi à Mantinée. Le chef thébain se fit tuer, alors qu'il était victorieux et ses troupes désemparées « ne furent même plus capables d'exploiter la victoire comme il le fallait » (Xén., *Hell.*, VII, 5, 25) : chaque camp put se déclarer vainqueur (*ibid.*, 26-27). Xénophon, qui achève là ses *Helléniques*, note qu'à la suite de cette bataille, qui était censée assurer l'empire à l'un des deux camps, « l'incertitude et la confusion furent en Grèce plus grandes après qu'avant ».

De fait, dès 362-61, les belligérants conclurent, sans patronage de la Perse, provisoirement affaiblie, une paix commune assortie d'une alliance contre quiconque la violerait. Comme les Messéniens y participèrent, les Spartiates furent les seuls des Grecs à rester en dehors du traité.

Ainsi, après avoir dominé la Grèce, soit par elle-même, soit, depuis 386, grâce à l'appui perse, Sparte a été vaincue par Thèbes et malgré, de 369 à 362, l'alliance athénienne impliquant un partage de l'hégémonie, elle n'a pas pu prendre sa revanche : désormais ni Sparte, très diminuée, ni Athènes, dont les alliés vont bientôt se révolter, ni Thèbes, qui a perdu son meilleur général, ne pourront dominer la Grèce, qui ne sera unifiée, provisoirement, que par la victoire de Philippe en 338.

5

« Décadence » et révolutions du IVe siècle à 146 av. J.-C.

1. DÉCADENCE

Les contemporains, comme le pro-spartiate Xénophon ou le plus critique Aristote ont eu conscience d'une décadence spartiate au IVe siècle : non seulement Sparte perd son hégémonie sur la Grèce, mais la diminution brutale de sa puissance incite à mettre en cause la validité du « modèle spartiate[1] ».

Déclin de la puissance spartiate

Sparte, qui avait dominé brutalement le monde grec de 404 à 371, à la suite de la défaite de Leuctres et de l'invasion thébaine, perdit la majeure partie de la Messénie, tandis que la formation de Mégalopolis lui barrait l'accès à l'Arcadie. La dissolution de la Ligue du Péloponnèse et le refus de renoncer à la Messénie l'empêchèrent de reconstituer sa puissance, ne serait-ce que dans le Péloponnèse.

La politique habile de Philippe II accrut encore l'isolement de la cité. En effet, après la victoire de Chéronée (338), au

1. Pour Aristote, la défaite de Leuctres a servi de révélateur, cf. *Politique*, VII, 14, 1333b 21-23 : « Il est évident, attendu que maintenant le pouvoir impérial (*archè*) n'est plus aux mains des Laconiens, qu'ils ne sont pas heureux et que leur législateur n'est pas bon » ; cf. Ed. Lévy, « Le régime lacédémonien dans *La Politique* d'Aristote : une réflexion sur le pouvoir et l'ordre social chez les Grecs », *in* M. Mollin éd., *Images et Représentations du pouvoir et de l'ordre social dans l'Antiquité*, Paris, De Boccard, 2001, p. 57-72.

lieu de contraindre Sparte à adhérer à la Ligue de Corinthe, Philippe se contenta d'envahir la Laconie et d'arbitrer en faveur des Arcadiens, des Argiens et des Messéniens dans les conflits frontaliers [2] qui les opposaient à Sparte. Dès lors, ces États, désireux de conserver les territoires disputés, ne purent que rester les alliés de la Macédoine en constituant une sorte de « cordon sanitaire » autour de Sparte.

Sparte essaya cependant, deux fois encore, de recouvrer sa puissance en affrontant les Macédoniens. Profitant de l'éloignement d'Alexandre et de l'appui perse, Agis III réunit en 330, contre Antipatros, le représentant d'Alexandre en Europe, l'Achaïe, Élis et Mantinée. Mais il fut vaincu et tué dans la difficile bataille de Mégalopolis. Sparte, affaiblie, qui dut livrer 50 otages, ne participa aucunement à la guerre lamiaque, où, profitant de la mort d'Alexandre, les Grecs s'efforcèrent de rejeter la domination macédonienne.

Il fallut attendre Areus [3] pour qu'elle se lancât à nouveau dans une politique active. Si la coalition péloponnésienne qu'elle reconstitua en 281-80 fut battue par les Étoliens, les Lacédémoniens réussirent, en 272, à résister à Pyrrhus et, surtout, s'associèrent à Athènes et à ses alliés pour affronter les Macédoniens dans la « guerre de Chrémonidès » (267-62) [4]. Mais Areus, qui ne parvint pas à franchir l'isthme de Corinthe, fut tué en 265 et les Macédoniens finirent par l'emporter.

Après la mort d'Areus, Sparte disparut de la documentation pendant près de vingt ans, sans doute parce que son rôle était devenu secondaire : il suffit de rappeler que Sparte l'invincible avait vu la Laconie envahie cinq fois en un siècle, en 370, 362, 338, 294 et 272, et que, faisant fi des traditions

2. Sparte perdit ainsi, au nord, l'Aegytis, la Belminatis, la Skiritis, la Caryatis et la Thyréatide, à l'ouest, la Denthéliatis et la côte nord-est du golfe de Messène, et, à l'est, la côte orientale de la Laconie jusqu'à Prasiai.

3. Cf. G. Marasco, *Sparta alle inizi dell'età ellenistica : il regno di Areo I (309-265/4)*, Florence, Cooperativa Libr. Univ. Studii Fiorentini,1980.

4. Cf. Ed. Will, *Histoire politique du monde hellénistique (323-30 av. J.-C.)*, I, Annales de l'Est 30, Nancy, 1979 [2], p. 219-231 (p. 219, la date de 276 n'est qu'une faute d'impression pour 267).

et de l'orgueil spartiates, Areus avait dû, en 294, lui donner un début de fortification (un fossé et une palissade).

C'est cet affaiblissement qui permit à la Ligue achéenne de se développer librement et, en se substituant à Sparte, de devenir la première puissance de la péninsule : grâce à Aratos la Ligue réussit à faire adhérer Sicyone (en 251) et l'Arcadie et même à s'emparer en 243 de Corinthe, avec sa citadelle, qui interdit aux Macédoniens l'accès au Péloponnèse.

Sparte a seulement maintenu ses liens traditionnels avec la Crète, où Areus a su se constituer des alliés, qualifiés d'alliés d'Areus (et non des Lacédémoniens) dans l'alliance de 267 avec Athènes. Si la Crète est un réservoir de mercenaires, Sparte en constitue un autre : les Lacédémoniens sont ainsi appréciés en Grande Grèce ou en Sicile [5], tandis que des puissances étrangères comme les Macédoniens (contre Pyrrhus) ou les Achéens (contre les Étoliens) ont pu demander l'aide des Spartiates, dont la valeur militaire reste appréciée. Mais Sparte ne saurait recouvrer sa puissance sans un nombre accru de citoyens permettant de constituer une solide armée civique et suffisamment d'argent pour recruter des mercenaires.

La crise spartiate

L'inégalité

C'est paradoxalement au moment où Sparte apparaissait comme la plus puissante [6] (premier quart du IVe siècle) que les Anciens ont, après coup, décelé les causes de sa décadence. Plutarque rattache ainsi « le début de la corruption et

5. On voit ainsi, à l'instar d'Agésilas II en Égypte, servir à l'étranger des rois ou des héritiers présomptifs comme Archidamos III, à Tarente, Acrotatos, le fils de Cléomène II, à Agrigente et à Tarente ou Cléonymos, à Tarente.

6. Voir G. Schepens, « L'apogée de l'*archè* spartiate comme époque historique dans l'historiographie grecque au début du IVe siècle », *Ancient Society* 24 (1993), p. 169-204.

de la maladie de l'État lacédémonien » à la victoire de 404 sur Athènes (*Agis*, 5, 1)[7], l'afflux d'or et d'argent ayant développé la cupidité et ruiné les valeurs morales traditionnelles.

Il est vrai que Sparte a disposé de ressources dépassant tout ce qu'elle avait connu jusqu'alors : elle a reçu près de 1 500 talents de Lysandre[8], auxquels s'ajoutent les tributs versés par les alliés[9] et plus de mille talents de butin[10], qu'Agésilas envoie ou rapporte d'Asie. L'enrichissement de Sparte et de certains Spartiates est indéniable et les possibilités de s'enrichir ont certainement développé, notamment chez les harmostes envoyés à l'étranger, la cupidité, déjà reprochée aux Spartiates. Le lien entre cet enrichissement et la défaite spartiate ressortit sans doute à un *topos* moralisateur[11] déjà présent chez Hérodote, mais le schéma explicatif[12], pour être traditionnel, n'en est pas nécessairement faux[13].

Il est évident que c'est cet argent qui a permis à Sparte, comme autrefois à Athènes, de mener sa politique impérialiste, dont a vu plus haut l'échec. Mais, pour apprécier son impact sur la société et les mentalités spartiates, encore faut-il préciser ce qui est nouveau.

7. Cf. aussi Plut., *Agis*, 3, 1, *Lyc.*, 30, 1, *Lys.*, 2, 6, et Paus., IX, 32, 10.

8. Soit 1 000 talents convoyés par Gylippe (Plut., *Nicias*, 28, 4), auxquels s'ajoutent les 470 talents du reliquat des tributs de Cyrus et du butin (Xén., *Hell.*, II, 3, 8) ; Diodore, XIII, 106, 8-9, faisant apporter 1 500 talents par Gylippe, a peut-être additionné à tort les deux nombres ; cf. aussi E. David, « The influx of money into Sparta at the end of the fifth century », *Scripta classica Israelica* 5 (1979-80), p. 30-45.

9. Il s'élèverait à plus de 1 000 talents par an selon Diodore XIV, 10, 2, mais aucune autre source ne confirme ce nombre, qui paraît douteux.

10. La somme se déduit de la dîme consacrée à Delphes, cf. Xén., *Agés.*, I, 34, et *Hell.*, IV, 3, 21, et Plut., *Agés.*, 19, 4.

11. Cf. St. Hodkinson, « Spartan Society in the fourth century : Crisis and continuity », *in* P. Carlier éd., *Le IVe Siècle av. J.-C. Approches historiographiques*, Paris, De Boccard, 1996, p. 85-101.

12. Ce n'est pas l'argent ni la cupidité qui sont responsables du conservatisme des Spartiates en face de la tactique révolutionnaire d'Épaminondas ; ils expliquent donc non la défaite de Leuctres, mais peut-être pourquoi Sparte n'a pas su se réformer en luttant contre l'inégalité qui, selon Aristote, la mine de l'intérieur.

13. Cf. P.J. Rhodes, « In defence of the Greek historians », *Greece and Rome* 41 (1994), p. 157-158.

Se pose d'abord le problème de la monnaie d'or et d'argent. Les sommes colossales envoyées par Lysandre ayant soumis certains à la tentation[14], les Lacédémoniens auraient décidé, après de longues discussions, d'accepter un compromis[15] : permettre l'usage de l'argent dans le domaine public mais « punir de mort tout particulier convaincu d'en détenir à titre privé » (Plut., *Lys.*, 17, 6). Il est possible que la condamnation à mort n'ait été infligée qu'aux Spartiates convaincus de détournement de fonds comme Gylippe, qui s'est exilé, ou, peut-être, Thorax, le lieutenant de Lysandre, qui a effectivement été exécuté (*Lys.*, 19, 7).

En fait, l'utilisation d'argent par la cité n'était pas une nouveauté : il fallait bien que Sparte payât ses achats à l'étranger, finançât ses ambassades et rétribuât ses mercenaires. Quant aux individus, ils pouvaient avoir des dettes ou des amendes à payer, recevoir des dépôts de l'étranger ou se laisser corrompre ; ils avaient le droit d'acheter et de vendre[16] ; enfin ils devaient, outre leur contribution en nature, verser chaque mois 10 oboles éginétiques pour les *syssities*. Il est hautement improbable que tout cela ne se soit fait qu'avec les traditionnelles broches de fer : l'absence de monnaies autres que ces broches n'est manifestement qu'un mythe[17]. D'ailleurs, selon Posidonios (IIe s. av. J.-C.) (Athénée, VI, 233e-f), « l'importation et l'acquisition d'or et d'argent étaient empêchées par les coutumes » – que, bien sûr, les éphores devaient faire respecter mais on ne dit pas qu'elles étaient expressément interdites par une loi –, et les Spartiates mettaient leurs trésors à l'abri chez leurs voisins arcadiens.

14. Gylippe lui-même y aurait succombé en détournant 30 talents (Plut., *Nicias*, 28, et *Lys.*, 17) – et non 300 comme dans le texte de Diodore (XIII, 106, 9) – et aurait été condamné à mort.

15. On trouve un compromis comparable dans les *Lois* de Platon (V, 742a-c), où la possession de monnaies étrangères est punie d'une amende.

16. Cf. l'interdiction de le faire imposée aux vaincus de Sphactérie, *supra*, p. 49, ou l'allusion au marché au fer, *supra*, p. 137.

17. Cf. Thuc., I, 80, 4, où le roi Archidamos note que ses concitoyens ne sont pas disposés à verser de l'argent (*chrèmata*) en le prenant sur leurs biens propres, ce qui montre bien qu'ils en possédaient ; cf. aussi Aristote, *Politique*, II, 9, 1271b 10-15.

Xénophon signale bien, pour la période antérieure à la « décadence », le droit de perquisitionner pour trouver de l'or ou de l'argent et l'amende alors infligée au possesseur de métaux précieux (*Rép. Lac.*, VII, 6), mais une amende n'est pas la peine de mort : le début du IVe siècle aurait ainsi correspondu non à un adoucissement mais à un renforcement de la législation répressive. Mais ce renforcement, réaction normale à l'afflux de métaux précieux et à l'aggravation constatée et prévisible de la corruption, n'a pas duré longtemps. Xénophon (*Rép. Lac.*, XIV, 3) note avec regret : « Je sais qu'auparavant (les Lacédémoniens) avaient peur de montrer qu'ils possédaient de l'or (*chrusion*), alors qu'aujourd'hui il en est qui se font gloire d'en posséder ».

Ainsi la présence d'or et d'argent et le désir d'en posséder ne sont pas des nouveautés : Platon fait même de l'amour secret des richesses une des caractéristiques de la *timocratie*[18] (qui représente pour lui le régime lacédémonien). Mais, ce qui change, c'est l'importance des sommes qu'on peut s'approprier.

Il s'y ajouta, selon Plutarque (*Agis*, 5, 2-5), un deuxième facteur d'inégalité, la *rhètra* d'Épitadeus[19]. L'afflux d'or et d'argent n'avait amené des inégalités que dans la possession de biens mobiliers. Tant que les patrimoines (*oikoi*) susbsistaient et que le père léguait son lot (*kléros*) à son fils, ce n'était pas trop grave. Mais Épitadeus, un homme important (*dunatos*), en conflit avec son fils, une fois devenu éphore, aurait fait autoriser le don ou le legs de son patrimoine et de son lot à qui on voulait. Cette liberté permettant une vente déguisée, les gens importants (*dunatoi*) auraient évincé les

18. Platon, *République*, VIII, 548a-b ; cf. aussi *Alcibiade majeur*, 122d-123a.

19. Voir sur cette *rhètra,* dont l'authenticité est discutée, D. Asheri, « Sulla lege di Epitadeo », *Athenaeum* 39 (1961), p. 45-68, J. Christien, « La loi d'Épitadeus : un aspect de l'histoire économique et sociale de Sparte », *Revue historique de droit français et étranger* 52 (1974), p. 197-221, G. Marasco, « La retra di Epitadeo e la situazione sociale di Sparta nel IV secolo », *L'Antiquité classique* 49 (1980), p. 131-145, E. Schütrumpf, « The *Rhetra* of Epitadeus : A Platonist fiction », *Greek, Roman and Byzantine Studies* 28 (1987), p. 441-457 et les articles d'Ed. Lévy et de St. Hodkinson cités *infra*, n. 21 et 22.

héritiers naturels en accroissant leurs propriétés, tandis que la pauvreté des autres ne faisait que s'acccroître.

Le texte de Plutarque est à rapprocher d'un passage de *La Politique* (II, 9, 1270a 18-22), où Aristote critique les inégalités spartiates : « La chose a été mal réglée par les lois : il (*sc.* le législateur) a rendu déshonorant (*ou kalon*) d'acheter ou de vendre (la terre) qu'on possède et il a eu raison ; mais il a accordé à ceux qui le désiraient le droit de donner ou de léguer ; or, qu'on agisse d'une manière ou de l'autre, le résultat est nécessairement le même. »

Il s'agit manifestement de la même mesure que chez Plutarque, mais sans la mention d'Épitadeus. Si l'on reconnaît Lycurgue dans le législateur suggéré par la troisième personne du singulier, ces indications seraient en contradiction avec celles de Plutarque, ce qui serait déjà surprenant, car, s'agissant de Sparte, Plutarque se fonde beaucoup sur Aristote [20]. En fait, il n'y a pas de contradiction [21], car, voulant critiquer le régime lacédémonien comme un tout qui développe ses virtualités, Aristote évite de parler de Lycurgue et se réfère à un législateur intemporel, source aussi bien des dispositions les plus anciennes que des lois relativement récentes sur les navarques ou sur les pères de famille nombreuse. Il ne peut mentionner Épitadeus, car il paraîtrait ainsi s'attaquer, comme Xénophon, à l'évolution récente du régime et non à ses fondements.

Un argument plus sérieux a été présenté contre l'authenticité de la *rhètra* d'Épitadeus [22] : à son accession au trône, Agésilas a fait don à sa famille maternelle de la moitié des biens de son père Agis, ce qui suppose la liberté de léguer ou de donner. Mais, même s'il paraît difficile (encore que non impossible) de placer la *rhètra* d'Épitadeus avant le règne d'Agésilas, ce cas particulier ne permet pas d'assurer qu'exis-

20. Quand il s'en écarte, par exemple à propos de la kryptie, il le signale expressément, voir *supra*, p. 64.

21. Je me permets de renvoyer à mon article, « Le régime lacédémonien dans *La Politique* d'Aristote », p. 57-72, dont je reprends ici les conclusions.

22. Voir St. Hodkinson, « Land tenure and inheritance in Classical Sparta », *Classical Quarterly* n.s. 36 (1986), p. 378-406, et *Property and Wealth in Classical Sparta*, Londres, Duckworth, 2000, p. 65-112.

tait déjà une totale liberté de donner ou léguer. De toute façon, cette liberté a dû surtout jouer un grand rôle quand les nombreux morts de Leuctres (400 sur 700) ou de Mégalopolis (un sixième des troupes engagées) ont laissé beaucoup de pères privés de fils et désireux de léguer leurs biens en recevant une contrepartie.

L'afflux de métal précieux et la liberté de donner ont ainsi accéléré la concentration des biens, déjà facilitée par l'importance des dots et par l'union avec des *patrouchoi*[23], qui permettait de réunir les patrimoines de deux familles. Inversement, ce que ne signale pas Plutarque, beaucoup de familles ont été appauvries par la perte de leurs terres situées en Messénie. Aussi Aristote, tout en soulignant qu'à Sparte les femmes possédaient près des deux cinquièmes des terres (*Politique*, II, 9, 1270a 23-25), assure-t-il que « la terre est passée en un petit nombre de mains » (a 16-18).

Il y avait, bien sûr, déjà eu des Spartiates très riches : de 448 à 420, les Spartiates remportèrent la course de quadrige 7 olympiades sur 8[24]. Leur richesse devait déjà leur permettre de se constituer des clientèles en finançant l'éducation collective de pauvres ou de Lacédémoniens de statut marginal. Mais cette richesse se fit plus ostentatoire. En témoignent les monuments commémorant à Olympie les victoires de Kyniska, la sœur d'Agésilas : il faut toute l'habileté dialectique de Xénophon pour prétendre qu'Agésilas avait incité sa sœur à concourir pour « montrer aux Grecs » (et surtout aux aristocrates spartiates, qu'il s'agirait de décourager) « que la victoire (à Olympie) n'était aucunement affaire de valeur (*arétè*) mais de richesse et de dépense » (*Agés.*, 20, 1). Quant aux maisons spartiates, elles se font aussi plus luxueuses : lors de l'invasion de 370-69, les Thébains, en longeant l'Eurotas, purent « brûler et piller des maisons pleines de biens » (Xén., *Hell.*, VI, 5, 27).

Ainsi, l'inégalité n'est pas un phénomène nouveau, mais elle s'est accrue et est devenue plus visible.

23. Cf. *supra*, p. 85-86 et 89-90.

24. Cf. L. Moretti, *Olympionikai. I vincitori negli antichi agoni olimpici*, Ac. naz. dei Lincei, sc. moral., memorie, VIII, 2, Rome, 1957, « Supplemento al catalogo degli Olympionikai », *Klio* 52 (1970), p. 295-303, et *in* W. Coulson et H. Kyrieleis éd., *Proceedings of an International Symposium on the Olympic Games*, Athènes, 1992, p. 119-128.

L'oliganthropie[25]

La diminution du nombre des citoyens n'est pas non plus un phénomène nouveau, mais la situation ne fait qu'empirer : alors qu'en 379 on pouvait mobiliser 8 000 Spartiates, il n'y en a plus que 700 en 243. Raison principale de l'effondrement spartiate pour Aristote[26], elle s'est faite à des rythmes différents selon les périodes et a eu plusieurs causes.

La baisse la plus forte est survenue entre 479 et 371. En effet, au lendemain de Leuctres, Sparte ne disposant plus que de 800 hoplites mobilisables, on est passé en 108 ans de 8 000 à 800, soit une diminution de 90 %. La faiblesse démographique de Sparte expliquerait en partie son hésitation à se lancer dans la guerre du Péloponnèse et son incapacité à réagir après le désastre de Leuctres. Au contraire, de 371 à 243, on ne serait passé que d'environ 1 200 citoyens (estimation de leur nombre après Leuctres) à 700, soit une diminution d'un peu plus de 40 % en 127 ans.

En dehors d'une catastrophe accidentelle comme le tremblement de terre de 464, qui, avec la révolte messénienne consécutive, joua un grand rôle dans la baisse du Ve siècle, la diminution du nombre des Spartiates s'explique par des causes sociales, militaires et démographiques.

Aristote (*Politique*, II, 9, 1270a 29-b 6) a insisté sur le facteur social[27] : l'accroissement des inégalités réduit le nombre des citoyens de plein droit, car ceux qui ne peuvent payer leur écot pour les *syssities* sont exclus de la pleine citoyenneté. Même les lois qui favorisent les pères de famille nombreuse ont un effet pervers, car le partage de l'héritage, amenant un appauvrissement, suscite l'exclusion du corps civique. Il semble cependant qu'après Leuctres[28] ou, au

25. Le terme indiquait le manque de citoyens.

26. Cf. Aristote, *Pol.*, II, 9, 1270a 33-34 : « La cité n'a pas supporté une seule défaite mais a succombé à cause de l'*oliganhropie.* »

27. Il est prédominant pour A. Fuks, « The Spartan citizen-body in Mid-Third Century B.C. and its enlargement proposed by Agis IV », *Athenaeum* 40 (1962), p. 244-263.

28. De même, après cette bataille comme après celle de Mégalopolis (Diodore, XIX, 70, 5), les survivants n'ont pas été dégradés.

moins, à l'époque hellénistique cette exclusion ne soit plus imposée rigoureusement, soit que les *syssities* aient perdu de leur importance, soit que les riches se constituent une clientèle en payant pour les pauvres. C'est en tout cas ce qui expliquerait qu'à la veille des réformes d'Agis IV, sur les 700 citoyens mentionnés par Plutarque, seuls 100 aient encore un lot de terre et un patrimoine (*oikos*) et que le corps civique ait ainsi été réduit de 1200 à 700 et non de 1200 à 100. On notera aussi que, contrairement à la conspiration de Cinadon et aux mouvements de 370, il n'est plus question d'Inférieurs lors des révolutions du IIIe siècle.

Il ne faut pas cependant négliger les pertes à la guerre. Si elles sont faibles pour le vainqueur d'un affrontement hoplitique, Sparte n'a pas connu uniquement ce type de combat et n'a pas toujours été victorieuse ; en cas d'échec, l'éthique de la « belle mort » a même pu accroître la proportion des Spartiates tués par rapport à celle des Périèques ou des alliés. Il suffit de rappeler les pertes de la deuxième guerre médique (notamment les 300 morts des Thermopyles), de la guerre contre les Messéniens révoltés[29], de la guerre du Péloponnèse ou de la guerre de Corinthe. Et surtout, en 371, sur 700 hommes engagés, Sparte en perd 400, soit un tiers des effectifs mobilisables ; en 330, à la bataille de Mégalopolis, où le camp lacédémonien a engagé 32000 hommes, soit 22000 Péloponnésiens et 10000 mercenaires, les pertes sont de 5300, soit de près d'un sixième et, vraisemblablement, elles devaient être encore plus élevées chez les Spartiates, qui avaient sans doute engagé presque toutes leurs forces.

Il est plus difficile de préciser les causes proprement démographiques de l'*oliganthropie*. En effet, nous ne savons pas combien les Spartiates avaient d'enfants, mais la nécessité de prendre des lois pour inciter à avoir trois ou quatre fils suggère qu'ils ne devaient pas être très nombreux. La faible natalité est aussi suggérée par la fréquente mention de *patrouchoi*, le nombre réduit d'enfants dans les familles royales ou les remarques de Polybe (XXXVI, 17) sur la dénatalité en Grèce : selon l'historien, à son époque, « toute la Grèce est en proie à la dénatalité (*apaidia*) et en un mot à

29. Par exemple, les 300 morts de Sténycláros, Hdt., IX, 64.

l'*oliganthropie*, qui rend les cités désertes et la terre stérile », cela, parce que la cupidité et l'insouciance amènent à ne plus vouloir se marier ou, si on se marie, à n'accepter d'élever qu'un ou deux des enfants[30] de façon à le faire dans le luxe et à leur laisser ses biens. Et, ajoute Polybe, si l'un meurt à la guerre et l'autre de maladie, la famille disparaît, tandis que la cité s'affaiblit.

La dégénérescence du modèle spartiate

Le développement des inégalités, source importante de l'oliganthropie, contribua aussi au déclin du « modèle spartiate ». Selon Plutarque (*Agis*, 5, 5), « la cité fut en proie à la pauvreté, qui suscitait la bassesse (*anéleuthéria*) et faisait négliger les activités honorables (*ascholian tôn kalôn*), tandis qu'on jalousait et haïssait les possédants ». Si la critique concerne en fait les pauvres (qui « jalousent les possédants »), l'idéal de vie des *Homoioi* eux-mêmes, qui était fondé sur l'organisation quasi militaire des enfants et des adolescents et sur des repas collectifs obligatoires et qui débouchait sur le dévouement sans limites au salut de la cité, paraît aussi avoir disparu ou, au moins, s'être affaibli.

De fait, l'*agôgè* subsistait toujours et continuait à former des chefs de guerre appréciés[31]. Cléomène III fut sans doute amené à la réformer. Mais cela n'implique pas nécessairement qu'elle ait dégénéré, car le roi, conseillé par le stoïcien Sphairos, a peut-être seulement voulu l'améliorer. Le fait qu'Agis IV n'ait pas envisagé d'y toucher et qu'il ait été soutenu par la jeunesse suggère aussi que l'*agôgè* s'était maintenue.

Si Agis entendait au contraire refonder les *syssities*, c'est qu'elles avaient perdu leur austérité « démocratique ». Phylarque (*FHG* I, 346 = Athénée IV, 141f-142b), un contemporain de Cléomène III, qui, pour exalter le roi qu'il admire,

30. Les autres sont exposés.

31. Voir le mercenaire lacédémonien Xanthippos, qui « avait eu part à l'*agôgè* laconienne » et à qui, en 255, les Carthaginois confient le commandement de leurs troupes, Polybe, I, 32.

a peut-être exagéré le déclin de l'institution, en présente un tableau surprenant. Les Lacédémoniens n'assistaient plus régulièrement aux *phidities* « selon l'usage ancestral. Et, quand ils y allaient, pour respecter la loi », ils avaient des couvertures si grandes et si richement brodées que « certains étrangers hésitaient à appuyer leurs coudes sur les coussins ». Il s'y ajoutait de nombreuses coupes de vin, des nourritures de toute sorte ainsi que des parfums rares. L'institution aurait ainsi été détournée : l'austère repas de corps serait redevenu un banquet aristocratique, où même les étrangers pouvaient être invités. Mais ces nouvelles *syssities*, où les Spartiates entendaient rivaliser avec le luxe (*truphè*) de la cour perse, ne dateraient que d'Areus (roi de 305 à 269) et de son fils Acrotatos[32] ; elles sont donc plus du IIIe que du IVe siècle.

Il semble donc qu'au moins au IVe siècle l'*agôgè* et les *syssities* traditionnelles susbsistaient encore. Mais cela ne suffisait pas pour maintenir un patriotisme à la Tyrtée : entre les Thermopyles, où, en 479, les Spartiates se firent tous héroïquement massacrer, Sphactérie, où, en 425, personne n'osait leur donner l'ordre de se laisser tuer, et Leuctres, où, en 371, sur 700 Spartiates, 300[33] se refusèrent à mourir à leur poste, l'idéal de la mort héroïque avait perdu beaucoup de sa force.

Le changement s'est sans doute fait progressivement, et il ne faut pas y voir seulement une conséquence de la victoire de 404. Il permet cependant à Xénophon d'orchestrer le thème du « vieux Spartiate », dont l'exemple pourrait être donné par le malheureux Callicratidas. Navarque qui ne pense qu'à obéir à la cité [34], il reste fidèle au panhellénisme

32. Le luxe n'est pas réservé à la *syssitie* royale, car Phylarque souligne qu'Areus et Acrotatos ont été dépassés de beaucoup en magnificence par d'autres Spartiates de leur époque.

33. Si les 400 morts comprenaient l'ensemble des 300 Hippeis, sur les 400 Spartiates restants, seuls 100 seraient morts à leur poste conformément à l'éthique spartiate.

34. Xén., *Hell.*, I, 6, 5 : « Envoyé par la cité à la tête de la flotte, que puis-je faire d'autre que d'exécuter les ordres le mieux que je pourrai ? », ce à quoi, parmi les Lacédémoniens présents, « personne n'osa rien dire que d'obéir à la patrie et de faire ce pourquoi il était venu », I, 6, 6 ; de même, en I, 6, 8, il commence son discours aux Milésiens en

en se plaignant de devoir faire la cour à un Barbare, en l'occurrence Cyrus (*Hell.*, I, 6, 7), et en refusant de réduire des Grecs en esclavage (*Hell.*, I, 6, 14). Et surtout, conformément à la vieille morale hoplitique (inopérante dans un combat naval), il affirme préférer la mort à la fuite, car « fuir est honteux (*aischron*) » (*Hell.*, I, 6, 32 et *Apopht. lac.*, 222c)[35].

Mais, à sa mort, les Péloponnésiens, vaincus, s'enfuient (*Hell.*, I, 6, 33), alors que Lysandre, lui, sera victorieux. Or, celui-ci, qui, du fait de sa victoire sur Athènes, apparaît comme le grand homme de Sparte, que le jeune Agésilas prendra certainement comme modèle[36], n'a aucun des scrupules de Callicratidas. Il apparaît aux yeux de ses adversaires (cf. Plut., *Apopht. lac.*, 229a-c, et *Lys.*, 7, 5) non seulement comme un adepte du droit du plus fort, mais aussi comme « un habile sophiste, orfèvre en tromperies, qui place le juste uniquement dans l'avantageux et le bien (*to kalon*) dans l'intérêt », dont il fait le critère du vrai et du faux. S'il sait ainsi se montrer efficace, il fait passer son ambition personnelle[37] avant l'intérêt de la patrie : ses « amis » intriguent en Asie contre son successeur Callicratidas (*Hell.*, I, 6, 4) et, au lieu de laisser à celui-ci l'argent qui restait, il l'a rendu à Cyrus (*Hell.*, I, 6, 10). Il cherche à accroître sa puissance en nouant des liens personnels avec le jeune Cyrus (*Hell.*, I, 1, 4) ou en organisant des régimes à sa solde (*Hell.*, II, 3, 7, 4, 29, III, 4, 2, 5,13, VI, 3, 8). Il n'hésite pas à mener plus grand train qu'un roi (*Hell.*, III, 4, 8) et a même, semble-t-il, au mépris des institutions, aspiré à la royauté[38]. Aussi est-il tout sauf un chef obéissant et dévoué à la cité et à ses institu-

---

affirmant : « C'est pour moi, Milésiens, une nécessité (*anangkè*) d'obéir aux magistrats de la patrie. »

35. Cf. aussi, chez Plutarque, *Lys.*, 5, 7 - 7,1, le portrait élogieux de Callicratidas : « le meilleur et le plus juste de tous les hommes », qui « avait des pensées (*sc.* panhelléniques) dignes de Lacédémone et pouvait rivaliser en justice, en grandeur d'âme et en courage avec les plus grands des Grecs ».

36. Comme il est normal pour un *éromène*.

37. Le terme *idios* revient plusieurs fois à son propos, cf. Xén., *Hell.*, II, 1, 14, 3, 8, et 4, 29.

38. Cf. *supra*, p. 185 et 187 ; il a aussi continué à exercer en fait les fonctions de navarque, malgré la loi qui l'interdisait, cf. *supra*, p. 184-185.

tions, et ressemble plutôt à un *condottiere* comme Alcibiade ou à un ambitieux [39] sans scrupule comme son protégé Critias.

Si l'on trouve encore après lui des chefs héroïques comme Peisandros, tué à son bord en combattant l'ennemi (*Hell.*, IV, 3, 12), ou Anaxibios, qui mourut avec son mignon et une douzaine d'harmostes en proclamant : « Pour moi il est beau de mourir ici » (*Hell.*, IV, 8, 38-39, et *Apopht. lac.*, 210 C), la mort héroïque n'est plus la norme. Les équipages qui accompagnaient Peisandros ont fui, et Anaxibios, se réservant à lui [40] et à quelques compagnons la gloire du sacrifice, a invité les autres à chercher le salut dans la fuite. En outre, certains chefs n'ont plus les capacités ou l'ardeur nécessaires : Alkétas et son mignon font preuve de négligence, Mnasippos, de brutalité, et Derkylidas se complaît à l'étranger [41].

Les Spartiates, qui n'ont plus pour idéal commun de mourir pour la patrie [42], ont aussi perdu la concorde, qui faisait leur force. L'accroissement des inégalités, devenues criantes, n'est plus dissimulée par l'austérité partagée des *syssities* : n'ayant pas des biens comparables et ne menant plus le même genre de vie, ils ont cessé d'être des « semblables ». Le corps civique a perdu son unité et la cassure n'est plus seulement entre Spartiates et Hilotes, mais entre les quelques riches qui subsistent (100 sous Agis IV) et le reste de la population. Ainsi, les Inférieurs paraissent, au début du IVe siècle, à l'origine de la conspiration de Cinadon ; et, lors de l'invasion thébaine de 370-69, selon Plutarque (*Agésilas*, 32, 6-12) [43],

39. Si Lysandre était effectivement un ancien *mothax,* cette ambition pourrait constituer une réaction à sa condition initiale.

40. On opposera au « pour moi » d'Anaxibios les poèmes de Tyrtée, où la belle mort était proposée à tous les Spartiates et notamment aux jeunes, et l'exemple des Thermopyles, où les Spartiates se l'étaient réservée.

41. Cf. respectivement Xén., *Hell.*, V, 4, 57 ; VI, 2, 19 et IV, 3, 2.

42. Un apophtegme attribué au roi Cléomène II (370-309) place les coqs vainqueurs au-dessus de ceux qui « meurent au combat » (*Apopth. lac.*, 224 B-C).

43. Cf. aussi Cornelius Nepos, *Agésilas,* 6, 2, et E. David, « Revolutionary agitation at Sparta after Leuctra », *Athenaeum*, n.s. 57 (1980), p. 299-308.

Agésilas avait dû réprimer non seulement la rébellion de 200 soldats qui n'étaient pas des Spartiates de plein droit, mais aussi les menées de Spartiates proprement dits « qui se réunissaient secrètement dans une maison pour préparer une révolution » : « Après en avoir délibéré avec les éphores, il fit mettre ceux-ci à mort sans jugement », ce qui ne s'était encore jamais vu pour des Spartiates.

Si Agésilas réussit ainsi par la ruse et par la force à rétablir l'ordre dans une situation critique, ces troubles suffisent à montrer que Sparte n'est plus unie et, au IIIe siècle, elle connaîtra les mêmes revendications révolutionnaires que les autres cités, à savoir l'abolition des dettes et le partage des terres, revendications qui, à Sparte, sont renforcées par l'image idéalisée du passé.

La situation est aggravée par le déséquilibre politique, car, dans ce domaine également, le modèle spartiate paraît ébranlé. En effet, le système de contrepoids qui s'était progressivement constitué entre chaque roi, entre les rois et les éphores ou entre l'assemblée et la gérousie, ne peut plus fonctionner correctement quand un organe devient trop fort ou trop faible. De fait, le pouvoir des éphores, qui peuvent être des personnalités marquantes ou se laisser acheter par des rois, s'est accru, tandis que les rois se laisssent influencer, de deux façons contradictoires, par le modèle du roi hellénistique.

Alors que le roi des Lacédémoniens apparaissait à Aristote comme un magistrat à pouvoir militaire et religieux et occupait une position intermédiaire entre le « roi » athénien (qui n'est qu'un « archonte ») et un roi véritable, il peut, étant donné son titre, souhaiter devenir un roi semblable au roi des Macédoniens ou aux autres rois hellénistiques. Ainsi, Areus, au moins dans les relations avec l'extérieur, agit comme un véritable roi : il a des liens personnels avec les Crétois, qui sont ses alliés et non, expressément, les alliés de Sparte ; il est nommément mentionné dans les traités, et le décret de Chrémonidès allie à Athènes et à ses alliés « Areus et les Lacédémoniens[44] » ; il crée un monnayage à son effigie, sur

44. La formule prend modèle sur « Philippe (ou Alexandre) et les Macédoniens » et « oublie » l'autre roi.

le modèle d'Alexandre, avec l'inscription « du roi Areus » ; il reçoit de nombreux honneurs à l'étranger, notamment des statues à Élis, à Orchomène d'Arcadie ou en Crète. Or, il est clair qu'un roi des Lacédémoniens qui voudrait exercer l'autorité d'un Lagide ou d'un Séleucide risque d'être en conflit avec les éphores et de passer éventuellement pour un tyran.

Mais, inversement, le modèle des rois hellénistiques d'Orient ou d'Égypte peut inciter à rivaliser avec leur luxe amollissant (la *truphè*) et déboucher sur des « rois fainéants ». Ce n'est pas le cas d'Areus, qui combine le luxe dans sa *syssitie*[45] et l'activisme militaire, mais ce sera sans doute celui de Léonidas, le rival d'Agis IV, qui avait d'ailleurs vécu en Orient, où il avait sans doute épousé la fille d'un satrape (Plut., *Agis*, 3, 9 et 10, 4). En tout cas, selon Plutarque (*Cléomène*, 2), qui se fonde probablement sur Phylarque, son fils, le futur Cléomène III, se plaint ainsi de la situation de son époque : « Les citoyens se laissent séduire par l'oisiveté et le plaisir et le roi envoie promener toutes les affaires, pourvu que personne ne l'empêche de profiter du loisir dans l'opulence et de vivre dans toute la mollesse (*truphan*) qu'il désire, tandis qu'on néglige les affaires communes et que chacun cherche en privé son avantage. » Un tel roi risque au contraire de laisser tout pouvoir aux éphores.

D'autre part, si un conflit éclate, il n'y a pas dans le régime de véritable souverain à même de trancher : l'assemblée peut être paralysée par la nécessité d'obtenir l'accord préalable de la gérousie, tandis que le rôle de celle-ci paraît limité.

Ainsi Sparte, minée par l'inégalité, affaiblie par l'oliganthropie et divisée socialement et politiquement, paraît mûre pour des mouvements révolutionnaires.

45. Voir *supra*, p. 272.

2. Les révolutions spartiates [46]

Sparte, qui s'était longtemps flattée d'avoir échappé aux révolutions et d'avoir gardé le même régime pendant un demi-millénaire, de 241 à 219, subit, en moins d'un quart de siècle, quatre coups d'État avant qu'en 207 Nabis imposât un pouvoir quasi tyrannique.

On pourrait y voir une révolution unique, toujours recommencée après la réaction qu'elle suscite et qui, à chaque fois, va plus loin, aussi bien que des tentatives isolées, poursuivant des buts différents. S'associent en général une révolution politique, cherchant à imposer la suprématie du pouvoir royal sur celui des éphores, et une révolution sociale à visée patriotique, prétendant établir (ou rétablir) l'égalité économique entre les citoyens et accroître leur nombre, voire à améliorer le sort des non-citoyens. Mais le sens de la révolution est différent selon que le but réel est social (et patriotique) ou politique : le roi veut accroître son pouvoir pour réaliser les réformes qui lui paraissent indispensables ou, au contraire, il ne propose, démagogiquement, un programme révolutionnaire que pour obtenir un appui populaire à un pouvoir qui se veut tyrannique.

L'interprétation n'est pas nécessairement la même pour Agis IV, Cléomène III ou Nabis. Elle est d'autant plus incertaine que les sources primaires sont partiales et contradictoires. Phylarque, source principale de Plutarque pour la *Vie d'Agis et Cléomène*, est un partisan avéré de Cléomène. Les Mémoires d'Aratos, dont s'est nourri Polybe, sont celles d'un protagoniste qui fut l'ennemi déclaré et opiniâtre de Cléomène. Quant à Polybe lui-même, dont le père était proche d'Aratos, tout en admirant les talents militaires de Cléomène, il voit en Sparte l'ennemi de sa patrie achéenne

46. Cf. surtout B. Shimron, *Late Sparta. The Spartan Revolution 243-146*, Arethusa Monographs 3, Buffalo, 1972, L.J. Piper, *The Spartan Twilight*, New Rochelle (New York), A.D. Caratzas, 1986, et P. Cartledge et A. Spawforth, *Hellenistic and Roman Sparta*, Londres, Routledge, 1989.

et un fauteur de désordres et se montre passionnément hostile à Nabis.

Agis IV ou la révolution pacifique [47]

Nous n'avons de lui qu'un portrait idéalisé, car Plutarque se fonde sur Phylarque, tandis que Polybe en parle très peu, puisqu'il est antérieur à la période qui l'intéresse, et sans se montrer particulièrement hostile à un roi qui a été un temps l'allié d'Aratos.

Agis est présenté comme un jeune homme, qui accède au pouvoir à vingt ans. Il aurait rejeté le luxe dans lequel sa mère et sa grand-mère l'avaient élevé au profit du mode de vie laconien traditionnel et n'aurait pas été animé par l'ambition personnelle : « Il disait qu'il n'avait aucun besoin de la royauté, s'il ne pouvait par son moyen restaurer les lois et l'*agôgè* traditionnelle » (Plut., *Agis*, 4, 2). Bien qu'idéalisé, un tel portrait n'est pas en contradiction avec son action.

La révolution politique

Agis ne souhaitait pas modifier les institutions politiques : il n'envisageait de supprimer ni l'éphorat ni la double royauté et, quand il fit destituer son rival Léonidas, il s'empressa de le faire remplacer. Il est manifeste qu'il aurait voulu accomplir ses réformes en respectant le cadre légal.

L'éphore Lysandre, qu'il avait réussi à faire élire, présenta le projet à la gérousie, qui ne réussit pas à se mettre d'accord, entendons que les votes étaient partagés et qu'aucune majorité ne s'était dégagée. Dès lors, Lysandre réunit l'assemblée, qui se laissa impressionner par des oracles et par la générosité du roi : celui-ci, suivi par les plus riches des Spartiates, à savoir sa mère, sa grand-mère ainsi que ses parents et amis,

47. On se référera surtout à Plutarque, *Vie d'Agis et Cléomène*, avec le commentaire détaillé de G. Marasco, *Commento alle biografie plutarchee di Agide e di Cleomene*, Rome, Ateneo, 1983.

déclara mettre ses biens[48] en commun. Après une vive discussion entre les deux rois, « le peuple suivit (*épakolouthèsen*) Agis », entendons, puisqu'on est à l'assemblée, « vota son projet[49] ». Mais, poussé par l'autre roi et par les riches, la gérousie, en vertu de ses pouvoirs probouleutiques, se saisit à nouveau du projet et le rejeta à une voix de majorité.

Ayant échoué à faire passer ses réformes par la voie légale, Agis utilisa d'autres méthodes. Profitant d'un signe céleste défavorable et en arguant d'une vieille loi interdisant aux Héraclides de se marier avec une étrangère et de s'établir à l'étranger, l'éphore Lysandre fit destituer le roi Léonidas. La chose n'avait rien d'exceptionnelle et, n'étant pas illégale, ne sera pas un motif d'accusation contre Lysandre.

Mais l'élection des nouveaux éphores changea la situation, car ceux-ci, hostiles aux réformes, intentèrent un procès à leurs instigateurs, Lysandre, sorti de charge, et Mandrocleidas. Se sentant menacés, ces derniers défendirent (ou inventèrent) la thèse de la prédominance sur les éphores des deux rois quand ils sont unis[50] : si les éphores peuvent arbitrer en cas de désaccord, « quand les deux rois sont d'accord, leur pouvoir est infrangible et il est contraire aux lois (*paranomôs*) de les combattre » (Plut., *Agis*, 12, 2-3). Dès lors, les rois et leurs amis chassèrent les éphores et en nommèrent d'autres à leur place[51], dont l'oncle d'Agis, Agésilas. C'était là un véritable coup d'État, dont le caractère révolutionnaire est souligné par le fait qu'on arma de nombreux jeunes gens et qu'on libéra les prisonniers, mais, contrairement à toute attente, on ne tua personne et Agis permit même à Léonidas de se réfugier à Tégée.

Ce refus de la violence[52] l'amena aussi, plus tard, à ne pas

48. Ils comprendraient « beaucoup de champs cultivés et de pâturages, sans compter six cents talents d'argent monnayé », Plut., *Agis*, 9, 6.

49. Cf. aussi Plut., *Agis*, 12, 1, où Lysandre et Mandrocleidas sont accusés d'avoir, « contrairement à la loi, voté (*psèphisaménois*) (entendons « fait voter ») l'abolition des dettes et le partage des terres ».

50. Ce qui est, bien sûr, le cas, puisque le deuxième roi, le gendre de Léonidas, Cléombrotos a été nommé à l'initiative d'Agis.

51. Léonidas, revenu au pouvoir, fera de même.

52. Il s'est, selon Plutarque (derniers mots de la *Vie d'Agis*, 21, 4), « montré le plus doux des hommes » ; cf. aussi *Cléomène*, 1, 4, où Cléomène est dit ne pas avoir sa douceur.

résister par la force au rétablissement de Léonidas, et il était si loin de vouloir exercer personnellement un pouvoir absolu sur Sparte[53] qu'il abandonna l'exercice du pouvoir à son oncle, l'éphore Agésilas.

La révolution sociale

C'est qu'il se souciait moins du pouvoir que de la révolution sociale qui devait sauver Sparte. Son programme, tel qu'il apparaît dans la *rhètra* présentée aux gérontes par l'éphore Lysandre (Plut., *Agis*, 8), comprenait 4 mesures :

1) l'abolition des dettes ;

2) le partage des terres : 4 500 *kléroi* (dans la vallée de l'Eurotas) pour les Spartiates eux-mêmes, et 15 000 (à la périphérie) pour les Périèques « qui ont les moyens de servir comme hoplites » ;

3) l'accroissement du nombre des Spartiates, dont l'effectif sera complété (*anaplèrôsis*) (pour atteindre le nombre de 4 500) par « des Périèques et des étrangers qui ont eu part à une éducation d'homme libre et, physiquement bien faits, se trouvent dans la fleur de l'âge » ;

4) la répartition en *phidities* de 400 ou de 200 des Spartiates, qui devront observer le mode de vie traditionnel.

Étant donné la perte de la Messénie, les nombres sont réduits de moitié par rapport aux nombres traditionnels. D'autre part, les réformes paraissent répondre plus à des préoccupations militaires qu'à un éventuel égalitarisme : puisqu'on redistribue les terres, on aurait pu, ce qui n'est pas le cas, en donner à tous les hommes libres.

De ce programme, seul le premier point fut appliqué : on apporta sur l'agora les reconnaissances de dettes (les *klaria*)[54], sans doute écrites sur papyrus, on en fit un tas et on y mit le feu.

53. Plutarque, *Comparaison d'Agis et Cléomène et des Gracques*, 4, 1, lui reproche de « s'être occupé trop mollement de la politique » ; on peut d'ailleurs se demander si c'était vraiment lui qui avait agi ou s'il ne s'était pas contenté de laisser agir (Lysandre ou Agésilas) en son nom.

54. Si elles étaient conservées par le créancier, on ne peut être sûr que tout le monde les ait apportées.

L'échec

Mais le partage des terres, et donc l'*anaplèrôsis* qui en dépend, s'il a bien été ordonné par les deux rois, n'a pas été réalisé. Pour Plutarque, le retard serait imputable à l'éphore Agésilas, grand propriétaire endetté, qui avait intérêt à une abolition des dettes mais non à un nouveau partage des terres. Cependant, les sources ont trop tendance, pour idéaliser Agis, à faire d'Agésilas le « vilain » qui « a tout corrompu par amour de la richesse ». Il est probable qu'outre les difficultés d'application [55] les 600 Spartiates pauvres, lorsqu'ils eurent recouvré leurs terres hypothéquées, ne souhaitaient plus une redistribution, qui, compte tenu du nombre des nouveaux citoyens, ne les aurait pas nécessairement avantagés.

De toute façon, l'impopularité d'Agésilas et l'absence d'Agis, parti guerroyer au loin, permirent aux adversaires de la réforme de rappeler Léonidas, qui chassa son successeur Cléombrotos et nomma de nouveaux éphores. Finalement, Agis est exécuté après un procès expéditif, tandis que l'éphore Ampharès fait aussi tuer sa mère et sa grand-mère.

L'échec d'Agis a des causes conjoncturelles. Le refus de la violence a laissé subsister des ennemis dangereux, tandis que, renvoyé par Aratos sans avoir combattu, le jeune roi n'a pu acquérir la gloire militaire. L'application trop lente de la réforme n'a pas permis de désigner les 3 800 nouveaux citoyens, qui l'auraient certainement soutenu. Quant à Agésilas, il s'est rendu impopulaire en ajoutant un treizième mois pour accroître les taxes et surtout, en voulant se faire proroger comme éphore et en s'entourant de gardes du corps, il commence à apparaître comme un tyran.

Mais l'échec s'explique aussi par des raisons générales. Les appuis dont disposait Agis se sont montrés insuffisants : il s'agirait des jeunes, dont le fils, très populaire, d'Agésilas, de sa famille, à savoir son oncle, sa grand-mère, sa mère et sa femme [56], et de quelques personnalités comme Lysandre et

55. Il était plus facile d'abolir les dettes que de confisquer les terres et de les redistribuer équitablement.

56. Les trois femmes ont un grand poids social du fait de leur richesse.

Mandrocleidas. En face, on trouverait, selon Plutarque, les riches, la majorité des gens âgés, encore que la gérousie fût restée partagée [57], la grande majorité des femmes, qui détenaient une grande partie des richesses et n'étaient guère sensibles à l'idéal guerrier d'Agis, enfin, bien sûr, Léonidas, qui n'appréciait guère son jeune rival, tenait au luxe royal et avait une conception différente de la Sparte de Lycurgue. Mais, ce qui fit pencher la balance, ce furent les 700 citoyens, dont l'attitude avait varié : Agis avait réussi à faire élire Lysandre et voter ses projets, mais, l'année suivante, le peuple élut des éphores qui leur étaient hostiles. La chose peut sans doute s'expliquer par la puissance sociale des adversaires, qui s'étaient ressaisis. Mais, pour qu'on les suivît, il fallait qu'il y eût dans la réforme elle-même quelque chose qui ne plaisait pas, même à la majorité des pauvres.

La discussion entre Léonidas et Agis, développée par Plutarque (*Agis*, 10) est à cet égard éclairante. Les rois se réfèrent tous deux à Lycurgue mais en tirent des leçons contradictoires. Léonidas rappelle que Lycurgue n'avait jamais aboli les dettes ; Agis, qui se fonde, lui, sur l'esprit des institutions, assure au contraire que Lycurgue, ayant banni la monnaie, avait du même coup banni les prêts et les dettes. Mais, il y a plus grave, loin d'accorder la citoyenneté à des étrangers, Lycurgue avait incité la cité à pratiquer l'expulsion des étrangers (*xénélasie*) [58] et Agis a beau répondre que Lycurgue était moins hostile aux étrangers qu'à l'importation de mœurs étrangères, l'accroissement du nombre des citoyens posait un problème pour les anciens citoyens, qui allaient devenir une minorité (700 sur 4 500) et devraient partager les terres avec les nouveaux venus [59]. Si l'*anaplèrôsis* paraissait

57. De même, plus tard, seule une fraction acceptera de condamner Agis.

58. Sur ces expulsions, dont la fréquence a été exagérée par la propagande athénienne, cf. St. Rebenich, « Fremdfeindlichkeit in Sparta ? Überlegungen zur Tradition der spartanischen Xenelasie », *Klio* 80 (1998), p. 336-354.

59. Pour Léonidas et ses partisans, Agis ne donnait pas à Sparte de nouveaux citoyens mais, par ses mesures sociales, achetait des gardes du corps (*doruphoroi*) pour lui-même et sa future tyrannnie, Plut., *Agis*, 7, 8.

indispensable à Agis pour retrouver le modèle lycurguien et rendre à Sparte sa puissance, le long conservatisme spartiate demandait des réformes trop brutales (multiplier par 6,5 le nombre des citoyens) pour être acceptées facilement, d'où l'inquiétude des uns et la déception des autres.

La chute d'Agis marque une aggravation brutale des luttes civiles : c'est la première fois depuis le lendemain des guerres médiques qu'un roi est mis à mort. Elle n'amène pas un rétablissement du régime traditionnel, puisque, Agis n'ayant pas été remplacé, il n'y a plus qu'un seul roi, qui laisse gouverner les éphores.

Rien n'indique qu'on soit revenu sur l'abolition des dettes : si, quatorze ans plus tard, Cléomène prend la même mesure, ce n'est qu'un élément secondaire de ses réformes et il peut s'agir de nouvelles dettes. De toute façon, la confiscation des biens d'Agis et de ses partisans en fuite aurait permis d'indemniser au moins certains créanciers.

Les luttes intestines ont affaibli Sparte au point que, vers 240, une expédition en masse des Étoliens, censée rétablir les partisans d'Agis, put ravager impunément la *Périoikis* en faisant de nombreux esclaves [60].

Cléomène III

Le fils de Léonidas, né vers 257, avait, à l'instigation de son père, épousé, tout jeune encore, Agiatis, la riche veuve d'Agis. Sous l'influence de sa femme, dont il était tombé amoureux, et malgré l'attitude de son père [61], il fut tenté de reprendre l'œuvre d'Agis. Le philosophe stoïcien Sphairos influença aussi le jeune roi, qui accéda au pouvoir en 235 (ou

60. Ils auraient emmené 50 000 esclaves selon Plut., *Cléomène*, 18, 3, nombre sans doute excessif, même s'il comprend à la fois des Hilotes et des Périèques ; en tout cas, cette expédition avait dû frapper les esprits, car, après son coup d'État, Cléomène termine son discours en assurant avoir agi « pour que nous cessions de voir la Laconie, faute de défenseurs, rester la proie des Étoliens et des Illyriens » ; cf. aussi Polybe, IV, 34, 9.

61. Ou à cause d'elle, si son père constituait un exemple négatif.

237) à environ vingt ans, au moment où Mégalopolis rejoignait la ligue achéenne.

Contrairement à celui d'Agis, son règne fut marqué par la guerre, notamment, de 229 à 222, la longue guerre, dite guerre cléoménique, contre la Ligue achéenne. Ses victoires et le commandement des troupes, notamment de mercenaires, facilitèrent son coup d'État. La guerre ouvrit aussi à son action des perspectives différentes : Agis avait en vue une Sparte harmonieuse et vertueuse à la Lycurgue, Cléomène veut avant tout une Sparte forte, la révolution devant accroître la puissance de la cité et lui permettre de recouvrer l'hégémonie sur le Péloponnèse.

Si l'on en croit le programme qu'il aurait exposé à Mégistonous, le mari de sa mère (Plut., *Cléomène*, 7, 1), il voulait, après s'être débarrassé des éphores (condition préalable pour ses réformes), établir l'égalité à Sparte et lui permettre d'accéder à l'hégémonie sur la Grèce.

La révolution politique

Il lui fallait avant tout écarter les éphores, qui exerçaient l'essentiel du pouvoir : « lui-même n'avait que le nom de prince régnant (*basileuontos*), alors que tout le pouvoir (*archè*) revenait aux éphores » (Plut., *Cléomène*, 3, 1), qu'il avait même dû corrompre pour qu'on lui votât une expédition (6, 1). En 227, il réussit un coup d'État en combinant la ruse et la force. Il profita en effet de ce que les citoyens qui s'opposaient à lui étaient en expédition pour revenir avec des mercenaires et assassiner les éphores[62] ainsi qu'une dizaine de leurs partisans. Il proscrivit aussi 80 citoyens, nombre considérable, si l'on songe qu'il n'y avait toujours que 700 citoyens et que les proscrits avaient des chances d'appartenir aux cent plus riches.

L'abolition de l'éphorat est déjà matérialisée par la suppression de 4 de leurs 5 sièges, Cléomène se réservant le cinquième, en tant que symbole et centre du pouvoir. C'est aux éphores qu'est consacré presque tout le discours justificatif que Plutarque (*Cléomène*, 10, 2-11) lui fait prononcer devant

62. Un seul d'entre eux, blessé, réussit à s'échapper.

l'assemblée. Il critique le pouvoir usurpé qui leur a permis d'aller « jusqu'à chasser des rois et à en tuer d'autres sans jugement », allusion évidente à la mort d'Agis. Il va ainsi plus loin que celui-ci : pour Agis les deux rois unis l'emportaient sur les éphores[63] ; pour Cléomène, les éphores ne sont que des subordonnés des rois, que ceux-ci ont créés et peuvent donc supprimer.

Affectant de revenir au régime de Lycurgue, Cléomène rétablit la double royauté mais de façon purement nominale, car, au mépris de la règle séparant les deux dynasties, il nomma roi son propre frère.

Plus durable fut la création des *patronomes*[64], terme qui signifie probablement « ceux qui administrent (et donc protègent) les traditions ». Au siècle suivant, ces *patronomes*, dont l'un est éponyme, seront au nombre de 6. Leur création est connue par Pausanias (II, 9, 1) : Cléomène, « ayant détruit la puissance (*kratos*) de la gérousie, établit à leur place ceux qu'on appelle les *patronomes* ». On ne sait comment la puissance de la gérousie a été ainsi détruite : ses attributions ou son recrutement ont pu être modifiés et la nomination à vie, abolie ; de toute façon, un grand nombre de gérontes devaient figurer parmi les 80 exilés. Cependant, l'auteur n'évoque pas expressément la suppression de la gérousie, qu'on retrouvera plus tard sans qu'il soit jamais fait mention de son rétablissement. Mais, pour que les *patronomes* se substituent à elle, il faudrait qu'elle eût été supprimée. L'expression de Pausanias, « à leur place », peut sans doute, en vertu d'un accord par le sens, renvoyer à la gérousie, mais comment cinq ou six *patronomes* sauraient-ils se substituer à un conseil de 28 membres ? Il est plus naturel de voir en eux des remplaçants des éphores : ou Pausanias, dans son rapide résumé, a fait une confusion, ou bien, dans une phrase un peu longue, « à leur place » renverrait non au singulier « la gérousie »

63. C'est peut-être en fonction de cette théorie que Cléomène aurait rappelé Archidamos, le frère d'Agis, et essayé de collaborer avec lui avant de le laisser ou de le faire tuer.

64. Voir B. Shimron, « The original task of the Spartan Patronomoi. A suggestion », *Eranos* 63 (1965), p. 155-158, et N.M. Kennell, « The size of the Spartan patronomate », *ZPE* 85 (1991), p. 131-137.

mais au pluriel employé un peu plus haut « les éphores en fonction » (*tôn éphoreuontôn*). En tout cas, pour éviter qu'ils ne soient tentés de jouer le même rôle que les éphores, on a évité de leur donner le même nom et, étant donné les théories de Cléomène sur l'origine des éphores, il y a toute chance que les *patronomes* aient été nommés par le roi.

La suppression de l'éphorat est un changement assez important par rapport à la Sparte traditionnelle pour que, s'ajoutant à la prise du pouvoir par la violence, elle ait valu à Cléomène la réputation de tyran. Pour Polybe (II, 47, 3), Cléomène avait « détruit le régime ancestral (*to patrion politeuma*) et changé en tyrannie la royauté fondée sur la loi (*ennomon*) », tandis qu'à sa chute Antigone Doson rétablit « le régime ancestral » (II, 70, 1, et IX, 36, 4). L'historien utilise même l'exemple des rois de Sparte dans un discours où Philippe V fait la morale à ses fils divisés : « Ils ont conservé à leur patrie l'hégémonie sur les Grecs aussi longtemps qu'obéissant aux éphores comme à des pères ils ont accepté de régner conjointement mais, quand, dans la discorde, ils ont tranformé le régime en pouvoir personnel (*monarchia*), alors ils ont fait éprouver à Sparte tous les maux possibles » (XXIII, 11, 4-6). Quant à Tite-Live, qui s'inspire très probablement de Polybe, il voit en Cléomène « le premier tyran de Lacédémone[65] » (XXXIV, 26, 14), tandis que Pausanias (II, 9) fait de lui un émule du régent Pausanias, qui a, contrairement à celui-ci, réussi à satisfaire son aspiration à la tyrannie.

La révolution sociale

La révolution politique doit permettre de transformer la société spartiate « en mettant les biens au milieu (*en mesôi*)[66] pour les citoyens et en rendant Sparte égale » (Plut., *Cléomène*, 7, 1).

65. Ce qui implique que pour Tite-Live, et donc vraisemblablement Polybe, Agis IV n'est pas un tyran.

66. L'expression évoque le prix placé au milieu des concurrents d'un concours ou le butin placé au milieu des vainqueurs ; il s'agit donc non de propriété collective, mais de biens à partager.

Cléomène donna ainsi l'exemple en remettant à la masse tous ses biens ; il fut suivi par son beau-père, par ses amis, puis par tous les citoyens « et l'on partagea le territoire » (Plut., *Cléomène*, 11, 1)[67]. Chacun reçut un *kléros*, même les exilés, que le roi « promit de rappeler dès que la tranquillité serait assurée » (11, 2).

Le sort des biens mobiliers n'est pas clair. Agis IV avait offert tous ses biens, y compris 6 000 talents monnayés, et Cléomène est censé faire de même, puisqu'il remet ses biens (*ousia*) et il aurait été suivi par tous les autres. Mais il est difficile de partager équitablement des biens non apparents et donc facilement dissimulables et l'on évoque uniquement la distribution des terres. Aussi est-il peu probable que l'exemple d'Agis et de Cléomène ait été suivi par tous. Quant à la remise des dettes, elle n'est évoquée qu'en passant : Cléomène se contente d'annoncer à la fin de son discours justificatif qu'« il libère les débiteurs de leurs dettes » (10, 11)[68].

Plus importante apparaît l'*anaplèrôsis* du corps civique par l'élite des étrangers et des Périèques[69]. Le nombre des nouveaux citoyens n'est pas expressément indiqué, mais ils doivent porter l'effectif des hoplites à 4 000. Comme tous les citoyens ne servent pas à l'armée, il est probable que Cléomène a, comme le voulait Agis, porté le nombre des citoyens à 4 500.

S'il réalise, sur ce point, le programmme de son prédécesseur, il n'est pas fait mention des 15 000 lots qu'Agis avait

67. Dans le récit de Plutarque, tout a l'air de se faire tout seul par la simple vertu de l'exemple royal ; de fait, le meurtre ou l'exil des opposants ne devaient pas inciter à résister.

68. Cf. aussi Plut., *Cléomène*, 18, 2 : il a imité Solon par la remise des dettes et Lycurgue par l'égalisation des possessions (*ktèmata*).

69. Voir Plut., *Cléomène*, 10, 11, où Cléomène annonce qu'il « fait un examen (*dokimasia*) et une sélection des étrangers pour que les plus forts d'entre eux, devenus Spartiates, préservent la cité par les armes », et 11, 3, où l'auteur lui-même précise que Cléomène « compléta le corps civique avec l'élite des Périèques » ; si les étrangers évoqués dans le premier texte ne se confondent pas avec les Périèques évoqués dans le second (cf. *supra*, p. 148 *sq.*), il peut s'agir, en dehors de quelques *trophimoi*, de mercenaires ayant servi sous le roi.

prévus pour les Périèques, dont le nombre a sans doute été réduit par le raid étolien. En tout cas, Cléomène est désormais sûr de sa base sociale, puisque la grande majorité du corps civique lui doit sa citoyenneté.

Il s'y ajoute, en fin de règne, la libération d'un nombre important d'Hilotes. La chose n'avait été prévue ni par Agis, ni par Cléomène, ce qui montre les limites de leur programme révolutionnaire. Ce n'est cependant qu'une mesure d'urgence pour répondre à une situation critique. En 223, affrontant à fois les Achéens et les Macédoniens, Cléomène, qui a besoin d'hommes et d'argent pour payer ses mercenaires, réussit à réunir 500 talents en affranchissant 6 000 Hilotes, qui versent chacun 5 mines attiques (Plut., *Cléomène*, 23, 1). Comme il constitue alors un nouveau corps de 2000 hommes armés à la macédonienne, qui s'ajoutent[70] aux 4000 hoplites déjà armés ainsi, il est possible qu'il ait en outre[71] libéré 2000 autres Hilotes.

La lutte contre les Achéens

Ce qui importe surtout à Cléomène, c'est de renforcer Sparte pour triompher des Achéens et recouvrer l'hégémonie sur le Péloponnèse.

Les mesures « sociales » déjà évoquée accroissent les effectifs militaires. Leur efficacité est améliorée par la modernisation de l'armement (adoption de la sarisse macédonienne) et par le renforcement de la discipline : Cléomène s'est occupé de l'éducation des jeunes et a rétabli l'ordre traditionnel (*kosmos*) dans les gymnases et dans les repas collectifs (Plut., *Cléomène*, 11, 3-4).

Dans la première des quatre phases de sa lutte contre les Achéens, de 229 à 227, Cléomène remporte ses premières victoires en Arcadie, mais Aratos reprend Mantinée et, si Cléomène réussit à vaincre et tuer Lydiadas, le conflit reste localisé.

70. C'est ce qu'on peut déduire des 6 000 Lacédémoniens de Sellasie, Plut., *Cléomène*, 28, 8.

71. Il est peu probable que ceux qui avaient acheté leur affranchissement aient encore dû servir dans l'armée.

Après le coup d'État de 227, Cléomène, qui n'est plus freiné par les éphores, reprend les opérations en 226 et soumet l'Arcadie. Après une grande victoire remportée en Achaïe elle-même, les Achéens sont prêts à lui accorder le commandement en chef de la Ligue, s'il rend les captifs et les bourgades dont il s'est emparé. Mais la maladie de Cléomène et les intrigues d'Aratos font échouer les négociations.

Cléomène reprend la guerre en 225 et obtient de grands succès : il s'empare d'Argos avec l'aide de l'ancien tyran, tandis que Corinthe se rallie à lui. Il a de nombreux appuis, même à Sicyone, la cité d'Aratos, où celui-ci doit sévir contre les partisans de Cléomène. En effet, Cléomène est soutenu dans les cités à la fois par le peuple, qui aspire, sur le modèle spartiate, à une abolition des dettes et à un partage des terres, et par ceux des notables qui, par patriotisme péloponnésien ou hellénique, se refusent à réintroduire dans le Péloponnèse les Barbares macédoniens. Mais il doit choisir entre les deux. Or, dans l'espoir d'obtenir le ralliement des Achéens, il renonce à sa politique révolutionnaire et se montre très conciliant à leur égard : même après le ralliement de Corinthe, il leur offre de leur acheter l'Acrocorinthe, toujours défendue par une garnison achéenne, ou d'y mettre une garnison mixte, achéenne et spartiate ; il propose même à Aratos de lui verser une subvention de 12 talents à la place des 6 que celui-ci recevait de Ptolémée. Mais cette politique de rapprochement échoue à cause de l'opposition irréductible d'Aratos.

Comme celui-ci n'a pu obtenir l'alliance ni d'Athènes, qu'il a pourtant libérée, ni des Étoliens et que Ptolémée soutient Cléomène, Aratos est devant un dilemme : il lui faut soit appeler à l'aide les Macédoniens, mais il devra alors, en reniant toute sa politique passée, leur rendre Corinthe et surtout l'Acrocorinthe, qui leur ouvre l'accès au Péloponnèse, soit accepter de remettre à Cléomène le commandement en chef. Porté à la tête de la Ligue comme stratège autokrator, il fait échouer les avances de Cléomène. Il a déjà, au cours de l'hiver 227-26, laissé les Mégalopolitains négocier avec le roi des Macédoniens, Antigone Doson, et, profitant de la « trahison » de Corinthe, qui n'est plus à épargner, il pousse la Ligue, réduite par la guerre à sa plus simple expression, à accepter les conditions macédoniennes.

Dès 224, les Macédoniens, qui étaient prêts, arrivent à l'Isthme de Corinthe. Mais, Cléomène occupant des positions stratégiques, ils ne peuvent passer. Cependant, Argos, où les suspects n'ont pas été chassés et où le peuple est déçu parce que les dettes n'ont pas été abolies, fait défection. Cléomène doit abandonner Corinthe, Argos et une partie de l'Arcadie en se repliant en Laconie. Dès l'hiver 224-23, Antigone crée une ligue hellénique groupant cités et confédérations. Mais, en 223, Cléomène, fort des 500 talents versés par les Hilotes libérés et du recrutement de 2 000 hommes supplémentaires, a l'avantage. Il s'empare de Mégalopolis, dont il ne réussit pas à rallier la population et qu'il ravage systématiquement. Il ravage aussi l'Argolide, qu'Antigone renonce à défendre. Cependant, ces succès sont de courte durée, car les adversaires ont une nette supériorité numérique et financière. En 222, Antigone dispose de 28 000 fantassins et 1 200 cavaliers, alors que Cléomène n'a que 20 000 hommes, dont seulement 6 000 Lacédémoniens. Il est obligé d'accepter le combat[72], car les 500 talents sont épuisés et il a appris la fin des subsides ptolémaïques. Malgré ses talents militaires, soulignés par Polybe lui-même, il se fait écraser à Sellasie. Selon Plutarque, la plupart[73] des mercenaires périrent et tous les Lacédémoniens, sauf 200. Cléomène s'enfuit alors en Égypte avec ses amis, tandis que Sparte était prise sans résistance.

Si Cléomène a échoué, c'est en grande part à cause de l'opposition irréductible d'Aratos, car, sans lui, les Achéens auraient préféré l'hégémonie de Cléomène au retour dans le Péloponnèse de l'ennemi macédonien[74]. Or Aratos s'oppose à lui pour des raisons personnelles : il ne veut pas laisser un autre unir le Péloponnèse ou même diriger les Achéens[75] ; pour des raisons politiques : patriote achéen, il ne veut pas voir soumise à Sparte la ligue qu'il a développée ; et pour des

72. C'est une malchance, car, comme le souligne Plutarque, un peu plus tard, Antigone sera obligé de retourner en Macédoine.

73. Le texte des manuscrits a été corrigé par l'ajout d'un article ; si l'on refuse cette correction, il faudrait comprendre seulement « beaucoup », ce qui serait insuffisant, Justin, XXVIII, 4, ne mentionnant que 4 000 survivants sur 20 000.

74. Polybe est obligé, sur ce point, de défendre Aratos.

75. Cf. son opposition à Lydiadas.

raisons sociales, démocrate modéré, il est hostile à la révolution spartiate. Mais l'échec de Cléomène est aussi imputable à sa politique : il s'est refusé à exporter sa révolution, de peur de se couper des Achéens, mais, Aratos faisant échouer la politique de rapprochement, il n'a pas su ou voulu s'appuyer sur les masses populaires. Il a montré ainsi qu'il n'était pas un véritable révolutionnaire : son but était non de changer la situation sociale dans le Péloponnèse, mais d'accroître la puissance de Sparte. Mais il n'avait pas les ressources financières lui permettant de résister à la Macédoine. Son échec servira de leçon à ses successeurs.

De Cléomène à Nabis (222-207) [76]

C'est une période troublée, où les Spartiates s'opposent violemment sur la politique étrangère comme sur les questions sociales.

La cité bénéficia d'abord d'une période de tranquillité grâce à la modération [77] d'Antigone Doson et du Thébain Brachyllès, que celui-ci avait laissé comme gouverneur. Si Sparte dut renoncer à quelques territoires contestés comme la Denthéliatis, la Belminatis et l'est du Parnon, il n'y eut pas de chasse aux sorcières contre les partisans de Cléomène. Antigone, proclamé bienfaiteur et sauveur (Polybe, IX, 36, 5), avait rétabli la constitution ancestrale à l'exception de la royauté : les adversaires de Cléomène n'en voulaient plus, et ses partisans ne tenaient pas à le voir remplacer alors qu'il était toujours en vie.

Cependant, le jeune Philippe V, devenu en 221 roi des Macédoniens, se lança avec ses alliés achéens dans la « guerre sociale » (221-17) contre les Étoliens. L'intervention de ceux-ci dans le Péloponnèse accrut les divisions des Spartiates, qui pouvaient soit rester fidèles à la Ligue hellénique

76. Cf. F. Pozzi, « Sparta e i partiti politici tra Cleomene III e Nabide », *Aevum* 42 (1968), p. 383-402.

77. Si Sparte est détruite ou trop affaiblie, les Achéens risquent de ne plus avoir besoin des Macédoniens.

dirigée par Philippe V, soit se rapprocher des Étoliens pour jouer un nouveau rôle dans le Péloponnèse. En 220 furent élus 3 éphores pro-étoliens, tandis qu'un éphore pro-macédonien était, avec ses partisans, massacré par les jeunes. Philippe V et Aratos se montrèrent néanmoins conciliants, et l'alliance fut renouvelée. L'année suivante les nouveaux éphores furent des conservateurs pro-macédoniens, et l'ambassade étolienne fut renvoyée sans avoir rien obtenu.

Mais, en 219, éclata un nouveau coup d'État (Polybe, IV, 35). Les jeunes conjurés assassinèrent les éphores dans un sanctuaire ainsi qu'un des gérontes, exilèrent ceux qui avaient parlé contre l'alliance étolienne et firent conclure une alliance avec les Étoliens. Comme Cléomène était mort, ils firent nommer deux rois, Agésipolis III, le petit-fils de Cléombrotos, qui n'était pas encore en âge de régner et fut assez vite exilé, et surtout Lycurgue.

Le pouvoir de celui-ci était constesté, car, n'étant pas l'héritier légitime [78], il tenait son pouvoir des seuls éphores. Il ne paraissait pas assez révolutionnaire aux yeux des 200 partisans de Chilon, à qui celui-ci avait promis un nouveau partage des terrres. Chilon, qui était d'ascendance royale, massacra en 219 les éphores qui lui avaient préféré Lycurgue, mais il ne put empêcher celui-ci de s'enfuir et, n'obtenant pas l'appui des Spartiates, dut lui-même s'exiler chez les Achéens, tandis que Lycurgue revenait (Polybe, IV, 81). Cependant, celui-ci paraissait sans doute trop révolutionnaire aux éphores, qui craignaient d'être évincés, et il fut obligé, en 218, de s'enfuir en Étolie, d'où il revint l'année suivante. On devine ainsi comment, à l'arrière-plan, Achéens et Étoliens, liés en général, les premiers, aux conservateurs, les seconds, aux révolutionnaires, s'efforçaient d'attiser les querelles entre Spartiates.

Après avoir subi deux invasions macédoniennes, Sparte fut partie à la paix de Naupacte, qui, en 217, mit fin à la guerre sociale.

Vers 212, à la mort de Lycurgue, Machanidas accéda au

78. Polybe, qui lui est très hostile, prétend qu'il n'était même pas Héraclide, mais que, « en donnant un talent à chacun des éphores, il était devenu Héraclide et roi de Sparte » (IV, 35, 14).

pouvoir en affectant sans doute d'assumer la tutelle de Pélops[79], le fils de Lycurgue. En 211, malgré les avertissements « prophétiques » des Acarnaniens, les Spartiates s'allièrent avec les Romains[80], les Étoliens, les Éléens et les Messéniens. Mais, en 207, Machanidas fut vaincu et tué à Mantinée par le grand chef achéen, Philopoemen. Les Lacédémoniens déplorèrent 4 000 morts et encore plus de prisonniers, la Laconie fut ravagée et Nabis accéda au pouvoir.

Nabis (207-192)[81]

Nabis succéda à Machanidas et se débarrassa sans doute assez vite de Pélops (cf. Diodore XXVII, 1). La guerre avec les Achéens s'acheva peut-être dès 206, quand les Étoliens firent la paix avec les Achéens et les Macédoniens, en tout cas, au moins, en 205, où, lors de la paix de Phœnikè, Sparte est mentionnée parmi ceux qui sont ajoutés au traité (les *adscripti*) comme alliés de Rome.

Nabis est un personnage très discuté. Polybe et Tite-Live, qui s'inspire de lui, lui sont très hostiles[82] : Polybe le déteste en tant qu'adversaire de Philopoemen, de révolutionnaire et de tyran. Les historiens modernes sont plus partagés, et Cartledge[83], par exemple, lui est très favorable.

79. C'est ce qu'on peut déduire du fait qu'en 211 les Romains ont théoriquement traité avec Pélops, voir le discours de Flamininus, Tite-Live, XXXIV, 32, 1.

80. Première alliance, qui jouera un grand rôle dans toute la suite de l'histoire de Sparte.

81. Cf. notamment B. Shimron, « Nabis of Sparta and the Helots », *CPh* 61 (1966), p. 1-7, C. Mossé, *La Tyrannie dans la Grèce antique,* Paris, PUF, 1969, p. 179-192, J.G. Texier, « Nabis et les Hilotes », *DHA* 1 (1974), p. 189-205, et *Nabis*, Annales litt. Univ. Besançon 169, Paris, 1975, A.M. Eckstein, « Nabis and Flamininus in the Argive Revolutions of 198 and 197 B.C. », *GRBS* 28 (1987), p. 213-233 ; bibliographie détaillée *in* H. Berve, *Die Tyrannis bei den Griechen*, Munich, Beck, 1967, p. 715.

82. Cf. surtout Polybe, XIII, 6-8, et XVI, 13, ainsi que Tite-Live, XXXIII, 44, 8-9.

83. Cf. P. Cartledge et A. Spawforth, *Hellenistic and Roman Sparta. A Tale of Two Cities*, Londres, Routledge, 1989, p. 67, où Nabis est

La tradition antique voit en lui le tyran typique, qui se distingue, comme il est normal, par sa cupidité et sa cruauté. Selon Polybe, il faisait assassiner même ceux qui s'étaient enfuis à l'étranger et il aurait fait construire une machine infernale à l'image de sa femme : avec ses pointes de fer cachées sous son vêtement, elle permettait de torturer et éventuellement de tuer les riches qui refusaient de contribuer aux dépenses de l'État. Il se voulait aussi le protecteur de tous les criminels qui affluaient à Sparte, où ils trouvaient « une base d'action et un refuge » (XIII, 8, 2), ce qui, dans une version favorable, pourrait se traduire en : « Il protégeait les révolutionnaires et les marginaux, rassemblait des mercenaires et exportait sa révolution. »

En fait, même si son nom paraît sémitique, Nabis était de souche royale, puisque son père portait le nom eurypontide de Démarate. Il s'était fait proclamer roi et on a retrouvé des fragments de tuile avec l'inscription « au » ou « du roi Nabis », qui montrent qu'il portait bien ce titre. Il veillait à son prestige royal avec son palais et son écurie de chevaux de parade, dont un cheval blanc. Bien plus, il était reconnu comme roi par les étrangers : non seulement Philippe V était prêt à donner ses filles aux fils de Nabis, mais une inscription honorifique de Délos (W. Dittenberger, *Syll.*^{3} 584), qui lui accordait entre autres la proxénie, le qualifiait de « roi Nabis, fils de Démarate, Lacédémonien ». Ce titre de roi lui était même reconnu par les Romains, au moins tant qu'ils étaient alliés. Ainsi, dans le discours que, vaincu, il adressa en 195 à Flamininus (Tite-Live, XXXIV, 31, 13), il est censé reprocher aux Romains leur inconstance : « Je me souviens qu'alors vous me donniez le nom (*appellari*) de roi et maintenant, je vois que vous m'appelez (*vocari*) tyran. » Et, comme l'accusation n'est pas réfutée dans la réponse de Flamininus, on peut considérer que c'était chose admise [84].

---

qualifié de « *one of the most remarkable individuals in all Sparta's public history* ».

84. On ne voit pas comment, dans les traités avec Rome, Nabis aurait pu figurer autrement qu'avec le titre de roi ; cf. aussi l'emploi de « royal » (*regium*) par Flamininus lui-même dans la paix qu'il imposa en 195 à Nabis, Tite-Live, XXXIV, 35, 4.

Mais le titre de roi n'est pas inconciliable avec la tyrannie, que trois critères permettent de reconnaître.

Le premier est la légitimité de l'accession au pouvoir. Pour Flamininus, selon Tite-Live, XXXIV, 32, 2, Machanidas et Nabis ont accédé au pouvoir par la violence (*per vim*) en dépossédant le roi légitime, Pélops. Mais Lycurgue était-il vraiment un roi légitime pouvant transmettre la royauté à son fils ? Depuis la lutte entre Agis IV et Léonidas, les renversements de Léonidas puis de Cléombrotos, la nomination du frère de Cléomène, celles de Lycurgue puis de Machanidas, peut-on encore parler à Sparte de roi légitime ?

L'exercice effectif du pouvoir, fondé sur la violence ou sur le consentement des citoyens, paraît un meilleur critère. A cet égard, Nabis se trouve dans une position intermédiaire. S'il réunit quelquefois l'assemblée (Tite-Live, XXXIV, 27, 5 et 37, 2-5), elle est entourée de mercenaires en armes ; et l'aspect tyrannique de son régime apparaît bien dans cet emploi de mercenaires à l'intérieur de la cité, notamment comme gardes du corps, ainsi que dans le massacre des opposants, même à l'étranger. Mais il reste trop populaire pour que les Romains essaient de le renverser (cf. Tite-Live, XXXIV, 33, 11).

Le troisième critère mérite un plus long développement : c'est la politique suivie, qui peut être traditionnelle ou révolutionnaire.

Politique intérieure

Dressant le tableau du tyran typique, Polybe (XIII, 6, 3) souligne que Nabis « exila ceux qui se distinguaient le plus par la richesse ou la gloire de leurs ancêtres et distribua leurs biens et leurs femmes aux plus en vue (entendons « ceux qui se sont le plus distingués ») parmi les autres (qu'il faut probablement corriger en « parmi les esclaves[85] », c'est-à-dire parmi les Hilotes) et à ses mercenaires ».

85. Polybe, XVI, 13, qui résume le passage en notant que Nabis a accordé la citoyenneté aux esclaves (entendons aux Hilotes) et leur a donné en mariage les femmes et les filles de leurs maîtres, incite, en XIII, 6, à corriger *tôn allôn* en *tôn doulôn*.

Mais ces proscriptions au profit de ses troupes ne suffiraient pas à faire de Nabis un révolutionnaire, si ne s'y ajoutaient deux mesures radicales. Dans le discours justificatif que Tite-Live (XXXIV, 31, 11 et 14-15) lui fait prononcer en 195 devant Flamininus, Nabis assure avoir fait ses deux grandes réformes avant l'accord avec Rome (de 197). Il a accru le nombre (*multitudinem*) (des Spartiates) en libérant des (ou les) esclaves (*servis liberandis*) et il a distribué des terres aux pauvres (*inopem plebem, egentibus*).

La distribution de terres n'a rien d'original. Il s'agit non d'une redistribution globale comme dans le projet d'Agis ou dans les réformes de Cléomène, mais d'un partage des terres des proscrits, au profit notamment des nouveaux citoyens.

Au contraire, la libération massive d'Hilotes, à qui on accorde même la citoyenneté, serait, en dehors de mesures d'urgence, une nouveauté, qui, comme le souligne Cartledge, est « à peu près aussi non lycurguienne qu'il est possible[86] ». Comme le latin n'a pas d'article, le texte de Tite-Live reste équivoque : Cléomène a-t-il libéré l'ensemble ou seulement une partie des Hilotes ? La deuxième hypothèse s'impose, car non seulement Strabon note au passage (VIII, 5, 4, 365) que l'hilotisme (*heilôteia*) a duré jusqu'à la domination romaine, entendons sans doute jusqu'en 146, mais Tite-Live (XXXIV, 27, 9) signale que, juste avant le siège de Sparte, Nabis fait massacrer des Hilotes soupçonnés de vouloir passer à l'ennemi[87].

Le nombre d'Hilotes libérés a dû cependant être assez élevé, puisque, en 188, Philopoemen fait expulser de Sparte ceux qui ont reçu la citoyenneté des tyrans et que ceux qui refusent de partir, au nombre de 3000, sont vendus comme esclaves (Plut. *Philop.*, 16, 5-6). Inversement, si tous les Hilotes avaient reçu la citoyenneté, ces mesures auraient vidé le pays.

Nabis a aussi réorganisé les finances spartiates grâce au

86. P. Cartledge, *in* P. Cartledge et A. Spawforth, *Hellenistic and Roman Sparta*, Londres, Routledge, 1989, p. 70.

87. Il y avait donc encore des Hilotes, et on ne peut se contenter d'y voir seulement d'anciens Hilotes, car, s'ils ont été libérés et ont reçu la citoyenneté, ils n'ont aucune raison de faire défection.

butin et à la levée régulière de taxes. Il s'est ainsi constitué un trésor, qui lui permet, sans avoir besoin, comme Aratos ou Cléomène, d'une aide étrangère, de payer ses mercenaires, de compléter les fortifications de Sparte et de se constituer une marine. Les Romains n'envisageant pas de le renverser, s'il n'avait été assassiné par des étrangers après quinze ans de règne, il serait encore resté au pouvoir.

Politique extérieure

La réorganisation interne de Sparte permit à Nabis de mener une politique étrangère active.

Il reprit, en 204, la guerre contre les Achéens en s'attaquant aux Mégalopolitains, tandis qu'en 201 il pilla Messène, d'où il fut chassé par Philopoemen et des volontaires mégalopolitains.

Mais ces conflits régionaux ont beaucoup moins d'importance que la question d'Argos, qui interfère avec la deuxième guerre de Rome contre les Macédoniens (200-197). Sparte, alliée de Rome, est toujours en conflit avec les Achéens, qui refusent l'aide de Philippe V et deviennent même, en 198, eux aussi, les alliés de Rome. Ce que voyant, en 197, Philippe leur prend Argos, qu'il remet, au moins provisoirement[88], aux Spartiates, tandis qu'il offre ses filles aux fils de Nabis. Pour assurer l'avenir, Nabis préférerait recevoir la cité des Argiens eux-mêmes, mais, malgré l'appui de sa femme argienne, nièce de l'ancien tyran, l'assemblée d'Argos fait des difficultés et il doit s'emparer de la ville avec l'aide des Macédoniens. Contrairement à Cléomène, il y mène une politique résolument révolutionnaire : il abolit les dettes et partage les terres, tout en persécutant les riches par des proscriptions, des confiscations et des taxations.

Cet impérialisme révolutionnaire réussit, puisque Argos lui resta fidèle jusqu'à la fin et lui envoya même 2000 hommes lorsque Sparte fut aux abois. Inversement, il suscita la peur et la haine des conservateurs : pour Tite-Live (XXXII, 37, 9),

88. Théoriquement, si Philippe triomphait des Romains, les Spartiates devraient lui rendre Argos, Tite-Live, XXXII, 38, 2.

les deux mesures d'Argos étaient « deux torches destinées aux révolutionnaires en vue d'enflammer la plèbe contre les notables (*optimates*) ». Et ceux-ci se mirent, bien sûr, sous la protection de Rome.

D'autre part, en recevant Argos de l'ennemi de Rome, Nabis pouvait être accusé de duplicité [89], mais, pour l'instant, Rome, qui avait besoin de tous ses alliés contre Philippe, préféra laisser la question de côté. On se contenta, étant donné les protestations des Achéens, de Rhodes et de Pergame, d'éviter de tenir une conférence à Argos ; et les Romains conclurent un accord avec Nabis, qui leur envoya 600 auxiliaires crétois.

La situation changea après la victoire romaine de 197 et Rome et ses alliés furent amenés à déclarer la guerre à Sparte.

Cette guerre fut suscitée avant tout par l'hostilité que suscitait Nabis chez les alliés grecs de Rome : les Achéens n'avaient cessé de guerroyer contre lui et étaient les premiers concernés par Argos, qui faisait partie de leur ligue ; quant à Rhodes et Pergame, elles souffraient de la piraterie crétoise patronnée par Nabis ; enfin, dans toutes les cités, les notables, effrayés par les décisions de Nabis, craignaient la contagion révolutionnaire.

D'autre part, Flamininus cherchait une raison pour se faire proroger dans son commandement en Grèce et avait proclamé, en 196, avec un grand succès, la liberté des cités grecques, principe auquel contrevenait Nabis en refusant de rendre son indépendance à Argos.

Aussi le sénat décida-t-il la guerre avec l'accord unanime des alliés, à l'exception des Étoliens, qui étaient partisans d'un compromis et, désormais, ne souhaitaient pas que s'accrût en Grèce le rôle des Romains.

La disproportion des forces ne laissait guère d'espoirs aux Spartiates : même avec les renforts argiens, ils ne disposaient que de 17 000 hommes contre 50 000. Malgré la résistance de Gytheion et de Sparte elle-même, où Nabis avait fait massacrer 80 opposants ainsi que quelques Hilotes et où un incendie devait arrêter la progression de l'ennemi, les Spartiates furent obligés d'accepter les conditions romaines.

89. Il prétendra plus tard à la fois avoir pris Argos à Philippe et l'avoir reçue librement de ses habitants.

La paix de 195 (Tite-Live, XXXIV, 35), ratifiée par le sénat en 194, marque un important affaiblissement de Sparte. Territorialement, celle-ci subit des pertes considérables : non seulement elle abandonna Argos, en y laissant les esclaves, et la Crète, mais, à l'exception de la Belminatis (sauf Athénaion), elle dut renoncer à la *Périoikis*, qui passa sous la protection achéenne. Elle fut aussi très affaiblie militairement, car elle dut rendre aux cités maritimes (périèques) les navires qu'elle leur avait pris en ne conservant que 2 petits bateaux (des *lembi* à 16 rames maximum) et se défaire de ses mercenaires en les renvoyant chez eux ou en les faisant recruter par les Romains. Elle ne devait plus ni conclure d'alliance ni faire la guerre. La cité guerrière, qui ne pouvait plus recruter dans la *Périoikis* et n'avait plus de port, sauf peut-être une modeste échelle, se trouvait ainsi démilitarisée. Néanmoins, pour ne pas trop la mettre à la merci des Achéens, on ne l'obligea pas à détruire ses murs.

Le traité prévoyait la remise par Nabis des prisonniers et des fugitifs ainsi que la restitution à leurs possesseurs légitimes du butin fait à Messène. Il devait aussi verser 100 talents dans l'immédiat et 50 talents par an pendant 8 ans, et livrer 5 otages, dont son propre fils[90].

Affaiblissant Sparte, Flamininus se montra cependant, malgré les Achéens, très modéré à l'égard de Nabis lui-même : celui-ci pouvait rester au pouvoir, les exilés n'étaient pas rappelés et, si leurs femmes et leurs enfants « pouvaient » les rejoindre, il n'était pas dit qu'ils y fussent obligés.

Si Sparte ne constituait plus une menace pour ses voisins péloponnésiens, elle n'était pas subordonnée à la Ligue achéenne et le contrôle par celle-ci des cités périèques, notamment maritimes, restait source de conflit.

De fait, dès 193, profitant du départ des Romains et de l'achèvement des fortifications de Sparte, Nabis, poussé par les Étoliens, s'attaqua à ces cités, où il avait, selon Tite-Live, XXXV, 13, 1, suscité des séditions, corrompu les dirigeants et assassiné les opposants. Mais il fut, en 192, battu par

90. A l'exception du fils de Nabis, ils seront libérés dès 190 ; les otages ne constituaient pas seulement une protection, ils permettaient aussi de donner une formation « romaine » aux successeurs éventuels.

Philopoemen, qui reprit Gytheion, et Sparte ne fut préservée que par l'armistice qu'imposa Flamininus. Cependant, le corps expéditionnaire étolien, se considérant alors comme trahi et désireux de faire du butin, assassina Nabis et ravagea Sparte avant de se faire lui-même massacrer (Tite-Live, XXXV, 35-36), tandis que Philopoemen en profitait pour obliger Sparte à adhérer à la Ligue achéenne.

Nabis, contrairement à Cléomène, n'avait pas été un grand chef militaire : il s'était montré inférieur aussi bien à Aratos qu'à Philopoemen. Il n'avait pas fait preuve de la « douceur » d'Agis et, conformément à la typologie tyrannique, s'était montré plus violent que Cléomène. Mais il avait su s'assurer une base sociale solide tant à Sparte qu'à Argos. Il n'avait pas cependant libéré l'ensemble des Hilotes : songeait-il à autre chose qu'à augmenter sa puissance en accroissant les effectifs de son armée ?

Conclusion

Si l'on considère globalement le demi-siècle de révolutions qu'a connu Sparte depuis Agis IV, on est amené à distinguer Nabis des deux premiers rois. L'aspect tyrannique ne fait sans doute que s'aggraver : Nabis est plus tyran que Cléomène, qui l'est lui-même plus qu'Agis. Mais le rapport au passé change entre les deux premiers et le troisième. Aussi bien Agis, quand il voulait retrouver la Sparte harmonieuse du passé, que Cléomène, quand il voulait redonner à Sparte sa puissance d'autrefois, étaient censés se tourner vers le passé et pouvaient dans leur « révolution réactionnaire » trouver des appuis chez les jeunes comme chez les gens âgés. Nabis, même s'il se réfère encore à Lycurgue, apparaît davantage comme un roi hellénistique, avec des troupes et un trésor, qui pratique comme les autres une politique de bascule, et un tyran démagogue utilisant les factions à ses fins propres.

3. Sparte entre la Ligue achéenne et Rome (192-146)

Bien que Sparte ait été obligée d'adhérer à la Ligue achéenne, elle n'hésite pas à faire constamment appel à Rome contre la Ligue.

Conflits et divisions (192-179)

S'étant rendu maître de Sparte, Philopoemen y pratiqua (ou essaya) deux politiques différentes.

Pour faire accepter l'intégration dans la Ligue, il montra, de 192 à 189, beaucoup de modération. Il laissa ainsi les Spartiates régler eux-mêmes leurs affaires sans faire exiler les partisans de Nabis ni abolir ses réformes et, lors d'une menace de défection, il arrangea lui-même l'affaire pour éviter une intervention des Romains ou d'un autre Achéen (Plut., *Philop.*, 16, 1-4). Mais cette politique de réconciliation ayant échoué, il n'hésita pas à faire preuve de brutalité [91]. En 189, les Spartiates avaient attaqué la cité périèque de Las et, au lieu de livrer les coupables, ils massacrèrent 30 pro-Achéens et firent sécession en offrant leur cité aux Romains. Dès 188, ils furent obligés de livrer aux Achéens 80 responsables, sous promesse de jugement régulier ; mais ils furent tous mis à mort à Compasion (en Arcadie), 17 étant lapidés par les émigrés spartiates et 63, condamnés à mort le lendemain (Tite-Live, XXXVIII, 33, 10-11). En outre, Philopoemen obligea les Spartiates à abattre leurs murs, à renvoyer leurs mercenaires et à rendre la Belminatis aux Mégalopolitains. Les Hilotes libérés par les « tyrans » durent quitter Sparte sous peine d'être vendus comme esclaves, sort qui fut infligé à 3 000 d'entre eux. Les réformes de Nabis furent abrogées, et les institutions traditionnelles, comme l'*agôgè*, furent remplacées par des institutions et des magistratures

91. Cf. Polybe, XXI, 32c, Tite-Live, XXXVIII, 33-34, et Plutarque, *Philop.*, 16, 4-8.

achéennes, tandis que certains Spartiates furent exilés ou mis à mort. Enfin fut imposé le retour des Spartiates exilés par les tyrans, mais, accédant au pouvoir, certains de ces émigrés se montrèrent ingrats (ou patriotes) à l'égard des Achéens.

Les exils successifs, sous Nabis ou sous Philopoemen, et la restitution de leurs biens aux exilés divisaient les Spartiates. On vit ainsi arriver à Rome en 183 4 groupes de Spartiates (Polybe, XXIII, 4). Deux d'entre eux étaient constitués par des Spartiates exilés par Nabis et ramenés par les Achéens : les extrémistes, dirigés par Lysis, voulaient recouvrer tous leurs biens ; les modérés, menés par Areus et Alcibiade, qui avaient déçu leurs protecteurs achéens [92], se seraient contentés de la restitution de leurs biens jusqu'à un talent, « le reste étant distribué à ceux qui méritaient d'être citoyens ». Quant au groupe de Sérippos, il souhaitait le retour à la situation de 192, donc l'abolition des mesures de 188, tandis que Chairon et ses amis, « parlant au nom de ceux qui avaient été condamnés à mort ou exilés par les décrets des Achéens, demandaient le retour des exilés et le rétablissement de la constitution ». Chairon se lança même bientôt (en 181 ou 180) dans une politique démagogique, condamnée par Polybe (XXIV, 7). Il confisqua et distribua aux pauvres les biens laissés par les tyrans eux-mêmes aux familles des exilés et, pour dissimuler ses malversations, fit assassiner un contrôleur financier, ce qui incita le stratège de la Ligue à le faire passer en jugement.

Les divisions entre Spartiates et entre Spartiates et Achéens embarrassaient le sénat, qui, en 183, « se prononça à l'unanimité pour le rappel des exilés et des condamnés à mort et le maintien de Sparte dans la Ligue achéenne » (Polybe, XXIII, 4). Mais, s'il condamnait les excès des alliés achéens, notamment les massacres de Compasion, il ne se décida pas à intervenir pour faire effectivement revenir les différents groupes d'exilés. Quant aux légats romains, ils étaient prêts à s'engager davantage, mais, quand ils n'étaient pas mandatés par le sénat, les Achéens ne les écoutaient pas : ils refusèrent de réunir leur assemblée, en 185 à la demande de Q. Caeci-

92. Ils se sont déjà opposés à Rome aux Achéens, probablement en 185, cf. Polybe, XXII, 11-12.

lius Metellus (Polybe, XXII, 12) comme, en 183, à celle de Flamininus. Seul Appius Claudius Pulcher avait pu, par la menace, faire annuler la condamnation à mort d'Areus et d'Alcibiade, que les Achéens voulaient punir de leur intervention à Rome.

Le problème des exilés fut néanmoins réglé entre 183 et 179. En 183-182, après la victoire des Achéens sur les Messéniens, Sparte fut réadmise dans la Ligue et rappela tous les bannis, à l'exception du groupe d'Areus et d'Alcibiade, qui s'était monté « ingrat » à l'égard des Achéens et avait été banni par les Spartiates eux-mêmes (Polybe, XXIII, 17-18). Malgré une nouvelle intervention de Rome, non suivie d'effets, il fallut attendre, en 180, l'accession au pouvoir dans la Ligue de Callicratès, représentant du « parti romain », pour que les derniers exilés pussent revenir (Polybe, XXIV, 10 *in fine*). Si Callicratès, mandaté par Rome, arbitra au détriment de Sparte quelques litiges frontaliers avec Mégalopolis ou Argos, Sparte put reconstruire ses fortifications et il fut décidé que les crimes les plus graves ne seraient jugés ni par les Spartiates ni par les Achéens, mais par des juges étrangers. C'est aussi vraisemblablement à cette époque, ou un peu plus tôt, qu'elle put réintroduire son mode de vie traditionnel et notamment l'*agôgè*.

Sparte avait toute sa place dans la Ligue et, en 151-50, ce fut même un Spartiate, Ménalkidas, qui la dirigea en tant que stratège avant de se faire acquitter de graves accusations de corruption (*Paus.*, VII, 11 et 12).

Derniers conflits : 150-146

Sous Diaios, stratège de la Ligue après Ménalkidas, en 150-49, un conflit s'éleva entre les Achéens et les Spartiates (Pausanias, VII, 12, 4-9). Ces derniers, qui, déjà l'année précédente, avaient refusé de marcher contre l'Attique, avaient, à propos d'une dispute territoriale, fait appel au sénat, qui aurait répondu que tous les procès, à l'exception des affaires capitales, étaient du ressort des Achéens. Mais ceux-ci entendaient juger même les procès capitaux et interdire aux membres de la Ligue, donc à Sparte, d'envoyer leurs propres ambassades à Rome. Ils exigèrent des Spartiates, sous menace de guerre, de leur livrer 24 de leurs dirigeants ; mais ceux-ci les laissèrent s'enfuir à Rome avant de les condamner à mort.

Malgré Rome, qui leur avait demandé d'attendre l'arrivée d'envoyés du sénat, en 148, les Achéens attaquèrent les Spartiates, qui, vaincus, perdirent 1 000 hommes. Mais ils n'allèrent pas jusqu'à s'emparer de Sparte, ce que Rome n'aurait pas toléré. L'année suivante, les Achéens ayant installé des garnisons dans les cités périèques, le Spartiate Ménalkidas attaqua une de ces cités. Les Spartiates, affamés et menacés d'une attaque achéenne, s'en prirent à Ménalkidas, qui dut se suicider.

Sparte fut cependant sauvée par l'intervention romaine. La question macédonienne ayant été réglée, Rome pouvait imposer ses volontés. Lucius Aurelius Orestes transmit les ordres du sénat : « Le sénat romain estime juste que ni les Lacédémoniens ni Corinthe elle-même ne fassent partie de l'Achaïe et qu'Argos, Héraclée de l'Œta et Orchomène d'Arcadie abandonnent le congrès de la Ligue » comme n'étant pas ethniquement des Achéens. Les Achéens, furieux, se saisirent de tous les présents qui étaient lacédémoniens ou en avaient l'air et se lancèrent dans une guerre contre Sparte, qui était en fait une guerre désespérée contre Rome.

En 146, les Achéens, vaincus, furent condamnés à verser 200 talents aux Spartiates, mais Rome leur fera remise de cette somme et, même si Sparte était du côté des vainqueurs, elle ne put recouvrer les cités périèques, qui, avec 24 cités, allaient former le *koinon des Lacédémoniens*. Contrairement au reste du Péloponnèse et à la majorité de la Grèce, Sparte est comme la Crète, Athènes, la Thessalie et une Étolie réduite, restée indépendante, mais ce n'est plus qu'une puissance de second ordre, qui ne peut gêner une Rome qui admire le modèle lycurguien.

L'hostilité constante entre Spartiates et Achéens, chacun souhaitant dominer le Péloponnèse, a ainsi réintroduit en 224 les Macédoniens dans la péninsule avant de faire venir les Romains et de leur laisser dominer la région.

Conclusion

Sparte a toujours intrigué, car elle paraissait quelque chose d'unique dans le monde grec, à la fois politiquement, socialement et idéologiquement.

Sans doute en avance dans le haut archaïsme avec son assemblée qui avait le dernier mot et son conseil élu, elle n'avait pas su transformer ses rois en simples magistrats ni donner pleins pouvoirs, démocratiquement, à l'assemblée ou, oligarchiquement, à la gérousie : si l'on néglige les Périèques et surtout les Hilotes, on ne sait comment caractériser le régime, trop facilement défini comme oligarchique. Cependant, l'accroissement du pouvoir de fait des éphores, qui s'appuyaient vraisemblablement sur la gérousie, avait permis un équilibre dynamique qui paraissait à Platon et à Aristote faire la synthèse des différents régimes et qui suscita l'admiration d'un Polybe. Cet équilibre empirique se rompit au IIIe siècle en suscitant des troubles pendant près d'un siècle.

La nature de l'État restait, elle aussi, incertaine. Jean Ducat affirme nettement : « Sparte est une cité, et Lacédémone quelque chose comme l'amorce d'un Empire territorial dirigé par elle [1]. » Mais, s'il est évident que Sparte est une cité et que, comme le rappelle le roi Démarate (Hdt. VII, 234), les Lacédémoniens avaient beaucoup d'autres cités (entendons les cités périèques), elle fait éclater la notion de cité-État, car il n'existait pour le monde extérieur qu'un État, l'État lacédémonien, entièrement contrôlé par Sparte et seul habilité à faire la guerre ou la paix et à conclure des traités. Là aussi, on se trouvait à un stade intermédiaire : entre l'unification imparfaite de la Béotie par Thèbes et la transformation par Athènes de toute l'Attique en une seule cité.

1. J. Ducat, *Revue des études grecques* 96 (1983), p. 197.

La société spartiate était fondée sur un modèle égalitaire, déjà suggéré par le terme *Homoioi*, modèle qui séduira et abusera dans l'Antiquité comme à l'époque moderne. Mais cette égalité théorique entre les *Homoioi* reposait sur une grande inégalité, à la fois réelle et constamment réaffirmée, entre les Hilotes et eux. Même en leur propre sein, l'égalité n'existait et n'était imposée qu'extérieurement : il y avait toujours eu des différences entre les riches et les pauvres, et il y en eut de plus en plus ; et, même extérieurement, si l'aristocratie avait dû renoncer au luxe des funérailles, elle continua à se distinguer en faisant courir des quadriges à Olympie.

Et surtout, à ce modèle égalitaire s'opposaient l'idéologie aristocratique de l'*arétè* et la compétition permanente, organisée par la cité elle-même, pour le prestige et le pouvoir, à laquelle s'ajoutait de plus en plus le désir de s'enrichir. Cet esprit de compétition incitait avant tout à rechercher l'estime de la communauté, mais, dans une société brutale comme Sparte, débouchait aussi, tout simplement, sur l'affrontement physique. Dès le plus jeune âge, les enfants étaient incités à la fois à se distinguer aux yeux des adultes et à lutter les uns contre les autres[2] ; il leur fallait ensuite se trouver un *éraste* important, réussir la difficile épreuve de la kryptie ou devenir l'un des *Hippeis* et, là aussi, la « bagarre » continuait, puisque ceux qui n'avaient pas été désignés s'attaquaient aux heureux élus. La compétition ne cessait pas puisque des *Hippeis* pouvaient toujours être exclus ou, au moins, être remplacés lors de la révision annuelle des listes et que seuls les cinq plus âgés avaient l'honneur de devenir des *agathoergoi*. Et il fallait toujours s'efforcer d'obtenir éloges et distinctions pour enfin terminer sa vie comme géronte.

Les Spartiates étaient ainsi en compétition permanente les uns avec les autres. Cependant, s'il fallait faire mieux que les autres, il ne fallait pas agir différemment : il est beau de mourir à son poste, mais non de chercher témérairement la mort[3], et notamment de sortir du rang pour affronter l'ennemi.

2. Les adultes et notamment les vieillards sont obligés d'intervenir pour que les affrontements, qu'ils ont souvent eux-mêmes suscités, n'aillent pas trop loin ; cf. l'exemple du jeune Spartiate exilé pour avoir tué un camarade à coups de poignard.

3. Cf. Aristodèmos, Hdt., IX, 71.

Si l'on doit supporter stoïquement un échec, il est anormal, et donc suspect, de montrer alors de la joie [4]. C'est que, comme le soulignait le roi exilé Démarate (Hdt., VII, 104), régnait avant tout à Sparte le *nomos*, que les *éphores*, comme l'indique déjà leur nom de « surveillants [5] », étaient chargés de faire respecter. Comme Sparte n'avait pas le culte de la loi écrite [6], le *nomos* correspondait plutôt aux normes, usages et règles collectives traditionnelles, ce qui laissait un grand pouvoir d'appréciation aux éphores [7] et généralisait le conformisme. Était suspect, voire considéré comme contraire au *nomos*, tout ce qui différait de ce que faisaient les autres : les *Homoioi* devaient tous se montrer *homoioi* (semblables). Ils étaient donc amenés à se surveiller [8] et à se juger constamment les uns les autres : l'esprit de compétition se mettait ainsi au service du conformisme.

Société inégalitaire qui prônait contradictoirement l'égalité extérieure et société conformiste qui cultivait la *philotimia*, Sparte apparaissait ainsi, au mieux, comme la cité des tensions, au pis, comme celle de l'hypocrisie. Et, quand le divorce s'accrut entre le modèle et la réalité, l'idéalisation de la Sparte du passé ne put qu'accroître les divisions et susciter des révolutions.

A l'égard du monde extérieur, Sparte a aussi hésité, entre le repli, au moins sur le Péloponnèse, et la domination du monde grec. Comme dans le domaine politique, l'avance relative dont elle avait pu jouir à la fin de l'époque archaïque

4. Cf. Pédaritos, affectant de montrer de la joie pour n'avoir pas été désigné parmi les *Hippeis*, voir J. Ducat, « Pédaritos ou le bon usage des apophtegmes », *Ktèma* 27 (2002), p. 13-34.

5. Le nom des *patronomes*, qui leur succèdent, paraît avoir les mêmes implications, cf. *supra* p. 285-286.

6. Selon Plutarque (*Lyc.*, 13, 1-4), une *rhètra* attribué à Lycurgue aurait interdit les lois écrites ; l'indication est sans doute fausse, mais l'idée n'aurait pu s'imposer si les lois écrites avaient joué un grand rôle à Sparte.

7. D'où les critiques d'Aristote, *Polit.*, II, 9, 1270b 29-31 : « Il vaudrait mieux que les éphores jugent non de leur propre chef mais conformément à des textes écrits et aux lois. »

8. C'est ce que Périclès condamnait dans l'*Oraison funèbre*, Thuc., II, 37, 2, en évoquant « la suspicion réciproque dans la vie quotidienne » et « les vexations… extérieurement blessantes ».

paralysa ensuite toute évolution. Elle avait eu assez tôt, dès le milieu ou, au moins, la seconde moitié du VIe siècle, la meilleure phalange hoplitique du monde grec et, avec le système d'alliances qu'elle s'était constituée dans le Péloponnèse, elle paraissait hors d'atteinte de tout État grec : après l'échec des Perses, sauf pendant quelques années ou décennies du Ve siècle, il n'y eut plus de menaces extérieures. Mais le danger vint de l'intérieur : l'irrédentisme messénien et les risques de dissolution de la Ligue du Péloponnèse firent la faiblesse d'une Sparte dont le nombre des *Homoioi* s'était dangereusement réduit.

La prédominance militaire de Sparte autorisait au VIe siècle l'interventionnisme, d'ailleurs limité, de Cléomène ; l'erreur fatale fut, après la victoire difficile et imprévue de 404, de s'être lancée dans un impérialisme démesuré à un moment où la cité souffrait d'oliganthropie et ne se décidait pas aux réformes indispensables.

Il ne faudrait pas cependant se montrer trop critique. Si l'on se réfère aux deux critères qu'utilisaient les Grecs pour juger une cité et son régime, Sparte a bien réussi. D'une part, elle a échappé aux révolutions et aux coups d'État jusqu'au IIIe siècle, cela parce que, malgré le développement des inégalités et les ambitions de certains, les *Homoioi* avaient su préserver leur cohésion. Celle-ci reposait à la fois sur leur endoctrinement, sur le danger hilote et sur l'entrecroisement de solidarités partielles fondées sur les classes d'âge (notamment au cours de l'*agôgè*) ou la différence d'âge (dans les relations pédérastiques, les *syssities* ou les *énomoties*). Ces liens sociaux ne diminuaient pas, mais complétaient le rôle des familles[9] et des alliances matrimoniales avec leurs problèmes de dots et de *patrouchoi* et les phénomènes de clientélisme. Ce réseau très dense permit à la société de subsister même quand, lors du grand tremblement de terre ou, surtout, après Leuctres, tout paraissait s'écrouler.

D'autre part, grâce notamment à la Ligue du Péloponnèse, qui a duré près d'un siècle et demi, Sparte a dominé le Péloponnèse pendant près de deux siècles et a été plusieurs fois la puissance dominante de la Grèce.

9. Les *Homoioi* ne sont pas les gardiens de *La République* de Platon.

Cependant, une seule défaite suffit à l'abattre et, malgré les efforts d'Agis III, de Cléomène III ou de Nabis, elle ne put jamais recouvrer sa puissance. Bien plus, le refus de renoncer à la Messénie et la contemplation d'un passé idéalisé, pour une grande part imaginaire, l'empêchèrent de s'intégrer dans le jeu des puissances péloponnésiennes et contribuèrent à susciter la domination romaine.

C'est peut-être justement cette exaltation du passé, inculquée dès le plus jeune âge, qui est devenue la plus grande faiblesse de Sparte : faisant de son archaïsme un motif de fierté et un symbole d'excellence, elle n'a su ni améliorer ses institutions ni rénover sa structure sociale comme l'imposait la réduction catastrophique du nombre des citoyens de plein droit. Elle a eu, de même, du mal à s'adapter aux nouveaux modes de combat et ne s'est résolue que très tard à s'entourer, comme les autres cités, d'une enceinte fortifiée. Même les révolutions s'y sont présentées comme un retour au passé : les modernes ont beaucoup parlé du mirage spartiate ou de la légende de Sparte, il n'est pas sûr que la première victime n'en ait pas été Sparte elle-même.

Annexes

Chronologie sommaire *

* Pour les dates de règne, voir l'index ; les dates antérieures au VIe siècle sont sujettes à caution.

XIIe s. ?	Arrivée éventuelle des Doriens.
VIIIe s. ?	Conquête d'Amyclées, Pharis et Géronthrai.
fin VIIIe s. ?	Première guerre de Messénie.
	Fondation de Tarente.
	Peut-être rédaction de la grande *rhètra* ?
VIIe s.	Deuxième guerre de Messénie : 670-657 dans la chronologie basse de Pausanias, considérée par certains comme encore trop haute ; poèmes de Tyrtée.
669-68	Défaite d'Hysiai ?
milieu du VIe s.	Bataille des champions contre Argos.
	Défaite, puis victoire en Arcadie.
	Formation progressive de la Ligue du Péloponnèse.
510	Renversement des Pisistratides.
508	Intervention à Athènes contre Clisthène.
vers 506	« Divorce d'Éleusis ».
505	Premier congrès de la Ligue.
494	Victoire de Sépeia sur Argos.
491	Renversement de Démarate.
490	Arrivée tardive des Spartiates à Marathon.
480	Défaite des Thermopyles ; victoire de Salamine.
479	Victoires de Platées et de Mycale.
vers 470	Mise à mort du régent Pausanias.
464	Tremblement de terre et révolte des Hilotes.
462	Rupture avec Athènes.
451	Paix de trente ans avec Argos ; paix de cinq ans avec Athènes.
446	Paix de trente ans avec Athènes.

431	Début de la « guerre du Péloponnèse ».
425	Désastre de Sphactérie.
424	Expédition de Brasidas.
421	Paix de Nicias.
418	Victoire de Mantinée.
404	Défaite d'Athènes.
400	Début de la guerre en Asie.
397 (ou **399**)	Conspiration de Cinadon.
395-386	Guerre de Corinthe.
395	Défaite et mort de Lysandre à Haliarte.
386	Paix d'Antalcidas.
382-379	Expéditions contre Olynthe.
382	Prise de la Cadmée (citadelle de Thèbes).
379	Libération de Thèbes.
371	Défaite de Leuctres.
370-369	Invasion thébaine ; indépendance de la Messénie.
362	Bataille indécise de Mantinée.
330	Défaite de Mégalopolis (contre Antipatros).
281-280	Renaissance de la Ligue achéenne.
267-262	Guerre de Chrémonidès.
242	Agis IV fait destituer Léonidas II.
227	Coup d'État de Cléomène III.
222	Défaite de Sellasie.
195	Défaite de Nabis, paix avec Rome et ses alliés.
192	Intégration dans la Ligue achéenne.
188	Massacre de Compasion.
180-179	Stratégie de Callicratès (dans la Ligue achéenne).
150	Conflit avec les Achéens.
146	Victoire romaine.

Cartes

LE PÉLOPONNÈSE

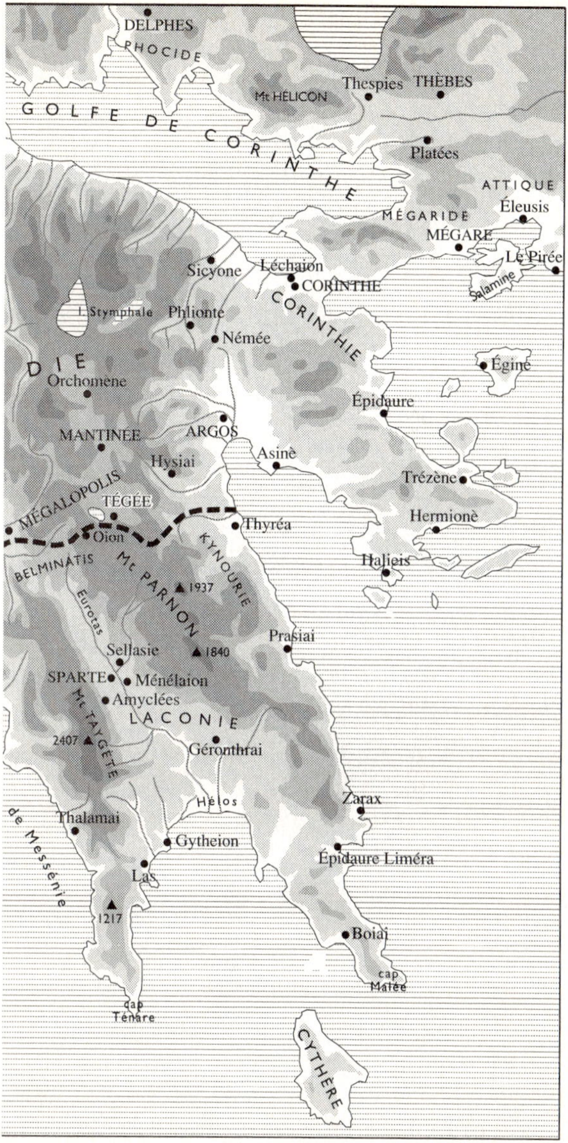
DELPHES
PHOCIDE
GOLFE DE CORINTHE
Mt HÉLICON
Thespies
THÈBES
Platées
ATTIQUE
Éleusis
MÉGARIDE
MÉGARE
Le Pirée
Salamine
Sicyone
Léchaion
CORINTHE
CORINTHIE
L. Stymphale
Phlionte
Némée
DIE
Orchomène
Égine
Épidaure
ARGOS
MANTINÉE
Asinè
Hysiai
Trézène
MÉGALOPOLIS
TÉGÉE
Hermionè
Thyréa
Oion
KYNOURIE
BELMINATIS
Mt PARNON
Halieis
1937
Eurotas
Prasiai
Sellasie
1840
SPARTE
Ménélaion
Amyclées
Mt TAYGÈTE
LACONIE
2407
Géronthrai
Hélos
Zarax
de Messénie
Thalamai
Gytheion
Épidaure Liméra
Las
1217
Boiai
cap Malée
cap Ténare
CYTHÈRE

Athènes et

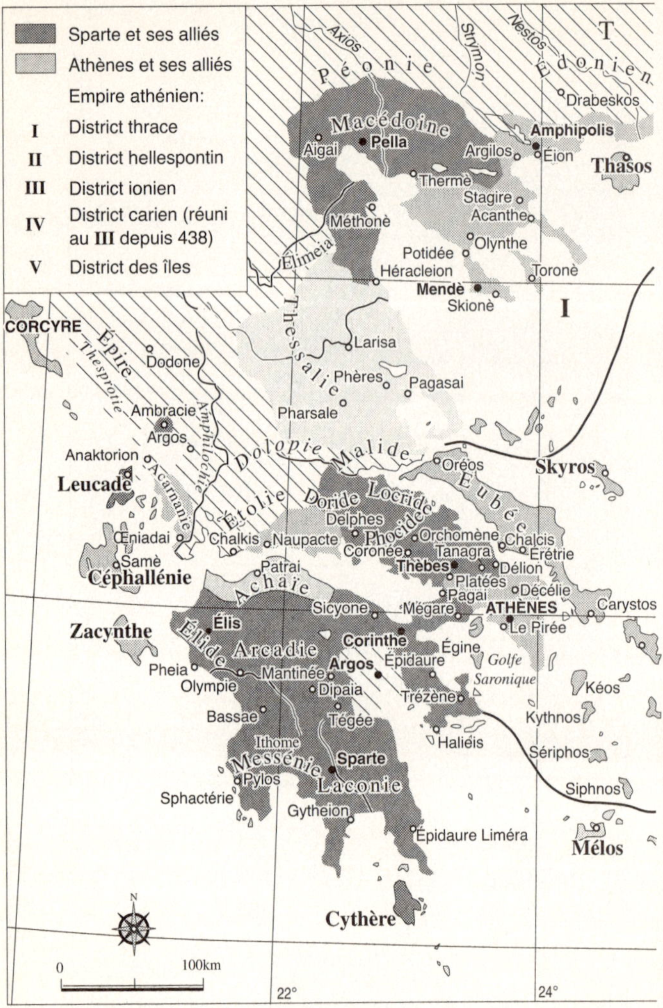

Source : Edmond Lévy, *La Grèce au* V

Sparte en 431

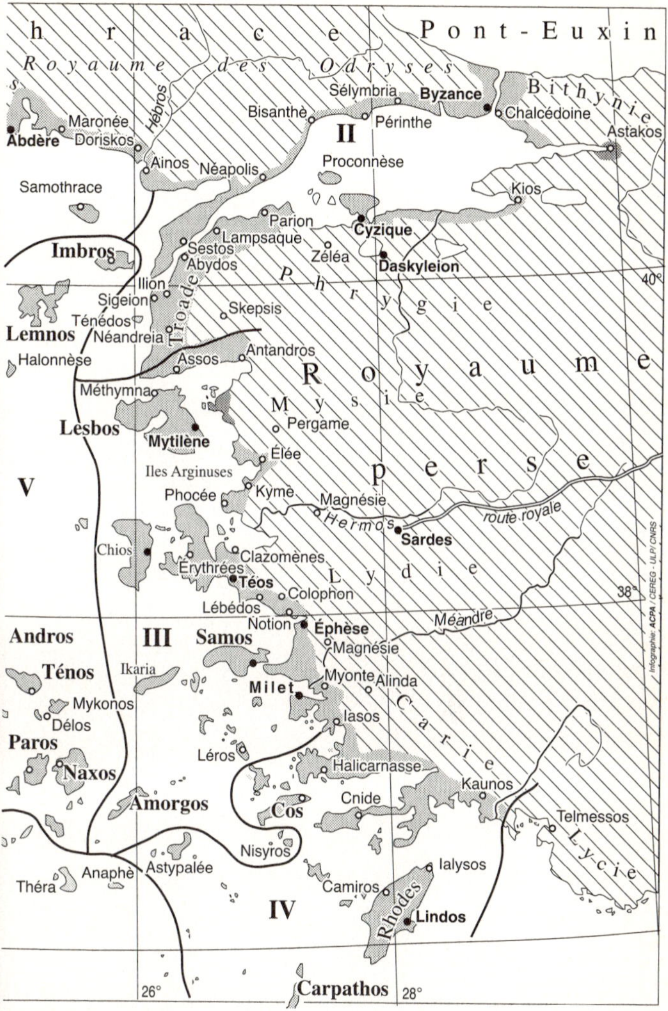

« Nouvelle Histoire de l'Antiquité, 2 », 1995, p. 197.

Orientation bibliographique *

* Dans chaque rubrique, les études sont présentées dans l'ordre chronologique ; une bibliographie plus détaillée est donnée dans les notes de chaque chapitre.

PRINCIPALES SOURCES ANTIQUES

Tyrtée

Diehl, E., *Anthologia lyrica graeca*, fasc. 1^{3}, Berlin, Teubner, 1949, dont nous adoptons la numérotation.
Prato, C., *Tirteo*, Rome, Ed. dell'Ateneo, 1968.
Snell, B., *Tyrtaios und die Sprache des Epos*, Göttingen, Van den Hoeck et Ruprecht, 1969.
West, M.L., *Iambi et Elegi Graeci ante Alexandrum cantati* ^{2}, Oxford University Press, 1992.

Alcman

Calame, C., *Alcman. Introduction, texte critique, témoignages, traduction et commentaire*, Rome, Ateneo, 1983.
Davies, M., *Poetarum melicorum Graecorum fragmenta*, Oxford, Clarendon Press, 1991, vol. I.

Hérodote

Voir l'édition des Belles Lettres, due à Ph.E. Legrand, où l'on se rapportera utilement à l'index analytique (voir Δωριέες, Λάκαινα, Λακεδαιμονίοι, Λάκων, Λακωνική, Πελοποννήσιοι ainsi que Λακεδαίμων et Σπάρτη, et, dans les *Notabilia*, γέροντες, εἵλωτες, ἔφοροι, ἱππέες, ἱρέες, περίοικοι, συσσίτια, τριηκάς et οἱ Τριηκόσιοι), ainsi qu'au nom des principaux personnages historiques, et l'édition italienne de la Fondation Lorenzo Valla.
Éd. commentées : Macan, R.W., Londres, Macmillan, 1895, 1908, Stein H., Berlin, Weidmannn, 1893-1908.

Commentaire : How, W.W. et Wells, J.A., Oxford, Clarendon Press, 1928 [2].

Lexique : Powell, J.E., Cambridge UP, 1938 (réimpr. Olms Paperbacks, 1977).

Voir Cragg, K. M., *Herodotus' Presentation of Sparta,* diss. Université du Michigan, 1976.

Vannicelli, P., *Erodoto e la storia dell'alto e medio arcaismo (Sparta, Tessaglia, Cirene), Incunabula graeca* XV, Rome, G.E.I, 1993.

Lévy, Ed., « La Sparte d'Hérodote », *Ktèma* 24 (1999), p. 123-134.

Thucydide

Gomme, A.W., *A Historical Commentary on Thucydides,* Oxford, Clarendon Press, 1945-1981 (vol. IV et V, avec Andrewes, A. et Dover, K.J.).

Bétant, E.-A., *Lexicon Thucydideum*, Genève, 1843 (réimpr. Hildesheim, 1969).

Gundert, H., « Athen und Sparta in den Reden des Thukydides », *Die Antike* 1940, p. 98-114.

Cloché, P., « Thucydide et Lacédémone », *Études et Commentaires*, 1943, p. 81-113.

Wassermann, F.M., « The speeches of King Archidamus in Thucydides », *Classical Journal* 48 (1953), p. 193-200.

–, « The voice of Sparta in Thucydides », *Classical Journal* 59 (1964), p. 289-297.

Hornblower, S.A., *A Commentary on Thucydides,* I, II, Oxford, Clarendon Press, 1991, 1996.

Critias

Diels, H. et Kranz, W., *Die Fragmente der Vorsokratiker*, II [6], 88, Berlin, Weidmann, 1952, cité DK (A = vie et écrits, B = fragments).

Battegazzore, A. et Untersteiner, M., *Sofisti, Testimonianze e Frammenti*, IV, Florence, La nuova Italia, 1962.

Voir, outre la thèse d'État soutenue le 14 février 1998 à l'université d'Aix-Marseille-I par Emmanuèle Caire sous le titre *Critias d'Athènes, sophiste et tyran,*

Centanni, M., *Atene assoluta. Crizia dalla tragedia alla storia*, Saggi di antichità e di tradiz. class. 21, Padoue, Esedra, 1997,

Bultrighini, U., *Maledetta democrazia. Studi su Crizia*, Alexandrie, Éd. dell'Orso, 1999.
Nemeth, G., « Kritias und die Utopie der Tyrannen », *Act. Ant. Hung.* 40 (2000), p. 357-366.
Lévy, Ed., « Critias ou l'intellectuel au pouvoir », *in* Morel, P.-M. et Pradeau, J.-F., *Les Anciens Savants. Études sur les philosophies préplatoniciennes*, Paris, Vrin, 2002, p. 223-244.

Helléniques d'Oxyrhynchos

Édition : Bartoletti, V., Leipzig, Teubner, 1959, et Chambers, M., Stuttgart, Leipzig, Teubner, 1993.
Édition commentée : Mc Kechnie, P.R. et Kern, S.J., Warminster, Aris et Phillips, 1988, réimpr. 1993.
Commentaire : Bruce, I.A.F., *An Historical Commentary on the* Hellenica Oxyrrynchia, Cambridge UP, 1967.

Xénophon

Fleischanderl, B., *Die spartanische Verfassung bei Xenophon*, Leipzig, Friedrich, 1888.
Gray, V., *The Character of Xenophon's Hellenica*, Londres, Duckworth, 1984.
Proietti, G., *Xenophon's Sparta. An Introduction*, suppl. 10 à *Mnemosyne*, Leyde, Brill, 1987.
Riedinger, J.-C., *Études sur les* Helléniques : *Xénophon et l'histoire*, Paris, Belles Lettres, 1991.
Dillery, J., *Xenophon and the History of his Times*, Londres et New York, Routledge, 1995.
Humble, N.M., *Xenophon's View of Sparta : A Study of the* Anabasis, Hellenica and Respublica Lacedaemoniorum, diss. McMaster, 1997.
–, « *Sophrosune* and the Spartans in Xenophon », *in* Hodkinson, St. et Powell, A., *Sparta : New Perspectives,* Londres, Duckworth, 1999, p. 339-351.

Helléniques
Éditions commentées : Underhill, G.E., Oxford, Clarendon Press, 1915.
Delebecque, É. (livre I), Paris, PUF, 1964.
Krentz, P., Warminster, Aris et Phillips, 1989 et 1995 (jusqu'en IV, 2, 8).

Lévy, Ed., « L'art de la déformation historique dans les *Helléniques* de Xénophon », *in* Verdin, H. *et al.*, *Purposes of History, Studia hellenistica* 30, Louvain, 1990, p. 125-157.

République des Lacédémoniens

Éditions commentées : Ollier, F., Annales de l'université de Lyon 2e s. 47, Paris, Lyon, Alcan, Rey, 1934.

Rebenich, S., Darmstadt, Wiss. Buchgesellschaft, 1998.

Lipka, M., Berlin, New York, Walter de Gruyter, 2002.

Agésilas

Édition commentée : Luppino Manes, E., Milan, Jaca,1992.

Platon

Voir surtout *République* VIII et *Lois* III.

Morrow, G.R., *Plato's Cretan City*, Lawrenceville, Princeton UP, 1960.

Piérart, M., *Platon et la cité grecque. Théorie et réalité dans la constitution des* Lois, Acad. royale de Belgique, Mém. classe de lettres, in 8, 2e s., 62, 3, Bruxelles, Palais des Académies, 1974.

Powell, A., « Plato and Sparta », *in* Powell, A. et Hodkinson St., *The Shadow of Sparta*, Londres, New York, The Class. Press of Wales, 1994, p. 273-321.

Aristote

Lévy Ed., « Le régime lacédémonien dans la *Politique* d'Aristote : une réflexion sur le pouvoir et l'ordre social chez les Grecs », *in* Mollin, M., *Images et Représentations du pouvoir et de l'ordre social dans l'Antiquité* (*Actes du colloque d'Angers, 28-29 mai 1999*), Paris, De Boccard, 2001, p. 57-72 (avec la bibliographie, p. 57).

Fragments : Rose, *Aristotelis qui ferebantur librorum fragmenta*, Leipzig, Teubner, 1886.

Dilts, M.R., *Heraclidis Lembi Excerpta Politiarum,* Durham, Duke University, 1971.

Gigon, O., *Aristotelis Opera III, Librorum deperditorum fragmenta*, Berlin, De Gruyter, 1987.

Polybe

Shimron, B., « Polybius and the Reforms of Kleomenes IIII », *Historia* 13 (1964), p. 147-155.

Walbank, F.W., *A Historical Commentary on Polybius*, Oxford, Clarendon Press, 1957-1979.

–, « The Spartan ancestral constitution in Polybius », *Ancient Society and Institutions. Studies presented to Victor Ehrenberg*, Oxford, Blackwell, 1966, p. 303-312.

Lévy, Ed., « La Sparte de Polybe », *Ktèma* 12 (1987), p. 63-79.

Diodore de Sicile

Accame, S., « Le fonte di Diodoro per la guerra deceleica », *Rendiconti della Regia accademia nazionale dei Lincei* 14 (1938), p. 347-451.

MacDougall, J.I., *Lexicon in Diodorum Siculum*, Hildesheim, Zurich, New York, Olms, 1983.

Westlake, H.D., « Agesilaus in Diodorus », *Greek, Roman and Byzantine Studies* 27 (1986), p. 263-277.

Lévy, Ed., « Diodore de Sicile récrivant Thucydide (D. S., XII, 62, 6-7 et 67, 3-5, *versus* Thuc., IV, 12, 3 et 80), *Ktèma* 26 (2001), p. 333-341.

Strabon

Voir surtout VIII, 4-5.

Baladié, R., *Le Péloponnèse de Strabon*, Paris, Belles Lettres, 1980.

Plutarque

Voir surtout, dans les *Vies parallèles*, les *Vies de Lycurgue, de Lysandre, d'Agésilas* et d'*Agis et Cléomène* ; mais Sparte est aussi évoquée, entre autres, dans les *Vies de Thémistocle, de Périclès, d'Alcibiade, de Pélopidas, de Philopoemen, de Flamininus, de Pyrrhus, de Cimon* et *de Nicias*. Dans les *Œuvres morales*, voir surtout le tome III de l'éd. des Belles Lettres (dû à F. Fuhrmann), Paris, 1988 : *Apophtegmes de rois et généraux* et *Apophtegmes laconiens*.

• *Vie de Lycurgue*

Kessler, E., *Plutarchs Leben des Lycurgos*, Quellen und Forschungen zur alten Geschichte und Geographie XXIII, Berlin, 1910.

Manfredini, M. et Piccirilli, L., *Plutarco. Le vite di Licurgo e di Numa*, Milan, Fondation Lorenzo Valla, 1980.

• *Vie de Lysandre*

Smits, J., *Plutarchus' leven van Lysander*, diss. Amsterdam, 1939.

Bertinelli, M.G.A., Manfredini, M., Piccirilli, L. et Pisani, G., *Plutarco. Le Vite di Lisandro e di Silla*, Milan, Fondation Lorenzo Valla, 1997.

• *Vie d'Agésilas*

Shipley, D.R., *Plutarch's Life of Agesilas. Response to Sources in the Presentation of Character*, Oxford, Clarendon Press, 1997 (514 pages, avec bibliographie détaillée).

• *Vies d'Agis et Cléomène*

Marasco, G., *Commento alle biografie plutarchee di Agide e Cleomene*, Rome, Ateneo, 1981.

Powell, A., « Spartan women assertive in politics ? Plutarch Lives of Agis and Kleomenes », *in* Hodkinson, St. et Powell, A., *Sparta. New Perspectives*, Londres, Duckworth, 1999, p. 393-419.

• *Apophtegmes laconiens*

Santaniello C., *Plutarco, Detti dei Lacedemoni* (CPM 20), Naples, M. d'Auria, 1995.

Ducat, J., « Pédaritos ou le bon usage des apophtegmes », *Ktèma* 27 (2002), p. 13-34.

Pausanias

Livres III (Laconie) et IV (Messénie) édition de la Fondation Lorenzo Valla, 1991, par D. Musti et M. Torelli (avec une bibliographie détaillée).

Meadows, A.R., « Pausanias and the historiography of Classical Sparta », *Classical Quarterly* 45 (1995), p. 92-113.

Pirenne-Delforge, V., *Pausanias, Periegesis, Index Verborum, suppl. Kernos 5*, 1997.

Knoepfler, D. et Piérart, M., éd., *Éditer, Traduire, Commenter Pausanias en l'an 2000*, Genève, Droz, 2001 : voir notamment Leroy, Ch., « Pausanias et la Laconie ou la recherche d'un équilibre », p. 223-237, Bultrighini, U., « "Errori", *in* Pausania : III, 8, 10 », p. 239-260, Auberger, J., « D'un héros à l'autre : Pausanias au pied de l'Ithôme », p. 261-273, et Baladié, R., « Structure et particularités du livre IV de Pausanias », p. 275-281.

Elien

Histoire variée.

Athénée

Deipnosophistes ; où l'on pourra utiliser l'index des noms propres de l'édition Loeb.

On trouve les principaux textes **épigraphiques** dans *Inscriptiones Graecae* V, 1, *Inscriptiones Laconiae et Messeniae*, éd. W. Kolbe, Berlin, Reimer, 1913, et dans *Supplementum epigraphicum graecum* 11, Leyde, Gieben, 1954.

Sur la prosopographie, voir :

Bradford, A.S., *A Prosopography of Lacedemonians from the Death of Alexander the Great, 323 B. C., to the Sack of Sparta by Alaric, A.D. 396*, Vestigia 27, Munich, 1977.

Poralla, P., *A Prosopography of Lacedemonians from the Earliest Times to the Death of Alexander the Great (X-323 B. C.)*, 2e éd. révisée par A.S. Bradford, Chicago, Ares Publishers, 1985.

Fraser, P.M. et Matthews, E., *A Lexikon of Greek Personal Names*, vol. III A, *The Peloponnese, Western Greece, Sicily and Magna Graecia*, Oxford, Clarendon Press, 1997.

Ouvrages généraux

Tigerstedt, E.N., *The Legend of Sparta in Classical Antiquity*, Stockholm, Uppsala et Göteborg, Almqvist et Wiksell, 3 vol., 1965, 1974, 1978.

Oliva, P., *Sparta and her Social Problems*, Prague, Academia, 1971.

Cartledge, P.A., *Sparta and Lakonia : A Regional History, 1300-362 B.C.*, Londres, Routledge et Kegan, 1979.

Hooker, J.T., *The Ancient Spartans*, Londres,Toronto et Melbourne, Dent and Sons, 1980.

Clauss, M., *Sparta Eine Einführung in seine Geschichte und Zivilisation*, Munich, Beck, 1983.

Mac Dowell, D.M., *Spartan Law*, Édimbourg, Scottish Academic Press, 1986.

Powell, C.A., *Classical Sparta. Techniques behind her Success*, Londres, Routledge, 1989.

Nafissi, M., *La nascita del* kosmos. *Studi sulla storia della società di Sparta*, Naples, Éd. scient. ital., 1991.

Sanders, J.M., éd., *ΦΙΛΟΛΑΚΩΝ : Lakonian Studies in Honour of Hector Catling*, Londres, British School at Athens, 1992.

Link, St., *Der Kosmos Sparta*, Darmstadt, Wissenschaftliche Buchgesellschaft, 1994.

Powell, A. et Hodkinson, St., éd., *The Shadow of Sparta*, Londres, New York,The Class. Press of Wales, 1994.

Thommen, L., *Lakedaimonion Politeia. Die Entstehung der spartanischen Verfassung*, Historia Einzelschrift 103, Stuttgart, 1996.

Baltrusch, E., *Sparta. Geschichte, Gesellschaft, Kultur*, Munich, Beck, 1998.

Cavanagh, W.G. et Walker S., éd., *Sparta in Laconia. Proceedings of the 19th British Museum Colloquium*, Londres, British School at Athens, studies 4, 1999.

Hodkinson, St. et Powell, A., éd., *Sparta. New Perspectives*, Londres, The Class. Press of Wales, 1999.

Cartledge, P.A., *Spartan Reflections*, Londres, Duckworth, 2001.

Les origines

On se référera, pour les périodes archaïque et classique, à l'excellent bulletin de bibliographie thématique (et critique) de Jean Ducat : « Sparte archaïque et classique. Structures économiques, sociales, politiques (1965-1982) », *Revue des Études grecques* 96 (1983), p. 194-225).

Pareti, L., *Storia di Sparta arcaica*. I. *Dalle origini alla conquista spartana della Messenia*, Florence, Libreria internazionale, 1917.

Jaeger, W., « Tyrtaios über die wahre *Arete* », *Sitzungberichte der Deutschen Akademie der Wiss. zu Berlin* 23 (1932), Berlin, p. 537-568 (= *Scripta minora* II, Rome, Ed. di storia e di letteratura, 1960, p. 75-114).

Roebuck, C., *A History of Messenia from 369 to 146 B.C.*, diss. Université de Chicago, 1941 (éd. privée).

Kiechle, F., *Messenische Studien. Untersuchungen zur Geschichte der Messenischen Kriege und der Auswanderung der Messenier*, Kallmünz, Lassleben, 1959.

Pearson, L., « The pseudo-history of Messenia and its authors », *Historia* 11 (1962), p. 397- 426.

Kiechle, F., *Lakonien und Sparta. Untersuchungen zur ethnischen*

Struktur und zur politischen Entwicklung Lakoniens und Spartas bis zum Ende der archaischen Zeit, Munich, Beck, 1963.

Janni, P., *La cultura di Sparta arcaica. Ricerche I-II*, Rome, Ateneo, 1965, 1970.

Carlier, P., Lévy, Ed., Loraux, N., Mossé, C., Rolley, C. et Roobaert, A., « Sparte à l'époque archaïque » (6 articles), *Ktèma* 2 (1977), p. 65-155.

Craik, E.M., *The Dorian Aegean*, Londres, Routledge et Keagan, 1980.

Musti, D., *Le origini dei Greci. Dori e mondo egeo*, Bari, Laterza, 1985, 1991 [2].

Adshead, K., *Politics of the Archaic Peloponnese. The Transition from Archaic to Classical Politics,* Aldershot, Avebury Publishing Company, 1986.

Parker, V., « Some dates in early Spartan history », *Klio* 75 (1993), p. 45-60.

Malkin, I., *Myth and Territory in the Spartan Mediterranean,* Cambridge UP, 1994 (trad. française *La Méditerranée spartiate : mythe et territoire*, Paris, Belles Lettres, 1999).

Hodkinson, St., « The development of Spartan society and institutions in the archaic period », *in* Mitchell, Lynette G. et Rhodes P.J., éd., *The Development of the* polis *in Archaic Greece*, Londres et New York, Routledge, 1997, p. 83-102.

Meier, M., *Aristokraten und Damoden. Untersuchungen zur inneren Entwicklung Spartas im 7. Jahrhundert v. Chr. und zur politischen Funktion der Dichtung des Tyrtaios*, Stuttgart, Steiner, 1998.

Eder, B., *Argolis, Lakonien, Messenien. Vom Ende der mykenischen Palastzeit bis zur Einwanderung der Dorier,* Vienne, Öster. Akad. der Wiss., Phil.-hist., Myken. St. 17, 1998.

Link, St., *Das frühe Sparta. Untersuchungen zur spartanischen Staatsbildung im 7. und 6. Jahrhundert v. Chr.* (Pharos XIII), Scripta Mercaturae Verlag, St Katharinen, 2000.

L'éducation

Cartledge P., « The politics of Spartan pederasty », *Proceedings of the Cambridge Philological Society*, 207 (1981), p. 17-36 (repris dans *Spartan Reflections*, Londres, Duckworth, 2001, p. 91-105).

Lévy, Ed., « La kryptie et ses contradictions », *Ktèma* 13 (1988), p. 245-252.

Kennell, N.M., *The Gymnasium of Virtue. Education and Culture in Ancient Sparta*, Chapel Hill et Londres, The University of North Carolina Press, 1995 (avec une bibliographie détaillée).

Lévy, Ed., « Remarques préliminaires sur l'éducation spartiate », *Ktèma* 22 (1997), p. 151-160.

Ducat, J., « La cryptie en question », *in* Brulé, P. et Oulhen, J., *Esclavage, Guerre, Économie en Grèce ancienne. Hommages à Yvon Garlan,* Presses universitaires de Rennes, 1997, p. 43-77.

–, « Crypties », *Cahiers Glotz* 8 (1997), p. 9-38.

–, « Perspectives on Spartan education in the classical Period », *in* Hodkinson, St. et Powell, A., éd., *Sparta : New Perspectives*, Londres, Duckworth, 1999, p. 43-64.

Les syssities

Lavrencic, M., *Spartanische Küche. Das Gemeinschaftsmahl der Männer in Sparta,* Vienne, Cologne et Weimar, Böhlau, 1995.

Link, St., « Durch diese Tür kein Wort hinaus ! » (Plut., *Lyk.*, 12, 8) : « Bürgergemeinschaft und Syssitien in Sparta », *Laverna* 9 (1998), p. 82-112.

Singor, H.W., « Admission to the *syssitia* in fifth-century Sparta », *in* St. Hodkinson et A. Powell, *Sparta New Perspectives*, Londres, Duckworth, 1999, p. 67-89.

Le *kléros*

Voir, outre les ouvrages généraux sur Sparte :

Cozzoli, U., *Proprietà fondiaria ed esercito nello stato Spartano dell' età classica*, Rome, Istituto italiano per la storia antica, 1979.

Ducat, J., « Le citoyen et le sol à Sparte à l'époque classique », *Hommage à Maurice Bordes, Annales de la Faculté des lettres et sciences humaines de Nice* 45 (1983), p. 143-166.

Hodkinson, St., *Property and Wealth in Classical Sparta*, Londres, Duckworth, 2000.

La femme

Redfield, J., « The women of Sparta », *Classical Journal* 73 (1978), p. 146-151.

Cartledge, P., « Spartan wives : Liberation or licence ? », *Classical Quarterly* 31 (1981), p. 17-36 (repris dans *Spartan Reflections*, Londres, Duckworth, 2001, p. 106-126).

Kunstler, B.L., *Women and the Development of the Spartan Polis : A Study of Sex Roles in Classical Antiquity*, diss. Université de Boston, 1983, et *Helios*, n.s. XIII, 2 (1986), p. 31-48.

Mc Dowell, D.M., *Spartan Law*, Edimbourg, Scottish Academic Press, 1986.

Dettenhofer, M.H., « Die Frauen von Sparta. Gesellschaftliche Position und politische Relevanz », *Klio* 75 (1993), p. 61-75.

–, « Die Frauen von Sparta. Ökonomische Kompetenz und politische Relevanz », *in* M.H. Dettenhofer, éd., *Reine Männersache ? Frauen in Männerdomäne der antiken Welt*, Cologne, Weimar, Vienne, 1994, p. 15-40.

Ducat, J., « La femme de Sparte et la cité », *Ktèma* 23 (1998), p. 385-406.

–, « La femme de Sparte et la guerre », *Pallas* 51 (1999), p. 159- 171.

Lupi, M., *L'ordine delle generazioni. Classi di età e costumi matrimoniali nell'antica Sparta*, Bari, Edipuglia, 2000.

Pomeroy, S.B., *Spartan Women*, Oxford, Oxford University Press, 2002.

La religion

Voir, outre les ouvrages généraux sur la religion grecque :

Wide, S., *Lakonische Kulte*, Leipzig, Teubner, 1893.

Ziehen, L., RE 3 A (1929), s.v. *Sparta (Kulte)*, coll. 1453-1525.

Bölte, F., « Zu lakonischen Festen », *Rheinisches Museum für Philologie* n. f. 78 (1929), p. 124-143.

Hooker, J.T., *The Ancient Spartans*, Londres, Toronto et Melbourne, Dent and Sons, 1980, p. 47-70.

Parker, R., « Spartan religion », *in* A. Powell, *Classical Sparta. Techniques behind her Success*, Londres, Routledge, 1989, p. 142-172.

Osanna M., « Sui culti arcaici di Sparta e Tarento : Afrodite Basilis », *Parola di Passato* 251 (1990), p. 81-94.

Pettersson, M., *Cults of Apollo at Sparta : The Hyakinthia, the Gymnopaidiai and the Karneia*, Stockholm, Svenska Institutet i Athen, 1992.

Les Hilotes

Welwei, K.W., *Unfreie : Unfreie im antiken Kriegsdienst*. I. *Athen und Sparta*, Wiesbaden, Steiner, 1974.

Ducat, J., « Le mépris des hilotes », *Annales ESC*, 29 (1974), p. 1451-1464.

–, « Aspects de l'hilotisme », *Ancient Society* 9 (1978), p 5-46.
Piper, L.J., « Spartan Helots in the hellenistic age », *Ancient Society* 15-17 (1984-1986), p. 75-88.
Talbert, R.J.A., « The role of the Helots in the class struggle at Sparta », *Historia* 98 (1989), p. 22-40.
Ducat, J., *Les Hilotes*, BCH suppl. XX, Paris, De Boccard, 1990 [essentiel].
Whitby, M., « Two shadows : Images of Spartans and Helots », *in* Powell, C.A. et Hodkinson, St., *The Shadow of Sparta*, Londres, New York, The Class. Press of Wales, 1994, p. 87-126.
Alcock, S.E., « A simple case of exploitation : The Helots of Messenia », *in* Cartledge, P., Foxhall, L. et Cohen, E., éd., *Money, Labour and Land : Approaches to the Economics of Ancient Greece*, Londres, Routledge, 2000.

Les Périèques

Hampl, F., « Die lakedämonische Periöken », *Hermes* 72 (1937), p. 1-49.
Shipley, G., « *Perioikos* : The discovery of classical Laconia », *in* J.M. Sanders, ΦΙΛΟΛΑΚΩΝ, *Lakonian Studies in Honour of Hector Catling*, Londres, The British School at Athens, 1992, p. 211-226.
–, « "The other Lakedaimonians" : The dependent Perioikic *Poleis* of Laconia and Messenia », *in* M.H. Hansen, *The Polis as an Urban Centre and as a Political Community*, Acts of the Copenhagen Polis Centre, vol. 4, Copenhague, 1997, p. 189-281.
Hall, J.M., « Sparta, Lakedaimon and the nature of perioikic dependency », *in* Flensted-Jensen, P., *Further Studies in the Ancient Greek Polis*, Historia Einzelschriften 138, Stuttgart, Steiner, 2000, p. 73-89.

Les catégorie marginales

Ehrenberg, V., « Mothakes », *RE* XVI, 1, 1933, coll. 382-384.
–, « Neodamodeis », *RE* XVI, 2, 1935, coll. 2396-2401.
Lotze, D., « Μόθακες », *Historia* 11 (1962), p. 427-435.
Alfieri Tonini, T., « Il problema dei *neodamodeis* nell' ambito della società spartana », *RIL* 109 (1975), p. 305-316.
Hodkinson, St., « Servile and free dependants of the classical Spartan "oikos" », *in* Moggi, M. et Cordiano, G., éd., *Schiavi e dependenti dell' « oikos » e della « familia »*, Pise, ETS, 1997, p. 45-71.

La royauté

Pareti, L., « Ricerche sulla potenza maritima degli Spartani e sulla cronologia dei nauarchi », *Mem. dell'Accad. delle Scienze di Torino*, 2, 59 (1908-1909), p. 71-159 (= *Studi minori* II, 1961, p. 1-131).

Sealey, R., « Die spartanische Nauarchie », *Klio* 58 (1976), p. 335-358.

Carlier, P., *La Royauté en Grèce avant Alexandre*, Strasbourg, AECR, 1984 [essentiel].

David, E., « The trial of Spartan kings », *Revue internationale des Droits de l'Antiquité*, 3e série 32 (1985), p. 131-140.

Cartledge, P., *Agesilaos and the Crisis of Sparta*, Londres, Duckworth, 1987.

Shipley, D.R., *Plutarch's Life of Agesilaos. Reponse to Sources in the Presentation of Character*, Oxford, Clarendon Press, 1997.

Les éphores

On trouvera la bibliographie de la question dans l'ouvrage récent de N. Richer, *Les Éphores. Études sur l'histoire et sur l'image de Sparte (VIIIe-IIIe siècle avant J.-C.)*, Paris, Public. de la Sorbonne, Histoire ancienne et médiévale 50, 1998.

Gérousie et assemblée

Busolt, G. et Swoboda, H., *Griechische Staatskunde. 2. Darstellung einzelner Staaten und der zwischenstaatlichen Beziehungen* (HdbAW 4,1,1), Munich, Beck,1926 [3], p. 679-683 et 691-694.

Andrewes, A., *Probouleusis : Sparta's Contribution to the Technique of Government*, Oxford, Clarendon Press, 1954.

–, « The government of classical Sparta », *in* Badian, E., éd., *Ancient Society and Institutions. Studies Presented to V. Ehrenberg*, Oxford, Blackwell, 1966, p. 9-16.

Shatzman, I., « The meeting place of the Spartan assembly », *Rivista di Filologia e di Istruzione Classica* 96 (1968), p. 385-389.

Sainte-Croix, G.E.M de, *The Origins of the Peloponnesian War*, Oxford, Duckworth, 1972, Appendice XXIII, « The name of the Spartan assembly », p. 346-347.

La Ligue du Péloponnèse

Kahrstedt, U., *Griechisches Staatsrecht.* I. *Sparta und seine Symmachie*, Göttingen, Vandenhoek et Ruprecht, 1922, p. 81-118 et 267-272.

Busolt, G. et Swoboda, M., *Griechische Staatskunde* II (HdbAW 4,1,1), Munich, Beck, 1926, p. 1320-1337.

Larsen, J.A.O., *Classical Philology* 27 (1932), p. 136-150, 28 (1933), p. 257-276, et 29 (1934), p. 1-19

Moretti, L., *Ricerche sulle leghi greche (Peloponnesiaca-Beotica-Licia)*, Rome, L'Erma di Bretschneider, 1962, p. 1-95.

Wickert, K., *Der Peloponnesische Bund von seiner Entstehung bis zum Ende des archidamischen Krieges,* Erlangen, 1962.

Sainte-Croix, G.E.M de, *The Origins of the Peloponnesian War,* Londres, Duckworth, 1972, p. 96-124 et 333-346.

Tausend, Kl., *Amphiktyonie und Symmachie,* Historia Einzelschrift 73, 1992, p. 118-123 et 167-180.

Cawkwell, G.L., « Sparta and her allies in the sixth century », *Classical Quarterly* 43 (1993), p. 364-376.

London, J.E., « Thucydides and the "Constitution" of the Peloponnesian League », *Greek, Roman and Byzantine Studies*, 35 (1994), p. 159-177.

Baltrusch, E., *Symmachie und Spondai*, Berlin, New York, De Gruyter, 1994.

Guerres et politique extérieure jusqu'en 404

Hignett, C., *Xerxes' Invasion of Greece*, Oxford, Clarendon Press, 1963.

Kagan, D., *The Outbreak of the Peloponnesian War*, Ithaca, Cornell UP, 1969.

Green, P., *The Year of Salamis 480-479 B. C.*, Londres, Weidenfeld et Nicholson, 1970.

Sainte-Croix, G.E.M de, *The Origins of the Peloponnesian War*, Londres, Duckworth, 1972.

Kagan, D., *The Archidamian War*, Ithaca, Cornell UP, 1974.

Lewis, D.M., *Sparta and Persia*, Leyde, Brill, 1977.

Picard, O., *Les Grecs devant la menace perse,* Paris, SEDES, 1980.

Roobaert, A., *Isolationnisme et Impérialisme spartiates de 520 à 469 avant J.-C.*, Acad. royale de Belgique, Cl. des Lettres, Fonds René Draguet 2, Louvain, Peeters, 1985.

Kagan, D., *The Peace of Nicias and the Sicilian Expedition*, Ithaca, Cornell UP, 1981.

–, *The Fall of the Athenian Empire*, Ithaca, Cornell UP, 1987.
Lazenby, J.F., *The Defence of Greece, 490-479*, Warminster, Aris et Philipps, 1993.

Politique extérieure de 404 à 362

Voir, outre P. Carlier, *Le IVe siècle grec jusqu'à la mort d'Alexandre*, Paris, Seuil, « Nouvelle histoire de l'Antiquité 3 », 1995, p. 11-73,
Parke, H.W., « The development of the Second Spartan Empire (405-371) », *Journal of Hellenic Studies* 50 (1930), p. 37-79.
Hamilton, Ch.D., *Sparta's Bitter Victories. Politics and Diplomacy in the Corinthian War*, Ithaca et Londres, Cornell UP, 1979.
–, *Agesilaus and the Failure of Spartan Hegemony,* Ithaca, Cornell UP, 1991.
Bommelaer, J.F., *Lysandre de Sparte. Histoire et tradition*, BEFAR 240, Paris, De Boccard, 1981.
Cartledge, P., *Agesilaos and the crisis of Sparta*, Londres, Duckworth, 1987.
Schepens G., « L'apogée de l'*archè* spartiate comme époque historique dans l'historiographie grecque au début du IVe siècle », *Ancient Society* 24 (1993), p. 169-204.

Crise et révolutions

Fuks, A., « The Spartan citizen-body in mid-third century B.C. and its enlargement proposed by Agis IV », *Athenaeum* 40 (1962), p. 244-263.
Shimron, B., « Nabis of Sparta and the Helots », *Classical Philology* 61 (1966), p. 1-7.
Berve, B., *Die Tyrannis bei den Griechen*, Munich, Beck, 1967.
Pozzi, F., « Sparta e i partiti politici tra Cleomene III e Nabide », *Aevum* 42 (1968), p. 383-402.
Mossé, C., *La Tyrannie dans la Grèce antique,* Paris, PUF, 1969, p. 179-192.
Shimron, B., *Late Sparta. The Spartan Revolution 243-146*, Buffalo, Arethusa Monographs 3, 1972.
Texier, J.G., « Nabis et les Hilotes », *Dialogues d'Histoire ancienne* 1 (1974), p. 189-205.
–, *Nabis*, Annales litt. Université de Besançon 169, Paris, 1975.
David, E., « The influx of money into Sparta at the end of the fifth century », *Scripta classica Israelica* 5 (1979-1980), p. 30-45.

–, « Revolutionary agitation at Sparta after Leuctra », *Athenaeum*, n.s. 57 (1980), p. 299-308.

Marasco, G., *Sparta alle inizi dell'età ellenistica : il regno di Areo I (309-265/4)*, Florence, Cooperativa Libr. Univ. Studii Fiorentini, 1980.

David, E., *Sparta between Empire and Revolution (404-243 B. C.). Internal Problems and their Impact in Contemporary Greek Consciousness*, New York, Arno Press, 1981.

Marasco, G., *Commento alle biografie plutarchee di Agide e Cleomene*, Rome, Ateneo, 1981.

Hodkinson, St., « Spartan society in the fourth century crisis and continuity », *in* Carlier, P., éd., *Le* IVe *Siècle av. J.-C. Approches historiographiques*, Paris, De Boccard, 1996, p. 85-101.

Piper, L.J., *The Spartan Twilight*, New Rochelle (New York), A.D. Caratzas, 1986.

Eckstein, A.M., « Nabis and Flamininus in the Argive revolutions of 198 and 197 B. C. », *Greek, Roman and Byzantine Studies* 28 (1987), p. 213-233.

Cartledge, P. et Spawforth, A., *Hellenistic and Roman Sparta*, Londres, Routledge, 1989.

Index

Index des hommes et des dieux*

* Sauf indication contraire, toutes les dates s'entendent avant Jésus-Christ.

Index des toponymes et des ethniques

Index des *notabilia*

Table

RÉALISATION : PAO ÉDITIONS DU SEUIL
IMPRESSION : NORMANDIE ROTO IMPRESSION S.A.S. À LONRAI (61250)
DÉPÔT LÉGAL : JUIN 2003. N° 32453-2 (042614)
IMPRIMÉ EN FRANCE

Collection Points

SÉRIE HISTOIRE

H1. Histoire d'une démocratie : Athènes
Des origines à la conquête macédonienne
par Claude Mossé

H2. Histoire de la pensée européenne
1. L'éveil intellectuel de l'Europe du IXe au XIIe siècle
par Philippe Wolff

H3. Histoire des populations françaises et de leurs attitudes devant la vie depuis le XVIIIe siècle
par Philippe Ariès

H4. Venise, portrait historique d'une cité
par Philippe Braunstein et Robert Delort

H5. Les Troubadours, *par Henri-Irénée Marrou*

H6. La Révolution industrielle (1770-1880)
par Jean-Pierre Rioux

H7. Histoire de la pensée européenne
4. Le siècle des Lumières
par Norman Hampson

H8. Histoire de la pensée européenne
3. Des humanistes aux hommes de science
par Robert Mandrou

H9. Histoire du Japon et des Japonais
1. Des origines à 1945, *par Edwin O. Reischauer*

H10. Histoire du Japon et des Japonais
2. De 1945 à 1970, *par Edwin O. Reischauer*

H11. Les Causes de la Première Guerre mondiale
par Jacques Droz

H12. Introduction à l'histoire de notre temps
L'Ancien Régime et la Révolution
par René Rémond

H13. Introduction à l'histoire de notre temps
Le XIXe siècle, *par René Rémond*

H14. Introduction à l'histoire de notre temps
Le XXe siècle, *par René Rémond*

H15. Photographie et Société, *par Gisèle Freund*

H16. La France de Vichy (1940-1944)
par Robert O. Paxton

H17. Société et Civilisation russes au XIXe siècle
par Constantin de Grunwald

H18. La Tragédie de Cronstadt (1921), *par Paul Avrich*

H19. La Révolution industrielle du Moyen Age
par Jean Gimpel

H20. L'Enfant et la Vie familiale sous l'Ancien Régime
par Philippe Ariès

H21. De la connaissance historique, *par Henri-Irénée Marrou*
H22. André Malraux, une vie dans le siècle
par Jean Lacouture
H23. Le Rapport Khrouchtchev et son histoire
par Branko Lazitch
H24 Le Mouvement paysan chinois (1840-1949)
par Jean Chesneaux
H25. Les Misérables dans l'Occident médiéval
par Jean-Louis Goglin
H26. La Gauche en France depuis 1900, *par Jean Touchard*
H27. Histoire de l'Italie du Risorgimento à nos jours
par Sergio Romano
H28. Genèse médiévale de la France moderne, XIVe-XVe siècle
par Michel Mollat
H29. Décadence romaine ou Antiquité tardive, IIIe-VIe siècle
par Henri-Irénée Marrou
H30. Carthage ou l'Empire de la mer, *par François Decret*
H31. Essais sur l'histoire de la mort en Occident
du Moyen Age à nos jours, *par Philippe Ariès*
H32. Le Gaullisme (1940-1969), *par Jean Touchard*
H33. Grenadou, paysan français
par Ephraïm Grenadou et Alain Prévost
H34. Piété baroque et Déchristianisation en Provence
au XVIIIe siècle, *par Michel Vovelle*
H35. Histoire générale de l'Empire romain
1. Le Haut-Empire, *par Paul Petit*
H36. Histoire générale de l'Empire romain
2. La crise de l'Empire, *par Paul Petit*
H37. Histoire générale de l'Empire romain
3. Le Bas-Empire, *par Paul Petit*
H38. Pour en finir avec le Moyen Age
par Régine Pernoud
H39. La Question nazie, *par Pierre Ayçoberry*
H40. Comment on écrit l'histoire, *par Paul Veyne*
H41. Les Sans-culottes, *par Albert Soboul*
H42. Léon Blum, *par Jean Lacouture*
H43. Les Collaborateurs (1940-1945), *par Pascal Ory*
H44. Le Fascisme italien (1919-1945)
par Pierre Milza et Serge Berstein
H45. Comprendre la révolution russe, *par Martin Malia*
H46. Histoire de la pensée européenne
6. L'ère des masses, *par Michaël D. Biddiss*
H47. Naissance de la famille moderne, *par Edward Shorter*
H48. Le Mythe de la procréation à l'âge baroque
par Pierre Darmon
H49. Histoire de la bourgeoisie en France
1. Des origines aux Temps modernes
par Régine Pernoud

H50. Histoire de la bourgeoisie en France
2. Les Temps modernes, *par Régine Pernoud*
H51. Histoire des passions françaises (1848-1945)
1. Ambition et amour, *par Theodore Zeldin*
H52. Histoire des passions françaises (1848-1945)
2. Orgueil et intelligence, *par Theodore Zeldin* (épuisé)
H53. Histoire des passions françaises (1848-1945)
3. Goût et corruption, *par Theodore Zeldin*
H54 Histoire des passions françaises (1848-1945)
4. Colère et politique, *par Theodore Zeldin*
H55. Histoire des passions françaises (1848-1945)
5. Anxiété et hypocrisie, *par Theodore Zeldin*
H56. Histoire de l'éducation dans l'Antiquité
1. Le monde grec, *par Henri-Irénée Marrou*
H57. Histoire de l'éducation dans l'Antiquité
2. Le monde romain, *par Henri-Irénée Marrou*
H58. La Faillite du Cartel, 1924-1926
(Leçon d'histoire pour une gauche au pouvoir)
par Jean-Noël Jeanneney
H59. Les Porteurs de valises
par Hervé Hamon et Patrick Rotman
H60. Histoire de la guerre d'Algérie, 1954-1962
par Bernard Droz et Évelyne Lever
H61. Les Occidentaux, *par Alfred Grosser*
H62. La Vie au Moyen Age, *par Robert Delort*
H63. Politique étrangère de la France
(La Décadence, 1932-1939), *par Jean-Baptiste Duroselle*
H64. Histoire de la guerre froide
1. De la révolution d'Octobre à la guerre de Corée, 1917-1950
par André Fontaine
H65. Histoire de la guerre froide
2. De la guerre de Corée à la crise des alliances,1950-1963
par André Fontaine
H66. Les Incas, *par Alfred Métraux*
H67. Les Écoles historiques, *par Guy Bourdé et Hervé Martin*
H68. Le Nationalisme français, 1871-1914, *par Raoul Girardet*
H69. La Droite révolutionnaire, 1885-1914, *par Zeev Sternhell*
H70. L'Argent caché, *par Jean-Noël Jeanneney*
H71. Histoire économique de la France du XVIIIe siècle à nos jours
1. De l'Ancien Régime à la Première Guerre mondiale
par Jean-Charles Asselain
H72. Histoire économique de la France du XVIIIe siècle à nos jours
2. De 1919 à la fin des années 1970
par Jean-Charles Asselain
H73. La Vie politique sous la IIIe République
par Jean-Marie Mayeur
H74. La Grèce archaïque d'Homère à Eschyle
par Claude Mossé

H75. Histoire de la « détente », 1962-1981
par André Fontaine
H76. Études sur la France de 1939 à nos jours
par la revue « L'Histoire »
H77. L'Afrique au XXe siècle, *par Elikia M'Bokolo*
H78. Les Intellectuels au Moyen Age, *par Jacques Le Goff*
H79. Fernand Pelloutier, *par Jacques Julliard*
H80. L'Église des premiers temps, *par Jean Daniélou*
H81. L'Église de l'Antiquité tardive, *par Henri-Irénée Marrou*
H82. L'Homme devant la mort
1. Le temps des gisants, *par Philippe Ariès*
H83. L'Homme devant la mort
2. La mort ensauvagée, *par Philippe Ariès*
H84. Le Tribunal de l'impuissance, *par Pierre Darmon*
H85. Histoire générale du XXe siècle
1. Jusqu'en 1949. Déclins européens
par Bernard Droz et Anthony Rowley
H86. Histoire générale du XXe siècle
2. Jusqu'en 1949. La naissance du monde contemporain
par Bernard Droz et Anthony Rowley
H87. La Grèce ancienne, *par la revue « L'Histoire »*
H88. Les Ouvriers dans la société française
par Gérard Noiriel
H89. Les Américains de 1607 à nos jours
1. Naissance et essor des États-Unis, 1607 à 1945
par André Kaspi
H90. Les Américains de 1607 à nos jours
2. Les États-Unis de 1945 à nos jours, *par André Kaspi*
H91. Le Sexe et l'Occident, *par Jean-Louis Flandrin*
H92. Le Propre et le Sale, *par Georges Vigarello*
H93. La Guerre d'Indochine, 1945-1954, *par Jacques Dalloz*
H94. L'Édit de Nantes et sa révocation, *par Janine Garrisson*
H95. Les Chambres à gaz, secret d'État
par Eugen Kogon, Hermann Langbein et Adalbert Rückerl
H96. Histoire générale du XXe siècle
3. Depuis 1950. Expansion et indépendance (1950-1973)
par Bernard Droz et Anthony Rowley
H97. La Fièvre hexagonale, 1871-1968, *par Michel Winock*
H98. La Révolution en questions, *par Jacques Solé*
H99. Les Byzantins, *par Alain Ducellier*
H100. Les Croisades, *par la revue « L'Histoire »*
H101. La Chute de la monarchie (1787-1792)
par Michel Vovelle
H102. La République jacobine (10 août 1792 - 9 Thermidor an II)
par Marc Bouloiseau
H103. La République bourgeoise
(de Thermidor à Brumaire, 1794-1799)
par Denis Woronoff

H104. L'Épisode napoléonien
Aspects intérieurs (1799-1815), *par Louis Bergeron*

H105. La France napoléonienne
Aspects extérieurs (1799-1815)
par Roger Dufraisse et Michel Kerautret

H106. La France des notables (1815-1848)
1. L'évolution générale
par André Jardin et André-Jean Tudesq

H107. La France des notables (1815-1848)
2. La vie de la nation
par André Jardin et André-Jean Tudesq

H108. 1848 ou l'Apprentissage de la République (1848-1852)
par Maurice Agulhon

H109. De la fête impériale au mur des fédérés (1852-1871)
par Alain Plessis

H110. Les Débuts de la Troisième République (1871-1898)
par Jean-Marie Mayeur

H111. La République radicale ? (1898-1914)
par Madeleine Rebérioux

H112. Victoire et Frustrations (1914-1929)
par Jean-Jacques Becker et Serge Berstein

H113. La Crise des années 30 (1929-1938)
par Dominique Borne et Henri Dubief

H114. De Munich à la Libération (1938-1944)
par Jean-Pierre Azéma

H115. La France de la Quatrième République (1944-1958)
1. L'ardeur et la nécessité (1944-1952)
par Jean-Pierre Rioux

H116. La France de la Quatrième République (1944-1958)
2. L'expansion et l'impuissance (1952-1958)
par Jean-Pierre Rioux

H117. La France de l'expansion (1958-1974)
1. La République gaullienne (1958-1969)
par Serge Berstein

H118. La France de l'expansion (1958-1974)
2. L'apogée Pompidou (1969-1974)
par Serge Berstein et Jean-Pierre Rioux

H119. Crises et Alternances (1974-1995)
par Jean-Jacques Becker
avec la collaboration de Pascal Ory

H120. La France du XXe siècle (Documents d'histoire)
présentés par Olivier Wieviorka et Christophe Prochasson

H121. Les Paysans dans la société française
par Annie Moulin

H122. Portrait historique de Christophe Colomb
par Marianne Mahn-Lot

H123. Vie et Mort de l'ordre du Temple, *par Alain Demurger*

H124. La Guerre d'Espagne, *par Guy Hermet*

H125. Histoire de France, *sous la direction de Jean Carpentier et François Lebrun*
H126. Empire colonial et Capitalisme français *par Jacques Marseille*
H127. Genèse culturelle de l'Europe (v^{e}-VIIIe siècle) *par Michel Banniard*
H128. Les Années trente, *par la revue « L'Histoire »*
H129. Mythes et Mythologies politiques, *par Raoul Girardet*
H130. La France de l'an Mil, *Collectif*
H131. Nationalisme, Antisémitisme et Fascisme en France *par Michel Winock*
H132. De Gaulle 1. Le rebelle (1890-1944) *par Jean Lacouture*
H133. De Gaulle 2. Le politique (1944-1959) *par Jean Lacouture*
H134. De Gaulle 3. Le souverain (1959-1970) *par Jean Lacouture*
H135. Le Syndrome de Vichy, *par Henry Rousso*
H136. Chronique des années soixante, *par Michel Winock*
H137. La Société anglaise, *par François Bédarida*
H138. L'Abîme 1939-1944. La politique étrangère de la France *par Jean-Baptiste Duroselle*
H139. La Culture des apparences, *par Daniel Roche*
H140. Amour et Sexualité en Occident, *par la revue « L'Histoire »*
H141. Le Corps féminin, *par Philippe Perrot*
H142. Les Galériens, *par André Zysberg*
H143. Histoire de l'antisémitisme 1. L'âge de la foi *par Léon Poliakov*
H144. Histoire de l'antisémitisme 2. L'âge de la science *par Léon Poliakov*
H145. L'Épuration française (1944-1949), *par Peter Novick*
H146. L'Amérique latine au XXe siècle (1889-1929) *par Leslie Manigat*
H147. Les Fascismes, *par Pierre Milza*
H148. Histoire sociale de la France au XIXe siècle *par Christophe Charle*
H149. L'Allemagne de Hitler, *par la revue « L'Histoire »*
H150. Les Révolutions d'Amérique latine, *par Pierre Vayssière*
H151. Le Capitalisme « sauvage » aux États-Unis (1860-1900) *par Marianne Debouzy*
H152. Concordances des temps, *par Jean-Noël Jeanneney*
H153. Diplomatie et Outil militaire *par Jean Doise et Maurice Vaïsse*
H154. Histoire des démocraties populaires 1. L'ère de Staline, *par François Fejtö*
H155. Histoire des démocraties populaires 2. Après Staline, *par François Fejtö*
H156. La Vie fragile, *par Arlette Farge*

H157. Histoire de l'Europe, *sous la direction de Jean Carpentier et François Lebrun*
H158. L'État SS, *par Eugen Kogon*
H159. L'Aventure de l'Encyclopédie, *par Robert Darnton*
H160. Histoire générale du XXe siècle
4. Crises et mutations de 1973 à nos jours
par Bernard Droz et Anthony Rowley
H161. Le Creuset français, *par Gérard Noiriel*
H162. Le Socialisme en France et en Europe, XIXe-XXe siècle
par Michel Winock
H163. 14-18 : Mourir pour la patrie, *par la revue « L'Histoire »*
H164. La Guerre de Cent Ans vue par ceux qui l'ont vécue
par Michel Mollat du Jourdin
H165. L'École, l'Église et la République, *par Mona Ozouf*
H166. Histoire de la France rurale
1. La formation des campagnes françaises
(des origines à 1340)
sous la direction de Georges Duby et Armand Wallon
H167. Histoire de la France rurale
2. L'âge classique des paysans (de 1340 à 1789)
sous la direction de Georges Duby et Armand Wallon
H168. Histoire de la France rurale
3. Apogée et crise de la civilisation paysanne
(de 1789 à 1914)
sous la direction de Georges Duby et Armand Wallon
H169. Histoire de la France rurale
4. La fin de la France paysanne (depuis 1914)
sous la direction de Georges Duby et Armand Wallon
H170. Initiation à l'Orient ancien, *par la revue « L'Histoire »*
H171. La Vie élégante, *par Anne Martin-Fugier*
H172. L'État en France de 1789 à nos jours
par Pierre Rosanvallon
H173. Requiem pour un empire défunt, *par François Fejtö*
H174. Les animaux ont une histoire, *par Robert Delort*
H175. Histoire des peuples arabes, *par Albert Hourani*
H176. Paris, histoire d'une ville, *par Bernard Marchand*
H177. Le Japon au XXe siècle, *par Jacques Gravereau*
H178. L'Algérie des Français, *par la revue « L'Histoire »*
H179. L'URSS de la Révolution à la mort de Staline, 1917-1953
par Hélène Carrère d'Encausse
H180. Histoire médiévale de la Péninsule ibérique
par Adeline Rucquoi
H181. Les Fous de la République, *par Pierre Birnbaum*
H182. Introduction à la préhistoire, *par Gabriel Camps*
H183. L'Homme médiéval
Collectif sous la direction de Jacques Le Goff
H184. La Spiritualité du Moyen Age occidental (VIIIe-XIIIe siècle)
par André Vauchez

H185. Moines et Religieux au Moyen Age
par la revue « L'Histoire »
H186. Histoire de l'extrême droite en France, *Ouvrage collectif*
H187. Le Temps de la guerre froide, *par la revue « L'Histoire »*
H188. La Chine, tome 1 (1949-1971)
par Jean-Luc Domenach et Philippe Richer
H189. La Chine, tome 2 (1971-1994)
par Jean-Luc Domenach et Philippe Richer
H190. Hitler et les Juifs, *par Philippe Burrin*
H192. La Mésopotamie, *par Georges Roux*
H193. Se soigner autrefois, *par François Lebrun*
H194. Familles, *par Jean-Louis Flandrin*
H195. Éducation et Culture dans l'Occident barbare (VIe-VIIIe siècle)
par Pierre Riché
H196. Le Pain et le Cirque, *par Paul Veyne*
H197. La Droite depuis 1789, *par la revue « L'Histoire »*
H198. Histoire des nations et du nationalisme en Europe
par Guy Hermet
H199. Pour une histoire politique
Collectif sous la direction de René Rémond
H200. « Esprit ». Des intellectuels dans la cité (1930-1950)
par Michel Winock
H201. Les Origines franques (Ve-IXe siècle), *par Stéphane Lebecq*
H202. L'Héritage des Charles (de la mort de Charlemagne
aux environs de l'an mil), *par Laurent Theis*
H203. L'Ordre seigneurial (XIe-XIIe siècle)
par Dominique Barthélemy
H204. Temps d'équilibres, Temps de ruptures
par Monique Bourin-Derruau
H205. Temps de crises, Temps d'espoirs, *par Alain Demurger*
H206. La France et l'Occident médiéval
de Charlemagne à Charles VIII
par Robert Delort (à paraître)
H207. Royauté, Renaissance et Réforme (1483-1559)
par Janine Garrisson
H208. Guerre civile et Compromis (1559-1598)
par Janine Garrisson
H209. La Naissance dramatique de l'absolutisme (1598-1661)
par Yves-Marie Bercé
H210. La Puissance et la Guerre (1661-1715)
par François Lebrun
H211. La Monarchie des Lumières (1715-1786)
par André Zysberg
H212. La Grèce préclassique, *par Jean-Claude Poursat*
H213. La Grèce au Ve siècle, *par Edmond Lévy*
H214. Le IVe Siècle grec, *par Pierre Carlier*
H215. Le Monde hellénistique (323-188), *par Pierre Cabanes*
H216. Les Grecs (188-31), *par Claude Vial*

H218. La République romaine, *par Jean-Michel David*
H219. Le Haut-Empire romain en Occident
d'Auguste aux Sévères, *par Patrick Le Roux*
H220. Le Haut-Empire romain.
Les provinces de Méditerranée orientale,
d'Auguste aux Sévères, *par Maurice Sartre*
H221. L'Empire romain en mutation, des Sévères à Constantin
(192-337), *par Jean-Michel Carrié et Aline Rousselle*
H225. Douze Leçons sur l'histoire, *par Antoine Prost*
H226. Comment on écrit l'histoire, *par Paul Veyne*
H227. Les Crises du catholicisme en France, *par René Rémond*
H228. Les Arméniens, *par Yves Ternon*
H229. Histoire des colonisations, *par Marc Ferro*
H230. Les Catholiques français sous l'Occupation
par Jacques Duquesne
H231. L'Égypte ancienne, *présentation par Pierre Grandet*
H232. Histoire des Juifs de France, *par Esther Benbassa*
H233. Le Goût de l'archive, *par Arlette Farge*
H234. Économie et Société en Grèce ancienne
par Moses I. Finley
H235. La France de la monarchie absolue 1610-1675
par la revue « L'Histoire »
H236. Ravensbrück, *par Germaine Tillion*
H237. La Fin des démocraties populaires
par François Fejtö
et Ewa Kulesza-Mietkowski
H238. Les Juifs pendant l'Occupation, *par André Kaspi*
H239. La France à l'heure allemande (1940-1944)
par Philippe Burrin
H240. La Société industrielle en France (1814-1914)
par Jean-Pierre Daviet
H241. La France industrielle, *par la revue « L'Histoire »*
H242. Éducation, Société et Politiques. Une histoire
de l'enseignement en France de 1945 à nos jours
par Antoine Prost
H243. Art et Société au Moyen Age, *par Georges Duby*
H244. L'Expédition d'Égypte 1798-1801, *par Henry Laurens*
H245. L'Affaire Dreyfus, *Collectif Histoire*
H246. La Société allemande sous le IIIe Reich
par Pierre Ayçoberry
H247. La Ville en France au Moyen Age
par André Chédeville, Jacques Le Goff et Jacques Rossiaud
H248. Histoire de l'industrie en France
du XVIe siècle à nos jours, *par Denis Woronoff*
H249. La Ville des temps modernes
sous la direction d'Emmanuel Le Roy Ladurie
H250. Contre-Révolution, Révolution et Nation
par Jean-Clément Martin

H251. Israël. De Moïse aux accords d'Oslo
par la revue « L'Histoire »

H252. Une histoire des médias des origines à nos jours
par Jean-Noël Jeanneney

H253. Les Prêtres de l'ancienne Égypte, *par Serge Sauneron*

H254. Histoire de l'Allemagne, des origines à nos jours
par Joseph Rovan

H255. La Ville de l'âge industriel
sous la direction de Maurice Agulhon

H256. La France politique, XIXe-XXe siècle, *par Michel Winock*

H257. La Tragédie soviétique, *par Martin Malia*

H258. Histoire des pratiques de santé
par Georges Vigarello

H259. Les Historiens et le Temps, *par Jean Leduc*

H260. Histoire de la vie privée
1. De l'Empire romain à l'an mil
par Philippe Ariès et Georges Duby

H261. Histoire de la vie privée
2. De l'Europe féodale à la Renaissance
par Philippe Ariès et Georges Duby

H262. Histoire de la vie privée
3. De la Renaissance aux Lumières
par Philippe Ariès et Georges Duby

H263. Histoire de la vie privée
4. De la Révolution à la Grande Guerre
par Philippe Ariès et Georges Duby

H264. Histoire de la vie privée
5. De la Première Guerre mondiale à nos jours
par Philippe Ariès et Georges Duby

H265. Problèmes de la guerre en Grèce ancienne
sous la direction de Jean-Pierre Vernant

H266. Un siècle d'école républicaine
par Jean-Michel Gaillard

H267. L'Homme grec
Collectif sous la direction de Jean-Pierre Vernant

H268. Les Origines culturelles de la Révolution française
par Roger Chartier

H269. Les Palestiniens, *par Xavier Baron*

H270. Histoire du viol, *par Georges Vigarello*

H272. Histoire de la France
L'Espace français, *sous la direction*
de André Burguière et Jacques Revel

H273. Histoire de la France
Héritages, *sous la direction*
de André Burguière et Jacques Revel

H274. Histoire de la France
Choix culturels et Mémoire, *sous la direction*
de André Burguière et Jacques Revel

H275. Histoire de la France
La Longue Durée de l'État, *sous la direction de André Burguière et Jacques Revel*
H276. Histoire de la France
Les Conflits, *sous la direction de André Burguière et Jacques Revel*
H277. Le Roman du quotidien, *par Anne-Marie Thiesse*
H278. La France du XIXe siècle, *par Francis Démier*
H279. Le Pays cathare, *sous la direction de Jacques Berlioz*
H280. Fascisme, Nazisme, Autoritarisme, *par Philippe Burrin*
H281. La France des années noires, tome 1
sous la direction de Jean-Pierre Azéma et François Bédarida
H282. La France des années noires, tome 2
sous la direction de Jean-Pierre Azéma et François Bédarida
H283. Croyances et Cultures dans la France d'Ancien Régime
par François Lebrun
H284. La République des instituteurs
par Jacques Ozouf et Mona Ozouf
H285. Banque et Affaires dans le monde romain
par Jean Andreau
H286. L'Opinion française sous Vichy, *par Pierre Laborie*
H287. La Vie de saint Augustin, *par Peter Brown*
H288. Le XIXe siècle et l'Histoire, *par François Hartog*
H289. Religion et Société en Europe, *par René Rémond*
H290. Christianisme et Société en France au XIXe siècle
par Gérard Cholvy
H291. Les Intellectuels en Europe au XIXe
par Christophe Charle
H292. Naissance et Affirmation d'une culture nationale
par Françoise Mélonio
H293. Histoire de la France religieuse
Collectif sous la direction de Philippe Joutard
H294. La Ville aujourd'hui
sous la direction de Marcel Roncayolo
H295. Les Non-conformistes des années trente
par Jean-Louis Loubet del Bayle
H296. La Création des identités nationales
par Anne-Marie Thiesse
H297. Histoire de la lecture dans le monde occidental
Collectif sous la direction de Guglielmo Cavallo et Roger Chartier
H298. La Société romaine, *Paul Veyne*
H299. Histoire du continent européen
par Jean-Michel Gaillard, Anthony Rowley
H300. Histoire de la Méditerranée
par Jean Carpentier (dir.), François Lebrun

H301. Religion, Modernité et Culture au Royaume-Uni et en France *par Jean Baubérot, Séverine Mathieu*
H302. Europe et Islam, *par Franco Cardini*
H303. Histoire du suffrage universel en France. Le Vote et la Vertu. 1848-2000, *par Alain Garrigou*
H304. Histoire juive de la révolution à l'État d'Israël Faits et documents, *par Renée Neher-Bernheim*
H305. L'Homme romain *Collectif sous la direction d'Andrea Giardina*
H306. Une histoire du Diable, *par Robert Muchembled*
H307. Histoire des agricultures du monde *par Marcel Mazoyer et Laurence Roudart*
H308. Le Nettoyage ethnique. Documents historiques sur une idéologie serbe *par Mirko D. Grmek, Marc Gjidara et Neven Simac*
H309. Guerre sainte, jihad, croisade, *par Jean Flori*
H310. La Renaissance européenne, *par Peter Burke*
H311. L'Homme de la Renaissance *Collectif sous la direction d'Eugenio Garin*
H312. Philosophie des sciences historiques, textes réunis et présentés, *par Marcel Gauchet*
H313. L'Absolutisme en France, *par Fanny Cosandey et Robert Descimon*
H314. Le Monde d'Ulysse, *par Moses I. Finley* (réimp. ex-Pts Essais)
H315. Histoire des juifs sépharades, *par Esther Benbassa et Aron Rodrigue*
H316. La Société et le Sacré dans l'Antiquité tardive *par Peter Brown*
H317. Les Cultures politiques en France *sous la direction de Serge Berstein*
H318. Géopolitique du XVIe siècle *par Jean-Michel Sallmann*
H320. Des traités : de Rastadt à la chute de Napoléon *par Jean-Pierre Bois*
H324. Histoire du visuel au XXe siècle *par Laurent Gervereau*
H325. La Dérive fasciste. Doriot, Déat, Bergery. 1933-1945 *par Philippe Burrin*
H326. L'Origine des Aztèques *par Christian Duverger*
H327. Histoire politique du monde hellénistique *par Edouard Will*
H328. Le Saint Empire romain germanique *par Francis Rapp*
H329. Sparte, histoire politique et sociale jusqu'à la conquête romaine, *par Edmond Lévy*